W0284043

Volker Struth
Meine Spielzüge

Volker Struth

Meine Spielzüge

Aus der Kohlensiedlung zum erfolgreichsten Spielerberater Deutschlands

Mit 19 farbigen Abbildungen

PIPER

Mehr über unsere Autorinnen, Autoren und Bücher:
www.piper.de

Unser Versprechen für mehr Nachhaltigkeit
• Klimaneutrales Produkt
• FSC®-zertifiziertes Papier
• Hergestellt in Deutschland

FSC
www.fsc.org
MIX
Papier aus verantwortungsvollen Quellen
FSC® C014496

ISBN 978-3-492-07096-6
2. Auflage 2021
© Piper Verlag GmbH, München 2021
Bildteilfotos: [12] © Jens Wenzel/Toni Kroos Stiftung;
[13] © Alexander Hassenstein/Getty Images for UEFA;
[14] © Nadine Rupp/Ruppografie; [18] © Nadine Rupp/Ruppografie;
alle anderen: © privat
Satz: Fotosatz Amann, Memmingen
Gesetzt aus der Minion Pro
Litho: Lorenz & Zeller, Inning am Ammersee
Druck und Bindung: GGP Media GmbH, Pößneck
Printed in Germany

Inhalt

Prolog

Viva Colonia

Ich war noch nie auf einer Klausurtagung, ich habe noch nie eine Power-Point-Präsentation erstellt, meine Geschäftsideen entwickelte ich einfach so, einmal auch beim Schunkeln auf dem Münchner Oktoberfest.

Es ging damit los, dass die Musikkapelle im Festzelt *Viva Colonia* anstimmte. Eine Kölner Hymne auf dem bayrischsten aller Feste, fragte ich mich verblüfft, doch die Leute schwenkten schon die Bierkrüge zur Musik, mehr oder weniger im Takt. Zwei Stunden später sang die Menge lauthals: *Da simmer dabei, dat is prima, Viva Colonia!* Obwohl die Musikkapelle eigentlich ein ganz anderes Lied intonieren wollte. Da war die Idee plötzlich da.

»Das mache ich in Köln.«

»Was?«, sagte meine Frau neben mir mit eher abwehrendem als neugierigem Gesichtsausdruck. Sie ahnte wohl, dass mich nun wieder einer dieser Geistesblitze durchzuckte.

»Ich richte ein Oktoberfest in Köln aus.«

Viiiiva Cohhhlooonia, grölte die Menge.

Wenn mich eine Idee trifft, lässt sie mich nicht mehr los, dann muss ich sie bis zum fertigen Geschäftsplan durchspielen. Auch wenn ich gerade beim Zähneputzen bin. Oder eben vier Leute ihren Maßkrug gegen meinen knallen. Körperlich war ich weiterhin anwesend im Schottenhamelzelt, ich prostete den anderen zu, ich lachte über die Scherze, ich kann mich in solchen Momenten verdoppeln, ich bin dann hier und da, im Leben und in meiner Idee.

Ein Oktoberfest in Köln: Mit bayrischer Tracht, Lederhosen und Dirndln, einer bayrischen Blaskapelle, die Kölner Hymnen spielte, und was würde ich mit dem Bier machen, bayrisches Helles ausschenken oder Kölsch in Maßkrügen, wäre das ein Sakrileg oder der Gag? Es wäre auf jeden Fall ein todsicherer Erfolg. Feiern in Köln ist immer ein Erfolg, *Viva Colonia, wir lieben das Leben, die Liebe und die Lust.* Applaus riss mich aus meinen Gedanken. Ich sah mich um und erkannte, auf einer Empore im Schottenhamel, Edmund Stoiber.

Der bayrische Ministerpräsident grüßte, Bierkrug in der Luft, das Volk von oben. Wir waren mit einer Delegation Kölner Geschäftsleute zum traditionellen Anstich des ersten Bierfasses im Schottenhamel geladen, es war der 18. September 2004. Meine Gedanken rasten jetzt.

Der Stoiber. Ich brauchte den Stoiber.

Ich bahnte mir den Weg an massigen Schultern und verschwitzten Rücken vorbei durch das Festzelt.

Wenn ich ein bayrisches Kulturgut wie das Oktoberfest nach Köln exportieren wollte, wäre die Fürsprache des bayrischen Ministerpräsidenten eine unschlagbare Hilfe.

Zwei Sicherheitsmänner versperrten den Aufgang zur Empore.

»Grüß Gott«, sagte ich. »Fritz Schramma mein Name. Ich bin der Oberbürgermeister von Köln. Ich würde meinem Parteifreund Edmund Stoiber gerne Guten Tag sagen.«

Einer der Sicherheitsmänner sah mich an. Ich trug ein rotweiß kariertes Hemd zur Lederhose, die schwarzen Haare im Nacken lang. Ich war 38. Die meisten hätten mich wohl eher als jugendlich-schwungvoll beschrieben statt als klassischen Bürgermeister. Doch die Plätze im Schottenhamel waren zum Anstich nahezu ausschließlich an Honoratioren vergeben, die Lederhosen machten alle gleich, wie sollte sich ein Sicherheitsmann sicher sein, ob da ein Kölner Oberbürgermeister daherkam. Der Sicherheitsmann sprach etwas in sein Funkgerät.

Oben auf der Empore setzte sich ein anderer Aufpasser in Bewegung und ging auf die Gruppe mit Edmund Stoiber zu. Stoiber war gerade in ein Gespräch verwickelt, deshalb wandte sich der Mann vom Sicherheitsdienst an Frau Stoiber. Sie sah zu mir herunter. Ich blickte hinauf und deutete dabei ein Lächeln an. Frau Stoiber nickte.

Schwungvoll nahm ich die Treppen und schob mich in die Gruppe um den Ministerpräsidenten. Ich schlängelte mich um eine Schulter, ich drückte einen Arm sanft zur Seite und stand auf scheinbar ganz natürliche Art vor ihm.

»Herr Stoiber, ich soll ganz herzliche Grüße von einem guten Freund bestellen, Fritz Schramma.«

»Ah, der Fritz! Wie geht's ihm denn?«

Danke, sehr gut, nahm ich an. Auf jeden Fall: »Herr Stoiber, hören Sie mal, mir kam da gerade so eine Idee. Hier läuft ja die ganze Zeit *Viva Colonia*, und da fragte ich mich, was halten Sie davon, wenn wir ein Oktoberfest auch in Köln abhalten würden? Als eine Art Botschaft bayrischer Alltagskultur.«

»Das ist eine ausgezeichnete Idee!«

»Ich würde das dann mit dem Fritz Schramma besprechen. Aber es wäre natürlich hilfreich, wenn ich dabei auf Ihre Unterstützung zählen könnte. Wenn der Fritz Sie anriefe, würden Sie ihm sagen, dass dieses Projekt in Ihrem Sinne sei?«

»Selbstverständlich.«

»Herr Stoiber. Ich bedanke mich.« Wir gaben uns die Hand. Ich blieb noch mindestens eine Viertelstunde auf der Empore, um mit Frau Stoiber zu plaudern.

»Sag mal, bist du irre, was hast du da oben beim Stoiber gemacht?«

»Ich glaube, ich sehe nicht richtig, da steht der Volker plötzlich beim bayrischen Ministerpräsidenten!«

Ich lachte mit den Kölner Freunden im Schottenhamel, unsere Maßkrüge krachten erneut gegeneinander, und ich erzählte ihnen, was geschehen war. Doch um vollends zu erklären, was ich beim bayrischen Ministerpräsidenten gemacht hatte, hätte ich ihnen auch das Folgende erzählen müssen.

Ich wuchs ohne Eltern auf, viele Jahre alleine mit meiner Großmutter, in einer Kohlensiedlung vor den Toren Kölns. Wenn ich mit einem Freund oder gar einem Mädchen telefonierte, achtete meine Oma darauf, dass ich nach 11 Minuten und 59 Sekunden auflegte. Zwölf Minuten zum Ortstarif kosteten 23 Pfennig, eine Sekunde mehr, und es wären wieder 23 Pfennig fällig gewesen. »Wir haben kein Geld«, sagte meine Oma. Ideen zu haben und Leute zu überzeugen war meine einzige Währung gewesen.

»Karl-Heinz«, sagte ich in unserer Kölner Gruppe im Schottenhamel zu Karl-Heinz Merfeld, dem Geschäftsführer der Köln Tourismus GmbH, »du musst mir mal wieder einen Termin bei Fritz Schramma besorgen.«

Es dauerte nicht lange, und ich grüßte Fritz Schramma in seinem Dienstzimmer als Kölner Oberbürgermeister ganz herzlich von Edmund Stoiber. Zu dem Zeitpunkt handelte ich erfolgreich mit Büro- und Merchandisingartikeln, die Umsätze gingen bereits in die Millionen. In der Eventorganisation hatte ich keinerlei Erfahrung. Doch die Idee arbeitete und ratterte schon, in meinem Kopf wurden Festzeltstangen aufgestellt, Brauereien kontaktiert.

Einen Herbst später stand ich diskret neben einer Bühne. Auf dem Podium stach Fritz Schramma mit ein paar Hammerschlägen das erste Bierfass auf dem ersten Kölner Oktoberfest an. Kölner Musiker in bayrischer Tracht spielten Kölsche Lieder, der Kaufhof in der Hohen Straße richtete eine ganze Abteilung mit Lederhosen und Dirndln ein, das Festzelt war an allen Abenden mit jeweils 3000 Besuchern ausverkauft. Als Organisationspartner hatte ich noch im Schottenhamel, zurück von Stoibers Empore, drei Kölner Geschäftsfreunde aus unserer Reisegruppe gewonnen.

Das Kölner Oktoberfest wurde für viele Jahre ein riesiger Erfolg. Kölsch gab es aus Krügen, allerdings nur 0,3 Liter groß statt einer Maß, der Frevel wäre mir doch zu groß gewesen. In den ersten Jahren feierte ich an jedem einzelnen Abend mit, und wenn die Menge in meinem Festzelt *Da simmer dabei, dat is prima* schmetterte, fragten sich vielleicht einige, warum ich ausgerechnet in dem Moment so glücklich lachen musste.

Ich hatte ein paar solcher erfolgreichen Geschäftsideen. Einen konkreten Berufswunsch hatte ich allerdings nie. Ich wollte als Junge nur raus aus dem Leben, in dem ich zweimal im Jahr mit dem Kleidergutschein vom Sozialamt bei *C&A* Hosen und Pullover bekam. Ich gründete einen Büroartikelvertrieb, ich erfand Karnevalsschals, ich organisierte eine Zeltstadt für 5000 Helfer beim Weltjugendtag und startete etliche andere Unternehmungen. Spielerberatung im Profifußball schien zunächst nur eine weitere Idee, als ich damit 2007 begann. Nun bin ich seit über einem Jahrzehnt der erfolgreichste deutsche Spielerberater. Als Deutschland 2014 Weltmeister wurde, vertrat unsere damalige Agentur *SportsTotal* drei aus der siegreichen Elf, Toni Kroos, Mario Götze, Benedikt Höwedes; vier wären es gewesen, hätte sich Marco Reus nicht am letzten Abend vor der Abreise zur WM verletzt. Das amerikanische Magazin *Forbes* führt mich seit Jahren unter den zehn einflussreichsten Sportvermittlern weltweit.

Aber ich sehe mich nicht als klassischen Spielerberater. Ich verstehe mich als Unternehmer. Wenn ich eine romantische Phase habe – die ich natürlich habe, denn ich bin ja Kölner, *wir lieben das Leben* und das Pathos auch –, dann denke ich, dass mein Werdegang junge Menschen dazu anspornen könnte, ihre Ideen zu entwickeln, egal auf welchem Feld.

Meine Geschichte ist eine, wie wir Deutsche sie immer nur in Amerika vermuten. Ich habe nie Teller gewaschen, aber ich bin in der Realschule sitzen geblieben, ich fuhr Kühllaster, schleppte im Schlachthof Kübel voller Fleisch, gab mehr Geld aus, als ich hatte, und gründete mit 27 mein erstes Unternehmen. Ich wurde Millionär in Branchen mit extremer Konkurrenz wie dem Büroartikelvertrieb und Profifußball. Das geht nicht nur auf die romantische Art. Heute, mit 55, habe ich sieben Stents am Herzen. Erst durch die schweren medizinischen Eingriffe lernte ich, eine Balance zwischen harter Arbeit und Lebensgenuss zu finden. Ich möchte in diesem Buch nichts beschönigen, nichts glorifizieren, denn das war doch wieder so eine Idee von mir: dass ich in einer Autobiografie radikal offen von meinem Lebensweg erzähle. »Was?«, sagten manche Freunde und Geschäftspartner mit eher ablehnendem als neugierigem Gesichtsausdruck: Du kannst doch nicht die ganzen Geheimnisse deines Erfolgs, so viele gehütete Insider-Geschichten aus dem Profifußball offenlegen.

Fast alle meine großen Geschäftsideen basierten darauf, dass sie den anderen erst einmal undenkbar erschienen.

Gerade, was meine Arbeit als Spielerberater angeht, so ist es an der Zeit, dem Publikum einmal einen echten Einblick in unsere Arbeit zu geben. Denn in Deutschland ist die Figur des Beraters nicht mehr als ein Klischee; ein vermeintlicher Pate, der unsichtbar im Hintergrund die ihm hörigen Fußballer und die ach so armen Vereine an Marionettenschnüren tanzen lässt und fürs Fast-nichts-Tun Million um Million einstreicht. Ein Spielerberater wie Michael Becker, der Mann an der Seite von Michael Ballack, tat gewiss auch einiges dafür, um das Klischee über uns zu bestätigen. Er nannte deutsche Nationalspieler vor Journalisten eine »Schwulen-Combo«. In solchen Momenten fällt es schwer zu glauben, dass unser Geschäft etwas mit Anstand und Feingefühl zu tun hat. Es gibt miserable Berater – so wie es miserable Ärzte, Schreiner, Köche gibt. Und weil es auch hervorragende Ärzte, Schreiner, Köche gibt, sollte man auch Spielerberater nicht als Gruppe, sondern einzeln, nach ihrer Arbeit beurteilen.

Anders als in Europa sind die besten Berater in Amerika oft mythische Figuren, ob der legendäre Schauspielberater Sam Cohn, der die Karrieren von Paul Newman, Meryl Streep, Woody Allen und Hunderten mehr formte, der Literaturagent Andrew Wylie, genannt *Der Schakal*, oder Baseballberater Scott Boras, dem der *New Yorker* eine zehn Seiten lange Reportage widmete, mit der liebevollen Überschrift: »Der Erpresser«. *Spiel des Lebens*, der Hollywoodfilm über einen Spielerberater im American Football namens Jerry Maguire wurde für fünf Oscars nominiert. Wir Berater arbeiten hinter der Leinwand, hinter den Konzertbühnen, im Bauch der Fußballstadien, wo die Blicke des Publikums nicht hinreichen, und wenn ich den Vorhang zu dieser Welt nun auf den nächsten Seiten aufreiße, kann jeder bei der Lektüre selbst entscheiden, ob er unsere Arbeit beeindruckend, schillernd, dreist oder anstößig findet. Vielleicht ist sie aber auch mal beeindruckend, schillernd und mal dreist, anstößig? Denn welcher Mensch ist ohne Widersprüche? Nur die Personen in schlecht geschriebenen Büchern.

Eine Idee hatte ich nie: Spielerberater zu werden. Ich wehrte mich dagegen, als mir Reiner Calmund den Vorschlag machte. Bleich und massig saß Calli damals, im Sommer 2007, auf der Terrasse meines Ferienhauses auf Mallorca. Seine erfolgreiche Zeit im internationalen Profifußball als Sportdirektor von Bayer 04 Leverkusen lag schon hinter ihm, ich hatte ihn als Repräsentanten für einige meiner Unternehmungen verpflichtet und in kürzester Zeit einen Freund gewonnen. So hatte ich ihm auch einmal einen guten Bekannten vorgestellt, der in die Spielerberatung drängte, Dirk Hebel. Dirk erhoffte sich ein paar Tipps und Kontakte von Calli. Das Resultat unseres Treffens zu dritt war, dass ich Dirk unter das Dach meiner Firma holte, um seine Spielerberatung weiter aufzubauen. Drei Monate später, auf der Terrasse in Mallorca, meinte Calli, er hätte die Lösung, wie meine Firma bei der Spielerberatung richtig vorwärtskäme: Ich müsste persönlich aktiv werden.

»Wann soll ich das denn noch machen?«, fragte ich Calli auf der Terrasse zurück. Ich spielte schon auf zu vielen Feldern, Büroartikel, Fanartikel, Events, meine Firmen hatten über 100 Mitarbeiter. Calli schrieb alle meine Geschäftsfelder säuberlich auf einen Notizblock. Dann strich er sie durch.

Und schrieb *Spielerberatung* daneben.

»Damit verdienst du mehr Geld als mit allem zusammen.« Mit meinen Talenten – Reden, Verkaufen, Machen – sei ich genau der Mann dafür; also, er sage mir das nur als Freund, aber er müsse mir das sagen: »Dat musst du mache, Jung.«

Ich kann mich nicht erinnern, nach wie vielen Stunden unter Callis Bombardement ich Ja sagte. Vielleicht sagte ich auch gar nicht Ja. Vielleicht gab ich einfach irgendwann nach, weil es einen gibt, der mir in Sachen Überredungskunst mindestens ebenbürtig ist: Reiner Calmund.

Wenn ich mich einmal entschieden habe, etwas zu machen, dann packt mich diese Begeisterung, vielleicht nennen es andere auch Besessenheit. Einen Monat nachdem ich Calli durch meine erschöpfte Zustimmung wieder von meiner Ferienterrasse herunterbekommen hatte, legte ich los. Ich wollte mit aller Macht ins Fußballgeschäft. Ich musste mich erst einmal über Vogelfutter unterhalten.

»Und da wird extra Magenkiesel hinzugefügt, um die Verdauung der Wellensittiche zu fördern, sagen Sie? Nein, wirklich, auch Kalzium für den Knochenbau? Die Vögel ernähren sich ja sorgfältiger als so mancher Mensch. Und das haben Sie alles im Kopf?«

Der Vater des ersten jungen Fußballers, den ich für unsere Agentur gewinnen wollte, arbeitete für Vitakraft Heimtierbedarf im Außendienst.

Marcel Risse hieß der Junge, ein 18-jähriger elanvoller Außenstürmer in der Jugendmannschaft von Bayer 04 Leverkusen. Ich hatte den Vater ins *Pantanal Rodizio* eingeladen, ein brasilianisches Restaurant in der Maybachstraße, in dem Berge von Fleisch serviert wurden.

»Ach, Kanarienvögel bevorzugen eine etwas andere Ernährung als Wellensittiche, sagen Sie? Honig und Sesam mögen die gerne? Tatsächlich!«

Ich hätte vermutlich mehr über Fußball zu sagen gehabt, aber es machte mir nichts aus, mit dem Vater ausführlichst über Vogelfutter zu sprechen. Ich hätte in dem Moment sogar Vogelfutter gegessen, wenn ich dafür das Mandat gewann, Marcel Risse vertreten zu dürfen.

Ich habe mich mehr als einmal gefragt, wo mein extremer Ehrgeiz herkommt; wie ich wurde, was ich bin. Manchmal, wenn diese Gedanken mich beschäftigen, setze ich mich ins Auto und fahre los, zurück nach Pulheim, wo ich groß wurde. In der Arbeitersiedlung parke ich das Auto. Ich gehe zu Fuß durch die Straßen, vorbei an den einfachen Wohnblocks, und sehe wieder den Jungen, der ich war.

1

Der Junge aus der Ford-Siedlung

Jeden Sommer, eine ganze Kindheit hindurch, graute es mir vor den Ferien. Die Sonne schien, die Tage waren wie gemacht, um ausgelassen zu spielen. Aber die Wiese hinter dem Wohnblock, die wir zu unserem Fußballfeld erklärt hatten, war verlassen.

Ich klingelte in der Görlitzer Straße 14 bei Millek. Niemand öffnete. Ich versuchte es bei Konstantin, bei Micky brauchte ich es gar nicht erst zu probieren, er hatte mir gesagt, dass sie nach Italien fuhren. Ich suchte mir eine Ecke in der Görlitzer Straße und schoss den Fußball gegen die Hauswand. Drei Stunden lang war es das einzige Geräusch, das ich in der Siedlung hörte, mein Ball, der gegen die Hauswand klatschte.

Verlassen stand der Kiosk an der Ecke Escher/Oppelner Straße. Die Werksbusse, die dort nach jedem Schichtende hielten, kamen nicht. Ford machte Betriebsferien. Alle machten Ferien.

Ich weiß nicht mehr, mit wie viel Jahren ich die Frage bei meinen Großeltern aufgegeben hatte: »Warum fahren wir nicht in den Urlaub?«

Der Gedanke an die Leere des Tages ergriff mich sofort, wenn ich in den Ferien morgens aufwachte, und ich wachte immer viel zu früh auf, wegen der verdammten Kanarienvögel meines Opas auf dem Balkon, direkt vor meinem Fenster. Was gab es da so ausgelassen zu zwitschern! Ich machte mir Hoffnung, ich ging hinaus mit dem Wunsch, dass da doch wenigstens einer sein musste, den ich gestern übersehen hatte, oder der Erste schon wieder aus dem Urlaub zurück war. An manchen Ferientagen jedoch merkte ich erst nach vier Stunden, dass ich doch nicht allein auf der Welt war. Wenn sich in der Görlitzer Straße ein Fenster öffnete und eine Frau herausschrie, ich solle endlich verschwinden mit meinem Scheißball, so ein Lärm!

An kalten, trüben Arbeitstagen kam mein Opa nach Feierabend oft zu mir, um Musik zu hören. Sein Plattenspieler stand im Kinderzimmer, damit die Musik meine Oma im Wohnzimmer nicht beim Fernsehen störte. Ich konnte mich still dazusetzen. Ohne es zu merken, lernte ich die Schlagertexte auswendig, *Ein Bett im Kornfeld, das ist immer frei* oder *Einmal um die ganze Welt – und die Taschen voller Geld*. Das waren die Momente, in denen ich spürte, dass mich mein Großvater mochte. Er sagte nichts, aber er ließ mich gewähren, mit ihm der Musik zu lauschen. Doch an sonnenhellen Ferientagen saß mein Opa nur stumm auf dem Balkon und hörte den Kanarienvögeln zu.

Opa arbeitete als Werkzeugmacher oder Maschinenschlosser beim Ford, ich habe mich nie um den Unterschied gekümmert. Alle Männer in der Siedlung schienen in den Siebzigerjahren Werkzeugmacher oder Maschinenschlosser beim Ford zu sein.

Die Wohnblöcke der Ford-Siedlung in Pulheim waren 1959 in Reih und Glied gebaut worden. Es sollte nach Ordnung und Sauberkeit aussehen. Ich konnte, selbst bei strahlender Sonne, nicht sagen, welche Farbe die Häuser hatten. Bräunliches Grau oder gräuliches Braun, ausgewaschen von der Witterung. Auf der anderen Straßenseite der Siedlung lag ein Schweinestall, rundherum waren Felder und Wiesen. Das Quartier für die Ford-Arbeiter war mitten in eine dörfliche Gegend gesetzt worden, hier war Platz. Zum Ford in Köln waren es mit den Werksbussen nur 20 Minuten.

Meine Oma ging zu Fuß zur Arbeit. Zur Spielzeugfabrik in

Lövenich waren es sieben Kilometer über die Felder. Es fuhr kein Stadtbus. Sie stand um halb fünf auf, richtete mir zwei Brote zum Frühstück, eines mit Quark, eines mit Butter und Marmelade, und ging los, jeden Tag. Meiner Oma war es wichtig zu wissen, was sich gehörte. Sie trug auch im Sommer Mantel und Hut.

Mein Opa hatte ein Holzbein. Er schwang sich mit einer Krücke vorwärts. Ich wusste, dass er zwei Jahre in russischer Kriegsgefangenschaft in Sibirien verbracht hatte. In den Fünfzigern waren meine Großeltern dann aus Oberschlesien geflüchtet und nach einer Odyssee in Köln gelandet. Doch was mit dem Bein meines Großvaters passiert war, erfuhr ich nicht. Es war naheliegend, dass er es im Krieg verloren hatte, und das musste dann genügen. Man sprach nicht groß über sich. Wer hatte denn für so etwas Zeit? Es ging darum, den Alltag zu bewältigen. So kam auch meine Mutter spätestens Ende der Siebzigerjahre, als ich zwölf, dreizehn war, nur noch ganz selten in unseren alltäglichen Gesprächen vor. Obwohl sie vermutlich nur ein paar Hundert Meter Luftlinie entfernt durch die Gegend streifte.

Ich wurde auf der Rückbank eines Ford 17M gezeugt.

Wäre ich eine Romanfigur, wäre das ein toller Einstiegssatz.

Im wirklichen Leben war dieses Schicksal leider nicht so einfach zu stemmen.

Meine Mutter war 16 gewesen, als sie von einem Musiker nach einem Konzert in dessen Auto schwanger wurde. Le Chevalier hieß die Band meines Vaters. Ein Bild von ihm ist mir im Kopf geblieben: Er trägt seine Instrumente aus unserer Wohnung, die Hände voll mit Gitarren, Trommeln und was weiß ich. Ich war wohl drei, als er aus meinem Leben verschwand.

Wenn der Kindergarten mittags schloss, holte mich meine Mutter zu sich auf die Arbeit bei der Rechtsanwältin von Löper auf der Neusser Straße. Ich stand im Büro neben dem Schreibtisch meiner Mutter und sah ihr zu. Sie trug Kopfhörer, und ihre Finger flogen über eine Schreibmaschine. Die Rechtsanwältin sprach Briefe in Diktiergeräte, und meine Mutter brachte sie zu Papier. »Phonotypistin«, sagte sie mir, »heißt mein Beruf.« Ich mochte den Ton und den schwindelerregenden Rhythmus der

Typen, die auf das Papier schlugen, aber es wurde zu lang, drei Stunden neben ihr zu stehen, also ging ich raus, auf die Neusser Straße, eine breite Ausfallstraße, allein mit fünf Jahren. Ich sah der Straßenbahn zu. Abends wartete meine Mutter, bis ich eingeschlafen war. Dann ging sie aus. Sie war Anfang 20. Sie dachte, ich sei doch eingeschlafen. Aber Fünfjährige wachen halt nachts auch mal auf.

Nur Bruchstücke sind mir aus jenen Tagen in Erinnerung geblieben: Ich stehe nachts am Fenster, allein in der dunklen Wohnung, und schreie: »Mama, Mama!« Die Nachbarn rufen die Polizei. Die Tür wird aufgebrochen. Großmutter, die irgendwann, an einem anderen Tag, meine Mutter anfährt: Die Trinkerei müsse endlich aufhören!

Als ich acht war, wurde ein Abkommen getroffen. Ich sollte unter der Woche bei meinen Großeltern in der Ford-Siedlung wohnen. An den Wochenenden würde ich meine Mutter in der Johannisstraße besuchen.

Die Johannisstraße war nur zehn Minuten zu Fuß von der Ford-Siedlung entfernt, gleich hinter dem Betonwerk, am Ortseingang von Pulheim. Doch es fühlte sich wie eine andere, eine fremde Welt an. Ich kannte die Kinder auf dem Asphaltplatz vor dem Wohnhaus meiner Mutter nicht richtig. Der Vermieter, Herr Decker, schrie durch das Treppenhaus, die Miete sei noch nicht bezahlt worden, ja, genau, von deiner Mutter nicht! Nachts wachte ich auf, wenn der Schlüssel im Schloss der Wohnungstür kratzte, und ich bat still, mit geschlossenen Augen, dass meine Mutter alleine von ihrer Tour zurückkam.

Einmal ging meine Mutter mit mir in die Pizzeria in Pulheim. Such dir was zu essen aus, sagte sie, und in meiner Erinnerung lächelte sie mich danach an. Es blieb ein einmaliger Ausflug, aber es war solch eine Erleichterung, dass es immerhin einen solchen Abend gab. Als ich auch einmal hatte, was andere Kinder hatten.

Um 1976 zog der Kranfahrer aus der Betonfabrik bei meiner Mutter ein. Er hieß Pitschepuck. Natürlich nicht mit richtigem Namen, aber wir nannten ihn so, seine eigenen Kinder nannten ihn so, liebevoll.

Am Osterwochenende 1976 oder 77 schickte Pitschepuck

mich hinüber in die Ford-Siedlung, um die Zwillingssöhne aus seiner geschiedenen Ehe abzuholen. Meine Mutter und er wollten mit uns Ostern feiern.

Den ganzen Weg zurück schob ich mein Fahrrad einen Meter vor den Zwillingen her, was sollten wir denn reden, wir kannten uns ja nicht, wir waren zehn. Ich hörte sie hinter mir tuscheln und blickte starr geradeaus, voll auf das Schieben meines Fahrrads konzentriert.

Irgendwann müssen wir uns aber doch unterhalten haben. Denn Micky, einer der Zwillinge, blieb mir als Freund, nachdem Pitschepuck schon wieder bei meiner Mutter ausgezogen war. Juppi, Mickys Zwillingsbruder, starb mit 15, bei einem Mopedunfall.

Micky und ich waren zusammen, auch wenn es nichts zu tun gab. Als wollten wir uns gegenseitig vor der Leere schützen.

»Komm, Micky, lass uns gehen, sonst kommen wir zu spät zum Anpfiff.«

»Ich hab keinen Bock.«

»Jetzt komm schon.«

»Es regnet doch.«

»Was willste denn sonst machen? Ist doch nichts los an einem Sonntag.«

»Na gut, dann komm ich halt.«

An Sonntagen in den Siebzigerjahren hatte es ruhig zu sein in der Siedlung. Kinder waren nicht draußen. Micky und ich machten Autostopp. Wir waren zwölf, dreizehn. Wir trampten zu Fußballpartien der dritten oder vierten Liga, Schwarz-Weiß Köln, Viktoria Köln, VfL Köln 99, wo gerade ein Heimspiel anstand. Micky wusste gar nicht, zu welchem Team er überhaupt halten sollte bei diesen Partien, die Vereine waren ihm so fremd wie die Akteure. Ich schleifte ihn halt mit. Ich fühlte mich heimisch auf diesen Amateursportplätzen. Die Aufregung des Spiels und die Wallungen der Zuschauer packten mich. Auch wenn die Partie 0:0 ausging und nur 200 Zuschauer vor Ort waren. Beim Fußball war was los, beim Fußball spielte das Leben oder zumindest eine Imitation davon.

Samstags ging ich mit Micky zum FC. Für fünf Mark gab es

eine Schülerkarte, Bundesliga, Nordkurve, Stehplatz. In der Halbzeit machten wir uns auf den Weg zur Haupttribüne.

»Können Sie uns nicht hochlassen? In der Nordkurve haben wir Angst vor den gegnerischen Fans, da wollen wir nicht mehr stehen«, bettelte ich beim Ordner.

»Aber das hier ist die Haupttribüne, Junge. Da kostet die Karte 37 Mark.«

»Die Tribüne ist doch sowieso halb leer. Bitte. Wir wollen nur einmal im Leben auf der Haupttribüne sitzen.«

Micky schwört, ich hätte es jedes Mal geschafft, den Ordner zu überzeugen. Er hätte das nicht gekonnt, sagt Micky, mit zwölf so auf einen Erwachsenen einzureden. Mir erschien es ganz normal.

Die Ankunft des Kohlehändlers war jedes Mal das Signal, dass nach dem langen, öden Sommer das Leben in die Siedlung zurückkehrte. Die Leute bestellten den Kohlehändler gleich nach den Sommerferien. Die Heizperiode war noch weit entfernt, doch im August war der Brikettpreis wegen der geringen Nachfrage niedriger. Die Wohnungen der Ford-Siedlung wurden noch mit Kohleöfen beheizt, Ende der Siebzigerjahre. Für das Hinunterbringen der Kohle in den Keller verlangte der Händler 50 Pfennig mehr pro Sack. Wer wollte sich das schon leisten? Also schütteten der Kohlehändler und seine Helfer die Brickets vor den Kellereingängen auf die Bürgersteige. Überall bildeten sich Kohleberge. Ich spürte, wie die Aufregung in mir pochte. Mit meinen Freunden klingelten wir an den Wohnungen. Meistens war ich es, der redete. »Können wir Ihnen die Kohle in den Keller tragen?« Mal gaben die Nachbarn jedem von uns nach getaner Arbeit eine Mark, mal zwei.

Abends tobte meine Oma. Wie ich aussah, alles schwarz, und sie musste das wieder waschen, was glaubte ich, dass wir Geld hätten, Waschmittel zum Spaß zu kaufen? Aber ich war glücklich. Ich träumte, was ich mit den ganzen Münzen in der Tasche alles anstellen konnte. Die Badewanne, das hatte ich längst verinnerlicht, durfte ich nach dem Gesetz meiner Oma stets nur zu einem Drittel mit warmem Wasser füllen.

Wenn der Sommer zu Ende ging, waren nachmittags alle wieder auf der Wiese. Mit unseren Jacken steckten wir die Tore ab. Ich war am liebsten Klaus Fischer und beleidigt, wenn ein anderer schneller gesagt hatte, er sei Klaus Fischer. Dann war ich eben Heinz Flohe. Aber den, der sich die Klaus-Fischer-Rolle an jenem Tag gesichert hatte, foulte ich trotzdem mal, aus Prinzip.

Wenn Kaugummi kam, rannten wir. Keine Ahnung, warum wir den Hausmeister der Siedlung Kaugummi nannten. »Runter vom Rasen, ihr wisst es doch genau: Fußballspielen ist verboten!« Kaum war er weg, kehrten wir aus unseren Verstecken auf die Wiese zurück.

Zweimal die Woche war Training beim Pulheimer SC. Der Sportplatz lag zweieinhalb Kilometer entfernt, mit dem Fahrrad ging es über Feldwege, zwischen Wiesen hindurch, an den Tennisplätzen vorbei, die wie ein Beweis am Straßenrand lagen, dass es auch ein anderes Leben geben musste. Niemand, den ich kannte, spielte Tennis. Ich und ein paar andere aus meiner Clique durften beim Pulheimer SC in der ersten statt in der zweiten Jugendmannschaft spielen. Größere Auszeichnungen im Fußballleben schienen für uns nicht sichtbar.

Praktisch aus Gewohnheit war ich 1977 auf die Hauptschule geschickt worden. Meine Großeltern gingen offenbar davon aus, dass wir in unserer Familie da hingehörten, auf die Hauptschule. Nach dem Schuljahr bestellte die Klassenlehrerin meine Großeltern ein. Ich sei nicht der Fleißigste. Aber was meine Begabung anging, so würde sie mich eher auf der Realschule oder sogar dem Gymnasium sehen.

Dann ging ich fortan eben auf die Realschule.

Schule war gut, denn es bedeutete die Abwesenheit von Ferien, aber viel mehr interessierte sie mich nicht. Ich lebte für die Nachmittage. Wir hatten die Baumschule Janssen entdeckt, Richtung Orrer Wald und Pulheimer See. Am Wochenende, wenn die Baumschule für Kunden schloss, kletterten wir über den Zaun. Zwischen den Zuchtbäumen und Heckenpflanzen spielten wir wilde Verfolgungsjagden. Meistens ließen wir ein Bild der Verwüstung zurück, aufgerissene Torfsäcke, umgestürzte Pflanzen. Das schien den Spaß nachträglich noch einmal zu bestätigen.

Micky sagt heute, im Rückblick, ich sei einer von ihnen gewesen, einfach ein Junge wie alle damals in der Ford-Siedlung, ihr Anführer sogar, und aus seiner Sicht, aus Sicht der anderen, mag das auch stimmen. Aber ich habe das immer anders wahrgenommen. In meiner Wahrnehmung war ich ein Außenseiter, der ohne Eltern, ohne Geschwister lebte; der Junge, der jede Sommerferien wieder aufs Neue zurückblieb.

Ich erinnere mich eben nicht nur an das aufregende Trampen mit Micky zu drittklassigen Fußballspielen, sondern auch an den Tag, als wir von einer Schulfahrt zurückkamen, es mag in der vierten Klasse gewesen sein. Der Bus hielt in der Steinackerstraße. Die Eltern waren schon da, lachten und riefen fröhliche Worte der Begrüßung, als wir ausstiegen. Als die Eltern gefahren waren, stand ich immer noch am Bus. »Deine Mutter kommt sicher gleich«, sagte der Lehrer. Der leere Bus fuhr ab. Ich stand allein mit dem Lehrer auf dem Bürgersteig. Ich schämte mich, ich zitterte, wann kommt sie, bitte lass sie doch endlich kommen! Und dann kam sie. Ihr VW Käfer bog um die Ecke in die lange, gerade Straße ein. Ich war so erleichtert, mir wurde heiß vor Freude. Plötzlich erkannte ich, dass ihr VW Käfer auf der langen, geraden Straße Schlangenlinien fuhr. Er schrammte die Reihe geparkter Autos entlang.

Die Anrufe blieben keine Einzelfälle mehr. Deine Mutter hat einen Unfall gebaut. Deine Mutter liegt verletzt im Krankenhaus. Deine Mutter hat getrunken. »Ich will da nicht mehr hin«, sagte ich, trotzig wie ein Kind das sagt, und ich weiß nicht mehr, wie genau es zustande kam, dass ich mit zwölf, dreizehn tatsächlich nicht mehr zu meiner Mutter ging, ob das beschlossen wurde oder ob sie einfach entschwand, in ein Leben im Nebel.

Trotz allem glaube ich, dass mich meine Mutter geliebt hat. Ich erinnere mich doch an diesen einen Abend in der Pizzeria.

2

Großmutter

Auf den Wiesen nördlich der Ford-Siedlung wuchsen Kamillen. Mein Opa schickte mich hin, um die Blüten zu pflücken. So machten wir unseren Tee.

Mitte der Siebzigerjahre jedoch verschwanden die Wiesen.

Reihen- und Einfamilienhäuser entstanden, ein ganzes Neubaugebiet wuchs aus dem Boden. Es schien das Lebensziel der ganzen Ford-Siedlung: es auf die andere Seite von Pulheim zu schaffen, in eines der neuen Häuser. Das schien das Machbare im Leben.

Malerviertel nannten die Leute das Neubaugebiet. Das klang extravaganter, als es war. Die Straßen waren bloß nach berühmten Malern benannt, Emil Nolde, Arnold Böcklin, Paul Klee.

Für mich war diese Zeit wie dauerhafter Ferienbeginn: Ein Freund nach dem anderen verschwand aus der Siedlung, ins neue Viertel, und ich blieb zurück. Bis mir eines Tages meine Großeltern sagten, sie hätten ein Reihenhaus in der August-Macke-Straße gekauft.

Ich durfte das neue Haus, mein neues Zimmer nicht sehen, bis wir einzogen. Es sollte eine komplette Überraschung werden.

Die Tür öffnete sich an einem Tag im Jahr 1980, ich war 14. Ich schwebte die Treppen nach oben, dein Zimmer ist im Obergeschoss, sagten die Großeltern, August-Macke-Straße 12, das drittletzte von 14 absolut gleichen Häusern in Reihe. Ich öffnete die Zimmertür. Ich sah einen Raum mit einem billigen Schrank, einem billigen Bett und einem billigen Schreibtisch. Die Wände waren mit einer orangefarbenen Tapete beklebt. Was zählte, war, wir hatten es geschafft.

Mickys Familie hatte es schon früher geschafft, er wohnte schräg hinter unserem Reihenhaus, in der Albrecht-Dürer-Straße. Wir wünschten uns zu Weihnachten Walkie-Talkies, ich eines und Micky eines. Abends, wenn wir schlafen sollten, lagen wir im Bett und unterhielten uns über 100 Meter Luftlinie mit unseren Funkgeräten.

Ich war auf einer Geburtstagsfeier, abends, Geburtstage wurden mit 15 schon abends gefeiert, als meine Oma anrief. Ich müsse nach Hause kommen. Ich konnte es nicht glauben, ich war auf einer Party, es war noch keiner nach Hause gegangen. Meine Oma bestand darauf.

Als ich nach Hause kam, in die August-Macke-Straße, war mein Opa schon tot.

Er war 68 gewesen. Nach einem Gehirnschlag hatte er die letzten Monate nie mehr auf die Beine gefunden. Er hatte vielleicht ein Dreivierteljahr im neuen Haus gelebt.

Meine Großeltern waren in den Ersten Weltkrieg hineingeboren worden, sie hatten die Wirtschaftsdepression der Zwanzigerjahre, den Zweiten Weltkrieg und die Flucht durchgestanden. Sie hatten zwei ihrer drei Kinder früh an den Alkohol verloren. Sie hatten mich aufgenommen. Sie hatten dafür gesorgt, dass immer etwas zu essen auf den Tisch kam. Meine Oma war eine Heldin. Aber jetzt war ich alleine mit ihr.

Etwas wurde mir erst viele Jahre später bewusst: Ich habe nie gesehen, dass sich meine Großeltern küssten. Ich habe nie erlebt, dass sie sich oder sogar mich in den Arm nahmen.

Heute verstehe ich das. Die Härten des Lebens hatten sie hart gemacht. Es gab immer irgendetwas zu bewältigen. Und das hörte mit dem Tod meines Opas nicht auf, merkten wir schnell.

Wir hatten es doch nicht geschafft.

Die 160 000 Mark für das Reihenhaus hatten meine Großeltern größtenteils über einen Bankkredit finanziert. Nun fielen die Rente und die Kriegsversehrtenpension meines Großvaters weg. Der Kredit war an einen variablen Zinssatz geknüpft. Die Zinsen stiegen Anfang der Achtziger von rund fünf Prozent auf ein historisches Hoch von über elf Prozent.

Meine Oma setzte mich an den Küchentisch und rechnete mir alles vor. Ich habe verschiedene Zahlen in Erinnerung, 220 Mark oder 280 Mark, irgend so etwas war es, was uns nach Abzug der Fixkosten im Monat zum Leben blieb.

In der Schule trugen die coolen Jungs Wrangler- oder Levis-Jeans. Ich trug Palomino von *C&A*. Vielleicht bemerkte es niemand. Aber ich war mir sicher, dass es alle sahen.

Ich fühlte mich unter Druck, meine fehlende Coolness in Sachen Kleidung mit Witz und Chuzpe im Auftreten wettzumachen. Wir hatten einen Lehrer, der bei der Aussprache von »Z«-Lauten stets spuckte. Er sprach über das Werk des schottischen Dichters Robert Burns, »Robert …«, setzte er an, »… Shakespeare!«, rief ich. Alle lachten, aber ich hatte nur das Ausspucken bei »Burns« verhindern wollen. Ein anderes Mal spannte ich mitten im Unterricht einen Regenschirm als Schutzschild gegen sein Spucken auf.

So wurden meine Noten nicht besser. Ich hatte wegen des Wechsels von der Haupt- in die Realschule bereits die fünfte Klasse wiederholen müssen, und als das siebte Schuljahr zu Ende ging, sagte ich zu meiner Oma: »Dieses Jahr haben wir die Zeugnisse noch nicht gekriegt. Da gab es irgendein Problem im Sekretariat, ich glaube, die Sekretärin ist schlimm krank. Deswegen gibt es das Zeugnis diesmal ausnahmsweise erst nach den Sommerferien, zum Schulanfang.«

Offenbar glaubte mir meine Oma das tatsächlich. Sie fiel aus allen Wolken, als ich nach den Ferien vom ersten Schultag nach Hause kam. »Oma, ich bin übrigens immer noch in der siebten. Ich bin sitzen geblieben.«

Meine Oma ließ sich einen Termin beim Direktor geben. Das ging nicht, der Junge musste in die achte Klasse, der musste die

Schule fertig machen, sie konnte ihn nicht noch ein weiteres Jahr durchbringen, sie war alleine, sie hatte das Geld nicht!

Ich weiß nicht, wie der Direktor ihr vermittelte, dass Versetzungen nach Schulleistungen und nicht nach wirtschaftlichen Nöten erfolgten.

Auf jeden Fall war ich fortan mit zwei Jahre jüngeren Jugendlichen in der Klasse. Und meine Oma ging jedes halbe Jahr zum Lehrergespräch, um ja nicht noch einmal etwas zu verpassen.

Die Spitzen meiner Fußballschuhe hielt ich mit schwarzem Klebeband zusammen, damit die Risse und Löcher nicht größer wurden. Schmischke, unser Jugendtrainer, trommelte die, die da waren, in den letzten Wochen der Sommerferien jeden Morgen zusammen. Wir nannten es Trainingslager. Wir absolvierten unsere Übungen auf einer Lichtung im Wäldchen hinter dem Sportplatz. In dem Sommer war ich glücklich. Das Gefühl, etwas Besonderes zu erleben, war allgegenwärtig. Schmischke hatte sogar Wasser für die Trinkpausen organisiert.

Die älteste Juniorenmannschaft des Pulheimer SC, die A-Jugend, spielte Verbandsliga. Das war in den Achtzigern die höchste Spielklasse im deutschen Jugendfußball. Wir waren in einer Liga mit dem FC und Bayer 04 Leverkusen. Wir hatten naturgemäß keine Chance. Doch wir durften zweimal im Jahr, in diesen beiden Partien, den Rasenplatz statt des Aschenplatzes benutzen.

Einmal kam ich nicht zum Training. Ich sagte dem Trainer Bescheid: Ich war krank.

»Krank, haha«, sagte einer der Jungs, Michael, dem Trainer, oder er sagte es zumindest so laut, dass es der Trainer hörte, ich weiß es nicht, ich war ja nicht da. »Von wegen krank. Der Struth trifft 'n Mädchen.«

Beim nächsten Training musste ich Sprints absolvieren. 40 Minuten lang. Die anderen spielten Fußball, und ich sprintete die Seitenlinie entlang, bis mich jede Kraft verließ. Die Wut wuchs von Lauf zu Lauf, wie kam der dazu, mich zu verpetzen, die Wut wurde düsterer, das war doch das Allerletzte, was hatte der davon, die Wut wurde heißer.

Ja, ich weiß, was ich dann tat, war nicht so nett, und es tut mir auch leid. Doch wenn ich mich als junger Mann ungerecht behandelt fühlte, gab es kein Halten mehr.

Nach den Sprints, allein in der Umkleidekabine, pinkelte ich Michael in den Schuh.

Ich brauchte Geld. Der Gedanke wurde spätestens 1981, mit 15, ein ständiger Begleiter.

Meine Oma verlangte nicht, dass ich etwas zu unseren Alltagsausgaben beisteuerte. Wollte ich allerdings etwas über das Quarkbrot und die Palomino-Hose hinaus, musste ich es mir selbst verdienen.

Die Spätschicht in der Wellpappenfabrik begann um 14 Uhr. Wenn ich mich nach der Schule beeilte, hastig zu Mittag aß, konnte ich es schaffen.

Meine Aufgabe bestand darin, die gefalteten Pappkartons aus der Stanzmaschine zu hieven und zu stapeln. Fünf Kartons in der Minute, das machte in einer Stunde 300-mal einen Karton heben und zur Seite legen. Die Spätschicht ging bis 22 Uhr, acht Stunden.

Ich arbeitete an den Tagen, an denen kein Fußballtraining anstand. Schule, essen, Wellpappenfabrik. Beim Fußballtraining spielte ich mit langen Ärmeln, obwohl es warm war. Ich wollte nicht, dass jemand die tiefen Schnitte in meinen Unterarmen sah. Die Kanten der Kartons schlitzten meine Haut wie Seidenpapier auf.

Ich wollte nicht, dass jemand sah, dass ich die unterste Arbeit machte.

»Du hast doch gestern gesagt, dass du zu deiner Tante gehst«, sagte eines Abends einer der Jungs beim Fußballtraining zu mir.

»Ja, wieso?«

»Mein Bruder hat dich bei der Wellpappenfabrik gesehen. Arbeitest du jetzt da?«

Für 150 Mark kaufte ich einem der Jungs aus dem Fußballverein sein altes Mofa ab, als er von seinen Eltern das nächste geschenkt bekam. Für ähnlich viel Geld kaufte ich eine Zugfahrkarte, Pulheim – Rimini und zurück.

Der Zug brauchte 19 Stunden. Dann ging es mit dem Bus weiter nach Riccione. Wir waren zu viert oder fünft. Thomas Witt, mit dem ich in der Jugend wahrscheinlich die meiste Zeit verbrachte, hatte uns von einem Campingplatz erzählt, auf dem er oft mit seinen Eltern in den Ferien gewesen war. Also fuhren wir dorthin. Wir kannten ja sonst nichts.

Der Campingplatz Fontanelle lag direkt hinter dem Adriastrand. Wir bauten unser Zelt auf und blieben drei Wochen. Schwammen im Meer, spielten Karten, gingen in die Diskothek und sahen Deutschland im WM-Finale 1982 gegen Italien verlieren. Ich war, mit 16, zum ersten Mal im Urlaub.

Wie aus dem Nichts erwähnte Oma eines Tages meinen Vater. »Dein Vater sollte dir mehr Unterhalt zahlen.« Wir würden nicht wirklich versuchen, mehr Geld von ihm zu erhalten. Es war nur eine laute Klage meiner Oma, dass uns niemand half. Aber schlagartig drang es in jenem Moment in mein Bewusstsein: Ich hatte ja einen Vater. Ich hätte ja einen Vater gehabt.

Er lebte offenbar die ganze Zeit in unserer Nähe, vielleicht fünf Minuten mit dem Rad entfernt. Er arbeitete in einer leitenden Stelle bei Ford, hörte ich.

In Gedanken redete ich manchmal mit ihm. Ich sah ihn höchstens zwei-, dreimal im Leben.

Mit 18 zog ich aus. Ich war immer noch Schüler, zehnte Klasse, Realschule, zwei Jahre hintendran. Gleichzeitig führte ich ein erwachsenes Leben. In Esch, einem Nachbardorf, fand ich ein kleines Apartment. Streng genommen war es eine Doppelgarage. Sie war zur Einliegerwohnung umgebaut worden. In der kleinen Neubausiedlung gab es keine Geschäfte, keine Geräusche des Lebens außer morgens und abends kurz das Motorgrollen der wegfahrenden und heimkehrenden Autos vor den Einfamilienhäusern und Doppelgaragen. Ringsherum Felder.

Das Geld für die Miete verdiente ich in der Wellpappenfabrik, mittlerweile – welch ein Aufstieg – durfte ich die Stanzmaschine bedienen. Ich hielt mich handwerklich für grenzenlos unbegabt, aber was ich konnte, war schuften. An den Wochenenden, wenn die Wellpappenfabrik stillstand, half ich beim Estrichlegen, beim Dachdecken, beim Doppelgaragebauen, ich schnappte auf, wo in Pulheim ein Hilfsarbeiter gebraucht wurde, ich quatschte mich in jeden Job rein. Ich schleppte Eimer, ich trug Dachziegel. Einmal nahm ich Micky mit. Beim Bruder einer Freundin konnten wir beim Dachbau helfen. Micky erzählt heute noch von dem Muskelkater, der ihn danach drei Tage lang bewegungsunfähig machte. Doch ich stellte nie infrage, dass ich die harte Arbeit machen musste. Es schien meine Rolle zu sein. Ein wenig mehr Geld zu haben, ein wenig besser zu leben, ging für mich nur über Leiden, hatte ich verinnerlicht.

Vor mir selbst hielt ich die ehrenwerte Ansicht aufrecht, ich sei ausgezogen, um meiner Oma nicht mehr zur Last zu fallen. Das war auch die Wahrheit. Die halbe zumindest. Der andere Teil der Wahrheit bestand darin, dass ein 18-Jähriger wahnsinnig wird, wenn er mit einer alten Dame zusammenlebt, deren Welt zwangsweise vor allem aus Butterpreisen und Hosenflicken besteht.

Nur am 25. September war bei meiner Oma jedes Jahr alles anders. Da feierte sie Geburtstag. Und zwar im großen Stil. Bereits Tage zuvor fing sie an, Kuchen zu backen. Wenn die Onkel, Tanten, Cousins am 25. eintrafen, sahen sie nichts mehr vom Wohnzimmertisch vor lauter Kuchen und Torten, acht mindestens. Abends gab es Würstchen mit Brot und Senf. Aber welche Vielfalt an Würsten! Krakauer, Frankfurter, Oppelner …

Mit 13 hatte ich angefangen, meiner Oma zum Geburtstag eine Blume zu schenken, immer dieselbe Sorte, ein lilafarbenes Alpenveilchen aus der Gärtnerei auf der Sinnersdorfer Straße. Am 25. September schien unser Reihenhaus zu summen und zu brummen. Ich aß noch eine Frankfurter, obwohl ich schon längst satt war, und dann noch eine.

Ich hoffte sehnsüchtig, dass etwas Besonderes aus mir werden würde, und begann eine Lehre als Maurer. Den Widerspruch sah ich nicht. Mit 18, nach der Schule, haben womöglich die meisten das Gefühl, dass die Welt ihnen offensteht und schon bald auch gehört. Auch wenn sie in der Realität jeden Morgen um sechs

Uhr aufstehen, um Zementsäcke zu schleppen und Mauersteine weiterzureichen.

Ich hatte nach der Schule mit den Bewerbungen so lange gezögert, bis all die üblichen Ausbildungsplätze, als Werkzeugmacher bei Ford oder Tiefbauer bei Rheinenergie, vergeben waren. Meine Oma aber bestand darauf, dass ich sofort eine Ausbildung begann, egal welche, Hauptsache, eine anständige Ausbildung. Ich fand auf die Schnelle nur eine. Philipp Holzmann suchte noch Maurerlehrlinge.

Das Problem war nicht, dass ich um 6.30 Uhr auf dem Bau sein musste, das Problem war auch nicht, dass die Kälte in die Nieren drückte, wobei das natürlich schon Probleme waren, aber das wirkliche, das richtige Problem war: Die Arbeit war einfach nichts für mich.

Um zehn sah ich auf die Uhr und war entsetzt: Was, erst so wenig Zeit vergangen?

Nach einigen Monaten schlugen mir die Vorgesetzten eine Umwandlung meiner Lehre vor. Ich könnte bei ihnen auch die Ausbildung zum Zimmermann einschlagen, die bereits absolvierten Monate würden angerechnet.

Zimmermann klang besser als Maurer. Ich war jedoch weiterhin auf denselben Baustellen zugange, bei derselben Arbeit. Wir richteten große Holzwände auf und gossen Beton in den Zwischenraum der Holzkonstruktion. So entstanden Betonwände.

Morgens um sieben, wenn wir schon angefangen hatten, kamen die Gefangenen. Philipp Holzmann beschäftigte Straftäter mit guter Führung als Hilfsarbeiter. Nachmittags um 16 Uhr kehrten sie ins Gefängnis zurück. Auf der Baustelle gab es schon mal Stress, die Türken mit den Italienern, die Griechen mit den Gefangenen. Ich verstand mich mit allen.

Ich hieß Toni auf dem Bau. Volker konnten viele der Ausländer nicht aussprechen.

Ich versteckte dem einen Bauarbeiter den Hammer, ich goss dem anderen heimlich Wasser in die Bierflasche. So unterhielt ich die Kolonne. Ich träumte von einem guten, erfolgreichen Leben, und die Tage vergingen mit der monotonen Arbeit auf dem Bau. Einmal stellte ich den Kasten Bier der Kollegen in die pralle Sonne. Das war wohl etwas zu viel der Scherze gewesen. Sie packten mich und hängten mich mit dem Sicherheitsgurt an den Kran. Der Kranführer zog das Kranseil an und schleuderte mich ein paarmal durch die Luft. Einen Meter über der Erde ließ er mich am Seil zappeln. Die Kollegen traten heran. Einer, der das warme Bier schon im Mund gehabt hatte, holte mit aller Kraft aus. Mit der flachen Seite der Schippe schlug er auf meinen Hintern ein, sodass ich alleine von der Wucht ein paar Zentimeter vor und zurück schwankte.

3

Bofrost-Hero

Am Montag einer ganz normalen Woche, in der nicht vorgesehen war, dass sich mein Leben für immer verändern sollte, stürzte ich rückwärts aus sechs Metern Höhe vom Baugerüst.

Wir bauten im Sommer 1986 die Pulheimer Stadthalle, ich war dabei, irgendeine Holzplatte zur Einschalung anzunageln, als ich mich mit dem Rücken an die Gerüststange hinter mir lehnte. Die Stange war nicht richtig eingerastet.

Ich hatte keine Zeit zu reagieren. Ich fiel einfach, Rücken voraus. Ich war 20.

Ich hätte auf den Asphalt der Straße aufschlagen können, ich hätte auf eine unserer Betonmischmaschinen prallen können. Aber ich landete im Sandhaufen. Ich glaube, es war der einzige Sandhaufen, der weit und breit auf unserer Baustelle lag.

Unter Schock schleppte ich mich zum Arzt. Er schrieb mich für eine Woche krank. Ein paar Prellungen, mehr sei doch nicht. Offenbar war ich auf dem Hintern gelandet.

Einen Montag später dachte ich: Jetzt stehst du tatsächlich schon wieder hier auf dem Gerüst. Nicht einmal richtig lange krankschreiben klappt. Ich war bereits ein, zwei Stunden mit Hammer und Nägeln zugange, als ich mich umdrehte, um irgendetwas zu holen. Ich sah hinunter, und die Welt begann sich zu drehen.

Ich musste mich festhalten. Der Schwindel schien meinen ganzen Körper zu ergreifen. Alles zitterte, alles wackelte. Alles drehte sich. Mit kleinen, tapsigen Schritten, einen Fuß vor den anderen, die Hände immer am Geländer, schaffte ich es herunter. Alle Kraft und jegliches Gleichgewicht schienen aus meinem Körper entwichen. Ich war nur noch eine wacklige Hülle.

Der Polier glaubte, ich wolle ihn verarschen. Ich würde eine Show abziehen, um blauzumachen.

Vielleicht glaubte er das auch noch, als er Tage später die Nachricht erhielt, ich würde nie mehr auf den Bau zurückkehren. Denn Höhenangst ist für einen Zimmermann eher weniger geeignet.

Höhenangst entsteht nicht selten durch einen traumatischen Sturz, erklärte mir der Arzt. Ich hatte meine Facharbeiterausbildung zum Zimmermann bei Philipp Holzmann gerade abgeschlossen, ich wartete nur noch auf die Ergebnisse der Abschlussprüfung und war auf einen Schlag für den Beruf nicht mehr geeignet, den ich erlernt hatte. Ich fand es nicht wirklich dramatisch. Ich war froh, mit gutem Grund das Baugewerbe hinter mir zu lassen.

Wie nicht wenige 20-Jährige machte ich mir um die Zukunft keine Sorgen. Ich war vollauf damit beschäftigt zu leben. In Pulheim gab es eine Diskothek, das *Treppchen*, rund herum ein paar Kneipen und Parkplätze, dort konnte man sich zeigen. Ich hatte Freundinnen, gelegentlich auch Mädchen, die irgendwie nicht ganz Freundinnen waren, so ganz klar musste man das mit 20 nicht definieren.

Ich würde doch nicht gleich die nächste Lehre machen. Ich würde einfach irgendwie genug Geld zum Leben verdienen, am besten richtig viel Geld. Ich ging wieder in die Wellpappenfabrik. Nachmittags und abends, nach der Frühschicht, klapperte ich Hochhäuser ab. Ich hatte schon während der Ausbildung bei Philipp Holzmann nebenbei als Versicherungsvertreter gearbeitet. Jemand, den jemand kannte, den ich kannte, machte das. Ich hatte ihn angequatscht, ob da nicht auch für mich Platz wäre.

Ich arbeitete rein auf Provision, Geld gab es nur, wenn ich eine

Versicherung verkaufte. Ich ging davon aus, das sei so üblich. Ich glaube, das war auch üblich.

Hochhäuser waren besser als Reihenhaussiedlungen. Du konntest schneller eine Masse Leute abklappern.

An den Wohnungstüren verwandelte ich mich in eine Jukebox. In mir hatte ich so viele verschiedene Schallplatten, und wenn der Herr oder die Dame ihre Wohnungstür öffneten, dann wusste ich nach wenigen Sekunden instinktiv, welche Knöpfe der Jukebox ich drücken musste, E4, F1 oder A7, damit genau die richtige Schallplatte aufgelegt wurde, um den Mann oder die Frau anzusprechen.

Jüngere Menschen kennen vermutlich gar keine Jukebox mehr. Die müssten sich mich als Spotify-Musikstreamingdienst vorstellen: Die Wohnungstür geht auf, ich sehe den Mann, seine seit Tagen nicht mehr gewaschenen, aber akkurat gescheitelten Haare, ein verblichenes, aber ordentlich in die Hose gestecktes Hemd, und ich spüre sofort, welches Lied er gerne von mir hören will.

»Guten Tag, Volker Struth mein Name. Ich habe eine Frage: Ist Ihnen die Sicherheit Ihrer Familie eine Mark wert?«

»Wie?«

»Wir haben eine Unfallversicherung entworfen, die Sie nur eine Mark am Tag kostet. Nur eine Mark! Wie schnell ist eine Mark ausgegeben, für fünf Zigaretten oder eine Tafel Schokolade, eine Mark am Tag, das würden Sie gar nicht spüren, und Ihre Familie wäre abgesichert.«

An der nächsten Tür öffnete ein Mann mit Schalk in den Augen, und die Platte wechselte sofort. »Jetzt mal unter uns, wie schnell ist eine Mark am Kiosk ausgegeben. Investieren Sie die Mark mal für etwas Gutes, in diese Versicherung, dann schimpft auch Ihre Frau nicht mehr so, wenn Sie sich mal ein Bier am Kiosk gönnen.«

Selbstverständlich gab es Hochhäuser, wo ich an 36 Türen klingelte, 36-mal die richtige Platte in der Jukebox fand und trotzdem keine einzige Versicherung verkaufte. Das gehörte zu dem Job.

Die Zurückweisung traf mich genauso wie jeden anderen. Es

schmerzte. Bloß überwand ich mich jedes Mal weiterzumachen. Ich klingelte beim 37., und die Jukebox ging schon wieder an.

Ich glaube, diese Fähigkeit haben nicht allzu viele Menschen: sich von ständiger Ablehnung nicht entmutigen lassen. Ich frage mich, ob ich mir diese Hartnäckigkeit unbewusst in meiner Kindheit angeeignet habe. Als ich ständig Ablehnung erfuhr.

»Nur eine Mark am Tag, Sie werden das nicht bereuen.« Das Gefühl, wenn der Herr an der 37. Tür im Hochhaus den Vertrag zur Unfallversicherung unterschrieb, war sagenhaft. Eine Explosion von Glück, das meinen ganzen Körper pochen ließ. Ich hatte es geschafft. Ich hatte irgendetwas geschafft.

Nach zwei, drei Jahren verkaufte ich so viele Unfall- und Lebensversicherungen, dass ich glaubte, ich sei wer. Hier kam der Struth! Ich kaufte mir einen Ford Escort, natürlich einen Ford, aber ein Cabriolet. Den parkte ich samstagnachts, so nah es ging, vor dem *Treppchen*. 1989 meldete ich mein eigenes Gewerbe an. Ich machte mich als Versicherungsvertreter selbstständig, mit 23. Ich warb bei allen möglichen Bekannten, sie sollten ihren Bekannten meine Versicherungen verkaufen, bei der Provision würde ich nicht kleinlich sein. Das System schien bequemer als die Kaltakquise. Trotzdem klapperte ich unverändert auch selbst die Hochhäuser ab. Fleiß und Ehrgeiz kamen bei mir zusammen: Ich wollte mehr.

Das Fußballtraining verpasste ich immer öfter, weil ich stets noch irgendeinen Job erledigen musste. Ich wechselte von einem Amateurverein zum anderen, ich dachte, du musst auch da höher hinaus, und drückte die Traurigkeit weg, wenn ich wegen der Arbeit wieder nicht zum Training kam.

Genauso verdrängte ich es zunächst auch, wenn die Leute an der Tür sagten: »Unfallversicherung, Jung, da muss ich dir mal was erzähln.« Die Erzählung endete immer damit, dass sie jemanden kannten, der jemanden kannte, der eine solche Versicherung abgeschlossen und nach einem Arbeitsunfall doch nicht seine Prämie erhalten hatte. Ich dachte, das ist mir doch egal. Ich glaubte an die Versicherungen, das mit der Unfallversicherung für eine Mark – nur eine Mark! – war doch eine tolle Sache. Aber nach und nach verschlissen diese Erzählungen der

Mieter meinen Elan für den Versicherungsverkauf. Als ich wenig später in einer Zeitungsannonce las, der Tiefkühldienst Bofrost suche Fahrer, dachte ich, Mensch, wenn du so einen Job hättest, von 8 bis 16 Uhr, dann könntest du auch wieder regelmäßig zum Fußballtraining gehen. Und so schloss ich meinen Versicherungsvertrieb Knall auf Fall und heuerte bei Bofrost an. Ob ich Tiefkühlerbsen und gefrorenen Fisch statt Unfallversicherungen verkaufte, schien mir keinen großen Unterschied zu machen.

Ich trieb durch das Leben. Angetrieben wurde ich nur vom diffusen Gefühl, »es schaffen« zu wollen. Was genau, wusste ich nicht.

Morgens füllte ich den Kühllaster im Lieferzentrum Dormagen-Hackenbroich. Die selten gefragte Ware ganz nach hinten, die Renner davor, damit ich sie schnell zur Hand hatte. Eiscreme Vanille-Bourbon war der Hit, Bestellnummer 022. Ich kann die Bestellnummern 30 Jahre später in der Mehrzahl noch auswendig, Rahmspinat Nummer 752, Apfelrotkohl 753. Die Gemüseprodukte bildeten die 700er Reihe, die Kartoffelprodukte die 600er.

Der Kölner Norden war mein Revier. Ich lieferte den Fisch und die Tiefkühlerbsen an die bestehenden Kunden und klingelte stets bei den Nachbarn.

Damals in den Achtzigern lief oft ein Lied im Radio, *Jukebox Hero* von Foreigner. Ich war der Bofrost-Hero.

Ich zog mehr Kunden an Land als die meisten Vertreter.

»Guten Tag, Volker Struth mein Name. Von Bofrost. Ich habe dem Herrn Lindemann von nebenan gerade seinen Fisch gebracht, und da dachte ich spontan, ich tue Ihnen auch etwas Gutes. Wollen Sie mal unser Vanille-Bourbon-Eis probieren?«

Vielleicht übersah die Neukundin in dem Moment tatsächlich, dass sie, nicht ich, für das Eis bezahlte.

Samstags nahm ich Micky mit auf meine Tour. Wir waren bald Mitte 20 und noch immer gerne einfach so zusammen wie mit zwölf, als ich beim FC zur zweiten Halbzeit einen Platz auf der Haupttribüne Oberrang für uns erbettelt hatte.

»Wenn du mitkommst, lade ich dich heute Nachmittag zum FC ein«, sagte ich nun samstagsmorgens. Micky musste mir auf der Bofrost-Tour nicht helfen. Es genügte, wenn er dabei war. Nach der Arbeit kaufte ich uns zwei Karten für das Bundesligaspiel des FC, Haupttribüne Oberrang.

Wenn der FC spielte, Bodo Illgner, Pierre Littbarski, Thomas Häßler, dann schlug mein Herz, dann spürte ich alles intensiver, die Freude, das Glück, das Leid. Dann fühlte ich: Hier gehörte ich dazu.

Eines Morgens war ich in Worringen, ganz im Norden von Köln, als ich den Bofrost-Laster herumriss. Ich fuhr zurück ins Lieferzentrum nach Dormagen. Es war gegen elf am Morgen, ich hatte noch zehn, zwanzig Kunden vor mir. Ich sah den Blick des Chefs, als ich in die Zentrale kam: Was machen Sie denn hier?

»Ich bin raus«, sagte ich. »Ich hör auf.«

Die meisten hätten wohl die Kündigungsfrist eingehalten oder wären zumindest die Tagestour noch zu Ende gefahren. Bei mir jedoch war es oft so: Ein Entschluss arbeitete in mir, er brauchte Zeit zu reifen, es dauerte, bis ich die Sache klar sah; dann aber traf ich die Entscheidung jäh und setzte sie auch augenblicklich um.

»Passen Sie auf, ich will da jetzt nicht groß drüber reden«, sagte ich dem Chef. »Aber ich hab ein Angebot.« Ich legte den Autoschlüssel auf seinen Tisch und ging durch die Tür.

Ich hatte kein Angebot. Mir war nur auf einmal klar geworden, dass ich nicht mein ganzes Leben lang den Leuten was Gutes, was richtig Gutes, mit Vanille-Bourbon-Eis tun wollte.

Das Arbeitsamt vermittelte mir eine Umschulung vom Zimmermann zum Industriekaufmann. Man musste doch was Ordentliches lernen. Die Überzeugung meiner Oma hatte sich unbewusst in meinem Hinterkopf eingenistet, auch wenn ich glaubte, gegen den Lebensstil meiner Oma zu rebellieren. Ich besuchte sie Anfang der Neunziger, mit 24, noch immer regelmäßig.

Mehr Stunden als bei ihr verbrachte ich jedoch im Lieferwagen. Ich jobbte. Ich brauchte mehr Geld als den Umschulungslohn. Ich brauchte vor allem den Kick, noch etwas anderes, etwas mehr zu tun als das Gewöhnliche. Im Schlachthof wuchtete ich riesige Kübel voller Fleisch auf ein Brett mit Rollen, brachte es zum Fließband und schüttete das Fleisch auf das Band. Eine Gyrosmaschine schnitt es in feine Scheiben. Dann wurde es wieder für den Gyrosspieß zu einem dicken Klotz gepresst. Ich meine, Micky war einmal dabei und musste sich übergeben. Micky meint, ich hätte ihm nur von der Arbeit erzählt und er hätte sich fast übergeben müssen. Wie dem auch sei, beide Versionen fassen meine Arbeit dort recht anschaulich zusammen.

Beim Schlachthof wurde ich nur tageweise als Aushilfe benötigt, also heuerte ich noch bei einem Spediteur an. Ich stand fortan um 21 Uhr auf. Von 7 bis 15 Uhr war ich bei der Umschulung, danach schlief ich. Am Abend stand ich auf und packte zunächst beim *Stadt-Anzeiger* den Lieferwagen der Spedition mit den Zeitungen von morgen voll und brachte sie den Austrägern. Dann, gegen drei am Morgen, fuhr ich zur Milchversorgung Rheinland am Bonner Wall. Ich lieferte die Milch an die Kölner Schulen aus. Ich hatte das Radio im Lieferwagen an und dachte an nichts. Manchmal konnte ich noch ein, zwei Stunden schlafen, bevor am Morgen die Umschulung wieder begann. Manchmal ging ich auch direkt vom Milchausfahren zum Unterricht.

Im April 1993, mit knapp 27 Jahren, durfte ich mich Industriekaufmann nennen. Ich hatte einen anständigen Beruf erlernt. Ich konnte ein Leben beginnen, das meine Oma ordentlich nannte. Ich fragte herum, ob jemand eine Stelle für mich wusste. Ein Mitspieler aus dem Fußballklub meinte, sein Vater suche Außendienstler. Er vertrieb Büroartikel. Wenn er Wasserfilter vertrieben hätte, hätte ich die an den Mann gebracht, ich hatte kein Faible für Büroartikel, es ergab sich einfach. Ich wusste nur: Verkaufen, das konnte ich. Verkaufen, das war mein Kick, meine Sucht – zu spüren, ich schaffte es, ich überzeugte die Kunden. Ist die Sicherheit Ihrer Familie Ihnen eine Mark wert? Tun Sie sich doch mal was Gutes!

Wenige Monate nachdem ich als Angestellter im Büroartikelhandel eingestiegen war, kam mein Gehalt nicht. Ja, da gebe es gerade Probleme in der Buchhaltung. Vier Wochen später war das Gehalt noch immer nicht da und das folgende auch nicht.

Ich war beim Versuch, einen ganz normalen, ordentlichen Beruf auszufüllen, an ein Unternehmen geraten, das vor dem Konkurs stand.

4

Da simmer dabei

Die Jukebox lief noch. Die Jukebox lief immer.

»Ach, Sie machen das Büromaterial hier! Struth mein Name, Volker Struth«, fester Händedruck, zurückhaltendes Lächeln. Ich war beim ersten Kontakt nie aufdringlich oder forsch. Ich war respektvoll, vorsichtig, um rauszuhören, welchen Ton mein Gegenüber bevorzugte. Die meisten Menschen kaufen bei demjenigen, der ihnen sympathisch erscheint, nicht bei dem, der sie überrollt.

Sie bezögen das ganze Material doch schon von einem langjährigen Lieferanten, sagte der Einkäufer, sagten die Einkäufer immer.

Die Jukebox lief einfach weiter. Ich erwähnte, wie schön hell das Büro hier doch sei oder, ach, ich sähe gerade, dass sie Canon-Tintenstrahl-Drucker hätten, seien die wirklich besser als die von HP? Es ging darum, ins Gespräch zu kommen.

Ich weiß nicht mehr, wann genau mir aufging, dass dies auch ein Talent war: empathisch sein. Möglicherweise war es das einzige Talent, das ich besaß. Meine Jukebox spulte nicht mechanisch, berechnend ihre Platten ab. Der Sound meiner Jukebox kam intuitiv, aufrichtig aus meinem Herzen: Ich wollte den Einkäufern gefallen, ich wollte, dass sie mich schätzten. In meiner Kindheit hatte ich ständig darum buhlen müssen, von irgendwem Wertschätzung zu erfahren. Darum ging es im Grunde noch immer, in jedem Verkaufsgespräch.

Wenn das Gespräch über die Helligkeit des Büros, den Tintenstrahl des Druckers oder auch nur über den Regen da draußen in Gang kam, dann irgendwann die vorsichtige Frage: »Sind Sie denn mit Ihrem jetzigen Lieferanten verheiratet?«

Eigentlich habe er keinen Grund zur Klage, sagte der Einkäufer, eigentlich laufe alles bestens mit seinem jetzigen Lieferanten.

»Meinen Sie denn, es gibt trotzdem irgendeine Chance, dass ich auch mal was liefern kann? Der Betrieb, bei dem ich gearbeitet habe, steht vor dem Konkurs, ich muss mich jetzt selbstständig durchschlagen.«

Wenn ich merkte, er rang mit sich, dann wurde die Jukebox forscher, enthusiastischer.

»Was ist denn, wenn Ihnen das Kopierpapier oder der Toner ausgeht? Wann kriegen Sie den Nachschub von Ihrem Lieferanten?«

Am nächsten Tag natürlich.

»Was würden Sie sagen, wenn ich Ihnen garantiere, immer innerhalb von zwei Stunden zu liefern, noch am selben Tag?«

Da war er einen Moment lang stumm. Das hieß, er war fast so weit, »na gut« zu sagen.

»Ein Anruf genügt, und schon bin ich mit Ihrem Material da. Alles, was Sie brauchen, ich liefere es Ihnen. Wirklich alles. Schneller als alle anderen.«

Er konnte gar nicht mehr anders, als »na gut« zu sagen.

In einer Großstadt wie Köln buhlten gut und gerne 30 Vertreter für Büroartikel um die Gunst jedes Unternehmens. Sie alle hatten exakt dieselben Kataloge mit Leitz-Ordnern und Stabilo-Textmarkern. Die Listenpreise waren vorgegeben, du konntest 25 oder 30 Prozent Rabatt auf den Leitz-Ordner geben. Aber auch das konnten alle.

Du gewannst die Kunden nur für dich, wenn du ihnen das Gefühl gabst: Es ist etwas ganz Besonderes für mich, wenn Sie bei mir kaufen.

»Ihnen besorge ich alles. Was Sie auch brauchen, in zwei Stunden ist es bei Ihnen, das mache ich für Sie.«

Die Einkäufer staunten, das hatten sie noch nicht erlebt. Wie schaffte ich es, ihnen stets wirklich alles, was sie verlangten, tatsächlich innerhalb von zwei Stunden vorbeizubringen?

Der Trick war einfach. Es war eine Frage der Statistik. Es gab zwar Tausende Büroartikel, aber wirklich dringend gefragt waren immer nur dieselben 20, 30 Produkte: Druckertinte der großen Marken, Kopierpapier, Briefumschläge. Diese – und nur diese – 20, 30 Produkte hatte ich auf Vorrat gelagert. Was anderes war kurzfristig sowieso nie gefragt. Oder doch?

»Sie sagen immer, Sie könnten alles, Herr Struth. Dann können Sie hier jetzt mal groß ins Geschäft kommen«, sagte Herr Kaiser, der Einkaufsleiter der Zippel AG. »Der Chef trinkt eine Limo, die heißt Deit.« Von der hatte 1994 noch kaum jemand gehört; die hatte 1994 kaum ein Supermarkt im Sortiment. Eben, sagte Herr Kaiser: »Die kriege ich hier nirgendwo in der Gegend.«

Ich telefonierte mit Getränkegroßhändlern, ich fragte mich von einem zum anderen durch, das Internet war noch ein mysteriöses Ding für ein paar picklige Computerfreaks, und zwei Stunden später lieferte der Büroartikelvertrieb Struth der Zippel AG kistenweise Limonade.

»Alles aus einer Hand«, nannte ich das Motto meines Büroartikelverkaufs. Herr Kaiser bestellte fortan auch Katzenfutter bei mir. Auf dem Firmengelände der Zippel AG hauste gut ein Dutzend frei laufender Katzen.

Schon seit Jahren führte ich diese Verkaufsgespräche mit brennender Freude, egal, ob ich Versicherungen, Vanille-Bourbon-Eis oder nun Kopierpapier feilbot. Mit 28, als selbstständiger Büroartikelhändler, begann ich allerdings erstmals, strategisch weiterzudenken. Ich wollte nicht mehr nur irgendetwas verkaufen, fünfmal am Tag, sondern versuchen, auf dem Verkaufsgeschick eine Firma aufzubauen.

Es lag daran, dass ich zum ersten Mal im Leben eine Familie hatte. Aus der Gewissheit, für eine Familie zu sorgen, begann ich, strukturierter, zielgerichteter zu arbeiten.

Ich hatte meine zukünftige Frau Tina in der Klapsmühle kennengelernt. So hieß das Tanzlokal.

Ich spürte sofort am ersten Abend, bei ihr musste ich mich nicht verstellen. Mit ihr konnte ich über das Leben, Kopierpapier oder sogar über mich reden; jedes Thema schien zu passen.

Nachdem wir drei Monate ein Paar waren, stellte sie mich im Mai 1994 ihren Eltern vor. Wir trafen uns auf neutralem Grund, im Kölner Brauhaus *Zum Goldenen Kappes*. Der Abend wurde lang und länger, und als ich irgendwann auf die Toilette musste, stand plötzlich Tinas Vater neben mir.

»So, Jung, jetzt sag mal: Was gibst du mir denn für meine Tochter?«

»Wie?«

»Ja, das kostet Geld. Das fängt mit dem Abend hier an, das kannst du alles bezahlen.«

Ach du Scheiße. Ich hatte nur 40 Mark in der Tasche. Das reichte niemals. Ich besaß nicht viel Geld, ich hatte gerade erst meinen Büroartikelvertrieb gegründet. Und das hatte ich Tinas Vater doch gerade auch alles offenherzig erzählt.

»Ich habe dem Jung gerade gesagt, nur damit das klar ist: Das ist alles teuer hier. Das kann er alles bezahlen«, sagte Tinas Vater zu seiner Frau, als wir an den Tisch zurückkamen.

»Dieter! Also wirklich!«

Dieter lachte laut, weil nicht nur ich, sondern offenbar auch seine Frau auf seinen Humor reingefallen war.

Am nächsten Morgen, als ich bei ihnen zu Hause aus Tinas Zimmer an den Frühstückstisch kam, hatte mir Dieter wieder etwas zu sagen: Wenn ich wollte, könnte ich bei ihnen einziehen. Im Keller war auch noch Platz, da könnte ich mein Büro einrichten. Ich glaube, meine Augen wurden feucht. Die von Tina waren es auf jeden Fall.

Im Oktober 1994 sagte mir Tina, dass sie schwanger war. Am 16. Dezember 1994 heirateten wir. Es kam mir nicht vor, dass alles schnell ging. Ich dachte einfach: So muss es sein, wenn man das Glück findet.

Zum ersten Mal im Leben sagte ich »Papa«. Dieter war zwar mein Schwiegervater, aber er war wie ein Vater, seine Frau Käthe wie meine Mutter.

Meinen Hochzeitsanzug konnte ich gut gebrauchen. So hatte ich für die Arbeit wenigstens zwei Anzüge zur Auswahl. Meine Notration an Kopierpapier, Toner und Leitz-Ordnern für die Sofortlieferungen durfte ich in Dieters Garage deponieren. Nach einigen Monaten parkte Dieter seinen 120er Mercedes am Straßenrand. In der Garage war kein Platz mehr für das Auto, vor lauter Kartons und Packungen Büromaterial.

»Mein Mercedes müsste mal in die Waschanlage. Der staubt ja auf der Straße ein«, sagte Dieter, oder: »Erst nimmst du dir meine Tochter, dann meine Garage, und irgendwann muss ich dich noch fragen, ob ich in meinem Haus wohnen darf?«

Wir lachten gemeinsam.

Dieter war nicht zu Hause, als ich einen Anruf von BMW Hammer bekam. Der Einkäufer war ganz aufgeregt. Ob ich glaubte, mein Lieferant sei wirklich für die Arbeit geeignet, der gute Mann atme so schwer und wackle unter der Last der Kartons so heftig, dass sie schon mal vorsorglich den Notarzt rufen würden.

Ich verstand gar nichts. Welcher Lieferant? Die Kartons mit den schwarzen Mappen für BMW Hammer standen doch noch bei mir in der Garage?

Dieter, der unter starkem Rheuma litt und die künstliche Hüfte nur schwerlich vorschieben konnte, hatte die Kartons mit Lieferschein in der Garage gesehen und war mit ihnen in seinem angeblich verstaubten 120er Mercedes mal eben losgefahren, ohne etwas zu sagen. Er wollte einfach helfen.

Tinas Familie hatte keine Hobbys, da baute niemand Modelleisenbahnen oder ging wandern. Man kam zusammen zum Frühstück oder im Brauhaus; gesellig sein, zusammenhalten, darum ging es. Ansonsten wurde gearbeitet. Dieter hatte vom Fliesenleger zum Masseur umgeschult, Tina war bei der Post.

Ich stellte einen Frührentner ein, Rolf Schmitz. 1,60 Meter groß, vielleicht 60 Kilo schwer, wurde er meine erste Geheimwaffe. In Branchen wie dem Büroartikelvertrieb musst du die

Nuancen finden, mit denen du dich abhebst. Rolf Schmitz war immer im Bereitschaftsdienst. Bekam ich einen Auftrag, schickte ich ihn sofort los, die Ware zu besorgen und auszuliefern. Damit konnten wir uns von den anderen absetzen: schneller sein.

Micky erzählt immer, ich sei im Mai 1994 mit zwei Plastiktüten in den Händen bei Tina eingezogen. Darin sei meine ganze Habe gewesen. Ganz so war es nicht. Eine Sporttasche und einen blauen Müllsack benötigte ich, um meine gesamten Habseligkeiten zu transportieren.

Ich besaß keine Möbel, kein Geschirr. Ich hatte mich nach der Pleite meines Arbeitgebers ohne ein Büro, nur mit einer Handvoll Kunden selbstständig gemacht. »Mein Kuli-Verkäufer«, sagte Tina, wenn sie gut drauf war.

Sieben Jahre später belieferte ich über 400 Kunden, von der Kassenärztlichen Bundesvereinigung bis zum familiären Informatikunternehmen. Ich saß in einem Büro mit fünf Mitarbeitern hinter großen Glasfassaden in Frechen, wir machten zwei bis drei Millionen Mark Umsatz. Dieters Mercedes konnte wieder in der Garage parken. Wir hatten ein Lager angemietet.

Die Jukebox hatte ihre Bestimmung gefunden. Ich arbeitete, damit es meiner Familie gut ging. Im Juni 1995 war unsere Tochter Jessica geboren worden, drei Jahre später unser Sohn Luca.

Ich weiß, die meisten Menschen glauben bei der Geburt ihrer Kinder, so ein Glück hätte noch nie ein Mensch verspürt. Aber ich war mir bei Jessicas und Lucas Geburt ganz sicher: So ein Glück hatte noch nie ein Mensch verspürt.

Der Pioniergeist aus den Anfangsjahren trug mich noch immer. Auch wenn ich um das Jahr 2000 ein Firmenchef mit all diesen Aufgaben wie Delegieren, Motivieren, Kontrollieren geworden war, so blieb der Kern meines Unternehmens die Fähigkeit, mit Menschen zu sprechen.

Verkaufen bedeutet: instinktiv zu erkennen, was der Kunde will, auf welche Ansprache er reagiert. Einfach nur zehn Platten in der Jukebox haben und die runterleiern bringt nichts. Die Natürlichkeit, die Schlagfertigkeit und die Fähigkeit, zuhören zu können, machen die Musik, und immer muss dabei der Wille durchscheinen, diesen Auftrag unbedingt zu wollen. Vor allem: Du musst diesen Auftrag wirklich besser erledigen wollen als jeder andere; egal, ob du schon 400 andere Aufträge hast.

Lächelnd erinnerte ich mich, wie ich zu Beginn meiner Zeit als Kuli-Verkäufer selbst aus dem Urlaub meinen Großhändler angerufen hatte, um zu überprüfen, ob alles seinen Gang ging.

»Gut, dass du anrufst«, hatte der Großhändler gesagt. »Hier kommen immer nur leere Blätter von deinem Faxgerät an.«

Dieter hatte sich bereit erklärt, in meiner Abwesenheit die Bestellungen an den Großhändler weiterzuleiten. »Hör mal, Papa«, fragte ich, »kann es sein, dass du die Aufträge verkehrt herum ins Faxgerät legst?«

Die Firma unter uns im Bürohaus in Frechen fragte, ob ich mal vorbeikommen könne. Freudig klemmte ich mir unseren Katalog unter den Arm. Das sollte ein einfaches Geschäft werden, wenn die WIGE Sports von sich aus auf mich zukam.

Als ich zum Termin erschien, hatte Strecker, ihr Chef, die Füße auf dem Tisch.

»Hören Sie mal«, begann er, »ich sehe Sie hier morgens immer so zackig ins Büro marschieren. Was machen Sie eigentlich?«

Unser Katalog lag vor mir, *Alles fürs Büro*.

»Büroartikel? Lassen Sie es. Akquirieren Sie für mich Fußballspieler.«

Die WIGE produzierte Sportübertragungen für das Fernsehen und versuchte sich neuerdings als Beratungsagentur für Fußballspieler.

Der Profifußball hatte für mich noch immer denselben Zauber wie als Kind. Ich lehnte trotzdem, ohne zu zögern, ab. Ich konnte das nie mehr, war ich mir sicher: für jemand anderen arbeiten. Und schon gar nicht für einen Chef, der die Füße auf den Tisch legte.

Es blieb ein Gag, den ich gerne erzählte: Da wollte mich jemand als Spielerberater einstellen, und ich erschien mit unserem Kugelschreiberkatalog unter dem Arm.

Statt Fußballspieler vertrieb ich neuerdings auch Feuerzeuge und Schals von Fußballklubs. Ein Bekannter von einem Bekannten hatte mich gefragt, ob ich nicht seinen Werbeartikelhandel übernehmen wolle. Er gehe in Rente, und sein Sohn sehe sich eher als Mitarbeiter denn als Firmenchef. Heinz Hornig hieß der Mann. In seinem ersten Leben war er Weltmeisterschaftsfinalist gewesen, 1966 mit der deutschen Fußballnationalelf. Ich stellte seinen Sohn Michael ein, und das Werbegeschäft schien so mitzulaufen. Bis mich Heinz Hornig fragte, ob ich nicht jemanden vom Karneval kennen würde. Beim Karneval müsse man doch irgendwas mit Werbeartikeln machen können. Die hätten doch immer dieses Karnevalsmotto, wenn wir das auf Feuerzeuge oder so druckten.

Karneval, überlegte ich, das bedeutete Kölner Leben, hohe Identifikation mit der Stadt. »Lass uns da noch mal weiterdenken.«

Im Fußballstadion kam es mir dann. Die Fans hielten ihre rotweißen FC-Schals hoch, Kölner Leben, Identifikation mit der Stadt – Mensch, was, wenn wir Karnevalsschals produzierten?

Die Gedanken rasten schon.

Karnevalsschals – aber was drucken wir da drauf, überlegten Heinz Hornig und ich. Na, das Karnevalsmotto!

Über jemanden, der jemanden kannte, bekam ich einen Termin beim Präsidenten des Festkomitees, Hans-Horst Engels.

»Ich möchte gerne die Lizenz für das Karnevalsmotto kaufen.«

Das hatte er noch nicht gehört.

Ich nahm drei vergebliche Anläufe bei Hans-Horst Engels. Beim vierten Versuch erhielten wir einen Vertrag über fünf Jahre, um das Karnevalsmotto auf Schals vermarkten zu dürfen. Die Lizenzgebühr betrug einen Euro pro Schal.

Es war Januar, der Karneval 2002 stand bereits vor der Tür. Auf die Schnelle ließen wir 1000 Schals herstellen.

»Janz Kölle es e Poppespill«, lautete das Motto.

Mein Freund Jürgen kam mit seinem alten Wohnmobil auf die Domplatte. Er gestaltete den Wagen kurzerhand zu meinem Verkaufsstand um. An einem Tisch vor dem Wohnmobil verkaufte ich die Schals am Karnevalssonntag und Rosenmontag persönlich. Ich ging nicht feiern. Der Verkauf war meine Feier: Ich war berauscht, dass die Schals weggingen.

Das war die große Wertschätzung meines Lebens: Jemand kaufte bei mir.

Freitagabends bei einem Kölsch in seiner Stammkneipe *Zur alten Zollgrenze* sagte Dieter zu mir: »Meinste, das ist so richtig, Jung, das mit den Schals? Du hast doch mit dem Papier so viel Erfolg, das läuft doch so gut. Da brauchst du doch nicht mit den Schals ins Risiko gehen. Ach.«

Ich hörte ihn schon nicht mehr. Das mit den Schals musste ich im nächsten Jahr in viel größerem Stil aufziehen.

Was, wenn ich etwa den Schalverkauf mit einem sozialen Zweck verbinden würde? Die Zeitungen schrieben viel über den maroden Zustand der Kölner Schulen. Also, vom Verkauf jeden Schals fünf Euro für die Kölner Schulen.

Ich ging zu meinem Nachbarn, der als Marketingleiter des Lackfabrikanten Akzo Nobel Deco arbeitete.

Was, wenn sie die Farben zur Schulrenovierung spendeten?

Ich ging zu den Zeitungen – Mensch, es ging um die Kölner Schulen, für so einen guten Zweck mussten sie doch wohl Aufmerksamkeit generieren. Was, lieferte ich ihnen gleich den Inhalt hinterher, wenn sie zum Beispiel ein Gewinnspiel mit den Schals veranstalteten? Wir versteckten die Gesichter Prominenter auf Zeitungsfotos hinter den Schals, und es gewann einen Schal, wer erriet: Wer bin ich?

Ich fragte mich bei Ströer Werbung durch, hören Sie mal, es geht hier um die Kölner Schulen, da sollten Sie mir doch Werbefläche in der Stadt kostenlos zur Verfügung stellen. Ich dichtete den Slogan für die Plakate: »Kölsche Schule' weede schön, wenn Jecke im Sessionschal gehn«.

Die Gedanken sprangen, die Jukebox lief. Niemand sagte Nein.

Niemand traute sich, Nein zu sagen.

Coca-Cola nahm 2000 Schals für seine Kunden ab. Ich entwickelte all diese Ideen selbst, und ich ging persönlich zu all den Unternehmen. Ich umwarb die Prominenten für die Gewinnspielaktion des *Kölner Express*, Dieter Bohlen, Friedhelm Funkel, Birgit Schrowange. Ich wollte das nicht nur alles selbst machen, ich wollte das auch alles selbst erleben. Wie eine Idee lebendig wurde. Und dann wuchs. Und wuchs.

An Karneval schickte ich verkleidete Verkäuferinnen durch die Stadt. Wir verkauften 40 000 Schals. Das waren 200 000 Euro für die Schulen. Und einiges für meine Firma. Über viele Jahre generierte ich mit den Schals jeden Karneval wieder ähnliche Beträge für die Renovierung der Schulen.

Der *Westdeutsche Rundfunk* lud mich ins Fernsehen ein. Ich war nicht mehr der Kuli-Verkäufer. Ich war der Mottoschal-Erfinder.

Erfinden, das war's. Das war noch einmal ein ganz anderer Kick als nur verkaufen. Erfinden und verkaufen.

Ich gründete eine ganze Kleidungsreihe mit Köln-Pullovern, Köln-T-Shirts, Köln-Baseballkappen. Ich entwarf den Sponsorenschal: Auf einer Seite des Schals die Farben und das Wappen des FC, auf der anderen die des Sponsors, zum Beispiel RheinEnergie. Ich ließ mir einen Termin beim Marketingleiter des Münchner Oktoberfests geben.

»Ich mache in Köln, Düsseldorf und Mainz den Karnevalsschal, gibt es denn etwas Vergleichbares schon hier?«

»Ja, wissen's, es gibt hier so viele Produkte, brauchen wir da wirklich noch einen Schal?«

»Sie haben ja nichts zu verlieren. Geben Sie mir einfach die Lizenz, den Schal zu produzieren.«

Während des Gesprächs sah ich immer öfter am Marketingleiter vorbei. Hinter seinem Schreibtisch hing ein Poster mit einem Dackel. Der gezeichnete Hund trug bayrische Tracht, ein blau kariertes Hemd zu Lederhose und Sepplhut.

»Was ist das denn eigentlich?«

»Was?«

Er drehte sich um.

»Ah, das ist unser Maskottchen. Der Wiesn Wastl.«

Der Wiesn Wastl. Er ging mir nicht mehr aus dem Kopf.

Ich ließ einen himmelblauen Schal mit der Aufschrift »Oktoberfest 2004« und einem Herzchen produzieren, der sich leider nicht so gut verkaufte. Aber das kleine Stofftier, das ich ebenfalls herstellen ließ, wurde ein Verkaufsschlager auf dem Oktoberfest: der Wiesn Wastl, ein Dackel mit Tracht und knallrotem Kopf. Ich wurde zum Anstich des Oktoberfests eingeladen, und als im Festzelt *Viva Colonia* lief, kam mir wieder so eine Idee.

Freitagabends bei einem Kölsch in seiner Stammkneipe *Zur*

alten Zollgrenze sagte Dieter zu mir: »Meinste, das ist so richtig, Jung, das mit dem Oktoberfest in Köln? Du hast doch mit den Schals so viel Erfolg, das läuft doch so gut. Da brauchst du doch nicht mit einem Oktoberfest ins Risiko gehen. Ach.«

Eine viel größere Feier als das Oktoberfest warf Anfang der Nullerjahre ihre Schatten voraus. 2006 würde in Deutschland die Fußballweltmeisterschaft ausgetragen werden. Da wollte ich dabei sein.

Ich wusste bloß noch nicht, wie.

Im Juni 2004 flog ich mit meinem Geschäftspartner Eric Bock zur Europameisterschaft nach Portugal, um zu sehen, wie so ein Turnier ablief, und vielleicht ein paar Geschäftsideen aufzuschnappen. Nachmittags saßen wir in Lissabon in einem Straßencafé. Mein Blick blieb an einem Mann hängen, der mit einem Draht an seiner Autotür herumfummelte. Was machte der da?

Wenig später hing eine portugiesische Fahne an dem Auto, und in meinem Kopf explodierte ein Gedanke. Fähnchen am Auto!

In Deutschland hatten wir seit der Nazizeit ein eher verkrampftes Verhältnis zu nationalen Symbolen gehabt, doch 2004 schien es mir, dass wir Deutsche souveräner wurden, auch im Umgang mit unserer Vergangenheit. Bei der WM würden Millionen Deutsche irgendwie dabei sein wollen. Sie würden ihre Identifikation mit der Nationalelf herausstellen wollen. Und was war der Deutschen liebstes Ding? Das Auto. Was war das simpelste Symbol, seine Unterstützung für die Nationalelf auszudrücken? Die deutsche Flagge.

Fähnchen an den Autos. Das war es!

Gespielt beiläufig ging ich aus dem Café zu der Reihe parkender Autos hinüber. Ich hatte furchtbare Angst. Was, wenn dich jemand erwischt, in Portugal, im Ausland, wenn ein Mob zusammenläuft und schreit: »Haltet den Dieb!«

Das würde die Blamage meines Lebens. Aber ich brauchte diese improvisierte Fahnenhalterung.

Äußerlich ganz lässig, äußerlich ganz ruhig ging ich eine Minute später die Straße hinunter. Die Drahtkonstruktion steckte in meiner Tasche.

Zurück in Köln, übergab ich das portugiesische Bastelstück

einem Produzenten. Das sollte er mal seinen Fabrikanten in China zeigen, damit die daraus eine professionelle Autofähnchenhalterung entwickelten.

Zwei Jahre später, im deutschen Sommer 2006, fuhren Hunderttausende Autos im Großraum Köln mit kleinen Deutschlandfähnchen an den Fenstern.

Im ganzen Land wurden während der WM auf einmal Motorhauben und Autospiegel mit den Deutschlandfarben geschmückt. Andere Händler, auch die großen Supermärkte wie Lidl und Aldi, waren auf das Geschäft sofort aufgesprungen. So geschieht es immer, wenn einer eine gute Idee hat: Wenn er das Produkt nicht selbst in allen Gebieten verbreitet, besetzen andere sofort den Markt.

Obwohl meine Firma mittlerweile rund 100 Mitarbeiter beschäftigte, war ich damals noch nicht so weit, das Geschäft mit den Fähnchen in ganz Deutschland zu betreiben. Ich war ne Kölsche Jung, der nicht über die eigene Stadt hinausblickte, weil für mich – wie doch für jeden Kölner – Köln das einzige, ganze Universum war.

Es ist nicht ausgeschlossen, dass andere anderswo zeitgleich auf die Idee mit den Autofähnchen kamen, aber ich vermute, man hat sie bei mir abgekupfert. In meiner Wahrnehmung war ich der Mann, der die Fahne nach Deutschland brachte.

Viva Colonia, sangen die Kölner während der WM-Spiele im Müngersdorfer Stadion, die ausländischen Fans versuchten einzustimmen, *Viva Angola! Da simmer dabei.*

Und ich war dabei.

Ich hatte mir die Rechte der Stadt Köln für den Fanartikelverkauf während der Weltmeisterschaft gesichert. In den Fan-Zonen, am Flughafen, am Bahnhof, überall poppten meine Stände mit den Fanartikeln auf. Ich verkaufte die T-Shirts und Kappen nicht nur. Ich hatte sie teilweise auch produziert.

Am 2. Juni 2006 rief mich frühmorgens Horst Meyer an, der WM-Beauftragte der Stadt Köln. Ich mag den frühen Morgen nicht. Ich brauche Zeit, bis ich auf Touren komme.

»Wir müssen uns dringend treffen, Volker«, sagte Meyer. »Wir haben ein Riesenproblem.«

In exakt einer Woche wurde die Weltmeisterschaft eröffnet. Ich konnte mir nicht vorstellen, was Meyer meinte.

45 Minuten später traf ich am GAG-Haus am Heumarkt ein, wo die Stadt ihr WM-Hauptquartier eingerichtet hatte. Ich erwartete, Horst Meyer zu treffen, und als ich eintrat, saßen da Meyer, Karl-Heinz Merfeld von Köln Tourismus, der Ordnungsamtschef und vier, fünf weitere hohe Beamte.

Der Unternehmer, der das Catering in den Public-Viewing-Zonen betreiben sollte, war ausgestiegen. Er konnte oder wollte die Garantiezahlung nicht leisten.

Ich hatte den Kontakt zu dem Unternehmer, Hans Flock, hergestellt.

»Und was soll ich jetzt machen, den Flock noch mal anrufen?«

»Nein, du machst das.«

»Was mache ich?«

»Das Catering.«

»Ich?«

In den Fan-Zonen wurden täglich bis zu 75 000 Menschen erwartet, die beköstigt werden wollten. Ich hatte keine Erfahrung im Catering.

Über die Jahre hatte ich wegen all der Lizenzgeschäfte immer wieder in Kontakt mit den hohen Bediensteten der Stadt gestanden und dabei offenbar den Eindruck erweckt, ich hätte für alles eine schnelle Lösung parat.

Ein Jahr zuvor, 2005, hatte ich mit Karl-Heinz Merfeld einen Kaffee getrunken. Der Tourismuschef war so etwas wie ein Freund geworden.

Mensch, so ein Mist mit dem Weltjugendtag, sagte Karl-Heinz beim Kaffee: Es kündigen sich immer mehr Besucher an, wir kriegen die ganzen Ehrenamtlichen gar nicht mehr unter.

»Wie viele sind das?«

Vier- bis fünftausend.

»Der Weltjugendtag ist im September?«

Ja, warum?

»Da sollte es also noch recht warm sein.«

Ja, aber warum?

Weil mir sofort ein Bild in den Kopf gekommen war: die Insel im Fühlinger See. Ich ging mit meiner Frau oft an dem See spazieren, dort überkam mich immer so eine glückliche Zufriedenheit. Dort würden auch 5000 Ehrenamtliche die Idylle genießen.

»Was hältst du denn davon, wenn du die Leute in Zelte packst? Wenn wir am Fühlinger See Kölns größten Campingplatz aufbauen?«

Ja, wie soll das denn gehen, 5000 Mann in Zelte, so viele Zelte hat nicht mal die Bundeswehr frei, und wo sollen die duschen, oder sollen die in den See springen?

»Lass mich mal nachdenken.«

Ein paar Tage später stand ich beim Marketingleiter von German Wings in der Tür. Noch ein paar Tage später sagte er zu. German Wings würde als Sponsor 1800 Zelte produzieren.

Tausende Zelte in eurer Markenfarbe Bordeauxrot, mit dem gelben Namenszug German Wings darauf, hatte ich dem Marketingchef ausgemalt – was meinen Sie, was das für ein Coup für Ihre Firma wird: German Wings hilft der katholischen Weltjugend unentgeltlich aus der Patsche! Was meinen Sie, was das für Fotos gibt: Tausende Zelte in den German-Wings-Farben. Und Sie können sich sicher sein, war ich fortgefahren, dass ich persönlich dafür sorgen werde, dass die Zelte von oben fotografiert werden und die Bilder um die Welt gehen. Die vier Viertel der Zeltstadt, hatte ich noch angeregt, nennen wir Markus, Matthäus, Lukas und Johannes, nach den Evangelisten.

Es wurde die größte Unterkunft des Weltjugendtags, mit Sanitäranlagen, Zeltsupermarkt und Zeltkirche für 5000 Ehrenamtliche.

Ich hatte nur mal einen Kaffee mit Karl-Heinz Merfeld trinken wollen.

Während des Weltjugendtags 2005 stand ich an der Bar im *Hilton*, ich wollte nach einem Termin noch schnell ein Kölsch zu mir nehmen. Ein Mann im unverkennbaren Freizeitlook der Kirchenoberen, irgendwie schwarz, irgendwie steif, stand auch am Tresen. Ich sprach ihn an. Natürlich spreche ich die Leute an, das ist doch das Leben: reden, Leute kennenlernen. Ich erzählte ihm von meiner Zeltstadt, und irgendwie hörte ich raus, dass er tatsächlich ein höheres Amt im Vatikan bekleidete. Da fiel mir Pelé ein.

Der größte Fußballer der Geschichte war auch zum Weltjugendtag gekommen. Mein Freund Reiner Calmund hatte ihn eingeladen, ein Jahr vor der Fußball-WM war das doch eine gute Werbung für den Sport, wenn Pelé beim Weltjugendtag den Papst traf. Bloß hatte der Papst keine Lust, Pelé zu treffen. Calli war schon ganz verzweifelt. Der Pelé war hier und wurde immer mürrischer, weil der Papst Besseres zu tun hatte.

Ich erzählte dem Kirchenmann davon, musste er sich mal vorstellen, der große Pelé, allein, gedemütigt auf seinem Hotelzimmer, den weiten Weg von Brasilien umsonst hergekommen.

»Lassen Sie mich mal was probieren«, sagte der Mann und suchte ein wenig Abstand, um zu telefonieren.

Als ich mich von ihm verabschiedet hatte, rief ich sofort Calli an. »Hör mal, kannst deinem Pelé sagen, morgen kann er dem Papst die Hand küssen.«

Ich erfuhr nie, ob mein Einsatz tatsächlich den entscheidenden Einfluss hatte oder ob jemand anderes auf offiziellem Weg das Treffen arrangierte. Auf jeden Fall empfing der Papst Pelé, als ob er nie etwas anderes vorgehabt hätte.

Doch nun sollte ich innerhalb einer Woche das Catering beim Public Viewing in Köln für die komplette WM 2006 herbeizaubern. Die Stadt verlangte dafür eine Umsatzgarantie von 300 000 Euro. Das konnte ich nicht machen. Das war viel zu riskant, wenn das nicht klappte, waren 300 000 Euro einfach weg.

Das musste ich machen.

In dem Moment, als mich die Stadtoberen gespannt anschauten, sah ich mich selbst als Comicfigur gezeichnet. Mit Dollarzeichen in den Augen. Da brauche ich nicht heucheln, der mögliche fette Gewinn war ein großer Antrieb. Aber über der Comicfigur blitzte, donnerte und rauchte es auch. So vehement und mit solcher Begeisterung dachte ich nach.

Ich liebe den Rausch der Schnelligkeit. Schnell denken, schnell entscheiden, rasend schnell organisieren. Ich holte mir den Vertriebschef von Coca-Cola an die Seite: »Du kennst die ganzen Typen mit den Fress- und Trinkbuden, leg los!« Eine Woche später versorgten rund 50 Imbiss- und Getränkestände die Zehntausenden in den Fan-Zonen, als ob das alles von langer Hand geplant gewesen wäre.

Nicht alle in Köln fanden das fabelhaft. Andere Eventorganisatoren zeterten, jetzt kriegt der Struth auch noch die Cateringrechte für die WM, der macht sich doch schon mit den Fanartikeln die Taschen voll. Der klüngelt doch mit den Politikern.

Ich dachte, ich könnte darüber lachen.

Für mich war das einfach die geschickteste Art, Geschäfte zu machen: persönliche Beziehungen zu den Entscheidungsträgern zu knüpfen. Zweimal im Jahr veranstaltete ich im *Hilton* einen Herrenabend. Rund 40 Kölner Entscheider kamen zusammen, Unternehmer, Politiker, Karnevalspräsidenten. Da entstanden kurze Dienstwege, gemeinsame Unternehmungen. Da kam ich auf Ideen.

Ich dachte nicht, dass ich mich damit angreifbar machte. Das würde mir erst viel später aufgehen.

Unterdessen raste ich weiter. Nach *KölnTotal* gründete ich die nächste Firma, *SportsTotal.* Wir vermarkteten die Deutsche Sporthochschule in Köln und erfanden zum Beispiel ein Gütesiegel, das die Universität an Hersteller von Mineralwasser oder Fitnessgeräten verkaufen konnte: »sportwissenschaftlich getestet«. Ich nahm das Projekt eines jungen, ehemaligen Profifußballers in meiner Firma auf. So genau wusste Dirk Hebel noch nicht, wohin er mit seinem Fußball-Start-up wollte. Einerseits versuchte er sich als Serviceunternehmen für Amateurklubs, andererseits betreute er als Spielerberater einige Zweit- und Drittligaspieler. Ich hatte für seine Agentur auch keine konkretere Idee. Ich hatte mich mit Dirk gut verstanden, als wir bei einem Turnier für Freizeitkicker in Köln gemeinsam in einer Mannschaft spielten. Ich dachte, ein bisschen Fußball in meinem Arbeitsleben konnte nie schaden.

Mit 38 stand ich immer noch auf dem Fußballplatz. Ich trainierte für ein paar Monate aushilfsweise die F-Jugend des FSV Nord. Mein Sohn Luca spielte dort. Wenn ich sage, ich stand noch immer auf dem Fußballplatz, dann meine ich das wörtlich: Als Luca im Finale eines F-Jugend-Sommerturniers das entscheidende 3:2 für den FSV Nord gegen den 1. FC Mönchengladbach schoss, war plötzlich ein Erwachsener in der Traube der jubelnden Sechsjährigen. »Papa?«, schien Lucas fragender Blick zu sagen.

Ich glaube nicht, dass meine Frau meinen Auftritt peinlich fand. Immerhin ist sie bei Lucas Kinderpartien einmal vom Schiedsrichter wegen ständigen Hereinrufens hinter die Bande verwiesen worden.

Unsere Familienwochenenden kreisten um den Sport der Kinder. Luca begann mit sieben, für die Jugendmannschaften von Bayer Leverkusen zu spielen, Jessica spielte Tennis. Da saß ich ganz ruhig auf der Tribüne.

Dass der Fußball um 2006 wieder präsenter in meinem Leben wurde, lag auch daran, dass ich einen Repräsentanten für meine Unternehmen eingestellt und einen 24-Stunden-Fußballgeschichten-Erzähler bekommen hatte. Reiner Calmund verstand unter Arbeit vornehmlich, dass man essen ging und redete. Mein Bauch wurde immer größer vor lauter Arbeitsessen.

Nachdem wir sechs Stunden mit potenziellen Geschäftspartnern im Restaurant gesessen hatten, fuhr Calli mich nach Hause, wir parkten bereits vor meiner Tür, aber Calli wollte noch die Geschichte fertig erzählen, wie er beim letzten Länderspiel der DDR einen Bayer-Chemielaboranten als Sportfotografen ins Stadion geschmuggelt hatte, um die DDR-Nationalspieler direkt am Spielfeld für Bayer 04 anzuwerben. »Irgendwann sehe ich im Fernsehen, wie mein Chemielaborant auf der DDR-Ersatzbank sitzt!« Ich kam nicht dazu einzuwerfen, Calli, die Geschichte hast du mir schon erzählt. Und zwar acht Mal. Calli machte keine Atempausen. Als die Geschichte fertig war, sagte er: »Ach, da fällt mir ein …« Wir standen vor meinem Haus, aus Minuten wurden Stunden. Ich stellte mir vor, dass meine Frau von dem laufenden Motor geweckt wurde, aus dem Schlafzimmerfenster schaute und sich fragte: Was macht der so lange mit dem Calmund im Auto?

Ein paar Tage vor Weihnachten 2006 rief Calli an. »Jung, ich bin hier in Naples, Florida, im Haus von meinem Freund Gerry Niehaus. Komm vorbei!«

»Calli, an Weihnachten?«

»Ja, gut, dann kommst du halt nach Weihnachten.«

»Calli, wir haben zwei kleine Kinder, ich weiß nicht, ob das die beste Zeit ist wegzufahren.«

Am 2. Januar 2007 flog ich mit Tina los. Das war das Einzige, was ich Calli abringen konnte: ein wenig Aufschub.

Tina fluchte und schimpfte auf dem Weg zum Flughafen. Wie konnten wir nur die Kinder bei den Großeltern lassen, um nach Amerika zu fliegen, wo wir gar nicht hinwollten! Aber ich brachte es nicht fertig, Callis Einladung auszuschlagen. Er war als Türöffner enorm wichtig für meine Unternehmungen, ich konnte ihn nicht brüskieren. Er dachte doch, er tue uns einen Gefallen.

Beim Frühstück in der Villa von Callis Freund in Naples konnten wir den Delfinen zuschauen. Sie sprangen im nahen Meer aus dem Wasser. Drei Häuser weiter wohnte Steven Spielberg. Ich fuhr mit Calli einkaufen. Als wir zurückkamen, grollte seine Frau, weil er wieder so viel gekauft hatte. Drei Kilogramm chilenischen Seebarsch.

Ich liebte Callis ungestüme Herzlichkeit, seine große Wärme. Es wäre halt nur noch schöner gewesen, wenn er sich und uns vielleicht dann und wann eine ganz kleine Pause gegönnt hätte.

Mitten in der Nacht – war es drei, war es vier Uhr? – stürmte Calli in unser Gästezimmer in Naples. Er wollte uns nur sagen: »Weißte was, Jung, da hat der Daum drin gelegen, damals, in diesem Bett, hier habe ich ihn versteckt!«

»Bitte, was?«

In unserem Bett hatte Christoph Daum geschlafen, als im Herbst 2000 sein Kokainkonsum aufflog und er unter riesigem medialem Aufsehen den Posten als Bundestrainer verlor. War dem Calli nur gerade eingefallen. Tina und ich sahen uns im Halbschlaf an: Na prima. Nachdem er uns das gesagt hatte, schloss Calli wieder die Türe und ließ uns weiterschlafen.

Ihn hast du nie ins Bett gekriegt.

Als ich in den folgenden Tagen eines Morgens früh aus dem

Zimmer kam, saß er schon wieder hellwach im Wohnzimmer. Er hielt ein Blatt Papier in den Händen und weinte.

Ich ging zu ihm und legte ihm vorsichtig die Hand auf die Schulter. »Calli?«

»Endlich ist das vorbei«, sagte er nur und reichte mir das Papier.

Ich überflog das Fax und schlug ihm vor, am Strand spazieren zu gehen. Dort erzählte er mir die ganze Geschichte.

Die Staatsanwaltschaft Köln hatte gegen ihn wegen des Verdachts auf Untreue ermittelt. Calli, so lautete der Vorwurf, habe dem Spielerberater Volker Graul 580 000 Euro in bar aus der Vereinskasse von Bayer 04 Leverkusen übergeben, ohne dass dafür Abrechnungen vorlagen. Die Staatsanwaltschaft äußerte den Verdacht, das Geld könnte benutzt worden sein, um im Abstiegskampf 2003 gegnerische Spieler zu bestechen. Das Fax, das Calli an jenem Morgen in Florida weinend in den Händen gehalten hatte, war ein Schreiben der Staatsanwaltschaft Köln gewesen. Sie stellten das Verfahren ein.

Beim Spaziergang am Strand erzählte und erzählte Calli. Wie ohnmächtig er sich gefühlt habe, wie es ihn fertiggemacht habe, wie es wirklich gewesen sei. Graul habe das Geld als Bote zwei Spielerberatern vom Balkan übergeben, um Bayer 04 Optionen auf kroatische Spieler zu sichern. Anders ginge das auf dem Balkan nicht.

Ich tat nichts, außer zuzuhören. Trotzdem oder gerade deshalb hatte ich danach das Gefühl, ihm wahnsinnig nah zu sein.

Als Calli Tina und mich am 11. Januar 2007 wieder zum Flughafen von Florida brachte, waren wir so erholt wie erschöpft. Sein Handy klingelte. Calli stellte die Freisprechanlage an. Rudi Völler war dran, Callis Nachfolger als Sportdirektor in Leverkusen. »Ich habe traurige Nachrichten, Calli.«

Kurt Vossen war gestorben, Reiner Calmunds langjähriger Chef als Vorsitzender von Bayer 04 Leverkusen.

Calli fing herzzerreißend an zu weinen.

»Wir können jetzt nicht fahren«, flüsterte ich meiner Frau zu. »Calli, ich bleibe hier bei dir.«

»Nein, nein, fahrt nur. Damit muss ich alleine fertigwerden.«

So reisten wir ab. Doch etwas Bleibendes war in diesen Tagen von Florida zwischen uns entstanden. Irgendwann in den folgenden Monaten rief Calli an, um mir zu sagen, er habe eine Einladung für die Sendung *Beste Freunde* im *WDR* erhalten.

»Ah, sehr schön!« Ich mochte die Sendung, in der ein Prominenter seine zwei engsten Freunde mitbrachte.

»Ich möchte den Frankie Lußem und dich in die Sendung mitnehmen.«

»Mich?«

»Ja, wen denn sonst?«

Das Handy klingelte wieder, das Handy klingelte immer, und meistens war Calli dran. Es war der 13. Juli 2007. Ich war mit meiner Familie auf Mallorca im Urlaub, nicht nur mit Tina und den Kindern, auch Käthe und Dieter waren selbstverständlich dabei. Calli fing an zu reden. Er fängt immer an, irgendwas zu reden, und kommt dann auf Schleich- und Umwegen irgendwann zum Punkt. Also, er war gerade am Flughafen, und dies und das, und …

»Wo fliegst du eigentlich hin, Calli?«, unterbrach ich ihn.

»Na, zu dir natürlich!«

5

Die Nummer sieben müssen wir uns packen

Im Swimmingpool unseres Ferienhauses warteten meine Kinder auf den weißen Hai. »Gleich kommt er!«, rief ihnen Reiner Calmund aus dem Schatten der überdachten Terrasse zu: »Der weiße Hai!« Die Kinder kicherten vor Vorfreude. Sie malten sich aus, wie Calli, die Haut weißer als der weißeste Hai, mit seinen 160 Kilogramm ins Becken stürzen und sie jagen würde. Aber der weiße Hai kam nicht. Er war seit Stunden damit beschäftigt, mich zu fressen.

Unaufhörlich redete er an jenem 13. Juli 2007 in Cala Egos auf mich ein, ich müsse ins Spielerberatergeschäft einsteigen. Die Stunden schienen in einer endlosen Wiederholung zu vergehen. Meine Frau brachte etwas zu essen an den Tisch, in Minuten hatte es Calli verputzt, die Kinder warteten auf den weißen Hai, Calli redete auf mich ein, meine Frau brachte abermals etwas zu essen an den Tisch, kaum hatte sie es sich erneut auf der Sonnenliege bequem gemacht, war der Teller schon wieder leer. Um die Situation aufzubrechen, ging ich mit Calli ins *La Marina* auf der Hauptstraße der Feriensiedlung. Beziehungsweise wir fuhren mit dem Auto hin, auch wenn das Restaurant nur 300 Meter entfernt war. Gehen war nicht gerade Callis Lieblingsvergnügen.

Von unserem Ferienhaus führte die Straße kerzengerade bergan, gesäumt von Pinienbäumen, der Horizont jenseits der Anhöhe. Das Meer konnte man hier, im äußersten südöstlichen Zipfel Mallorcas, riechen. Die flachen Häuser waren nach altem mallorquinischem Brauch allesamt weiß gestrichen. Das Panorama hatte eine beruhigende Wirkung. Offenbar aber nicht auf Calli. »Jung, als Spielerberater würdest du so viel Geld verdienen, da könntest du dir das Haus hier kaufen.«

Irgendwann, gegen Mitternacht, schloss das *La Marina*. Wir blieben sitzen. Calli redete noch. Torsten, der deutsche Wirt des Restaurants, wurde nervös. Die Küche war geschlossen. Er hatte nichts mehr zu essen, was er Calli anbieten konnte. »Außer Pfirsichen. Eingelegte Pfirsiche wären noch da.«

Calli aß ein Kilo eingelegte Pfirsiche. Bis Torsten sagte: »Jetzt habe ich keine mehr.«

An dem Punkt hatte ich meinen Widerstand aufgegeben. Okay, okay, ich würde es als Spielerberater probieren.

Was hatte Calli davon, dass ich Spielerberater wurde? Nichts. Er glaubte, er tue mir als Freund einen Gefallen, wenn er den perfekten Job für mich fand. Und er spürte wohl auch eine Art Verpflichtung, mich so vehement zum Einstieg ins Beratergeschäft zu bewegen. Denn drei Monate zuvor hatte mir Calli zugeraten, als ich Dirk Hebel, meinen Bekannten vom Freizeitfußball, in meine Firma holte, damit er dort seine Spielerberatung weiter aufbaute. Calli hatte versprochen, ihn dabei ein wenig zu unterstützen. Nun hatte Calli das Gefühl, die Unternehmung starte nicht richtig durch.

Ein paar Tage zuvor hatte er Dirk angerufen und ihm angeboten, gemeinsam nach Brasilien zu fliegen, um Spieler für die Agentur zu suchen. So wie Calli war, hatte er sofort losfliegen wollen. Dirk war aber gerade mit der Familie im Urlaub. Die meisten hätten verstanden, dass er da nicht mal eben spontan zwei Wochen nach Brasilien fliegen konnte. Calli in seiner typischen Art regte sich darüber auf – und flog dann eben statt nach Brasilien kurzerhand nach Mallorca, um mir zu sagen: Richtig durchstarten würde das Beraterprojekt erst, wenn auch ich mich persönlich voll dahinterklemmte.

Er war so begeistert von dieser Idee, dass er sie unbedingt verwirklicht sehen wollte. Ich kann das nachvollziehen. Ich kenne noch einen, dem lässt es keine Ruhe, wenn er eine Geschäftsidee hat.

Calli würde an der Agentur geschäftlich keinesfalls beteiligt sein, das konnte und wollte er sich nicht erlauben. Er hatte als langjähriger Sportchef bei Bayer 04 Leverkusen einen Ruf erworben, er war eine historische Figur des deutschen Profifußballs: der Mann, der aus Bayer 04 einen internationalen Spitzenklub gemacht hatte. Da begab man sich nicht auf die andere Seite der Branche.

Ich hatte Reiner Calmund als Repräsentant von *KölnTotal* und *SportsTotal* angeworben, damit er mir Türen öffnete und ich von seinen Erfahrungen lernte. Nebenbei hatte es sich fast zwangsläufig ergeben, dass wir außer Schals und Oktoberfesten auch ihn vermarkteten. So wurde er Botschafter der Stadt Klagenfurt für die Europameisterschaft 2008, nachdem mich die Stadt als Berater in Sachen Public Viewing und Marketing für das Turnier engagiert hatte. Von meiner Firma jedoch bekam Reiner Calmund nie mehr als ein monatliches Repräsentantenhonorar von 5000 Euro. Ich hatte den Eindruck, obwohl er jahrelang mit Millionen gehandelt hatte, kümmerte er sich nicht weiter um sein eigenes Geld. Er ging einfach davon aus, dass er schon genug verdiene, zum Leben und Essen.

Am nächsten Tag in Cala Egos hatte der weiße Hai endlich Zeit, die Kinder zu jagen. Mit bedächtigen Schritten stieg Calli von der Terrasse hinab zum Pool. Man sieht das Meer von dort, nur 100 Meter Luftlinie entfernt. Langsam stieg Calli ins Becken. Doch wo blieb der Hai? Vorsichtig watete Calli bloß einmal hin und zurück durch das Becken, ein weißer Dampfer, kein Raubfisch.

Er schien die Enttäuschung der Kinder zu spüren. Er rief Jessica und Luca an den Terrassentisch. Sie sollten einen Suppenteller bis zum Rand mit Wasser füllen.

»Jetzt brauchen wir ein langes Haar.«

Vorsichtig riss Calli Jessi eines aus.

»Seht ihr das Haar auf dem Wasser tanzen?«, fragte er.

Die Kindergesichter rückten ganz nah an das Haar über dem Teller heran.

»Ich sehe nichts.«

»Schaut genauer hin.«

Die Kinderaugen kamen noch näher.

Da schlug Calli auf den Tellerrand.

Das Wasser platschte den Kindern ins Gesicht.

»Gut, Jung«, sagte Calli, als das Gelächter verstummte, »lass uns noch mal über das Beratergeschäft reden.« Und ich dachte, wir hätten bis dahin während seines Besuchs nichts anderes getan.

Am 13. April 1962, vier Jahre vor meiner Geburt, berichtete die Hamburger Wochenzeitung *Die Zeit*, es gebe einen neuen Beruf in Deutschland, »eine absolute Neuerscheinung: den Fußballmakler«.

Bereits drei Männer im Land gingen dieser unbekannten Arbeit nach, hatte die Zeitung recherchiert und mit einem der Berufsgründer telefoniert.

»Wie geht Ihre Tätigkeit vor sich?«, fragte *Die Zeit* Raymond Schwab.

»Ich vermittle Fußballspielern Vereine und Fußballvereinen Spieler.«

»Haben Sie viel zu tun?«

»Mein Telefon klingelt den ganzen Tag.«

»Ist das ein gutes Geschäft?«

»Wenn ein Vertrag zustande kommt, erhalte ich eine bescheidene Provision. Ich habe hohe Unkosten.«

Raymond Schwab, das schwarze Haar nach zeitgemäßer Mode mit angefeuchtetem Kamm streng zurückgekämmt, hatte mal als Fußballtrainer in der höchsten Spielklasse bei Rot-Weiss Essen gearbeitet, mal als Boxpromoter. Alles, was ich von ihm weiß, klingt nach jemandem, der Chancen witterte und nicht zögerte, sie zu ergreifen.

Jemand erkennt einen Markt mit Angebot (Fußballspieler) und Nachfrage (Fußballvereine) und spezialisiert sich darauf, beide Seiten zusammenzubringen. Das ist eine uralte Tätigkeit. Man nennt es Handel.

Im deutschen Fußball jedoch hatten die Berater schon 1962 einen schlechten Ruf, kaum dass es die ersten drei gab. »Menschenhandel«, unterstellte ihnen der damalige Bundestrainer Sepp Herberger, nachdem Raymond Schwab deutschen Spitzenspielern wie Karl-Heinz Spikofski und Horst Buhtz einen Wechsel in die italienische Liga geebnet hatte.

Der Fußballmakler an sich wurde als moralisch unanständig hingestellt. Tatsächlich ging es Herberger und anderen im Deutschen Fußball-Bund schon damals nicht um Moral, sondern um Macht. Er wollte seine Nationalspieler im Inland behalten, um sie stets für Lehrgänge der Nationalelf zur Verfügung zu wissen. Er drohte: »Wer mit zur WM 1962 nach Chile soll, darf nicht ins Ausland.« Die Anordnung fand offenbar niemand unmoralisch.

Weil sie die Regeln des Spiels machten, gelang es Verbänden und Vereinen sehr lange, ihre Macht über die Spieler zu halten. In jenen Sechzigerjahren durften Fußballer in Deutschland offiziell nur bis zu 400 Mark im Monat verdienen – und sollten doch bitte aus moralischer Verpflichtung in der Heimat bleiben, obwohl ihnen in Catania oder Turin das Zehnfache und mehr geboten wurde. Uwe Fuchs, ein ehemaliger Profifußballer, den ich eines Abends in Köln kennengelernt hatte, erzählte mal, wie gewöhnliche Berufsspieler seiner Generation noch Anfang der Neunzigerjahre Gefangene der Vereinspräsidenten waren: Lief der Vertrag eines Profifußballers bei seinem Verein aus, konnte er sich nicht einfach einen neuen Arbeitgeber suchen. Sein alter Verein verfügte weiterhin über die Spielgenehmigung. Obwohl der Fußballer vertraglich gar nicht mehr an ihn gebunden war. Wenn zum Beispiel ein Zweitligist wie der FC St. Pauli einem 29-jährigen Verteidiger ein Angebot machte, dessen Vertrag bei Fortuna Köln auslief, konnte Fortunas Präsident einfach sagen: Nein. Obwohl er dem Spieler gar kein Angebot für eine Vertragsverlängerung machte, obwohl er den Verteidiger gar nicht mehr wollte. Doch St. Pauli bot nur 90 000 Mark Ablöse. Laut Berechnungen des DFB-Ablöseschlüssels stünden Fortuna aber 180 000 Mark zu. Für den Spieler ging es um seine Zukunft. Er verdiente als Zweitligaspieler in den Neunzigern ja nicht genug, um groß etwas zur Seite legen zu können; er brauchte diesen Job bei St. Pauli so wie ein Malermeister seine Aufträge, um den Alltag zu bestreiten. Uwe Fuchs erzählte, er habe Spieler in solchen Situationen beim Präsidenten von Fortuna Köln betteln und schluchzen gesehen; wie Bauern beim Lehnsherren im Mittelalter.

Erst das sogenannte Bosman-Urteil des Europäischen Gerichtshofs 1995 gestand Profifußballern das Recht aller Arbeitnehmer in der EU zu, ihren Arbeitsplatz nach Vertragsende freizügig wählen zu dürfen.

Im Anbetracht der Geschichte würde ich sagen: Mit ihrem patriarchalischen Gebaren haben Vereine und Verbände die Notwendigkeit von Spielerberatern regelrecht provoziert. Die Spieler brauchten Unterstützung.

Im Sommer 2007 hatte praktisch jeder Profifußballer in Deutschland einen Berater. Die Gehälter für gewöhnliche Erstligaspieler waren auf 40 000 Euro im Monat gestiegen. Das hieß, ein Berater konnte für den Abschluss eines ganz normalen Dreijahresvertrags rund 150 000 Euro Provision erwarten. Doch als ich mich im Sommer 2007 genauer mit dem Gewerbe zu beschäftigen begann, merkte ich, dass etwas noch wie 1962 war. Nicht nur der Ruf der Berater war unverändert windig. Im Prinzip arbeiteten die Berater auch noch so wie der Pionier Raymond Schwab ein halbes Jahrhundert zuvor. Die meisten Fußballmakler waren als Einmannunternehmen unterwegs. Ohne Bürostruktur, mit dem Telefon in der Hand, gingen sie ihrem Job nach.

Ich dachte nicht daran, so ein Spielerberater zu werden. Ich wollte eine Beratungsfirma aufbauen. Ein Marketingexperte sollte sich um Ausrüstungsverträge mit adidas, Nike oder Puma bemühen, ein Innendienstler würde für die Fußballprofis Umzüge bei Vereinswechseln organisieren oder Karten für Popkonzerte in der neuen Stadt auftreiben. Über die Deutsche Sporthochschule würden die Fußballer von unserer Agentur sämtliche Daten über ihr Spiel erhalten, einer meiner Mitarbeiter aus der Werbeagentur, Michael Hornig, würde fortan für unsere Spieler von ihren Partien speziell Videos mit ihren Szenen zusammenstellen. Das klingt heute selbstverständlich. 2007 lieferte das den

Spielern kein einziger Berater. Oft bekamen sie solche individuellen Spielanalysen nicht einmal von ihren Vereinen.

Dann brauchten wir nur noch eines: Fußballer.

»Du musst die Ware im Körbchen haben«, sagte Calli ständig. Heute glauben meine Mitarbeiter, der Spruch sei von mir. So oft habe ich das Mantra wiederholt.

Beim Büroartikelverkauf müssen alle Vertreter mit demselben Stabilo-Textmarker und Leitz-Ordner gegeneinander antreten. Als Spielerberatungsagentur hast du die Chance, dich mit deinen Fußballern von allen anderen Beratern abzuheben.

Die meisten Einsteiger versuchen zunächst einmal, irgendeinen Profi an sich zu binden, um irgendwie reinzukommen ins Geschäft. Doch vertrittst du nur einen Bundesligaersatzspieler und ein paar Zweitligaprofis, wird kein Nationalspieler zu dir wollen, wird kein führender Bundesligist den Kontakt zu dir suchen. Du erscheinst zweitklassig.

Wir brauchten also so schnell wie möglich die besten Spieler. Bloß hatten die nicht unbedingt auf uns gewartet.

Der Kapitän der Nationalelf, Michael Ballack, wurde von Michael Becker vertreten, Bastian Schweinsteiger von Robert Schneider, Philipp Lahm von Roman Grill. Der Markt war aufgeteilt.

Deshalb greifen Einsteiger eben dankbar nach dem einen Bundesligaersatzspieler oder den paar Zweitligaprofis, die sie kriegen können.

Mir war schnell klar: Wir mussten neben die Stadien schauen. Auf die Sportplätze, wo die 17-, 18-Jährigen trainierten, die vielleicht einmal Nationalspieler oder Bundesligastars werden würden. Wir mussten die besten Talente finden, bevor sie auf die Bühne traten. Mit ihnen konnte meine Agentur wachsen.

Am 24. Juni 2007, als ich im Leben noch nicht daran dachte, Spielerberater zu werden, hatte ich aus purer Freude am Fußball ein Spiel angeschaut. Einen Monat später wurde dieses eine Spiel nachträglich zum Startpunkt für meine neue Fußballeragentur. Ich erinnerte mich an all die begabten jungen Fußballer, die ich Ende Juni beim Finale um die deutsche A-Jugend-Meisterschaft zwischen Bayer Leverkusen und Bayern München gesehen hatte. Die Leute auf der Tribüne hatten von außergewöhnlichen Talenten in der Münchener Elf gesprochen, Toni Kroos, Holger Badstuber und Thomas Müller hießen sie oder so ähnlich. Aber mich hatte auch die halbe Leverkusener Mannschaft begeistert.

Ich hatte das Endspiel mit Calli verfolgt. »Die Sibbe«, sagte Calli irgendwann. Es war nicht zu übersehen: Die Nummer sieben von Leverkusen war gut.

Die Sieben sprintete den rechten Flügel rauf und runter, als wäre Energie nie ein Problem. Gleichsam dynamisch wie elegant umdribbelte die Sieben die Münchener Außenspieler. Es war keine Überraschung, dass eine Flanke der Sieben zum Leverkusener Siegtor in der Verlängerung führte. »Die Sibbe muss der Dirk sich packe!«, sagte Calli. Ich würde es Dirk Hebel ausrichten, ich hatte damit ja nichts zu tun – dachte ich.

Vier Wochen später, als ich daranging, die Beratungsagentur mit aufzubauen, hatte ich sofort wieder die Sieben vor Augen.

Marcel Risse. Der Name war mir geblieben, obwohl ich das Spiel doch nur aus Vergnügen betrachtet hatte. Fußballernamen behielt ich leichter im Kopf als alle anderen Namen, eine Angewohnheit der Kindheit.

Dirk Hebel besorgte über einen Jugendtrainer von Bayer 04 Risses Telefonnummer. Das war für mich vom Start weg ein großer Spaß am Beraterdasein: Telefonnummern beschaffen. Kombinieren, wer könnte diese Nummer haben, wen kenne ich, der sie haben könnte, Jugendtrainer, Journalisten, Teambetreuer, Kumpels, wie entlocke ich sie demjenigen – die Telefonnummernsuche weckte das Jagdfieber in mir.

Ich könnte auch in einem Tag die Telefonnummer des Papstes herausfinden. Gut, das war jetzt übertrieben, aus der Euphorie heraus gesagt. Aber die Nummer des Fußballpapstes könnte ich jederzeit besorgen. Wer immer das gerade ist.

Ein Treffen mit Marcel Risse und seinen Eltern wurde vereinbart, ich schlug das *Hilton* in Köln vor. Das Hotel hatte mir immer Glück gebracht, sei es bei meinen Herrenrunden mit einflussreichen Kölnern oder am Tag, als ich Pelé eine Audienz beim

Papst verschaffte. Als ich im August 2007 die Empore zur Bar des *Hiltons* hinaufstieg, schien allerdings die Jukebox zu haken. Als hätte jemand E2 und D4 gleichzeitig gedrückt. Da saß Marcel Risse mit zwei Vätern! Und die Energie zwischen den beiden war alles andere als positiv. Die ganze Gruppe – Marcels Mutter war auch dabei – schien erstarrt in Anspannung.

Marcels Eltern hatten sich getrennt, als er ein Kleinkind gewesen war, wurde ich aufgeklärt. Seitdem lebte die Mutter mit seinem Stiefvater zusammen. Vater und Stiefvater saßen nur dreimal im Leben an einem Tisch zusammen: bei Marcels Abiturfeier, seiner Hochzeit – und als sich sein möglicher Fußballberater vorstellte.

Ich musste also zunächst einmal niemanden von meiner Agentur überzeugen, sondern die Väter-Spannungen lockern.

Der Kölner Akzent, das Weiche, das Fröhliche, half. Mit jedem Satz fand ich ein wenig mehr meine natürliche Freude am Reden, am Erzählen. Marcel war die Zukunft im deutschen Spiel, auf dem rechten Flügel war kein Besserer in Sicht, hörte ich mich sagen. Wir würden ihm helfen, dahin zu kommen, wir gingen die Spielerberatung wie ein Unternehmen an, ich hatte eine Firma mit mehr als 100 Mitarbeitern und Millionenumsatz aufgebaut. Und wir hatten den Calli hintendran, redete ich weiter, der Calli stand hinter uns und unterstützte uns mit Rat und Tat. Der Name Calmund musste bei einem Jugendspieler und seiner Familie Eindruck hinterlassen.

Doch der leibliche Vater sprang nicht an. Marcel, die Mutter, der Stiefvater waren angetan, das merkte ich an ihrer Körpersprache. Der leibliche Vater beugte sich aus dem braunen Ledersessel vor und las weiter Fragen an uns von seinem Notizblock ab.

Sie würden sich dann melden, sagten sie zum Abschied. Das konnte alles heißen.

Am nächsten Tag rief Marcel an. Er würde sehr gerne mit uns zusammenarbeiten, sagte er. Doch sein leiblicher Vater sei sich noch nicht sicher.

Ich traf den Vater noch einmal unter vier Augen zum Abendessen. Ich nehme an, dass Marcels Vater und ich im *Rodizio* irgendwann schon über Fußball geredet haben; auch wenn mir nur noch die Gesprächsausschnitte über Vogelfutter präsent sind. Vielleicht war unsere Diskussion über die Lieblingsspeise von Kanarienvögeln aber auch wichtiger für die Entscheidung des Vaters, einer Zusammenarbeit mit uns zuzustimmen. Denn es geht bei solchen Entscheidungen nicht nur um sachliche Argumente, sondern um ein Gefühl: Dem traue ich das zu, dem vertraue ich. Mit dem kann man schließlich sogar angeregt über Vogelfutter reden.

Innerhalb von zwei Monaten hatten wir die halbe Leverkusener A-Jugend-Meistermannschaft akquiriert, Marcel Risse, Stefan Reinartz, Oliver Petersch, Bastian Oczipka. Dazu kamen weitere Jugend-Nationalspieler wie der Schalker Benedikt Höwedes. Es war damals durchaus nicht unüblich, dass Berater herausragende Talente bereits in den Jugendmannschaften betreuten. So systematisch, im großen Stil wie wir hatte sich 2007 allerdings noch niemand auf unfertige Talente spezialisiert. Das merkten wir daran, dass ein 18-jähriger Jugend-Nationalspieler wie Marcel Risse vorher noch nie ernsthaft von Beratern angesprochen worden war. Eine Menge Jugendspieler zu betreuen musste sich eine Beratungsagentur erst einmal leisten können: Zählbar Geld würden wir frühestens in zwei, drei Jahren mit ihnen verdienen können, wobei ein beträchtliches Risiko blieb, dass sie niemals Berufssportler werden würden.

Ich konnte der Spielerberatungssparte bei *SportsTotal* Geld aus meinen anderen Unternehmungen zuschießen.

Manchmal hat man dann einfach Glück. Ich war, ohne es einzukalkulieren, zur rechten Zeit am rechten Platz. 2007 trug die ein Jahrzehnt zuvor radikal reformierte Jugendarbeit des deutschen Fußballs Früchte. Exzellent geschulte Talente gab es in einer Zahl wie schon lange nicht mehr.

Aber auf das Glück allein darf man sich nie verlassen.

Wir waren schon bald am größten deutschen Sturmtalent dran, Richard Sukuta-Pasu, auch er aus der Leverkusener A-Jugend-Meisterelf. Doch er hatte bereits einen Berater. Wir hätten versuchen können, Richard abzuwerben. Ich hatte eine bessere Idee. Ich stellte seinen Berater bei uns an. Damit band ich nicht nur Sukuta-Pasu an uns, sondern hatte zudem einen sehr speziellen Mitarbeiter gewonnen.

Auf andere mochte Cüneyt Ipek wie ein Hallodri wirken, der irgendwie ohne rechte Funktion überall beim Jugendfußball herumlungerte, aber ich erkannte, dass ein Mann wie er für unsere Agentur ein Volltreffer sein könnte. 1,90 Meter groß, weit über 100 Kilo schwer, fuhr er mit einem umgebauten VW-Bus herum, möglicherweise wohnte er auch darin. Zwei Tüten Gummibärchen lagen immer griffbereit auf dem Beifahrersitz. Ich weiß nicht, was er unter der Woche tat. Wann immer ich am Wochenende zu einem Jugendspiel der Bundesligisten in Nordrhein-Westfalen ging, war er auch dort.

Es gibt erstaunlich viele Männer wie Cüneyt, die in der Nähe junger Fußballer herumstromern und sich mit dem einen oder anderen Sternchen anfreunden, in der vagen Hoffnung, etwas vom Zauber und Reichtum des Spiels würde auf sie abfallen. Im schlimmsten Fall, und das ist leider ein weitverbreitetes Problem im heutigen Fußball, beeinflussen sie nach einiger Zeit den Spieler so sehr, dass er glaubt, ihr Leben mitfinanzieren zu müssen. Spielerfreund ist ihr Beruf. Manchmal versuchen sie sich dann auch noch als Berater des Spielers. Ganz selten haben sie tatsächlich die Begabung, zu werben, zu verkaufen, zu beraten. Aber was sie haben, wenn sie so umtriebig sind wie Cüneyt, sind Informationen. Ich stellte Cüneyt als Informationslieferant an. Er steckte mir, dass in Bochum ein fabelhafter 17-jähriger Junge türkischer Herkunft im Jugendteam heranreife. Er erzählte mir, dass in Dortmund ein 15-Jähriger spiele, wie wir ihn noch nicht gesehen hätten. Übrigens, sagte er mir, sein Name Cüneyt bedeute im Deutschen »kleiner Soldat«.

Die Jukebox war auch im Fußballgeschäft bei der Akquise essenziell. Aber mindestens genauso wichtig waren Informationen. Wo war ein Talent versteckt, wo war ein Spieler mit seinem Berater unzufrieden? Cüneyt überschüttete mich geradezu mit wertvollen Informationen. Ilkay Gündogan hieß der 17-Jährige in Bochum, Mario Götze war der Name des Jungen in Dortmund, und schon war Cüneyt wieder am Telefon: Beim VfL Bochum in der B-Jugend müsste ich den Linksaußen sehen. Bei Cüneyt hatte ich das seltene Gefühl, mit der Arbeit nicht hinterherzukommen.

Ein Name fiel immer und überall, wenn ich mich im Herbst 2007 mit Jugendtrainern, Vereinsscouts oder Stromern über die Stars von morgen austauschte. Er war das offenste Geheimnis des deutschen Fußballs. Er hieß Toni Kroos.

Mit 16 war er im Sommer 2006 von Hansa Rostock zu Bayern München gewechselt, angeblich der erste Jugendfußballer in Deutschland, für den schon Millionen flossen. Er hatte keinen Berater. Sein Vater Roland kümmerte sich zusammen mit einem Anwalt um die Belange des Sohns. Roland Kroos, der als Ringer einer Kinder- und Jugendsportschule der DDR zugeteilt worden war, hatte sich autodidaktisch zum Fußballtrainer ausgebildet, um seine Söhne Toni und Felix zusätzlich zum Vereinstraining zu trainieren, jeden Sonntagmorgen oder mittwochabends allein auf einem Kleinstadtplatz in Greifswald.

Ich fand jemanden, der jemanden kannte, der Roland Kroos' Telefonnummer hatte, und versuchte es mit meiner empathischsten Art. Ich stimmte ein getragenes, ernsthaftes Loblied auf die Familie und den ewigen Bund zwischen Vater und Sohn an.

Ich blitzte voll ab.

Ich stellte Fragen, ich wollte ihn zum Reden bringen, ein einfühlsamer Zuhörer sein. Ich hatte keine Chance. Es hätten schon viele Berater angerufen. Sie bräuchten keinen. Die fußballerische Seite könne er selbst sehr gut beurteilen, für das Finanzielle hätten sie einen Anwalt.

Dann noch einen schönen Tag.

Solche Telefonate waren Niederlagen. Ich redete mir zu, du kannst nicht alle Wunschspieler bekommen. Der Schmerz wurde nicht kleiner. Es war entschieden: Wir würden Toni Kroos nicht betreuen.

Auch wenn nach einem halben Jahr noch nicht abzusehen war, wann wir mit der Fußballerberatung Gewinn machen würden und welchen, ging ich voll in der Arbeit auf.

Dirk hatte sich das Recht ausbedungen, 33 Prozent der Beratungsagentur für 100 000 Euro kaufen zu können. In der Größenordnung siedelten wir den Wert von *SportsTotal* an, ein paar Hunderttausend Euro. Meine anderen Geschäfte garantierten mir dagegen Millionenumsätze. Doch ich widmete mich ihnen zunehmend nur noch nebenbei. Stattdessen hing ich über eine Stunde in der Tiefgarage des Düsseldorfer Rheinstadions herum. Ich hatte einen Tipp bekommen, dass Fortunas Mittelfeldspieler Andreas Lambertz mit seinem Berater unzufrieden sei. Ich hatte recherchiert, welches Auto er fuhr, und wartete davor, um ihn abzufangen. Aber er kam nicht. Wahrscheinlich trank er im VIP-Raum noch ganz gemütlich einen Espresso.

Trotzdem lauerte ich lieber in der kalten Tiefgarage auf der Jagd, als Produktaufträge für Karnevalsschals durchzugehen. In der Spielerberatung kam alles zusammen, was mir an der Arbeit gefiel, und vieles, was ich am Leben liebte. Da war der Rausch der Detektivarbeit, Wind von Talenten kriegen, Telefonnummern rausfinden, schneller am Mann sein als andere. Da war das Hochgefühl, dass ich als Berater einem Talent beim Aufstieg helfen, auch daran teilhaben konnte. Da war das viele Geld, das nach der WM 2006 in den Fußball strömte. Vor allem anderen jedoch war es Fußball; das Spiel, das mir in der Kindheit all die Gefühle gegeben hatte, die ich anderswo nicht fand, Freude und Glück, Überraschung und erfüllte Hoffnung.

Als sich der Herbst 2007 dem Ende zuneigte, durfte sich das erste unserer Talente im Profifußball versuchen. Marcel Risse, noch für die Jugendelf spielberechtigt, wurde gelegentlich zum Training der Bundesligamannschaft von Bayer 04 berufen. Er erhielt einen Jungprofivertrag, wie er für Spieler der zweiten Mannschaft üblich war, 2000, 3000 Euro im Monat. Da wären ungefähr 3000 Euro Provision für uns angefallen. Ich verzichtete auf das Honorar. Kleine Gesten können etwas Wertvolleres schaffen als 3000 Euro: ein vertrauensvolles Verhältnis zu den Entscheidern in den Vereinen.

Schon bald wurde Marcel Risse sogar in Bayers Aufgebot für ein Europa-League-Spiel gegen União Leiria in Portugal berufen. Aber in den folgenden Tagen saß er nachmittags bei uns im Büro, bestellte für mich Eintrittskarten bei Fußballklubs oder fragte bei adidas wegen einer Lieferung nach. Ich war der Ansicht, er sollte seine Zeit neben dem Profitraining sinnvoll nutzen. Also arbeitete der Spieler, der den größten Wert in unserer Agentur darstellte, gleichzeitig als Praktikant bei *SportsTotal*.

6

Ernie und Bert

Ich verbrachte mit Dirk Hebel mehr Zeit als mit meiner Frau, und wie in einer Ehe steckten wir bald in eingespielten Rollen. Einer war der Vulkan, der andere die Löscheinheit. Muss ich betonen, wer welchen Part innehatte?

Dirk sagt, er sei eigentlich impulsiv und draufgängerisch. Nur an meiner Seite sei er automatisch ruhig und besonnen geworden. Einer musste ja den ausgleichenden Part übernehmen.

Wir machten in der Gründungszeit der Agentur fast alles gemeinsam, Ideen spinnen, Spielerakquise, Vereinskontakte. Ein Arbeitstag dauerte 15 Stunden, gut und gerne 250 Tage im Jahr war ich unterwegs. Das hatte nichts mit Arbeitswut zu tun. Niemand schafft es als Spielerberater an die Spitze, wenn er um 17 Uhr sagt, so, jetzt ziehe ich aber die Kinder im Bollerwagen durchs Viertel. Der Alltag sah so aus, dass ich um 17 Uhr dachte, jetzt nur noch ein Termin mit meinem Zahlengehirn, Wirtschaftsprüfer Johannes Hoffmann – und nach dem Termin hatte ich drei verpasste Anrufe. Ich begann zurückzurufen. Einer unserer Spieler hatte sich im Training das Knie verdreht, Cüneyt hatte zwei neue Talente entdeckt, und Calli hatte einen Tipp: Der HSV suchte einen Außenverteidiger. Ich machte die Folgeanrufe, Außenverteidiger, Ärzte, Anbahnung einer Spielerakquise, und als ich das nächste Mal auf die Uhr sah, war 21 Uhr vorüber.

Wenn wir am Wochenende drei Fußballspiele besucht hatten, fuhren wir sonntagnachmittags noch zu einem vierten, und wenn es nur bei der TuS Koblenz war, Zweite Bundesliga.

Auf der B9 vor der Zufahrt zum Stadion in Koblenz staute sich der Verkehr, in solchen Momenten, wenn alles stillstand, spürte ich die Müdigkeit. Aber die schlug schnell wieder in Übermut um. Der Mann vom Ordnungsdienst, der die Parkscheine und Eintrittskarten verteilte, kam endlich an unser Auto heran. Ich ließ die Scheibe herunter.

»Guten Tag.« Etwas Herablassendes lag im Blick des Mannes, als halte er sich für etwas Besseres, der Herr über Durchfahrt und Einlass.

»Hallo«, grüßte ich zurück. »Ernie und Bert.«

»Bitte?«

»Die Karten sind auf Ernie und Bert hinterlegt.«

Unsicher forschte der Ordner in meinem Gesicht.

»Wir sind Ernie und Bert.«

Aus den Augenwinkeln sah ich, wie Dirk auf dem Beifahrersitz mühsam das Lachen unterdrückte.

Der Ordner ging die Liste auf seinem Klemmbrett durch. »Sie stehen bei mir nicht drauf.«

»Sollten wir aber.«

Er drehte sich um und rief der Kollegin 100 Meter weiter, direkt an der Stadioneinfahrt, zu: »Anita, hast du Ernie und Bert?«

Es tat ihm leid, die Kollegin hatte uns auch nicht registriert.

»Ach, Quatsch, ist ja auch nicht auf Ernie und Bert reserviert«, sagte ich. »Sondern Oskar und Bibo.«

Dirk konnte das Lachen nicht mehr zurückhalten. Der Ordner brauchte noch einen Moment, bis er den Spaß verstand.

Spaß war natürlich wichtig, aber dachten wir auch ans Körbchen, mahnte Calli. Neben den jungen deutschen Spielern gebe es noch einen vielversprechenden Markt, den kaum ein deutscher Berater strukturiert besetze. Brasilien.

Reiner Calmund hatte den Aufstieg des ewigen Zweitligisten Bayer 04 Leverkusen bis ins Champions-League-Finale 2002 zu einem gehörigen Teil dank seiner brasilianischen Spielereinkäufe bewerkstelligt. Jorginho, Lúcio, Zé Roberto oder Emerson erreichten in Leverkusen Weltklasseniveau. Calmund hatte in Brasilien ein Netzwerk wie kein zweiter deutscher Vereinsmanager aufgebaut, das war sein großer Wettbewerbsvorteil gewesen. Genau das sollten wir nun als Beratungsagentur machen. Brasilianische Fußballer nach Deutschland importieren.

Also flog ich für zwei Wochen nach Brasilien. Rio de Janeiro, São Paulo, Porto Alegre, ich würde das halbe Land bereisen.

Das Flugzeug rollte noch in Frankfurt auf der Startbahn, als es mir die Brust zuzuziehen schien. Ich versuchte, regelmäßig zu atmen, aber es gelang allenfalls halbwegs. Mein Sitznachbar schaute mich an und fing an zu lachen. Merkwürdige Laute kamen aus meinem Mund, eine Art leises Röcheln.

Ich hatte die Panik insgeheim schon erwartet. Ich litt an Flugangst.

Das Trauma des Sturzes vom Baugerüst mit 20 Jahren musste seine Spuren hinterlassen haben. Wie passend, dass der Flug nach Rio zwölf Stunden dauerte.

Irgendwie schaffte ich es, an Bord einzuschlafen. Doch das Unwohlsein blieb das vorherrschende Gefühl während der Reise durch Brasilien, und nicht nur wegen der vielen nationalen Flüge, die ich in dem weiten Land absolvierte. Ich war dort außerhalb meines Elements, weit weg von Köln. Ich sprach die Sprache nicht, ich konnte auch die fremde Gestik nicht mit Gewissheit deuten, ich war misstrauisch wegen der Geschäftsgepflogenheiten im brasilianischen Fußball, wie sollte die Jukebox da laut und mitreißend klingen?

Calli hatte mir ein paar Kontakte genannt, einer dieser Leute diente mir als Führer und Übersetzer. Nelson Maldaner hieß er. Im brasilianischen Fußball kannte ihn offenbar jeder. Sein Erkennungszeichen war ein Hinkebein. Wir trafen brasilianische Berater, ich sah mir ihre Fußballer im Stadion an, und wenn mir einer fähig erschien, versuchte ich, von seinem Berater das Mandat zu ergattern, den Spieler in Deutschland anbieten zu dürfen.

Das ist ein weitverbreiteter Geschäftszweig des Beraterjobs: als eine Art Zwischenhändler ausländische Spieler anbieten. Manche wilde Berater bieten auch Spieler an, obwohl sie gar kein Mandat dafür haben, obwohl die Spieler gar nichts davon wissen.

Diese Desperado-Berater hoffen darauf, dass der Verein anbeißt, ohne die Verbindung zu dem Spieler zu überprüfen. Dann wären sie im Geschäft. Manche Berater arbeiten durchaus emsig für den schlechten Ruf aller.

In Porto Alegre, tief im brasilianischen Süden, sah ich einen Spieler, der meine Euphorie doch noch entflammte. Roger Roberto Dos Santos, der Einfachheit halber Roger Gaúcho genannt, spielte so, dass ich zu halluzinieren glaubte: War das Ronaldinho, der da unten für Internacional spielte? Es war Roger Gaúcho, der ähnlich wie der Weltfußballer des Jahres 2005 mit tänzerischer Schwerelosigkeit trickste.

Ich hatte den neuen Ronaldinho entdeckt!

Zurück in Deutschland, kontaktierte ich alle Sportdirektoren oder Trainer der Bundesligisten, die ich kannte. Das waren im Herbst 2007 noch nicht so viele. Ich schickte ihnen Videos von Roger Gaúcho. Andreas Müller, Sportdirektor von Schalke 04, gab mir nach mehrmaliger Nachfrage einen Termin – in acht Wochen. Zu Friedhelm Funkel, dem Trainer von Eintracht Frankfurt, war der Draht kürzer. Er hatte für den guten Zweck der Schulrenovierungen für meine Karnevalsschals Werbung gemacht.

Das Video sehe nicht schlecht aus, sagte mir Friedhelm, aber sie müssten diesen Ronaldinho-Verschnitt natürlich selbst begutachten, um ihn bewerten zu können.

Im Oktober 2007 flog der Chefscout von Eintracht Frankfurt, Bernd Hölzenbein, nach Porto Alegre, um Roger Gaúcho in einem Spiel für Internacional zu beobachten. Das Problem war nur, dass Roger gar nicht mitspielte.

Niemand hatte uns darüber informiert, angeblich war es eine kurzfristige Maßnahme des Trainers. Roger sei geschlaucht vom vorangegangenen Spiel. Unverrichteter Dinge flog Bernd Hölzenbein, die Frankfurter Ikone, der Weltmeister von 1974, wieder zurück, 15 Stunden lang.

Ich wollte mich unter meiner Bettdecke verkriechen, als ich davon hörte. Mann, war mir das peinlich! Ich rief Friedhelm Funkel an, um mich zu entschuldigen und noch einmal zu entschuldigen, und irgendwann hatte ich wieder die Courage zu bitten, ob sie die Panne nicht vergessen könnten, den Spieler mussten sie sich trotzdem anschauen, auf so einen Spieler hatte die Eintracht doch gewartet. Auch das ist am Fußball so herrlich: Man kann sich in Spieler verlieben, man kann im Gefühl aufgehen, ein Talent zu entdecken, einen Schatz zu heben. Bei Stabilo-Textmarkern ist das schwieriger.

Also gut, Bernd Hölzenbein machte sich noch einmal auf den Weg. »Tu mir nur einen Gefallen«, sagte Friedhelm Funkel. »Klär diesmal hundertprozentig ab, dass der auch wirklich spielt.«

Ich schaltete Nelson Maldaner ein, ich bimste es ihm in den Kopf, der musste spielen, und wir mussten das vorab mit aller Sicherheit wissen, sonst würde ich eigenhändig dafür sorgen, dass er bald zwei Hinkebeine hätte.

Am Samstag, es war in Köln noch nicht Mittag, das heißt, es musste in Brasilien sechs Uhr morgens sein, rief mich Maldaner an. »Volker, Roger Gaúcho kann nicht spielen. Die Magen-Darm-Grippe hat ihn erwischt.« Bernd Hölzenbein war gerade in Porto Alegre gelandet.

Wahrscheinlich gibt es Menschen, die an dieser Stelle peinlich berührt aufgegeben hätten, Roger Gaúcho an Eintracht Frankfurt zu vermitteln. Höchstwahrscheinlich ist an dieser Stelle des Buches aber auch schon klar, dass ich nicht dazu gehöre.

Ich entschuldigte mich. Ich warb, ich schwärmte, ich drängte. »Mensch, dann nehmt ihn doch einfach so!«, sagte ich zu Friedhelm Funkel. »Ihr habt doch das Video gesehen.«

So einfach gehe das nicht, sagte Friedhelm, schöne Videoszenen könne man vom unbeständigsten Fußballer zusammenschneiden. »Was ich dir anbieten kann: Er könnte sich bei uns eine Woche im Probetraining präsentieren.«

Wieder hing ich am Telefon. Ich rief Maldaner an, der Rogers Berater anrief, der bei Internacional anrief, die ihren Spieler mitten in der Saison auf keinen Fall eine Woche lang für ein Probetraining mit ungewissem Ausgang abstellen wollten. Also rief Rogers Berater wieder Maldaner an, Maldaner rief mich an, so ging das sicher zehnmal hin und her. Dann kam er.

Vom 11. bis 13. Dezember 2007 würde Roger Gaúcho drei Tage lang bei Eintracht Frankfurt mittrainieren. Ich ließ ihn von einem Betreuer montagabends am Frankfurter Flughafen abholen und startete am Dienstag, dem 11. Dezember, um halb acht mit Dirk in Köln, um auf jeden Fall rechtzeitig zum Trainingsbeginn um zehn am Übungsplatz zu stehen.

Ich träumte. »Mensch, wir sind nicht mal ein halbes Jahr im Geschäft, und jetzt bringen wir schon einen richtigen Brasi in die Bundesliga! Da wird sicher eine Provision von 200 000 Euro für uns drin sein, auf einen Schlag! Und wie das unsere Agentur in der Branche bekannt machen wird!«

Selbstverständlich träumte ich auch vom Geld. Warum finden viele in Deutschland das verwerflich? Dazu nur eine Frage: Du bekommst 50 Euro, wenn du eine Schubkarre einen Kilometer nach Norden fährst, oder 100 Euro, wenn du dieselbe Schubkarre einen Kilometer nach Süden fährst – wer würde dann die Karre nach Norden schieben? Geld ist eine legitime Motivation, um leidenschaftlich zu arbeiten.

Der Winterwind blies in scharfen Böen über die offenen Trainingsplätze am Frankfurter Waldstadion. Ich ging erst einmal in den Fanshop. Ich kaufte mir Eintracht-Handschuhe, um mich gegen die Kälte zu wappnen. Ich nahm auch noch ein Paar Eintracht-Socken. Gefühlt hatte es minus 10 Grad.

Endlich hörten wir das Klacken und Knarzen, das jedem Fußballliebhaber das Herz höherschlagen lässt. Die Stollenschuhe der Spieler klapperten auf dem Asphaltweg von der Umkleidekabine zum Fußballplatz, ein Geräusch, in dem immer Erwartung und Spannung liegen. Alles ist möglich in diesem Moment. Bevor es losgeht.

Doch wo war Roger Gaúcho?

Die komplette Mannschaft war bereits auf dem Feld. Ich zeterte nervös: »Was ist denn los?«

Zwei Minuten nach der Mannschaft kam eine Art Michelin-Männchen aus der Tür. Ein 1,76 Meter kleiner Brasilianer in einer viel zu großen, dick wattierten deutschen Winterjacke, deren Kragen er bis über die Nase gezogen hatte.

Das ganze Ausmaß der Maskerade begriff ich erst, als Roger den Fußballplatz betrat. Er wollte in dem Winteranorak trainieren!

Natürlich, es war kalt, klar, er kam aus Brasilien. Aber in dieser Jacke konnte er sich doch gar nicht richtig bewegen.

Irgendwie schaffte er es trotzdem, einen Pass anzunehmen und auf die gegnerische Abwehrlinie zuzulaufen. Sotirios Kyrgiakos trat Roger entgegen. Der Grieche war 1,93 Meter groß, seine Muskelberge auch unter dem Trainingspullover zu erahnen. Die langen schwarzen Haare verstärkten den Eindruck eines antiken Kriegers. Ich weiß nicht, ob es wirklich einen Knall gab oder ob ich mir das Geräusch nur einbildete, als ich den Kampf um den Ball zwischen Kyrgiakos und Roger sah.

Dann war es still.

»Jetzt ist er tot«, sagte Dirk.

Das Männlein im Winteranorak lag ausgestreckt am Boden und rührte sich nicht mehr. Selbst als ein paar Eintracht-Spieler ihm schließlich wieder auf die Beine halfen, schien Roger noch bewegungsunfähig. Wie ein nasser Sack hing er in den Händen, die ihn aufrichteten. Vielleicht war er auch nur eingefroren.

Nach Rogers zweitem Trainingstag ging ich mit Friedhelm Funkel Mittag essen.

»Ich kann den unmöglich nehmen, Volker.«

Das sah ich selber.

»Warten wir mal das letzte Training ab«, sagte ich.

Am Donnerstag übte die Eintracht Torschüsse. Ich hatte in Brasilien mit eigenen Augen gesehen, wie leichtfüßig Roger den Fußball in den Torwinkel schlenzen konnte. In Frankfurt nahm er Anlauf, bekam das Zuspiel und jagte den Ball fünf Meter über das Tor. Nein, ich untertreibe. Zehn Meter waren es. Und das sollte der beste seiner Versuche bleiben.

Als ich Roger am Flughafen verabschiedete, hatte ich das dumpfe Gefühl, dass wir uns nie mehr wiedersehen würden.

Einen Monat später verpflichtete Eintracht Frankfurt einen Brasilianer. Er hieß Caio und wurde, ohne ihm nahetreten zu wollen, der größte Frankfurter Flop des Jahrzehnts, übergewichtig und träge in den Bewegungen.

Ja, sagte mir Friedhelm Funkel viele Jahre später, den habe keiner von ihnen je live spielen gesehen. Es traute sich wohl niemand, dem Chefscout Bernd Hölzenbein schon wieder eine Reise nach Brasilien zuzumuten.

Ich zog weiter mit meiner Liste potenzieller brasilianischer Welteroberer. Der Termin bei Andreas Müller auf Schalke stand an.

Ich wurde in eine Art Teeküche gebeten.

Der sieht aber anders aus als Andreas Müller, dachte ich, als ein Mann in meinem Alter mit wehenden Haaren hereinkam. »Uwe Scherr«, stellte er sich vor. Er war Scout bei Schalke. Andreas Müller sei leider gerade in einem wichtigen Meeting.

Es war offensichtlich, dass Scherr mich abfertigen sollte.

Ich stellte ihm die drei, vier brasilianischen Spieler vor, für die wir das Mandat besaßen, und ich versuchte, auch bei Roger Gaúcho enthusiastisch zu klingen. Obwohl mir klar war, dass hier nur ein sinnloses Ritual abgespielt wurde.

»Gut«, sagte ich gegen Ende der Begegnung, »dann nur noch eine Sache. Würden Sie Herrn Müller bitte ausrichten, dass wir seit Neustem auch einen Ihrer Nachwuchsspieler vertreten, Benedikt Höwedes.«

Einen Moment lang sah mich der Scout an, ohne etwas zu sagen.

»Benni Höwedes? Sie repräsentieren Benni Höwedes?«

»Ja.« Ich konnte ihm beim Denken zuschauen. »Kleinen Moment mal.« Scherr stand auf. Nach wenigen Minuten kehrte er zurück. »Kommen Sie bitte mit.«

Er führte mich in einen gediegenen Konferenzraum. Sportdirektor Andreas Müller trat mit einem freundlichen Lächeln ein und fragte mich äußerst zuvorkommend, ob ich Tee oder Kaffee nähme. Seine Sekretärin erschien, um Plätzchen aufzutischen. Der Finanzvorstand Josef Schnusenberg stieß dazu. Nein, nein, ich störte überhaupt nicht, sie hatten alle Zeit der Welt.

Benedikt Höwedes hatte wenige Wochen zuvor, mit 19 Jahren, seinen Einstand in der Schalker Profimannschaft gegeben.

Ein drastischeres Beispiel konnten wir nicht erleben, um zu merken, wie recht Calli mit seinem Spruch von der Ware im Körbchen hatte. Wenn du mit einem Video von drei, vier beliebigen brasilianischen Spielern ankamst, blieben die Türen zu, egal, wie schön deine Jukebox schnurrte. Wenn du dagegen das hoffnungsvollste Nachwuchstalent des Vereins vertratst, dessen Vertrag auch noch auslief, wurdest du hofiert. Dann erst kamst du an den Punkt, an dem dein Redegeschick und deine Verhandlungskunst einen Einfluss haben konnten.

Wir stellten einen deutschsprachigen Brasilianer ein, um ihn weiter nach Talenten in seiner Heimat suchen zu lassen. Aber die bevorzugte Zielgruppe für unsere Agentur war fortan eine andere: »jung und deutsch«.

Als die deutsche U19-Nationalmannschaft im Sommer 2008 die Europameisterschaft ihrer Altersklasse gewann, fand das in den deutschen Medien ungewohnt große Beachtung. Zum ersten Mal seit 16 Jahren hatte eine deutsche Nachwuchsauswahl wieder eine internationale Meisterschaft gewonnen. Hatten wir endlich wieder eine ganze Generation voller Talente?

In der Beraterszene war die Aufregung ähnlich groß, wenngleich weniger aus Begeisterung. Fünf der elf Spieler aus der deutschen Finalelf, die in Jablonec Italien 3:1 besiegte, wurden von *SportsTotal* repräsentiert, ein sechster würde wenig später hinzukommen. Wer war diese Agentur, wo kam die auf einmal her, fragten sich die etablierten Fußballberater erregt: Wer war dieser Struth?

Nun, ihre Erklärungen, wer dieser Struth angeblich sei, bekam ich über drei Ecken größtenteils auch zu hören: ein irrsinniger Typ, der Eltern und Sportdirektoren mit Geldkoffern köderte.

Die Diffamierung von Konkurrenten ist eine althergebrachte Taktik. Kürzlich las ich das hochinteressante Buch *Eine kurze Geschichte der Menschheit* von Yuval Noah Harari und lernte, dass bereits vor Tausenden von Jahren Gerüchte gestreut wurden, um Gegner zu zerstören. Klatsch und Tratsch, schildert Harari, waren nicht nur einmal der Auslöser für Kriege.

Ich wusste, ich musste solche Diffamierungen aushalten. Bloß, das sagt man so einfach.

Ich versuchte, die Wut über die Unterstellungen als Antrieb zu nutzen. Ich würde es denen erst recht zeigen. Manchmal freute ich mich sogar klammheimlich, wenn ich wieder etwas von Dritten über diesen Struth hörte. Ich sei »eine absolute Rampensau«, hatte Bayer Leverkusens Sportdirektor Rudi Völler offenbar gesagt.

Ich spürte im Sommer 2008, wir mischten die Beraterszene richtig auf, wir überholten die Etablierten links und rechts. Und wie das so ist, wenn du das Gefühl hast zu fliegen – ein Schlag trifft dich in dieser Situation völlig unvorbereitet.

Am 24. Juni 2008 war ich beruflich unterwegs, bei Arminia Bielefeld, wenn mich meine Erinnerung nicht trügt. Exakt kann ich mich noch an den Moment erinnern, als mich meine Sekretärin auf dem Handy anrief. Die Staatsanwaltschaft durchsuche unsere Büros.

»Verdacht auf Beihilfe zur Untreue«, lautete der Ermittlungsgrund. Man kann es auch präziser ausdrücken: Jemand glaubte, ich hätte den Leiter von Köln-Tourismus geschmiert, um die Cateringrechte der WM 2006 zu bekommen. Eine anonyme Anzeige war bei der Polizei eingegangen.

Auf einen Schlag schien alles verlangsamt. Ich schien das Handy nur noch in Zeitlupe in die Hosentasche zu schieben, meine gesamten Bewegungen waren plötzlich schwerfällig. Die Welt schien sich langsamer zu drehen. Das nennt man wohl Schockzustand.

In Selbstgesprächen hielt ich meine Verteidigungsrede: Ich hatte doch der Stadt aus der Patsche geholfen, als ich Knall auf Fall beim Catering einsprang! Ich brauchte doch niemanden zu schmieren, ich war einfach fixer und kreativer als andere! Ich war einigen Konkurrenten in der Stadt zu groß geworden, die wollten mich loswerden!

All das war wohl auch nicht falsch. Nach einem Jahr wurde das Ermittlungsverfahren gegen Karl-Heinz Merfeld und mich ohne Auflagen eingestellt. Der Verdacht hatte sich als unbegründet erwiesen.

Trotzdem sehe ich mein Wirken heute durchaus selbstkritisch. Mit meinen Herrenrunden im *Hilton* lieferte ich geradezu das Klischeebild des Kölner Klüngels, *echte Fründe ston zesamme*. Andererseits waren erst durch meine unbürokratischen, freundschaftlichen Beziehungen zu Entscheidern der Stadt viele ungewöhnliche Ideen umgesetzt worden, von denen die Allgemeinheit profitierte, wie etwa das Zeltlager zum Weltjugendtag oder die Schulrenovierungen.

Im Sommer 2008 stand für mich schnell fest, dass ich mein Engagement in Köln reduzieren würde. Ich wollte keine Angriffsfläche mehr bieten. Das war meine Begründung für die Außenwelt. Den anderen Grund behielt ich für mich. Die Ermittlungen hatten mir die Energie geraubt.

Ich übertrug *KölnTotal* an meinen Geschäftspartner Eric Bock. Von nun an würde ich mich ganz auf das Fußballgeschäft konzentrieren.

Familienausflüge unternahmen wir in die BayArena, zu den Bundesligapartien von Bayer 04. Samstagmorgens sahen Tina, Jessi und ich Luca beim D-Jugend-Spiel von Bayer zu, danach gingen wir gemeinsam ins Stadion hinüber. Ich hatte für uns vier Karten für den VIP-Bereich besorgt, und jedes Mal verließen Tina oder ich das gediegene Buffet, um ein Stockwerk tiefer an der Bude eine Bratwurst mit Pommes zu kaufen. Luca schmeckte das exquisite, exotisch gewürzte Essen im VIP-Raum nicht.

Andere Familien waren bei ihren Ausflügen vermutlich ungestörter, ich musste im VIP-Raum das Gespräch mit Tina und den Kindern ständig unterbrechen. »Oh, den muss ich kurz sprechen«, war mein Standardsatz, weil ich wieder einen Entscheider aus der Bundesliga entdeckte. Beim Abendessen wurde es zum Running Gag, dass ich die Kinder belehrte: »Kein Handy beim Essen!«, und schon klingelte meines: »Oh, da muss ich rangehen!« Trotzdem glaube ich nicht nur, dass den Kindern diese Art des Familienlebens gefiel. Ich weiß es. Denn sie erzählen davon Bekannten noch heute voller nostalgischer Freude.

Meine Frau hatte sich wenig für Fußball interessiert, bevor sie mich kennenlernte, aber mit der Zeit verfolgte sie die Spiele fast leidenschaftlicher als ich. Mit einer Frau, die sich nichts aus Fußball machte, wäre es vermutlich schwierig geworden. Der Fernseher in unserem Wohnzimmer wurde mit jedem Kauf größer. Damit ich die Partien meiner Spieler am Wochenende besser sehen konnte. Tina schien es nicht zu stören, dass meine Arbeit immer mitlief.

Vielleicht verdrängte ich es aber auch einfach, wenn sie etwas störte.

Ich betrachtete Fußballpartien analytischer, seit ich als Berater tätig war, aber ich schaltete deshalb die Emotionen nicht aus. Ich sprang auf, ich warf die Hände in die Luft, ich schrie, ich fluchte, wenn meine Spieler am Werk waren. Und dabei saß ich im Wohnzimmer. Als Mladen Petrić bei der Europameisterschaft 2008 den entscheidenden Versuch Kroatiens beim Elfmeterschießen im Viertelfinale gegen die Türkei vergab, warf ich mich zu Boden, die Hände vor dem Gesicht. Wenn ich einmal tot bin, wird mein Sohn Luca vermutlich immer noch dieses Bild von mir in Erinnerung haben: sein Papa klagend auf den Knien nach einem verschossenen kroatischen Elfmeter.

Mladen Petrić von Borussia Dortmund war der erste große Transfer unserer Agentur. Oder besser gesagt: der erste halbe große Transfer unserer Agentur.

Wir hatten Mladen im Frühling 2008 für uns gewonnen. Allerdings beschäftigte er gleichzeitig eine zweite Agentur, *Soccertalk* von Alen Augustincic aus Oberursel. Zwei Agenturen boten unabhängig voneinander denselben Spieler bei den Vereinen an. Solche ungeordneten Verhältnisse sollte es eigentlich nie geben. Es gibt sie aber immer mal wieder.

Ein Profi glaubt, es sei doch ein Vorteil, die Kontakte von mehreren Beratern spielen zu lassen. Das Gegenteil ist der Fall. Wenn mehrere Agenturen einen Spieler vertreten, wächst nur das Chaos. Der Spieler erscheint den Sportdirektoren als unseriös. Im extremsten Fall erkaltet das Interesse eines Vereins, weil er angesichts von zwei Beraterparteien zu viel Kompetenzgerangel bei den Vertragsverhandlungen und Ärger bei der Provisionsaufteilung fürchtet. Selbstverständlich erklärte ich das Mladen. Natürlich wird ihm Augustincic dasselbe gesagt haben. Aber da Mladen sich nicht für einen von uns entscheiden wollte, machten wir weiter. Er war, auch als halber Spieler, zu wertvoll, um ihn aufzugeben. Mit der Zeit würden wir ihn ganz von uns überzeugen, hoffte ich; hoffte gewiss auch Augustincic.

Das Buhlen um Spieler ist die Essenz des Geschäfts, auch wenn manche Berater in der Öffentlichkeit mit Pathos vor sich hertragen, sie würden keine Spieler von anderen Beratern abwerben. Das sei ein Ehrenkodex der Branche. Doch das erzählen vor allem Berater, denen ständig Spieler abgeworben werden, weil sie nicht gut genug sind.

Ein Fußballer ist frei, den Berater zu wechseln, so wie Kunden den Steuerberater wechseln, wenn sie mit dem alten nicht mehr zufrieden sind. Und ein Spielerberater muss natürlich versuchen, einen Fußballer anzuwerben, wenn er glaubt, er könne ihm weiterhelfen.

Andere Berater versuchen auch ständig, mir in den Hintern zu beißen.

Wenn wir hörten, eine fremde Agentur baggere einen unserer Spieler an, rief Dirk dort an. Oft half es schon, wenn er dem Konkurrenten freundlich zu verstehen gab, dass der Spieler uns über sein Heranpirschen informiert hatte. Ansonsten bestellte Dirk schöne Grüße von mir. »Volker Struth rast vor Zorn. Wenn ihr einen Spieler von uns abwerbt, wirbt er drei von euch ab.«

Ein schlechter Ruf kann durchaus hilfreich sein.

Als wir in das Geschäft einstiegen, gab es bereits um die 500 Spielerberater in Deutschland. Sie buhlten um einen immer gleich groß bleibenden Markt von rund 400 Fußballern in der Ersten Bundesliga. Ein harter Konkurrenzkampf um die Spieler ist unumgänglich. Letztendlich können dich nur drei Dinge wirksam vor Abwerbungen schützen. Qualifizierte Arbeit, ein vertrauensvolles Verhältnis zu deinen Schützlingen und Größe. Du musst als Agentur groß sein. Denn Größe bedeutet Macht auf dem Markt, an die Großen trauen sich die anderen nicht so schnell heran. Das ist im Löwenrudel so und in der Beraterbranche nicht anders.

Wir trafen uns mit Alen Augustincic zu einer Aussprache wegen Mladen Petrić. Es wurde vehement diskutiert, und danach war unausgesprochen vor allem eines klar: Wer Mladen zuerst ein lukratives Angebot bringen würde, hätte die Handlungshoheit. Er würde den größeren Anteil der Provision beanspruchen können.

Aber zunächst einmal musste ich wegen Benedikt Höwedes nach Hamburg. Der HSV wollte den Schalker Verteidiger verpflichten. Bennis Interesse, seinen Heimatverein zu verlassen, hielt sich allerdings in Grenzen, und das Angebot von Hamburgs Sportdirektor Dietmar Beiersdorfer erreichte dann auch nicht die Höhen, bei denen Benni alle sportlichen Argumente und Heimatverbundenheit über Bord werfen musste. Ich spürte, das würde nichts werden. Doch ich gehe nie mit nur einem Anliegen in Gespräche mit Sportdirektoren. In meinem Hinterkopf habe ich immer ein paar Ideen, die – scheinbar spontan – zum Thema werden können.

»Auf welchen Positionen sucht ihr zur neuen Saison denn noch Spieler?«, fragte ich Didi Beiersdorfer.

»Wir brauchen auf jeden Fall noch einen echten Torjäger.«

»Was hältst du denn von Mladen Petrić?«

Selbstverständlich informierte ich Augustincic darüber, dass Mladen von Borussia Dortmund zum Hamburger SV wechseln werde. Das gehörte sich so. Ich rief ihn allerdings erst an, als ich mit Petrić bereits auf dem Weg zur Vertragsunterschrift in Hamburg war.

Wollte Augustincic einen Teil der Provision vom HSV sehen, sollte er schon mit am Tisch sitzen, wenn die Zahlungen bei Vertragsabschluss festgesetzt wurden. Er hatte dank meines späten Anrufs ziemlich genau drei Stunden Zeit, um von seinem Büro bei Frankfurt nach Hamburg zu kommen. Das sind 500 Kilometer.

Er schickte dann seinen Mitarbeiter, Sascha Breese. Das ersparte Augustincic das unangenehme Gefühl, uns hinterherzuhecheln. Aber es kostete ihn etwas Wertvolleres: seinen kompetenten Mitarbeiter. Ich warb Sascha Breese von *Soccertalk* ab.

Das Gespräch mit Breese in Hamburg war überraschend konstruktiv gewesen. Ich sah, wie souverän und vertrauensvoll er trotz der angespannten Situation mit Petrić umging. Ich roch etwas. Solche Leute brauchten wir.

Zu viele Chefs haben Schwierigkeiten, kreative, eigenständige

Mitarbeiter neben sich zu dulden. Sie haben Angst, im Vergleich schlecht auszusehen. Das ist ein großer Fehler. Durch schwache Mitarbeiter schwächen sie ihre eigene Schlagkraft.

Wenn meine Firma wachsen sollte, konnte ich nicht weiterhin alles selbst machen. Ich brauchte Mitarbeiter, die in manchem Aspekt besser als ich waren. Sascha Breese war nicht einmal 30, aber er hatte bereits als Teammanager beim Zweitligaverein Greuther Fürth und einige Zeit bei *Soccertalk* gearbeitet. Ich konnte ihn dafür gewinnen, für *SportsTotal* den internationalen Markt zu erschließen. Das war der wahre Volltreffer des Petrić-Transfers, unseres ersten großen Deals.

Ein Jahr nachdem mich Calli mühsam überredet hatte, ins Fußballgeschäft einzusteigen, fragte ich mich, warum ich beruflich je etwas anderes gemacht hatte. Der Fußball weckte so viel Tatendrang, so viel Lust an der Arbeit in mir. Nicht alles lief reibungslos, Bruno Labbadia, der Trainer in Leverkusen, ließ unsere Jungen nicht spielen. Der Frust ging mit mir durch, was war der Labbadia für ein Angsthase, der musste sich einfach mal trauen, Reinartz, Risse und Sukuta-Pasu ins Spiel zu bringen, oder konnte der das nicht, Jungen heranführen, ausbilden, auch mit ihren Fehlern umgehen? Ich warf das alles Leverkusens Sportdirektor Michael Reschke an den Kopf. Reschke meinte, was ich wolle, ich solle ihn in Ruhe lassen! Jetzt war auch noch der Sportdirektor auf mich sauer. Aber er würde sich schon wieder einkriegen. Denn in Wahrheit sah Michael Reschke die Problematik mit Labbadia genauso wie ich.

Ich war über 40, aber als Spielerberater noch jung und frisch. Das hieß, manchmal ziemlich roh und wild.

Im September 2008 hatten wir den Wechsel des ehemaligen Kölner Abwehrspielers Moses Sichone zum Drittligisten VfR Aalen angebahnt, als mich die Nachricht traf, Moses sei beim FSV Mainz 05 im Probetraining. Das durfte nicht wahr sein!

Moses war kein Spieler unserer Agentur, wir verfügten einzig über das Mandat, einen Wechsel nach Aalen auszuhandeln. Auch das gehört zum Geschäft: Ein Berater hat besonders gute Kontakte zu einem bestimmten Verein, weiß deshalb vor allen anderen, welcher Spielertyp dort gesucht wird, und bietet einem Spieler an: Wenn du willst, können wir für dich den Weg dorthin ebnen.

Der VfR Aalen versuchte 2008 gerade, mit sehr viel Geld der Firma Imtech durch die Ligen zu marschieren, Moses Sichone konnte dort auf seine alten Fußballertage noch mal über zwei, drei Jahre Führungsspieler werden und richtiges Geld verdienen, was wollte er in Mainz, kurzfristig irgendein beliebiger Zweitligaspieler bei irgendeinem Zweitligisten werden, wer hatte ihm den Blödsinn eingeredet!

Ich tigerte durch das Büro, ich brütete, ich lief heiß. Ich wollte den Spielerwechsel nach Aalen unbedingt, für Moses, für den Verein, für uns!

Kurz darauf bekam Mainz' Sportdirektor Christian Heidel offenbar einen Anruf.

»Hallo, Heidel. Meine Name Motombo«, sagte eine tiefe Stimme mit afrikanischem Akzent.

»Wer ist da?«, schrie Heidel ins Telefon.

»Meine Name Motombo. Isch der Berater von Moses.« Sichone stammte aus Sambia. »Bin Frankfurt, Flughafen. Kann du kommen?«

»Was soll ich?«

»Komme du Frankfurt Flughafen. Ich bin jetzt gekomme von Sambia.«

»Ja wie, was soll'n das jetzt?«

»Wir wolle Vertrag unterschreibe von Moses.«

»Der Moses! Der ist hier seit einer Dreiviertelstunde im Probetraining, und du willst 'nen Vertrag! Ich sag dir mal was: Einen Scheiß kriegt er hier! Wenn er die nächste Dreiviertelstunde so weiter trainiert wie die erste, kriegt er sowieso mal gar nichts. Ich glaube, ihr spinnt!«

»Nicht komme – keine Vertrag. Komme du nicht Frankfurt, Flughafen, keine Vertrag.«

Drei Tage später berichteten die Zeitungen, der ambitionierte Drittligist VfR Aalen habe den früheren Bundesligaspieler des 1. FC Köln, Moses Sichone, verpflichtet. Zuvor habe der FSV

Mainz 05 von einer Verpflichtung Sichones Abstand genommen. Der Spieler habe im Probetraining nicht überzeugt.

Vom Anruf eines mysteriösen afrikanischen Beraters, der den Transfer nach Mainz möglicherweise verkompliziert hatte, berichtete niemand. Ich habe natürlich auch nur davon gehört, dass es diesen Anruf angeblich gab.

7

Die Schnellen fressen die Langsamen

Im Bordrestaurant des ICE staunte ich immer wieder aufs Neue, was manche Leute frühstücken. Ein Pils und noch eines tranken nicht wenige Fahrgäste morgens um halb neun.

Dirk und ich setzten uns die gesamte Zugfahrt hindurch stets ins Bordrestaurant. Die Reisen mit der Bahn dienten der Entspannung zwischen all den Touren im Auto.

Ich liebe Geselligkeit, doch beim Anblick der Pilsgläser morgens um halb neun am Tisch gegenüber spürte ich, wie sich Anspannung im ganzen Körper ausbreitete. Erinnerungen an die Kindheit kehrten zurück, dunkel und schwer. »Deine Mutter braucht dich, geh mal zu ihr rüber«, hatte meine Oma gesagt, »du sollst für sie einkaufen.« Alles, was ich meiner Mutter dann aus dem Supermarkt bringen sollte, war Bier. Ich war zehn.

1997 klingelte mein Telefon, der Name des Anrufers rutschte so durch. Er meldete sich von der Heilanstalt in Düren. Sie mussten mir leider mitteilen, dass meine Mutter verstorben sei. Das Gefühl, dass meine Mutter nicht mehr da war, hatte ich zu dem Zeitpunkt schon 15 Jahre lang gehabt.

Ich riss mich von den Gedanken los, im ICE-Bordrestaurant im Dezember 2008, zwischen Köln und Frankfurt-Flughafen, ein Frühstück mit Kaffee vor mir. Der Sportvorstand des 1. FC Nürnberg, Martin Bader, erwartete uns im *Sheraton*-Hotel am Flughafen. Um den schlechten Lauf seiner Zweitligamannschaft in der Rückrunde zu korrigieren, wollte er in der Winterpause auf einen Schlag zwei unserer Junioren-Europameister von Bayer 04 Leverkusen ausleihen, Marcel Risse und Stefan Reinartz.

Wir kannten uns nach anderthalb Jahren im Geschäft recht gut aus, wir glaubten, einschätzen zu können, was man in der zweiten Liga verdiente. 20 000 Euro im Monat galten damals als Spitzengehalt. Wenn wir das für die beiden aushandeln könnten, wäre das stark. Als Berufsanfänger in Leverkusen verdienten Marcel und Stefan spürbar weniger.

Nach Martin Baders erstem Angebot versuchten Dirk und ich, keine komischen Gesichter zu machen. Er hatte direkt 25 000 Euro geboten.

Laien haben oft die Vorstellung, ein toller Berater sei eine Art Magier, der Eskimos einen Kühlschrank verkaufen könne. Tatsächlich wird das Gehalt, das ein Fußballer erzielt, weitaus mehr von den Umständen bestimmt, in denen sich der Verein befindet, als von Hokuspokus seines Beraters. Nürnberg war vom Budget und Anspruch her immer noch ein Erstligist, der von der Dringlichkeit getrieben wurde, in der Rückrunde doch noch aufzusteigen. Der Club sah Risse und Reinartz nicht mehr als Talente, sondern ordnete sie als Schlüsselspieler ein, die entscheidend zur Wende im Aufstiegskampf beitragen würden. Trainer und Sportvorstand wollten genau diese zwei Spieler, unbedingt. Da war das Gehaltsangebot automatisch und bewusst höher als in der zweiten Liga üblich. Bei anderen Zweitligisten wie Greuther Fürth oder 1860 München hätte der beste Berater 2008 für Risse und Reinartz keine 25 000 Euro durchgeboxt. Die große Kunst eines Beraters bei Verhandlungen besteht darin, vorab genaue Informationen über die Situation des Vereins zu besitzen und das Auftreten des Sportdirektors zu deuten, seine Worte, aber auch seine Gesten. Wie oft ruft er an, um den Transfer anzuschieben?

Kommt er bei der Ortswahl des Treffens den Beratern entgegen oder nicht? Dringt da eine echte Begeisterung durch, wenn er über die Fähigkeiten des Spielers spricht, oder klingt das nur aufgesetzt? Lässt sich der Sportdirektor von den Emotionen eines Gesprächs packen, oder ist er eher für rationale Argumente empfänglich?

Hat ein Berater ein Gespür für solche Details, kann er seine Klasse ausspielen – indem er für seinen Spieler die obere Grenze des Machbaren erreicht.

Als Dirk und ich nach den Verhandlungen mit Martin Bader am Frankfurter Flughafen aus dem *Sheraton* kamen, drehten wir ganz langsam die Köpfe zueinander. Ohne etwas zu sagen, nickten wir uns mit vorgeschobenen Lippen und hochgezogenen Augenbrauen zu. Nicht schlecht, sollte die Geste sagen, nicht schlecht. Wir hatten als Gehalt für unsere beiden Jungprofis jeweils 30 000 Euro im Monat ausgehandelt.

Ein paar Stunden später dachte ich nicht mehr an das großartige Resultat unserer Verhandlungen. Ich analysierte kalt, dass ich das nächste Mal besser sein musste. Nicht im Ergebnis; die Verträge, die wir Marcel Risse und Stefan Reinartz ermöglicht hatten, konnten sich zweifellos sehen lassen. Doch mir war im Gespräch mit Nürnbergs Sportvorstand bewusst geworden, dass Dirk und ich, als Branchenneulinge, noch nicht genug wussten. Wir hatten das Gehaltsniveau in Nürnberg zu niedrig eingeschätzt. Das blieb folgenlos, weil Bader die beiden Spieler unbedingt wollte. Das nächste Mal allerdings musste ich noch besser vorbereitet sein.

Informationen, verstand ich, waren die Essenz der Beratertätigkeit. Je mehr er weiß, desto besser ist ein Berater. Er kann vehement auf 30 000 Euro im Monat für seinen Spieler beharren, wenn er weiß, andere Profis bekommen das in diesem Klub. Er wird tiefer und früher als andere in die Pläne eines Sportdirektors eingeweiht, wenn er seinerseits den Sportdirektor mit fundierten Neuigkeiten vom Spielermarkt versorgen kann; wenn er mit ihm auf einer Ebene reden kann. Er kann antizipieren, in welchem Verein seine Spieler unterkommen können, wenn er die taktischen Vorlieben und aktuellen Nöte der Trainer aus erster Hand kennt oder sogar selbst auf dem Spielfeld erkennt. Er kann einen Spieler anwerben, wenn er weiß, dieser ist mit seiner Agentur gerade unzufrieden.

Oft fuhr ich zum Training meiner Spieler und achtete nur beiläufig darauf, was sie taten. Mich interessierte, wie der Trainer auf ihre Aktionen reagierte. Ich brauchte die Information, was der Trainer wirklich von meinen Spielern hielt.

Ein Berater muss unaufhörlich mit allen reden, Sportdirektoren, Trainern, Fußballern, Spielereltern, Vereinsscouts, Physiotherapeuten, Journalisten. Er muss vor allem so mit ihnen sprechen, dass sie reden.

Eines Abends Anfang Januar 2009 rief Marcel Risse an. Ich hatte mittlerweile drei Handys, eines für Anrufe in Sachen *KölnTotal*, eines für das Fußballgeschäft und das dritte speziell für die wichtigsten Sportdirektoren und Trainer. Ich telefonierte so viel mit den anderen zwei Handys, wollte aber, dass die Leitung für die wichtigsten Entscheider der Branche immer frei war. Denn wenn ich ihren Anruf einmal verpasste, konnte ich ihnen ewig hinterhertelefonieren.

»Sag mal, Volker«, sagte Marcel, »du fandst doch immer den Dennis Diekmeier so gut.«

»Ja klar!« Ich hatte mich nach dem Sieg der deutschen U19 bei der EM 2008 in Tschechien vergeblich um ihn bemüht. Mit welcher Wucht Dennis Diekmeier als rechter Außenverteidiger der deutschen Junioren immer wieder in den Angriff vorgestoßen war, hatte ihm die Fritz-Walter-Medaille in Gold für den besten Nachwuchsfußballer seines Jahrgangs eingebracht.

»Ich habe gerade mit ihm telefoniert«, sagte Marcel. »Er will seinen Berater wechseln.«

Augenblicklich lebte und dachte ich in einer anderen Geschwindigkeit.

Wie, Berater wechseln?

Dennis Diekmeier steckte bei Werder Bremen fest, er kam partout nicht in die Profielf hinein, und sein angestammter Berater, Thomas Böhm, gegen den er eigentlich nichts sagen wollte, erzählte ihm immer nur etwas von Parma: Dann gehst du halt nach Parma. Dennis wollte aber gar nicht nach Italien.

Also, eigentlich habe sich Dennis schon entschieden, sagte Marcel: Er wolle sich Alen Augustincic' Agentur anschließen.

Der schon wieder.

Aber Dennis habe Augustincic noch nicht endgültig zugesagt.

Ich glaube, ich legte ziemlich abrupt auf. Ich wählte sofort Dennis Diekmeiers Nummer.

»Dennis, lass uns einfach mal sprechen. Ich fahr sofort los, wenn du willst.«

»Jetzt?«

Es war 20 Uhr. Von Köln nach Bremen brauchte ich, bei permanenter Geschwindigkeitsübertretung, mindestens drei Stunden.

»Dann eben morgen früh. Noch vor dem Training. Wann du willst. Von mir aus auch um drei Uhr nachts.« Vor dem Training, um neun Uhr früh, im *Café Ambiente*, ganz in der Nähe des Bremer Weserstadions, war es Dennis Diekmeier dann doch lieber.

Wollte ich ihn überzeugen, brauchte ich allerdings bis morgen früh um neun Angebote oder zumindest ein handfestes Interesse deutscher Erst- oder Zweitligisten. Denn Alen Augustincic lockte mit einer Anfrage des SC Freiburg. Allerdings würde der Sport-Club Diekmeier erst im Sommer anstellen, wenn er ablösefrei war. Dennis wollte sofort weg aus Bremen. Er wollte sofort spielen.

Ich überlegte, wer suchte einen Rechtsverteidiger? Informationen, darauf komme ich immer wieder zurück, sind die Basis eines erfolgreichen Beraters. Von welchem Verein wusste ich, dass sie einen Rechtsver… Martin Bader!

Bei den Vertragsgesprächen wegen Risse und Reinartz hatte ich Nürnbergs Sportdirektor gefragt, so wie ich immer weitergehend frage, ob er noch auf anderen Positionen Bedarf sehe.

Ich tat, als wüsste ich nicht, dass der Arbeitstag bereits vorüber war, und schrieb Bader eine Kurznachricht.

»Guten Abend, Herr Bader. Dennis Diekmeier – wäre der auch für Sie interessant?«

»Dennis Diekmeier? Wegen ihm habe ich doch schon wiederholt bei seinem Berater vorgesprochen. Den würde ich sofort nehmen. Aber sein Berater hat alles abgeblockt.«

»Dann lassen Sie uns morgen mal telefonieren. Vielleicht hat er dann einen anderen Berater.«

Um 5.30 Uhr fuhr ich in Köln los, nicht viel später wurde ich auf der Autobahn das erste Mal geblitzt. Aber das hatte etwas Gutes. So konnte ich Dennis Diekmeier gleich zu Beginn des Gesprächs verdeutlichen, wie unbedingt ich ihn wollte. Deshalb war ich zu ihm gerast.

Eine Stunde später waren wir uns prinzipiell einig, dass Dennis zu unserer Agentur wechseln und ich seinen Transfer zum 1. FC Nürnberg anbahnen würde. Ich sollte noch mit seinem Vater sprechen. Dennis war noch nicht auf dem Trainingsplatz, da befand ich mich schon auf dem Weg zum Vater im Bremer Vorort Achim.

Innerhalb von zwölf Stunden hatte ich vom Erstkontakt bis zum Zuschlag die Rekrutierung eines U19-Europameisters abgewickelt und einen Vertrag bei einem neuen Verein für ihn in die Wege geleitet.

Die Schnellen fressen die Langsamen. Ich wusste selbst schon gar nicht mehr: War das Lebensmotto auch von Reiner Calmund, oder war das von mir, so oft predigte ich es.

Dummerweise hatte allerdings einer etwas gegen Dennis Diekmeiers Wechsel nach Nürnberg. Werder Bremens Sportdirektor Klaus Allofs explodierte, als ich ihn zwei Tage später in seinem Büro davon unterrichtete.

Allofs war damals neben Uli Hoeneß von Bayern München der profilierteste Sportmanager der Bundesliga. Seit gut einem Jahrzehnt führte er die Geschicke von Werder gemeinsam mit Trainer Thomas Schaaf. In dieser Zeit waren sie zum ersten Herausforderer der Bayern aufgestiegen. Aus Allofs' Sicht musste ich wie ein naseweiser Frischling wirken. Wir kannten uns noch nicht, und da saß ich in seinem Büro und sagte ihm ins Gesicht, Dennis Diekmeier wolle weg. Als ob er, der große Allofs, da gar nichts mitzureden hätte.

Ich kann verstehen, dass er mich da nicht so cool fand.

Doch ich denke, sachlich betrachtet hätte Allofs auf sich selbst wütend sein müssen. Vielleicht war er das insgeheim auch. Denn sie hatten es verpasst, den Vertrag von Dennis Diekmeier rechtzeitig zu verlängern. In einem halben Jahr, im Sommer 2009, lief er aus. Entweder Werder ließ Dennis sofort ziehen und erhielt zumindest eine kleine Entschädigung von Nürnberg. Oder er verließ Bremen bei Vertragsende im Sommer, ohne dass ein Cent Ablöse fällig wurde.

Allofs und Schaaf hatten Dennis in den Monaten zuvor zwischen Tür und Angel öfters gesagt, sie zählten auf ihn, sie würden seinen Kontrakt verlängern und ihn aufbauen. Er war ein echter Werder-Junge, vom flachen Bremer Land, der das Fußballspielen seit dem 13. Lebensjahr im Verein gelernt hatte. Doch konkret hatte Werder die Vertragsverlängerung nie initiiert. Vielleicht dachten sie, das erledigen wir in den nächsten Monaten nebenbei, ich weiß nicht, was sie mit Dennis' altem Berater besprochen hatten. Ich sah nur, dass Dennis mit 19 Jahren in einer Profielf spielen musste, um sich zu entwickeln, und in Bremen würde er diese Chance in naher Zukunft nicht bekommen. Mit Clemens Fritz und Petri Pasanen standen auf seiner Position gleich zwei etablierte Kräfte vor ihm.

Alle Welt hatte Dennis' Talent vor einem Jahr bei der Junioren-EM gesehen, und seitdem war er bei Werder in der Bundesliga keine einzige Minute zum Einsatz gekommen. Irgend so etwas sagte ich, als Klaus Allofs lauter wurde.

Wer ich zu sein glaubte, und was Dennis bei einem Zweitligisten sollte, ich versaute ihm doch die Karriere!

Theoretisch hätte ich Allofs einfach brüllen lassen können. Aber ich gab ihm Kontra. Denn was wollte Allofs überhaupt: Sie ließen Dennis nicht spielen; meinte er, das bringe dessen Karriere voran?!

Zwischen Vereinen und Fußballspielern gibt es zwangsläufig Interessenkonflikte wie in diesem Fall. Manchmal lassen sie sich ganz sachlich lösen. Aber vielleicht weil es Fußball ist, gewinnen bei Konflikten am Verhandlungstisch nicht selten die Emotionen die Oberhand. Denn Sportdirektoren wie Allofs, die selbst lange

Berufsfußballer waren, werden während angespannter Verhandlungen wohl oft von der alten Sportlermentalität gepackt: Als wäre es ein Fußballspiel, sehen sie auf der anderen Seite des Schreibtischs einen Gegner, da geht es nicht nur um die Sache, sondern auch ums Siegen und Verlieren. Und manche hassen es immer noch zu verlieren.

Mit der Zeit bekam ich den Eindruck, es gebe noch einen Grund, warum so mancher Sportdirektor sich bei Vertragsverhandlungen so sperrte. Es kostete sie Überwindung, den heutigen Spielern die mittlerweile üblichen Gehälter zu gewähren. Denn sie, die Sportdirektoren, waren früher doch auch richtig tolle Fußballer gewesen und hatten damals viel weniger bekommen.

Viele junge Menschen möchten Spielerberater werden, weil sie unbedingt, irgendwie zu dieser ach so schönen Welt des Fußballs dazugehören wollen. Jemand, der dazugehören möchte, wird es aber kaum schaffen als Spielerberater. Denn etliche Leute aus den Vereinen geben uns auf verletzende Weise immer wieder zu verstehen, dass wir eben nicht dazugehören. Oft wurde ich von Sportdirektoren übelst beleidigt: ob man mir »in den Kopf geschissen« hätte, auf diesem Niveau. Alles, was ich gewagt hatte, war, einen Spieler anzubieten, den sie offenbar nicht für ihre Mannschaft geeignet hielten. Vereinzelt redeten mich Sportdirektoren sogar bei meinen Spielern schlecht, der Struth sei unverschämt, wegen dessen Forderungen würde ihr neuer Vertrag noch platzen. Oho, würden Sportvorstände wie Jörg Schmadtke oder Fredi Bobic an der Stelle einwenden, ich könne aber auch austeilen. Ja, möglicherweise, aber darauf will ich nicht hinaus, sondern darauf, welche Ablehnung Spielerberater aufgrund ihrer Rolle erfahren und aushalten müssen. Wir gehören niemals ganz dazu. Letztlich bleiben wir immer die von der anderen Seite in der ach so schönen Fußballwelt.

Nach unserer Konfrontation in Sachen Diekmeier würde Klaus Allofs jahrelang nicht mit mir reden wollen. Unsere Agentur wuchs, wir hatten viele interessante, junge Fußballer. Aber Werder Bremens Sportdirektor tat partout so, als interessierte ihn keiner davon.

Ich wusste genau, was als Nächstes kam. Allofs und Werders

Trainer Thomas Schaaf würden versuchen, Dennis Diekmeier weichzuklopfen. Er war noch ein Teenager. Er musste alleine Werders legendärem Führungsduo gegenübertreten und seinen Willen verteidigen, den Klub zu verlassen.

Ich entwarf für Dennis eine Art Drehbuch: So würde das Gespräch ablaufen.

»Sie werden dir sagen: Was willst du denn in Nürnberg? Das ist ein Rückschritt. Da versinkst du in der zweiten Liga.«

»Sie werden sagen: Den Wechsel redet dir doch nur dein Berater ein.«

»Wer ist überhaupt dieser Berater, den kennt kein Mensch.«

»Wir haben dir doch immer gesagt, dass du bei uns eine Vertragsverlängerung bekommst.«

»Die würden wir dir auch selbstverständlich noch anbieten.«

»Wir haben auf dich gezählt.«

»Das ist eine persönliche Enttäuschung, dass du jetzt gehen willst, bei allem, was Werder für dich getan hat.«

»Dennis«, sagte ich zum Abschluss: »Du kannst bei Werder bleiben. Aber wenn du weiterhin genau wie ich der Meinung bist, dass Nürnberg der richtige Schritt für deine Entwicklung ist, dann musst du das jetzt alleine vor den beiden verteidigen.«

Dennis Diekmeier wurde in den dritten Stock auf Werders Geschäftsstelle bestellt, in Klaus Allofs' Büro. Schon der Weg mit dem Fahrstuhl nach oben symbolisierte: Er betrat das Land der Macht.

Alles, was Allofs und Schaaf ihm sagten, hatte er schon einmal gehört. Was wolle er denn bei einem Zweitligisten, das habe ihm doch nur dieser Berater eingeredet, sie seien persönlich enttäuscht von ihm – und dann alles noch einmal von vorn.

So genau Dennis die Ansagen der beiden aus meinem Drehbuch auch kannte – er wusste plötzlich nicht mehr, was er antworten sollte. So sehr schüchterte ihn die Situation ein.

»Wir haben dir doch immer gesagt, dass du bei uns eine Vertragsverlängerung bekommst.«

»Ja, aber ich sehe Nürnberg als richtigen Schritt für meine Entwicklung.«

»Wir haben auf dich gezählt.«

»Ja, aber ich sehe Nürnberg als richtigen Schritt für meine Entwicklung.«

»Das ist eine persönliche Enttäuschung, dass du jetzt gehen willst, bei allem, was Werder für dich getan hat.«

»Ja, aber ich sehe Nürnberg als richtigen Schritt für meine Entwicklung.«

Wie ein Roboter habe er immer nur den einen Satz hervorgebracht, erzählte Dennis hinterher. Irgendwann waren Allofs und Schaaf offenbar erschöpft von dem »Ja, aber ich sehe Nürnberg als richtigen Schritt für meine Entwicklung«. Sie gaben ihn frei.

Eine Woche nachdem ich ihn zum ersten Mal gesprochen hatte, trainierte Dennis Diekmeier in der Türkei im Wintertrainingslager des 1. FC Nürnberg. Sein Gehalt auszuhandeln war keine Wissenschaft gewesen. Wir wussten ja, was andere U19-Europameister in Nürnberg verdienten.

8

Wir stellen ein: Toni-Kroos-Sonderbeauftragter

Wenn ich morgens die Lokalzeitungen aufschlug, sprang mir sein Name ins Gesicht. Toni dies, Toni das. Das größte deutsche Fußballtalent spielte ab Januar 2009 für Leverkusen, ein paar Autominuten von unserem Büro entfernt. Bayern München hatte Toni Kroos für anderthalb Jahre an Bayer 04 verliehen, damit er dort mit 19 wachsen konnte. Mir war, als versteckte sich hinter all den Schlagzeilen in den Kölner Morgenzeitungen eine Nachricht an mich: Ätsch, Volker, den kriegst du nicht.

Ich fuhr zu seinem ersten Training in Leverkusen. Ich spürte den Drang, Toni Kroos spielen sehen zu *müssen*, so wie andere beim Parisurlaub die Mona Lisa sehen müssen.

Er passte den Ball mit einer Mühelosigkeit, die unkundige oder bösartige Betrachter mit Gleichgültigkeit verwechseln konnten.

Ich musste ihn für unsere Agentur gewinnen!

Ich konnte nichts machen. Sein Vater hatte mir eindeutig abgesagt.

Ich überlegte, ich grübelte. Ich versuchte, an etwas anderes zu denken.

Handy Nummer II klingelte, das für Fußballer. Das Display zeigte den Namen des Anrufers an. Eugen Polanski. Schlagartig stand ich unter Strom.

Ein Jahr zuvor, im Frühling 2008, hatten mir zwei Mönchengladbacher Bundesligaspieler meiner Agentur erzählt, ihr Kollege Eugen Polanski hadere mit seinem Berater. Polanski könne nach Spanien zum FC Getafe wechseln, doch sein Berater Norbert Pflippen sei tagelang nicht erreichbar. Einerseits sei das nachvollziehbar, weil Pflippen schwer krank sei. Andererseits drohe deswegen der Vereinswechsel zu scheitern.

Ich rief Reiner Calmund an.

»Calli, ich kann mir den Eugen Polanski packen!«

»Jung, tu mir einen Gefallen: Lass es gut sein. Der Flippi ist schwer krank. Dem sind bereits all seine Mitarbeiter mit den besten Spielern abgehauen. Der liegt bereits am Boden. Tritt nicht noch auf ihn drauf.«

Ich rang mit mir. Also, einfach mal anrufen konnte ich Eugen Polanski doch. Ich würde nur mal hören, was wirklich Sache war.

Aus einem Anruf wurden ein paar Telefonate. Ich drängte Polanski nicht, ich fragte nur und hörte heraus, dass Pflippen seinen Transfer zu Getafe letztendlich wohl mithilfe eines spanischen Beraters hinbekommen würde. Ich sagte nur: »Eugen, du kannst dich jederzeit melden, falls es irgendein Problem gibt und du meinst, ich könnte dir helfen.«

Nun, fast ein Jahr später, im Frühling 2009, tauchte Eugens Name plötzlich wieder in meinem Handydisplay auf.

Er wollte Getafe nach einer Saison wieder verlassen. Seine Frau hatte gerade ein Kind zur Welt gebracht und fühle sich fremd in der Prärie des Madrider Südens. Er müsse zurück nach Deutschland. »Pflippen hat aber gerade zum zweiten Mal einen Termin mit Getafes Sportdirektor abgesagt. Das geht nicht mehr, Volker. Ich werde mir so oder so einen neuen Berater suchen. Ich möchte, dass du es machst.«

Lass es sein, sagte Calli.

Ich zögerte. Ich überlegte. Dann rief ich einfach Norbert Pflippen an. Ich bat ihn um ein Treffen, im Kölner *Hilton*.

Die Bar mit den braunen Ledersesseln befindet sich gleich gegenüber von der Rezeption, dezent versteckt auf einer Empore. So viele Termine hatte ich hier bestritten, so viel erfahren, so viel erreicht. Doch vielleicht war das Treffen mit Norbert Pflippen das eindrücklichste von allen im *Hilton*.

Ich hatte ein, zwei Stunden eingeplant und blieb den ganzen Tag. Er hing regelrecht an Medikamenten, Entzündungen im Gehirn, Tumore im Hals. Nur zwei Jahre später würde er, viel zu früh mit 64 Jahren, sterben. Doch er machte Späße über seine Gesundheit. »Mein Name ist Katze«, er laufe den Krankheiten schon mindestens sieben Leben lang davon. Er lachte, tadellos gekleidet, mit Anzug und Krawatte, die Haut gebräunt. Auf Fotos konnte er noch immer fidel aussehen, mit 62, in seinem gesundheitlichen Zustand.

Er war die erste öffentliche Figur eines Spielerberaters in Deutschland gewesen. Der erste Pate. Die Krawatten bunt, die Haare lang, auch wenn sie nicht mehr auf dem Schädel, nur noch an den Schläfen wuchsen.

Als Angestellter auf der Bußgeldstelle der Stadt Mönchengladbach in den Siebzigerjahren habe er zwangsläufig Günter Netzer kennengelernt, dank dessen vieler Strafzettel. So stellte er seinen Start als Spielerberater dar. Über drei Jahrzehnte hinweg vertrat Norbert Pflippen die erste Reihe deutscher Fußballer, Netzer, Berti Vogts, Lothar Matthäus, Stefan Effenberg, Mehmet Scholl, Sebastian Deisler bis hin zu Lukas Podolski. Er schenkte jungen Spielern Gebrauchtwagen und den Eltern Faxgeräte für ihre Zusage. Das meint man wohl, wenn man sagt: Es waren andere Zeiten.

Irgendwann jedoch sprangen ihm die Spieler immer ab. Spätestens um 2002, nach 30 Jahren im Geschäft, liefen ihm auch die Mitarbeiter weg. Sie machten sich mit den Spielern, die sie für Pflippen betreuen sollten, selbstständig.

Die Argumente waren immer dieselben. Der Flippi hänge lieber auf Modeschauen herum, der Flippi lasse die Spieler im Stich, sobald es Probleme gebe, und manchmal kümmere er sich nicht mal richtig, wenn alles laufe. Ich kann das nicht beurteilen. Ich hörte nur von ihm, wie sich das anfühlte, als ihn nach und nach alle verließen. Jedes Mal schien die Stille um ihn herum tiefer, dichter zu werden.

»Hören Sie, Herr Pflippen«, sagte ich und beugte mich aus dem braunen Ledersessel zu ihm vor. »Es ist klar, dass Eugen Polanski Hilfe benötigt, um den Vertrag in Spanien aufzulösen und in der Bundesliga wieder einen Klub zu finden. Und wie ich das hier sehe, können Sie ihm diese Unterstützung derzeit nicht gewähren. Was halten Sie davon: Ich übernehme den Spieler jetzt, und von der Provision, die ich erziele, überlasse ich Ihnen einen Teil.«

Norbert Pflippen lächelte zum Zeichen seines Einverständnisses, mehr in den Augen als mit dem Mund.

Noch viele Tage nach dem Treffen wurde ich von der Vision heimgesucht: Wird es dir auch mal so ergehen? Werden dir auch mal alle davonlaufen? Ist der Sturz nach dem Aufstieg so unumgänglich wie das Gesetz: Was hoch fliegt, muss tief fallen?

SportsTotal vertrat 2009, nur zwei Jahre nach dem Start, bereits über 30 Erst- und Zweitligaspieler. Wir hatten unseren ersten deutschen Meister zu feiern, Sascha Riether, der mit dem VfL Wolfsburg von Trainer Felix Magath den Titel erobert oder, wie Magath wahrscheinlich sagen würde: erlaufen hatte. Benni Höwedes war mit 21 Jahren auf dem Schnellweg in die Nationalmannschaft, und unsere drei Küken in Nürnberg hatten federführend mitgeholfen, als dem 1. FC Nürnberg in der Rückrunde tatsächlich noch der Aufstieg in die Bundesliga gelang. Die hohe Investition von Sportvorstand Martin Bader in Dennis Diekmeier, Marcel Risse und Stefan Reinartz erwies sich als strategischer Meisterzug.

Bei so einem Erfolg wurden sogar wir als Berater zur Aufstiegsparty eingeladen. Es wurde gefeiert, bis die Biergläser ausgingen. Marcel Risses Stiefvater griff nach einer Blumenvase. »Dann trinke ich eben daraus«, sagte er zu mir.

Rund eine Million Euro Umsatz machten wir nach zwei Jahren im Fußballgeschäft. Einen Großteil des Geldes investierten wir sofort wieder. Wir stellten weitere Mitarbeiter ein und zahlten ihnen schon mal deutlich höhere Gehälter als im Beratergeschäft üblich.

Wie bindet ein Unternehmer seine Mitarbeiter an sich, gerade in einem hochkompetitiven Gewerbe, hatte ich mich erst nach dem Treffen mit Norbert Pflippen wieder gefragt.

Die Antwort lässt sich in einem Wort zusammenfassen: durch Wertschätzung.

Diese muss sich immer auch im Gehalt ausdrücken. Denn kaum ein Mitarbeiter wird allzu lange denken: Der Chef sackt alles Geld ein. Aber egal, er mag mich ja.

Genauso wichtig wie eine großzügige Bezahlung ist das Vertrauen, die Leute machen zu lassen.

Ich wollte eigenständige Mitarbeiter. Jeder, der bei mir als Berater angestellt war, warb selbstständig Spieler an und betreute diese dann auch zumeist individuell, lauter kleine Satelliten unter meinem Dach.

Manchmal kam ich sonntagmorgens auf Schalke oder in Leverkusen zum A-Jugendspiel, und da standen schon zwei meiner Mitarbeiter, Sascha und Cüneyt. Da war ich nicht sauer, dass wir uns nicht abgesprochen hatten, da war ich stolz, dass sie bereits dieselben Fährten wie ich aufgenommen hatten.

So wächst eine Firma, davon bin ich überzeugt. Wenn die Mitarbeiter wissen, sie partizipieren emotional und finanziell am Erfolg, stellt sich die Identifikation ein, dies sei ihr Unternehmen. Mit dem Gefühl arbeitet jeder motivierter, freudiger, besser. Und wenn die Mitarbeiter dann noch das Gefühl haben, der Chef ist eine echte Koryphäe, zum Chef können sie aufgrund seines Könnens aufschauen, dann laufen die Mitarbeiter vielleicht auch nicht weg.

Um strategisch zu wachsen, wollte ich alle Regionen Deutschlands mit Mitarbeitern besetzen. Als wir berieten, wer ein geeigneter Kandidat für den Osten sein könnte, hatte Cüneyt eine Idee.

»Toni Kroos!«

Was wollte er? Doch sicher nicht Deutschlands größtes Fußballtalent als Berater einstellen.

»Das könnte der Weg zu Toni Kroos sein!«, präzisierte Cüneyt. Wenn wir Thorsten Haas engagierten.

Thorsten Haas hatte bislang als Scout für Hansa Rostock gearbeitet. Vordergründig stellten wir ihn ein, um genau dasselbe für *SportsTotal* zu tun. Was ihn aber mindestens genauso für die Mitarbeit qualifizierte, war sein vertrauensvoller Kontakt zu Roland Kroos. Tonis Vater trainierte bei Hansa die U19-Junioren. Thorsten Haas stand im regen Austausch mit ihm.

Er würde es mitbekommen, falls die Familie Kroos irgendwann doch daran dachte, einen Berater zu engagieren. Denn es brachte nichts, wenn ich alle drei Wochen auf gut Glück Roland Kroos anrief, ob sie es nicht doch mit mir versuchen wollten. Der einzige Effekt wäre, dass er irgendwann meine Anrufe wegdrückte. Ich musste genau in dem Moment anrufen, in dem er sowieso mit dem Gedanken liebäugelte, zumindest einmal einen Berater anzuhören. Und diese Information konnte mir Haas liefern. Er konnte dann sogar den Erstkontakt anbahnen.

Im Prinzip stellten wir Thorsten Haas als Toni-Kroos-Beauftragten ein, ohne dass er es wusste. Natürlich verrichtete er vordergründig eine ganz normale Scouting- und Beraterarbeit für uns. Aber realistisch betrachtet war es nicht entscheidend, ob er uns drei oder sechs ordentliche Talente brachte. Wenn er uns den entscheidenden Tipp gab, »jetzt ist Roland Kroos offen für ein Erstgespräch«, wenn er nur den ersten kleinen Stein ins Rollen brachte und am Ende der Lawine Toni Kroos unser Spieler würde, könnten wir mit Toni 100-mal so viel verdienen, wie wir Haas bezahlten.

Es mag komisch wirken, einen Mitarbeiter quasi wegen seiner Nähe zu einem einzigen Fußballer einzustellen. Doch wirtschaftlich betrachtet ist es nichts anderes, wenn ein Maschinenbauunternehmen einen Spezialisten für ein mögliches verheißungsvolles Sonderprojekt anwirbt, etwa die Herstellung von Rotoren für Elektromotoren. Es klingt in meinem Fall komisch, weil wir uns nicht um Elektromotoren, sondern um Menschen kümmern. Aber wir stellten Thorsten Haas nicht ein, um Toni Kroos zu jagen. Wir wollten nur als Erste da sein, falls er einen Berater brauchte. Wir wollten ihm nur klarmachen, dass es keine bessere Beratungsagentur als uns gab.

Ich regte mich bereits für Toni Kroos auf, obwohl ich gar nicht sein Berater war. Der Labbadia! Der nahm Toni Kroos in Leverkusen ständig aus der Mannschaft, mal rein, mal raus, genauso, wie er schon Marcel Risse und Stefan Reinartz viel zu wenig eingebunden hatte! Der hatte kein Händchen für junge Spieler, fand ich. Der habe Toni Kroos noch nicht einmal gewollt, hörte ich aus der Leverkusener Chefetage.

Ich weiß, ich weiß, ich sollte mich nicht so aufregen. Mir ist bewusst, dass dies kein lässiger und wohl auch kein sympathischer Zug ist. Aber sein Wesen kann man schwerlich ändern, angeblich schafft das allenfalls die Reife des Alters. Ich war 43. Mal schauen, ob ich es bis zum Ende des Buches schaffen werde.

Im Sommer 2009 hatten die Leverkusener Sportchefs Rudi Völler und Michael Reschke offenbar auch erkannt, dass sie mit Labbadia nicht weiterkamen, und den Trainer gewechselt. Jupp Heynckes übernahm, und was machte er als Erstes? Er bestand darauf, dass Stefan Reinartz von seiner Leihe aus Nürnberg zurückkam, und band den Jungen als Größe in seine Leverkusener Spitzenelf ein.

Am 17. Oktober 2009 traten Heynckes' Leverkusener als Bundesliga-Tabellenführer zum Auswärtsspiel bei ihrem dringlichsten Verfolger an, dem Hamburger SV. Der wurde mittlerweile trainiert von … Labbadia!

Das Spiel musste ich sehen. Denn ich konnte es mit einem Termin im Hotel *Atlantic* in Hamburg verbinden. Roland Kroos wollte mich kennenlernen.

9

Familie Kroos

Eines meiner wichtigsten Stücke in der Jukebox hat keinen Text, keine Melodie, nicht einmal einen Ton. Nur Stille kommt von meinem Band, wenn ich A1 drücke. Denn ein Berater muss eines genauso gut können wie reden: zuhören.

Ich hätte Roland Kroos im *Atlantic* einen Vortrag halten können, was *SportsTotal* alles zustande bringt. Doch ich fragte ihn: Was erwarten Sie von einer Beratungsagentur?

Es wurde schnell deutlich, dass ihn nicht nur interessierte, was für tolle Verträge Berater aushandeln konnten. Er war Sportler, der breite Brustkorb zeugte auch mit 50 auf den ersten Blick von seiner Vergangenheit als Ringer; er wollte wissen, wie ich seine Söhne auf ihrem sportlichen Weg unterstützen könnte.

Seine Söhne. Er sprach von ihnen im Plural. Das war ein weiterer wichtiger Punkt, den die Jukebox im Stille-Modus registrierte: Ich musste ihm deutlich machen, dass ich mich um seine beiden Söhne gleichermaßen kümmern würde, neben Toni auch um den ein Jahr jüngeren Felix. Das war einerseits selbstverständlich, da auch Felix ein besonderes Talent offenbarte und mit 18 schon zur Zweitligamannschaft von Hansa Rostock gehörte. Andererseits vermutete ich, dass Leute im Gespräch mit Roland Kroos vor lauter Begeisterung über Toni des Öfteren

Felix vergaßen. Den Eindruck wollte er von einem Berater ganz sicher nicht haben. Denn er saß, vor allem anderen, als Vater vor mir.

Hinter Toni Kroos' Karriere steckt eine Familiengeschichte. Zu einer Zeit, als die deutschen Fußballvereine angestrengt nach neuen Ausbildungskonzepten für Jugendteams suchten, entwickelten zwei fußballferne Eltern, der Ringer Roland und die DDR-Badmintonmeisterin Birgit Kroos, für ihre zwei Söhne exakt so eine spielerischere, methodischere Trainingslehre. Wurde im deutschen Fußball zuvor zu viel separat und statisch trainiert – man ging Laufen, man stand beim Torschuss an –, nahm Roland Kroos das Fußballspiel mit dem Blick eines Sportwissenschaftlers auseinander und versuchte, in den Trainingsübungen das Fließende des Spiels zu schulen, das Antreten und Abbremsen beim Sprint, das Ausweichen beim Dribbling. In Amerika unterrichten manche Eltern ihre Kinder selbst, statt sie in die Schule zu schicken. Im Prinzip machte Roland Kroos dasselbe auf Fußballebene. Auch im Sportverein war ihr Trainer meistens Roland Kroos. Als die Söhne von Greifswald zu Hansa Rostock wechselten, wechselte er mit.

Was aber machte das mit der emotionalen Beziehung zwischen Vater und Söhnen, fragte ich mich leise. Ich hatte mich selbst dabei ertappt, wie ich beim Fußball meines Sohnes all das tat, was ich bei anderen Eltern kritisierte, das Reinrufen, das emotionale Reinsteigern. Keiner der über 100 Fußballer, die ich in meiner Karriere als Spielerberater so leidenschaftlich begleitete, weckte solche Emotionen wie mein Sohn, der Fußballer. Wie musste das erst sein, wenn der Vater auch noch der Trainer war? Bestand nicht die Gefahr, dass die Söhne das Gefühl entwickelten, ihr Vater liebte nur den Fußballer in ihnen? Konnte da womöglich ein Berater sogar helfen, weil er automatisch das Thema Sport vom Vater übernahm und so ihre Vater-Sohn-Beziehung ein Stück weit vom Fußball befreite? Oder stünde ich als Berater zwischen Vater und Söhnen?

Um das herauszufinden, musste ich erst einmal ihr Berater werden.

Roland Kroos hatte wohl zwei weitere Spielerberater gesprochen, den Ballack-Berater Michael Becker und Jörg Neubauer, der eine Reihe Nationalspieler wie Sebastian Kehl und Christoph Metzelder betreute. Ich befand mich sozusagen in einem Vorstellungsgespräch.

Unser Mann für Kroos, Thorsten Haas, hatte mir den entscheidenden Hinweis gegeben, jetzt doch noch mal Vater Kroos anzurufen, nachdem er aufgeschnappt hatte, wie die Familie mit dem Münchener Anwalt haderte, der sich um Toni Kroos' Verträge kümmerte. Was nahm der bitte an Provision, nur weil er Tonis Wohnungsauflösung beim Umzug nach Leverkusen regelte oder einen Vertrag mit adidas rechtlich abklopfte!

Parallel zum Ärger über die Rechnungen des Anwalts hatte sich im Herbst 2009 offenbar beim Vater wie den Söhnen Kroos die Erkenntnis durchgesetzt, dass in manchen Situationen ein Berater doch nicht so schlecht wäre. Denn 2009 mussten Toni wie auch Felix erstmals erleben, dass Profikarrieren trotz des größten Talents ins Stottern geraten können. Felix Kroos, der mit 17 bereits in fast jedem Spiel von Hansas Profielf mitgewirkt hatte, kam ein halbes Jahr später, unter einem neuen Trainer, nur noch sporadisch zum Einsatz. Toni hatte Ähnliches ein halbes Jahr früher bei Labbadia erfahren. Selbst die besten Fußballer sind immer auch von äußeren Umständen abhängig, von der Form der Mannschaft genauso wie von den subjektiven Ideen des Trainers. Ein guter Berater kann in solch frustrierenden Momenten helfen, und zwar weniger durch Küchenpsychologie als durch seine Marktkenntnisse. Er weiß, welchen Stellenwert der Spieler tatsächlich im Verein hat oder eben nicht, er weiß, welcher andere Klub einen Ausweg bieten könnte. Er ordnet die vorübergehenden Schwierigkeiten eines Fußballers durch sein Hintergrundwissen ein.

Ich bin mir sicher, es half im Gespräch mit Roland Kroos, dass ich ihm auch erzählen konnte, welche Trainingsübungen dienstags oder donnerstags in Leverkusen anstanden. Natürlich nicht, weil ich mich als Trainingsnerd zu erkennen geben wollte, sondern weil ich dem Vater mit solchen Details aufzeigen konnte, welche Einblicke und Kontakte ich bei Bayer 04 Leverkusen hatte. Ich wusste alles über Tonis Trainingsleistungen, seine Wertschätzung durch Rudi Völler und Michael Reschke, wie integriert er mittlerweile in der Mannschaft war, in welches Restaurant er gerne mit Stefan Reinartz und den anderen jungen Mitspielern ging. Wie wirkte es dagegen, wenn ein Berater Roland Kroos nur erzählte, was Ballack verdiente?

Am Sonntag, einen Tag nach unserem Treffen, rief der Vater noch einmal an. Leverkusen hatte in einer öden Bundesligapartie 0:0 gegen den Hamburger SV gespielt. Toni Kroos war erst nach 60 Spielminuten eingewechselt worden. Und ich hatte Roland Kroos erklärt, dass Toni bei Trainer Heynckes großes Vertrauen genieße.

War ja kein besonders erbauliches Spiel gestern, fing Roland Kroos an. Aber gut, jedenfalls: Er würde gerne mit mir zusammenarbeiten. »Aber zuerst müssten natürlich noch meine Jungs Sie kennenlernen.«

Wir standen wie ein Empfangskomitee Spalier. Dirk Hebel, Thorsten Haas und ich waren allesamt an die Tür unseres Büros in Ossendorf getreten, um Toni und Felix Kroos mit ihrem Vater zu begrüßen. Ich habe nie ein Bundesligaspiel bestritten, aber ich würde sagen: Ich war emotional so aufgeputscht, konzentriert, nervös wie ein Profi vor einer entscheidenden Partie.

Im Konferenzraum drehte ich gleich auf. »Ihr seid riesige Talente, aber im Fußball reicht Talent allein nicht, das habt ihr ja schon erfahren. Aber ich sage es euch aus voller Überzeugung: Euch kann kein Trainer verhindern. Ihr habt solch ein Talent, solch eine Power, ihr werdet euch durchsetzen. Bloß muss jeder Fußballer den richtigen Ort dafür finden. Und da möchten wir euch gerne helfen. Wir haben Kontakte zu allen Bundesligisten, wir bieten einen ganzen Bauchladen an Service an, zum Beispiel eine Videoanalyse speziell von euren Spielszenen, ich erkläre euch das gerne gleich genauer, wobei das alles nur Angebote sind, entscheiden muss jeder Spieler selbst, was er sich aus dem Bauchladen nimmt. Wir sind für unsere Spieler in jeder Hinsicht da, wir führen für unsere Spieler auch die unangenehmen Gespräche mit den Vereinen und …«

Toni und Felix Kroos schienen mir auf den ersten Blick nette, nahbare Jungs. Sie lachten viel, sie schienen offen, ungezwungen. Bloß sie sagten nichts.

Ich redete und redete, aber ich ließ Lücken, damit sie etwas fragen, etwas einwerfen konnten, ich stellte ihnen Fragen. Sie antworteten wortkarg, keineswegs unfreundlich, doch sie sagten nichts Substanzielles, nichts, woraus ich schließen konnte, wie sie mein Entree fanden. Durch ihre Zurückhaltung in Unruhe versetzt, redete ich umso mehr.

»Wir nehmen keine Provision für Ausrüsterverträge oder Wohnungsauflösungen, das gehört bei uns zum Service, wir nehmen nie Geld von unseren Spielern, die Provision beziehen wir von den Vereinen. Wir schließen auch keine Verträge mehr mit unseren Spielern ab. Die Basis unserer Kooperation mit den Spielern ist doch das Vertrauen. Wir einigen uns per Handschlag auf eine Zusammenarbeit, und wenn einer irgendwann meint, er kenne einen besseren Berater, ist er frei zu gehen.« Konnten die Jungs nicht mal etwas entgegnen, damit ich wenigstens Zeit zum Luftholen fand?

Als wir uns zwei Stunden später die Hand gaben, geschah dies nur zum Abschiedsgruß. Sie wollten eine Nacht darüber schlafen und sich dann melden.

Wir waren schon so weit, Roland und Felix Kroos waren an ihrem freien Tag extra aus Rostock angereist – die wollten von uns vertreten werden, die konnten uns nicht mehr absagen. Oder doch? Warum hatten sie zwei Stunden hindurch nicht wirklich auf mein flammendes Plädoyer reagiert?

Nach der Nacht, die er darüber geschlafen hatte, meldete sich Toni Kroos telefonisch. Er wollte uns noch einmal treffen. Sie spielten freitagabends gegen Dortmund, wollten wir tags darauf bei seiner Freundin und ihm zu Hause in Köln-Hahnwald vorbeikommen?

Es war der 24. Oktober, ich muss das Datum nicht nachschauen. Der 22. Oktober ist der Geburtstag meiner Mutter.

Schon wieder war ich bis zum Limit aufgeputscht, konzentriert, nervös, schon wieder eine entscheidende Partie. Leverkusen hatte am Vorabend im Heimspiel gegen Dortmund lange gegen einen frühen Rückstand angekämpft und letztendlich nur ein 1:1 zuwege gebracht, aber Toni war in die Startformation zurückgekehrt und hatte mit vielen sicheren, kreativen Pässen überzeugt. Das war nicht unwichtig. Die Stimmung von Fußballern hängt vom letzten Spiel ab. Seine sollte gut sein.

In Hahnwald ist Köln schon fast keine Stadt mehr. An schmalen Straßen, auf denen für Mittelstreifen kein Platz ist, reihen sich Bäume und Villen, die einen so hoch wie die anderen. Toni mochte keine Innenstädte.

Dirk und ich klingelten und kamen kaum in das Haus hinein. Tonis Hunde bellten uns wie verrückt an.

»Lennox! Julius! Ab jetzt!«

Die zwei jungen Beagles kümmerte nicht im Geringsten, was ihr Herrchen sagte.

Tonis Freundin Jessica packte die beiden schließlich und scheuchte sie in den Garten. Dort klebten sie mit der Schnauze an der Glastür und bellten vehement weiter.

Wir nahmen Platz. Und Toni sagte schon wieder nichts. Hektisch, fast aus Verlegenheit, ergriff ich die Initiative, »dein Spiel gestern Abend hat mir richtig gut gefallen, ich denke, jetzt bist du wieder drin in der Mannschaft, Heynckes baut auf dich«, das wusste Toni alles schon, aber was sollte ich machen außer weiter werben, wenn er mir nicht zu erkennen gab, was nun Sache war. »Im Sommer endet deine Leihe, wir würden frühzeitig mit Bayern reden, was sie planen, ich kann dir aber schon mal versichern, dass Leverkusen dich gerne behalten würde und ich für dich sofort fünf andere Topvereine finden würde, wenn du meinst, das sei besser, die würden es alle gar nicht glauben, wenn sie Toni Kroos kriegen könnten.« Die Jukebox vibrierte. Auf einmal jedoch machte es bumm!

Jessica hatte Toni unter dem Tisch gegen das Schienbein getreten.

»Jetzt sag ihnen doch endlich, dass du dich schon längst entschieden hast!«, rief sie.

Toni lachte. Ich mochte ihn jedes Mal sehr, wenn er lachte. Aber in dem Moment spürte ich eher einen Schwindel aus Verwirrung und Erleichterung.

»Ja, okay, wie Jessi schon sagt, von mir aus können wir das Projekt starten.«

Es hatte ihm Spaß gemacht, uns in der Luft hängen zu lassen. Das war Toni Kroos' Art von Humor. Ein bisschen Redefaulheit kam hinzu. Sollen die mal reden, dann brauchen wir nichts sagen – das war wohl die lakonische Art von Toni und Felix Kroos, wenn sie mit Erwachsenen am Tisch saßen.

Nach dem Treffen konnte ich auch darüber lachen. Wir hatten Toni Kroos in unserer Agentur!

Nur die Fußballer können eine Spielerberatung groß machen. Repräsentiert ein Berater Toni Kroos, das größte deutsche Talent, hören ihn andere Talente eher an. Er gewinnt automatisch den Zugang zu den Entscheidern der größten Vereine der Welt. Dirk und ich mussten feiern gehen.

Die Lichter der Nacht funkelten schon in Köln, und ich spürte, dass man eine Stadt lieben kann wie einen Menschen. Wir gingen ins *Rhein-Roxy*, ein Partyboot, das auf der Höhe von Rodenkirchen am Rhein vor Anker lag, praktisch auf unserem Weg von Hahnwald stadteinwärts. Handy Nummer II klingelte.

»Toni Kroos«, stand im Display.

Ich hielt die Luft an.

Der hatte doch wohl nicht seine Meinung geändert?

»Toni?«

»Hallo, Volker. Eine wichtige Sache habe ich vorhin vergessen.«

»Und das wäre?«, fragte ich.

»Also, nur damit kein Missverständnis aufkommt: Die Zusammenarbeit besteht zwischen uns beiden, zwischen Volker Struth und Toni Kroos. Du musst dann nicht meinem Vater berichten.«

»Okay.«

»Das wollte ich nur klarstellen, weil mein Vater dich ja zunächst getroffen hatte. Wenn es etwas Wichtiges zu besprechen gibt, dann besprichst du das bitte mit mir. Wenn ich der Meinung bin, mein Vater müsste informiert werden, dann mache ich das selbst.«

»In Ordnung, natürlich.«

»War mir wichtig, das noch mal zu betonen. Einen schönen Abend wünsche ich euch noch!«

Einen schönen Abend, das kann man ohne Übertreibung sagen, hatten wir.

10

Keinen Blick für den Montblanc

Mein Mitarbeiter Sascha Breese meinte, vielleicht habe er einen neuen Klienten für unsere Agentur: Der Mann, um den es ging, war 52, hatte graue Haare und das letzte Mal vor 18 Jahren professionell Fußball gespielt.

Aber warum sollten Spielerberater nicht auch Fußballtrainer betreuen?

Lange Jahre war das unüblich gewesen. Dahinter steckte wohl ursprünglich die Idee, dass ein Trainer, ein gestandener, lebenserfahrener Mann, schon für sich selbst einstehen sollte.

Um das Jahr 2010 allerdings, als der Fußball überhaupt viel professioneller wurde, kam es immer häufiger vor, dass auch Trainer mit Beratern zusammenarbeiteten. Warum auch soll ein Trainer keinen Spezialisten einsetzen, der auf einem sehr kleinen, hart umkämpften Markt für ihn einen Posten sucht? Arbeitet ein Trainer mit einem Spielerberater zusammen, muss er sich vorab allerdings über eine Sache völlig klar sein. Versucht der Berater zugunsten eines seiner Spieler Einfluss zu nehmen, etwa mit dem Drängen »lass meine Spieler doch mal öfters spielen!«, muss sich der Trainer von ihm trennen.

In Deutschland spezialisierte sich ein Berater, Mark Kosicke aus Bremen, auf Trainer. Er vertritt unter anderem Jürgen Klopp, aber kaum einen Spieler. Sein Beruf müsste eigentlich Trainerberater heißen.

Nur auf Trainer zu setzen kann sich allerdings nicht für viele Berater lohnen. Es gibt pro Team 25 Spielerposten, aber nur einen Cheftrainer. Wenn ein Berater mehrere Trainer repräsentiert, leidet er zudem bisweilen an einem Interessenkonflikt: Was macht er, wenn zwei seiner arbeitslosen Trainer auf denselben Job hoffen?

Ich hatte bis 2010 keinen Trainer betreut, allenfalls dann und wann einen Trainer vermittelt. Man schlägt beim suchenden Verein einen Kandidaten vor oder wird auch vom suchenden Sportdirektor nach möglichen Anwärtern gefragt, das ist Alltag. Nach der Vermittlung geht dann jeder wieder seiner Wege. Nicht selten benutzen Sportdirektoren auch Berater, um bei Trainern vorzufühlen. Sie wollen im Anfangsstadium der Trainersuche einen offiziellen Kontakt vermeiden, um die Öffentlichkeit nicht zu alarmieren. Einen typischen Fall erlebte ich einige Jahre später, es müsste im Frühjahr 2015 gewesen sein.

Ich traf Schalkes damaligen Sportvorstand Horst Heldt, um zu hören, was er plante, und erfuhr, dass er im Sommer einen Trainerwechsel für unvermeidlich halte. Er fragte, ob mir ein Aspirant einfalle. Ich liebe solche Überlegungen. Intuitiv kombinieren, wer könnte passen, wer könnte interessiert sein.

»Was ist mit Christian Streich?«, fragte ich.

Ich hatte keine geschäftliche Bindung zu Streich, wir kannten uns nur aus zwei, drei Dienstgesprächen. Bloß instinktiv, aufgrund meines Wissens über Streichs Arbeit und meiner Eindrücke von ihm, war er mir spontan in den Sinn gekommen: Er würde Schalke, diesen so emotionalen Verein, mitreißen.

»Den würde ich mit der Schubkarre hierherbringen!«, sagte Heldt. Aber Streich gehe doch nicht weg aus Freiburg, war der unausgesprochene Teil dieser Aussage. Streich gilt als verheiratet mit seinem Verein, dem SC Freiburg.

Ich mag solche scheinbar unmöglichen Aufgaben.

»Lass mich einfach mal mit dem Streich reden, Horst.«

Ein paar Tage später empfing Horst Heldt in einem Hotel in Baden-Baden Christian Streich zu einem informellen Austausch.

Wie jeder Fußballfan wusste ich, dass Christian Streich dem SC Freiburg tiefstens verbunden war. Doch ich hatte eben auch die Information, dass er in seiner hochanständigen Art dann und wann darüber grübelte, ob er seinen Herzensverein nicht verlassen sollte. Denn irgendwann ging jedes Trainerengagement in die Brüche – war es nicht besser, von sich aus zu gehen, wenn noch alles harmonisch war?

Nach seinem Geheimtreffen mit Horst Heldt telefonierte ich mehrmals mit Christian Streich. Der Inhalt unserer Gespräche war immer derselbe.

»Herr Struth, ich kann das nicht machen! Ich liege nachts wach, ich kann nicht mehr schlafen wegen der Grübelei! Aber ich kann den SC nicht verlassen, ich kann die Leute hier im Verein doch nicht alleinlassen.«

»Herr Streich, niemand zwingt Sie dazu. Ich habe Ihnen nur die Möglichkeit aufgezeigt, dass Sie zu Schalke wechseln könnten. Entscheiden tun Sie das ganz allein.«

»Wenn ich's doch nicht entscheiden kann! Es wäre schon reizvoll – aber ich kann hier nicht weg.«

Keiner kennt diese Geschichte – wie sie ausging, weiß allerdings jeder. Heute arbeitet Christian Streich im 26. Dienstjahr beim SC Freiburg, im elften davon als Profitrainer.

Ich sah ihn später einmal auf der Tribüne der BayArena, wo er Freiburgs nächsten Gegner, Bayer 04 Leverkusen, in einem Bundesligaspiel beobachtete. Christian Streich hatte seinen Vater dabei. Ich winkte ihnen zu.

»Vater, das ist der Struuuth!«, rief Christian Streich, als er mich erblickte. Ich hörte nicht, was er noch zu seinem Vater sagte. Ich konnte es mir nur denken.

Der Vater schien übrigens nicht weniger als Christian Streich ein grandioser Typ zu sein. Ich hörte, er habe als Metzgermeister gearbeitet und kein Fleisch gegessen, dafür umso mehr Kuchen.

Anders als bei solchen spontanen Vermittlungsversuchen ging es bei dem 52-jährigen grauhaarigen Mann im Frühling 2010 darum, ihn als Klienten unserer Agentur offiziell zu betreuen.

Ich zögerte.

Mögliche Interessenkonflikte gingen mir durch den Kopf. Aber während ich zweifelte, wusste ich wahrscheinlich schon selbst, dass ich es doch machen würde.

Ich wurde, wie fast immer, getrieben von der Lust, Neues auszuprobieren, weiter, höher hinaus zu kommen. Auch hielt ich den Mann als Trainer für so befähigt, dass ich ihn liebend gerne in unserem Portfolio sehen wollte. Er hieß Lucien Favre.

Er war ein halbes Jahr zuvor bei Hertha BSC entlassen worden und suchte dringend einen neuen Verein.

Ich weiß nicht mehr genau, wann ich das erste Mal dachte: Über Fußball zu reden kann ganz schön anstrengend sein! Aber es war definitiv nach einem der Telefonate mit Lucien Favre im Frühjahr 2010. Irgendwie waren wir auf Taktik zu sprechen gekommen, denn irgendwie landete Lucien Favre immer bei der Taktik, und irgendwie wurde es dann immer detaillierter, immer spezifischer, während die Minuten verrannen.

Ich ging die Betreuung gewissenhaft an, ich stellte Lucien Favre einen jungen Trainer vor, von dem ich dachte, der könnte ihm beim nächsten Job als Assistenztrainer dienen. Uwe Fuchs hatte sein Trainerzertifikat beim DFB-Lehrgang 2002 als Jahrgangsbester erworben. Er trainierte eine Drittligamannschaft nach der anderen. Wenn du als Trainer in einer unteren Liga angefangen hattest, kamst du dort schwer wieder heraus. Das Schild klebte wie ein Stigma an dir: Das ist doch nur ein Drittligatrainer. Ich hatte Uwe Fuchs in Köln jedoch schon vor meiner Zeit als Spielerberater kennengelernt, ich wusste, fachlich wäre er einer der wenigen, die Favre zufriedenstellen könnten, und menschlich konnte er nur eine gelungene Ergänzung zum eintönigen Trainer sein. Favre lud Fuchs zu sich nach Hause in die Schweiz ein. So konnten sie sich ein wenig kennenlernen.

In einem Dorf namens Saint Barthélémy, 717 Einwohner, ziemlich viele mit dem Nachnamen Favre, bat Lucien Favre Uwe

Fuchs auf die Terrasse seines Hauses. Der Anblick erschlug Uwe fast. Weiß, majestätisch lag der Montblanc vor ihnen. »Schau mal hier«, lenkte Favre die Aufmerksamkeit auf etwas anderes. Ein kleines Fußballtor war im Garten aufgebaut, mit einem Spannnetz, erklärte Favre, sodass der Ball nach jedem Schuss wieder zurückfliege, das Schusstraining ununterbrochen weitergehen könne. So trainiere er seine Schusstechnik, sagte Favre und strahlte. »Mit 52?«, fragte sich Uwe, der aus den Augenwinkeln versuchte, die Aussicht auf den Montblanc zu genießen. Lucien Favre gab ihm keine Zeit. Sie wollten doch über Fußball reden.

Uwe Fuchs hat herrliche Geschichten aus einem Fußballerleben zu erzählen. Als Bundesligastürmer in den Neunzigern erzielte er seine Tore mit steifem Fuß. Nach einer Operation, bei der ein Infekt den Knorpel im Gelenk zerstört hatte, musste der rechte Fuß so fixiert werden, dass er ihn nicht mehr seitlich bewegen konnte. Das störte beim Toreschießen offenbar nicht.

Er kam offenbar nicht dazu, Favre mit solchen Anekdoten zu unterhalten. Dieser wollte noch einmal erklären, auf welche Position die Außenverteidiger vorrückten, wenn sich der defensive Mittelfeldspieler in die Abwehr fallen ließ. Damit konnte man offenbar Stunden füllen.

Nur beim Abendessen wurde kein Wort über Fußball geredet. Das schien auch Gesetz. Es gab ein famoses Kalbskotelett mit Kartoffelgratin von Lucien Favres Frau. Das ist verbürgt. Uwe Fuchs merkt sich jedes ausgezeichnete Essen. Er führt darüber sogar Buch. In einem Notizheft hielt er auf seinen Reisen jedes besondere Restaurant, jeden Hotel-Geheimtipp für das nächste Mal fest.

Lucien Favre meldete sich bei mir. Eine Zusammenarbeit mit Uwe Fuchs könne er sich gut vorstellen. Ich war doppelt erleichtert. Ich hatte den richtigen Riecher mit Uwe Fuchs bewiesen, und ich konnte hoffen, dass Lucien Favre statt meiner nun öfters Uwe für seine Taktikgespräche anrufen würde.

Er rief allerdings weiterhin mich an, um zu hören, wo denn nun die Vereine blieben, die ich ihm vermitteln sollte. Arbeitslose Trainer sind verständlicherweise oft gereizt. An solchen Tagen meldete sich Lucien Favre besonders gerne bei mir.

Irgendwann im Mai brachte ich ihn mit den Verantwortlichen des Hamburger SV an einen Tisch, dem Vorstandsvorsitzenden Bernd Hofmann und seiner Stellvertreterin Katja Kraus. Sie trafen sich in Frankfurt, weit weg von Hamburger Journalisten. Ich war nicht dabei. Bei solchen Gesprächen, bei denen es auch um sportliche und persönliche Details geht, hat ein Dritter nichts verloren, finde ich. Das gebietet die Diskretion.

Der HSV war damals, finanziell wie auch sportlich, so etwas wie die große Hoffnung im deutschen Fußball, nur noch einen Schritt davon entfernt, sich als internationale Klasseelf zu etablieren; immer einen Schritt davon entfernt. Das HSV-Präsidium ließ sich von Lucien Favre seine ausgetüftelten Fußballideen erklären und entschied sich dann für Armin Veh als Trainer.

Favre fand erst ein Dreivierteljahr später bei Borussia Mönchengladbach wieder eine Anstellung. Wir hatten unsere Zusammenarbeit da schon auslaufen lassen.

Ich entschied: Einen Trainer würde ich nur noch in absoluten Ausnahmefällen repräsentieren, wenn er so faszinierend oder begabt war, dass ich nicht Nein sagen konnte. Einen Trainer punktuell an einen Verein zu vermitteln war etwas anderes, das würde ich in meiner Laufbahn noch oft tun. Aber einem Trainer rundum als Berater dienen? Das ist eine Aufgabe für sich, das muss man sich sehr gut überlegen.

Für Uwe Fuchs dagegen fand ich noch den passenden Job. Ich stellte ihn als Mitarbeiter bei *SportsTotal* ein. Mit seiner Fußballerfahrung und seinem Fußballwissen konnte er ein fabelhafter Mentor für unsere Spieler sein, und anders als zu viele ehemalige Spieler war er ein strukturierter, fleißiger Arbeiter.

Kaum ein ehemaliger Profifußballer ist ein großer Berater geworden, obwohl es etliche versuchten. Den meisten fehlt das unternehmerische Denken, aber auch die Bereitschaft, am Sonntag um elf im Regenschauer bei der A-Jugend am Sportplatz zu stehen oder zum 20. Mal anzurufen, wenn sie 19-mal zurückgewiesen wurden. Einen 12-Stunden-Arbeitstag kennen sie aus ihrem bisherigen Berufsleben nicht.

»Ich werde nie Berater«, hatte mir Uwe Fuchs geantwortet, als ich ihm den Vorschlag im Oktober 2012 erstmals unterbreitete. Drei Monate später fing er bei uns an. Die Jukebox hatte ein wenig intensiver erklingen müssen.

11

Bitte nicht zu Bayern München

Hunderte Fußballprofis träumen davon, dass ihr Berater sie zum FC Bayern München bringt. Ich dagegen sollte im Frühjahr 2010 verhindern, dass Toni Kroos zum FC Bayern musste.

Seine Leihe vom deutschen Rekordmeister zu Bayer 04 Leverkusen endete am 30. Juni. Am Tag danach würde wieder sein Vertrag in München einsetzen.

»Ich möchte in Leverkusen bleiben. Bitte versuch, das hinzukriegen«, sagte Toni zu mir.

»Bist du dir sicher?«

»Hundertprozentig.«

Jenes Bundesligaspiel am 17. Oktober 2009 in Hamburg, als ich mit Roland Kroos unsere Kooperation angebahnt hatte, war das letzte gewesen, bei dem Toni Kroos auf der Ersatzbank saß. Seitdem hatte er sich in Leverkusen voll entfaltet. Mit seinen unfehlbaren Zuckerpässen hielt er Bayers Spiel am Laufen. Er war das Perpetuum mobile des Passspiels, Ball erhalten, Ball weiterpassen, freilaufen, Ball wieder aufnehmen, mit einem ansatzlosen Steilpass die Torchance heraufbeschwören. In den Statistiken wurden die Fußballer geführt, die das Tor schossen, und die, die den Pass oder die Flanke dazu geschlagen hatten. Toni war der Meister des vorletzten Passes. So viele Tore begannen im Mittelfeld mit seiner Aktion. Im März 2010 spielte er erstmals für Deutschland.

Er spürte, dies war der Moment, in dem er sich vom Talent in einen Topspieler verwandelte. Er wollte den Moment nicht zerstören, seine Weiterentwicklung nicht riskieren, indem er jetzt schon zum FC Bayern zurückkehrte. In Jupp Heynckes hatte er in Leverkusen einen echten Förderer gefunden, und dabei ging es weniger um detaillierte Korrekturen an Tonis Spiel als um die väterliche Fürsorge, die der Trainer Toni zukommen ließ. Was nicht hieß, dass Heynckes immer nett zu ihm war. Einmal rief er wohl: »Toni, du läufst hier rum wie eine kranke Kuh!« Weckrufe gehören auch zur fürsorglichen Förderung.

Als Toni bei der Weihnachtsfeier unserer Agentur 2009 zur Tür hereinkam, sah ich einen Jungen, der das Glücklichsein ausstrahlte. Seine Augen lachten, seine Bewegungen waren gelöst. Er fühlte sich bei uns und in der Leverkusener Mannschaft so zu Hause, wie er das als Junge beim FC Bayern nie gespürt hatte. Nächste Saison würde Bayer 04 zudem in der Champions League spielen. Auch gefiel es ihm und Jessi mit den frechen Hunden in Hahnwald. Zumindest ein Jahr wollte er noch bleiben.

Wenn die Bayern auf seine Rückkehr bestanden, konnten wir allerdings nichts machen. Aber ich musste alles versuchen.

In der Öffentlichkeit hält sich das diffuse Bild von Fußballern, die bei der Vereinswahl von ihren Beratern fremdbestimmt werden. Natürlich wird es einige solcher Fälle geben. So wie es wohl einzelne Ärzte gibt, die Patienten unnötigerweise künstliche Knie einsetzen, um daran zu verdienen, gibt es wahrscheinlich auch Berater, die eine Anfrage aus Nürnberg für ihren Spieler von vorneherein abblocken, wenn ihnen ein finanziell lukrativer Wechsel nach Parma vorschwebt. Obwohl der Spieler gar nicht ins Ausland will.

Doch wie die überwältigende Mehrheit der Ärzte das Wohl des Patienten im Sinn hat, versuchen die meisten Berater, ihrem

Spieler bestmöglich zu helfen. Sie suchen nach den besten Optionen, geben Einschätzungen seiner Situation ab, sie *beraten*, und versuchen dann, den Wunsch des Klienten umzusetzen. Dass dabei, bei Ärzten wie bei Beratern, auch Kunstfehler passieren, gehört ebenfalls zur Wahrheit.

Zu falschen Karriereentscheidungen im Fußball kommt es jedoch selten, weil der Berater unlautere Absichten hegt, sondern viel öfter, weil der Spieler einfach schlecht beraten wird: Manche Berater sind miserabel informiert, schlecht vernetzt, manchmal auch einfach verpeilt. Sie suchen deshalb nicht intensiv genug nach Wechseloptionen, sie nehmen ohne Widerstand unvorteilhafte Vertragsangebote an – und zwingen so ihren Spieler nicht mit bösem Willen, sondern aus Unfähigkeit in ein unvorteilhaftes Arbeitsverhältnis. 2018 würde ich einen Juniorennationalspieler vom FC Augsburg übernehmen, Marco Richter, und als ich seine Vertragsdetails erfuhr, brach mein innerer Vulkan vor Wut stärker aus als der Ätna. Sein vorheriger Berater hatte für Marco einen Kontrakt über fünf Jahre, ohne Ausstiegsklausel, zu Zweitligabezügen ausgehandelt. Er hatte ihn völlig unter Marktwert an einen bescheidenen Bundesligisten gekettet. Wir erhielten ständig attraktive Angebote für Marco, aber es würde Jahre voller nervenaufreibender Diskussionen dauern, ehe ihn Augsburg gehen ließ.

Im Fall von Toni Kroos war ich der Meinung, dass ihm ein weiteres Jahr in Leverkusen unter Jupp Heynckes gewiss nicht schaden würde. Er war erst 20. Anders als er selbst empfand ich allerdings auch eine Rückkehr nach München als nicht so dramatisch. Er war mittlerweile robust genug, sich auch in Deutschlands bester Mannschaft durchzusetzen. Das sagte ich ihm ruhig und sachlich. Als er völlig überzeugt darauf beharrte, er wolle auf jeden Fall erst einmal in Leverkusen bleiben, sagte ich, in Ordnung, und machte mich an die Arbeit.

Ich telefonierte mit Bayerns Sportdirektor Christian Nerlinger und dem Vorstandsvorsitzenden Karl-Heinz Rummenigge. Sie stutzten.

Wie, Toni wolle nicht zum FC Bayern zurück? Jeder wolle doch wohl zum FC Bayern!

Ich erklärte ihnen die Situation. Ihre leichte Verwirrung wich nicht, meinte ich aus ihren Worten herauszuhören. Einerseits sagten sie: Wenn wir darauf bestehen, muss er zurück! Andererseits ließen sie die Tür offen, indem sie anfügten, abschließend entscheide das der Trainer, Louis van Gaal.

Ich bat Rudi Völler und Michael Reschke in Leverkusen, ein Angebot abzugeben. Wir konnten ohne Zustimmung des FC Bayern keine Tatsachen schaffen, aber wir konnten den Münchnern die Ernsthaftigkeit von Tonis Willen verdeutlichen. Völler musste bei der Bayer AG Rücksprache halten, in solche Finanzdimensionen würde der Deal gehen. Bei einem Mittagessen im *Haus am Park* eröffnete mir Rudi Völler, dass sie Toni ein Jahresgehalt um die vier Millionen Euro bieten konnten. Für einen 20-Jährigen war das in der Bundesliga 2010 wohl selten, wenn nicht unerreicht. Sie waren bereit, Toni ein weiteres Jahr auszuleihen oder ihn sogar freizukaufen. Bis dahin hatte Leverkusen noch nie mehr Ablöse bezahlt als die 8,75 Millionen Euro für den Brasilianer Lúcio. Für Toni würden sie weit darüber gehen. »Aber Bayern wird uns Toni Kroos nicht verkaufen«, sagte mir Rudi Völler. »Die wären ja blöd.«

Ich war nicht ganz so hoffnungslos: Der FC Bayern hatte Schweinsteiger im zentralen Mittelfeld, Müller hinter dem Stürmer; bei der Besetzung konnte sich ein Trainer eventuell zur Fehleinschätzung verleiten lassen, er könne auf Toni Kroos verzichten.

Der nächste Anruf kam aus München. Es war März 2010, noch drei Monate Leverkusen waren Toni sicher. Der Trainer wollte ihn sprechen.

Wir flogen gemeinsam nach München. Windböen zerrten auf 8000 Meter Höhe an der Maschine, sie wackelte und ruckelte, und ich machte verzweifelt die komischsten Geräusche, »oho!«, »aaah!«, ich drückte meinen Bauch und hielt meinen Kopf zwischen den Händen.

Ich hatte gedacht, ich hätte die Flugangst halbwegs im Griff. Toni lachte sich kaputt. Mit 20 Jahren findet man das meiste noch lustig.

Am Flughafen München lauerten Pressefotografen auf uns. Wie hatten sie von unserer Ankunft erfahren? Unausgesprochen ging von ihrer Anwesenheit eine Botschaft aus: Alles beim FC Bayern schien größer, bedeutungsvoller.

Louis van Gaal begrüßte mich mit stechendem Blick.

»Haben Sie die Presse am Flughafen bestellt?«, fragte er mich, die Miene unverändert streng. Das war seine Art Humor. Oder vielleicht war es auch sein echter Verdacht.

Ich ließ ihn alleine mit Toni ins Büro gehen. So hielt ich es immer: Wenn meine Spieler mit dem Trainer redeten, hatte ich dabei nichts zu suchen. Es ging um ihren Bereich, um den Sport, um alles, was innerhalb der Kreidelinien des Spielfelds geschah, das sollten sie eigenständig besprechen. Wobei es bei van Gaal vermutlich auch keine Option gewesen wäre, als Berater am Gespräch teilzunehmen.

Ich wartete. Ich hatte als Berater das Gefühl, die ganze Zeit unter Strom zu stehen, ein Anruf hier, ein Termin dort, doch wie viel Zeit ich tatsächlich mit Warten verbrachte, ging mir da nicht zum ersten Mal auf. Ich wartete, dass ein Spieler mit dem Training fertig war, ich wartete, dass sich ein Sportdirektor endlich meldete. Als die Tür des Trainerbüros wieder aufging, suchte ich Toni Kroos' Gesicht ab. Ich konnte nicht sicher ablesen, welche Botschaft ihm van Gaal mitgegeben hatte. Also wartete ich schon wieder, bis wir allein waren, damit mir Toni alles erzählen konnte.

»Keine Chance«, sagte Toni. »Ich muss zurück zum FC Bayern. Der Trainer besteht darauf.«

Das war mal eine neue Hiobsbotschaft: Ein Fußballer muss zum FC Bayern München, weil der Trainer dort ihn so fabelhaft findet, dass er keinesfalls auf ihn verzichten wird.

12

Superjeile Zick

Ich aß nach dem Frühstück nichts mehr, damit ich richtig hungrig zu dem Termin in Dortmund erschien. Vater Götze hatte mich für Sonntagmittag zu sich nach Hause eingeladen. Ich empfand das als Ehre, das Sonntagsmahl war in meinen Augen ein besonderer Moment für die Familie. Da wollte ich die Einladung mit einem gesunden Appetit würdigen.

Ich überlegte einen Moment länger als gewöhnlich, was ich anziehen sollte. Ich entschied mich für ein Hemd mit Sakko zur Jeans. Ich wollte gepflegt erscheinen, aber nicht förmlich elegant.

Mario Götze suchte einen Berater!

Cüneyt, mein kleiner Soldat, hatte mir die Nachricht acht Tage zuvor überbracht.

»Ist das sicher?«

»Er hat sich von Jürgen Milewski getrennt. Das habe ich von zwei verschiedenen Seiten gehört.«

»Und er hat noch keinen neuen Berater?«

»So wie ich das gehört habe, noch nicht.«

»Überprüf das noch mal.«

Drei Jahre zuvor hatten wir den Moment verpasst, uns bei Mario Götzes Familie vorzustellen. Wir waren im Glauben gewesen, Mario Götzes Vater wolle sich erst einmal selbst um die Fußballkarriere des Sohnes kümmern. Mario war damals erst 15 gewesen, in so jungem Alter sollte ein Junge noch keinen Berater haben, hatte ich gefunden. Plötzlich waren wir vor der vollendeten Tatsache gestanden, dass die Götzes mit Milewski einen Berater engagiert hatten.

Eine halbe Stunde später rief Cüneyt wieder an.

»Mit Milewski ist es definitiv aus. Thomas Strunz war an Götze dran, aber er hat wohl Scheiße gebaut: Er bot Mario irgendwo in Italien an, ohne die Familie davon zu informieren.«

»Das heißt, Mario Götze ist auf dem Markt?«

»Ich würde sagen: Ja.«

»Ich rufe den Vater an«, sagte ich und dachte: Cüneyt, du bist der Beste! Wir greifen an!

Möglicherweise klingt das so niedergeschrieben nicht sehr charmant: Wir greifen an, wir packen uns den. Aber so reden wir halt. Im Eifer des Gefechts.

Ziemlich genau ein Jahr zuvor hatte ich mir Toni und Felix Kroos gepackt, also, ich meine: hatte ich die Brüder Kroos für unsere Agentur gewonnen. Wiederholte sich die Geschichte im September 2010? Mario Götze war das andere außergewöhnliche deutsche Fußballtalent einer Generation, *the German wunderkind*, er hatte schon eine erfolgreiche Saison in der Bundesliga hinter sich, ehe er im Juni 2010 volljährig geworden war. Und wie Toni Kroos hatte er einen Bruder, der ebenfalls in den Profifußball schnupperte, Fabian Götze.

Der Vater sagte am Telefon, er habe keine Zeit, mit mir zu reden, er habe in den letzten Jahren schon mit so vielen Beratern geredet.

»Ich will Sie auch gar nicht nerven, Herr Götze, aber wir betreuen eine Menge Spieler, unter anderen die Brüder Kroos, das ist eine ganz ähnliche Konstellation wie bei Ihnen, zwei Brüder, der eine gehört zu den größten Talenten Deutschlands, aber auch der andere ist sehr begabt, was zu oft vergessen wird.«

Ja, aber sie hätten es gerade schon wieder mit einem Berater versucht, das habe nur Ärger gegeben, also, ich möge ihn bitte entschuldigen.

»Herr Götze, ich weiß, Sie arbeiten an der Universität, überlegen Sie doch mal: Es gibt dort gute Professoren und schlechte Professoren – das ist bei den Beratern auch nicht anders.«

Ja, aber er müsse jetzt eben auch schleunigst in eine Vorlesung, deshalb, es tue ihm leid.

30 Berater hatten es über die Jahre hinweg wahrscheinlich schon vor mir versucht. Für Jürgen Götze war ich in dem Moment nur der 31., einer aus einer grauen, lästigen Masse. Es gibt in solchen Situationen am Telefon eigentlich nur ein Ziel: zumindest noch einen weiteren Satz einwerfen dürfen. Das Gespräch am Leben erhalten. Und hoffen, dass ein Satz, intuitiv gewählt, einen Nerv trifft.

»Herr Götze, genau wie bei Ihnen standen auch beim Vater von Toni und Felix Kroos die Berater Schlange. Es gab Gründe, warum sich Roland Kroos nach vielen Jahren ohne Berater dafür entschied, einen Termin mit mir zu machen. Den Termin habe ich nicht im Lotto gewonnen. Und erst recht gab es Gründe, dass sich die Familie Kroos für mich entschieden hat. Ich würde Ihnen einfach nur mal gerne schildern, wie ich arbeite, absagen können Sie mir dann immer noch.« Ich weiß nicht mehr, nach wie vielen hart erkämpften Sätzen er sagte: »Dann kommen Sie halt am Sonntagmittag mal bei uns zu Hause vorbei.«

Die Reihenhaussiedlung aus braunem Klinkerstein im Dortmunder Stadtteil Lücklemberg gab mir das Gefühl, vertrautes Terrain zu betreten. Als kehrte ich in meine Jugend zurück, in das Deutschland der Achtzigerjahre, das Land der geordneten Neubauten und öden Sonntage. Ich klingelte. Das Erste, was mir bei den Götzes auffiel, waren Schuhe.

Ja, hat der hier seinen Schuhladen, schoss es mir durch den Kopf, während ich an Jürgen Götze vorbei in den Eingangsbereich trat. Auf jeder Stufe der Treppe nach oben standen Schuhe. Die Götzes hatten drei Söhne, die allesamt Leistungssport betrieben, da kamen gut und gerne 40, 50 Paar zusammen.

Wie alle klassischen Reihenhäuser wuchs auch dieses eher in die Höhe als in die Breite. Jürgen Götze bat mich ins Wohnzimmer. Höflich bot er mir Wasser an. Ich brauchte einen Moment, um zu begreifen, dass es nicht mehr geben würde.

Jürgen Götze hatte mich zur Sonntagmittagszeit zum Gespräch eingeladen. Vom Mittagessen war nie die Rede gewesen. Das hatte ich angesichts der vereinbarten Uhrzeit bloß automatisch, fälschlicherweise, angenommen.

Es schien auch gar niemand anwesend außer dem Vater. Dies war offensichtlich die erste Qualifikationsrunde für mich, in der ich mir weitere Gespräche mit der Frau und den Söhnen erkämpfen musste. Ich nahm einen Schluck Wasser, um die Situation zu verarbeiten. Mann, hatte ich Hunger!

Rock 'n' Roll brauchte ich für Jürgen Götze in der Jukebox nicht aufzulegen. Er war Professor für Elektrotechnik und Informationstechnik an der Technischen Universität Dortmund. Die digitale Signalverarbeitung war sein Spezialgebiet.

Neuerdings las er auch den *Kicker*.

Das Werben für unsere Agentur sollte mir bei ihm leichter von der Hand gehen als bei Risse, Diekmeier, Kroos und all den anderen zuvor. Denn nach drei Jahren im Geschäft konnte ich darauf verweisen, dass wir die erprobten Spezialisten für den Weg vom Talent zum Profi waren.

Gewiss nicht alle unsere Hoffnungen hatten sich erfüllt. Richard Sukuta-Pasu etwa, für den Arsenal London zwei Jahre zuvor über zehn Millionen Euro Ablöse geboten hatte, war auf den Weg einer recht gewöhnlichen Zweitligakarriere eingebogen. Bei der Menge an Talenten, die wir betreuten, war es schon allein statistisch unumgänglich, dass nicht alle Hauptdarsteller wurden. Aber so genau musste ich das Jürgen Götze ja nicht darlegen. Es reichte, auf Toni Kroos zu verweisen, der mit 20 Jahren bei der WM 2010 in Südafrika für Deutschland gespielt hatte, auf Benni Höwedes, der 2009 Junioren-Europameister geworden war, oder auf einen Spieler, den Dirk Hebel als schmächtigen A-Jugendspieler von Rot-Weiss Ahlen Ende 2007 für uns akquiriert hatte. Drei Jahre später fegte er als Wirbelwind durch die Bundesliga. Er hieß Marco Reus.

Im Reihenendhaus von Lücklemberg erzählte ich Jürgen Götze von Reus, von Höwedes, von den Brüdern Kroos. »Herr Götze, wir kümmern uns um alle Söhne gleich, nicht nur um den besten Fußballer!« Aber der Vater blieb, unterschwellig, skeptisch.

Natürlich überzeuge auch ich nicht alle Fußballer, alle Eltern. Manchmal stimmt der Sound, es läuft die richtige Platte, aber es haut nicht hin. Eine Frage der zwischenmenschlichen Chemie nennt sich das wohl. Wie sehr hatten wir etwa um Ilkay Gündogan gebuhlt, den Jungen aus Bochum. Noch heute plaudern wir nett, wenn wir uns begegnen. Aber den Berater macht sein Onkel. Der Job sollte in der Familie bleiben.

Im Wohnzimmer der Götzes fragte ich mich, ob es an mir lag, dass der Vater auf Distanz blieb. Oder war er grundsätzlich ein reservierter Mensch? Die Zusammenarbeit der Götzes mit zwei Beratern hatte – warum auch immer – nicht gefruchtet, da war es vielleicht auch nur logisch, dass er auf die Avancen jedes weiteren Agenten erst einmal zurückhaltend reagierte.

Ich redete weiter, ich stellte Fragen, ich hörte zu, so wurde es Sonntagnachmittag. Zwischendurch dachte ich manchmal kurz und verzweifelt: Wenn ich wenigstens ein paar Kekse bekäme!

Ich qualifizierte mich für die nächste Runde. Jürgen Götze lud mich zu einem weiteren Treffen ein, mit seiner Frau und den Söhnen. Diesmal aß ich vorher.

Mario und Fabian musterten mich neugierig, verschwanden aber nach einer halben Stunde auch wieder in ihren Zimmern. Höfliche, gut erzogene Jungs in weiten Jogginghosen, war mein erster Eindruck. Mit denen konnte ich gut zusammenarbeiten. Wenn ich denn durfte.

Ich hatte über mein erstes langes Gespräch mit ihrem Vater nachgedacht. Jürgen Götze war es offensichtlich wichtig, dass er in die Karriereplanung der Söhne eingebunden wurde. Zum einen regte sich in ihm wohl väterliche Fürsorge. Er wollte die Karriere seiner Söhne nicht irgendeinem Fremden überlassen. Zum anderen fand der Universitätsprofessor die Fußballwelt offenbar recht spannend. Auf der Europäischen Signalverarbeitungs-Konferenz in Barcelona ging Jürgen Götze abends ins Fußballstadion Camp Nou.

Mir kam eine ungewöhnliche Idee, wie ich ihn überzeugen könnte.

»Herr Götze, wir haben nun zweimal lange zusammengesessen, und wir sind uns, glaube ich, beide nicht ganz unsympathisch. Ich weiß, dass praktisch jeder Berater in Deutschland hinter Ihren Söhnen her ist. Damit Sie sich überzeugen können, dass ich die richtige Wahl wäre, mache ich Ihnen einen Vorschlag: Ich vereinbare innerhalb von wenigen Tagen Termine bei drei deutschen Spitzenklubs wegen Mario – und Sie fahren dann mit mir zu den Meetings mit diesen Klubs. So kriegen Sie ein Gefühl, wie ich arbeite. Danach setzen Sie sich in Ruhe hin und entscheiden, ob Sie mit mir zusammenarbeiten wollen.«

Das hielt Jürgen Götze für eine Spitzenidee.

Also gingen Herr Götze und ich auf Tour. Hamburg – Wolfsburg – Leverkusen in zwei Tagen. Das waren 2010 drei Klubs aus Bayern Münchens erster Verfolgergruppe.

Marios Vertrag bei Borussia Dortmund lief nicht mehr lange, eine ideale Verhandlungsposition. In unseren Gesprächen klang bei Jürgen Götze immer wieder Enttäuschung über Borussia Dortmund durch, weil der Verein im Sommer seinem ältesten Sohn Fabian einen Profivertrag verwehrt hatte.

Die Dortmunder sollten mal sehen, dann würde Mario eben auch nicht seinen Vertrag verlängern!

Ich konnte dieses emotionale Denken eines Vaters nachvollziehen. Falls wir zusammenarbeiten würden, müsste ich Jürgen Götze allerdings vorsichtig klarmachen, dass diese Sichtweise nicht wirklich zielführend war. Fabian war nun einmal nicht so talentiert wie Mario, und er hatte nach dem Ende in Dortmund bei der U23 von Mainz 05 auch eine gute Plattform gefunden, um sich zu zeigen. Ich fand, dass Mario ruhig noch einige Zeit bei Borussia Dortmund bleiben sollte, dem Verein seiner Jugend, der nach Jahren am Rande des Bankrotts unter einem jungen, mitreißenden Trainer namens Jürgen Klopp gerade wieder Schwung aufnahm. Wenn das so weiterging, wie sie die Saison begonnen hatten, landeten sie vor Hamburg, Wolfsburg, Leverkusen. Bei Borussia wurde Mario geschätzt, dort fühlte er sich zu Hause. Um es im Duktus von Jürgen Klopp zu sagen: Hier ging gerade was ab. Ein besseres Klima zur Entwicklung von Talenten gab es nicht.

Aber das würden wir besprechen, wenn wir offiziell zusammenarbeiteten.

Jetzt taten wir erst einmal so, als wollte Mario Götze den Verein wechseln, damit ich beim Hamburger SV, VfL Wolfsburg und Bayer 04 Leverkusen Herrn Götze zeigen konnte, wie ich arbeitete.

Im Tagungszimmer des Hamburger SV dachte ich mir, mein Gott, was ist denn los, da geht ja nichts, keine Überzeugungskraft in der Ansprache, keine kreativen Ideen, nur eine Leier. Ich rede von Bernd Hoffmann, dem Vorstandsvorsitzenden des HSV.

Dadurch, dass ich in den Gesprächen zwischen den Vereinsvertretern und Jürgen Götze automatisch den Moderator gab, rutschte ich zwischendurch in die Rolle des Beobachters: Was hatten die denn in ihrer Jukebox, um für sich zu werben, wie buhlten die um einen solchen Spieler?

Bernd Hoffmann redete davon, dass der HSV auf dem Weg in die erweiterte europäische Spitze sei, und ich fühlte mich schlagartig müde. Hatten wir das nicht alle schon zu oft gehört: nur einen Schritt entfernt. Immer einen Schritt entfernt. Er erklärte, dass es ihr erfolgreiches Grundprinzip sei, Talente wie Kompany oder De Jong zu internationalen Klassespielern zu entwickeln, und ich dachte mir: Ja! Aber warum erzählst du davon mit einer Stimme, als würdest du bei der Stadtverwaltung Düren die Modalitäten zur Beantragung einer Biomülltonne erläutern?

Dieter Hoeneß, den Vorsitzenden des VfL Wolfsburg, konnten wir praktischerweise auch gleich in Hamburg treffen, im Mannschaftshotel seines Teams vor der Auswärtspartie gegen den HSV. Hoeneß empfing uns in einem weißen Hemd, auf dem die Hitze des Tages oder die Aufregung des anstehenden Bundesligaspiels schon Spuren hinterlassen hatten. Im Vergleich zu dem Hamburger Kollegen machte Hoeneß aber auch in diesem Aufzug eine *bella figura*, seriös, klar, zwischen den Zeilen freundlich.

So richtig aber lief die Leverkusener Jukebox, enthusiastische Lautstärke, perfekter Klang. Sportdirektor Rudi Völler und sein Adjutant Michael Reschke können das in Stereo, bezirzen, beeindrucken. Wie sie Marios Spielweise analysierten, bewies, dass sie sich wirklich intensiv mit ihm beschäftigt hatten. Ich als Vater hätte nach den drei Treffen gewusst, welcher Verein für meinen Sohn der beste wäre.

Aber darum ging es ja nicht. Es ging darum, dass der Vater nun wissen sollte, welcher Berater für seinen Sohn am besten war.

Jürgen Götze verabschiedete sich von mir mit den Worten, er würde alles sacken lassen.

Die Woche ging zu Ende, und ich sang ein Lied. »Su ne Daach, su schön wie hück, su ne Daach kütt nie zoröck.« Brings, meine Lieblingsband, spielte auf meinem Kölner Oktoberfest. Das Zelt kochte, 3500 Leute schunkelten, schmetterten die Refrains mit, alles war in Bewegung, ich war mittendrin, ich organisierte nichts mehr, ich konnte richtig mitfeiern, voll mitsingen. Handy Nummer II klingelte.

»Jürgen Götze«, stand im Display.

Es war Samstag, 21.30 Uhr. Ich weiß nicht mehr, welches Lied Brings gerade zum Besten gaben, auf jeden Fall fetzte es. Ich nahm den Anruf an und rief über die Musik hinweg: »Herr Götze, Herr Götze, ich rufe Sie gleich zurück!«

Vorbei an Körpern, die keinen Platz machen wollten, an fremden Stimmen, die mir sagten, ich wolle doch jetzt noch nicht nach Hause gehen, drängte ich mich aus dem Zelt.

O Mann, was Jürgen Götze nun wohl von mir dachte?

Er lachte, als ich ihm, beim Rückruf vor dem Festzelt, alles erklärt hatte. Er war guter Laune. »Herr Struth, wenn Sie wollen, können Sie am Montag mit der Arbeit für Mario und Fabian beginnen.«

Wir waren, drei Jahre nach unserem Einstieg ins Spielerberatergeschäft, die Nummer eins in Deutschland. Wir vertraten Toni Kroos, Mario Götze, Marco Reus, Benedikt Höwedes und drei Dutzend weiterer etablierter Bundesligaspieler und hoffnungsvolle Talente. Es ist logisch, dass wir dafür aufs Übelste kritisiert wurden.

Die Konkurrenten sagten natürlich nicht: »Dieser Struth hat

einfach ein wahnsinniges Gespür für Menschen und Momente, der saust wie ein Wirbelwind durch die Branche. Mein Respekt!« Wenn einer seine Arbeit besser macht als du, ist es doch viel einfacher, ihm unsaubere Methoden zu unterstellen. So vertuschst du deine eigenen Schwächen. Also sagten die Konkurrenten: »Der Struth läuft mit einem Geldkoffer rum. Der bezahlt den Eltern vorab riesige Summen, damit ihre Kinder in seine Agentur eintreten.«

Muss ich erwähnen, dass wir das natürlich nicht taten?

Worauf wir bisweilen eingingen, war, Familienangehörige an unseren Provisionen prozentual zu beteiligen, falls sie stark in die Karriereplanung des Spielers involviert waren und partout nicht loslassen wollten. Aber das macht fast jeder Spielerberater. Manche Berater beschäftigen sogar Familienmitglieder. Der Bruder des Nationalspielers Kai Havertz etwa arbeitet für dessen Berater. Das schadet der Bindung des Spielers an die Agentur vermutlich nicht. Ich gründete mit Jürgen Götze die Götze Marketing GmbH, wir beide fungierten als gleichberechtigte Geschäftsführer.

Die Eltern sind im modernen Profifußball ein spezielles Thema. Fußballkarrieren beginnen im Zeitalter der Nachwuchsleistungszentren schon mit professionellem Training im Kindesalter, sodass die Eltern zwangsläufig in diese Fußballwelt hineingezogen werden. Sie müssen das Familienleben stark nach dem Sport des Kindes ausrichten, Wochenenden, Ferien, da ist immer ein Spiel, ein Training, zu dem der Sohn gebracht werden muss. Oft wird Fußball emotional das Hauptthema in diesen Familien. Der Sohn trägt doch das Trikot des VfB Stuttgart oder von Dynamo Dresden! Da wird jede Verletzung, jedes schlechte Spiel zum Drama – schafft er die Karriere jetzt doch nicht? Da wird jedes Tor, jedes gute Spiel für die U15 des SC Freiburg oder von Hertha BSC als Beleg für eine nahende Profikarriere genommen. Dabei ist es nur eines von zehntausend Kindern, die in Deutschland in einem Nachwuchsleistungszentrum spielen.

Manche Eltern fühlen sich von dieser neuen, angeblich so wichtigen Welt überfordert. Sie haben Angst, mit eigenen Fehlern die Karriere des Sohnes zu gefährden. Ich erlebe es oft, wenn wir einen jungen Spieler in unsere Agentur aufnehmen und ich den Eltern erkläre: »Ich mache keine Verträge mit meinen Spielern. Wir geben uns die Hand, und wenn es nicht mehr zwischen uns passt, geben wir uns wieder die Hand und gehen auseinander.« Mit unseren ersten drei Spielern Risse, Reinartz, Höwedes hatten wir Verträge abgeschlossen, danach nie mehr. Es fühlte sich nicht richtig an. Als wollte ich ihnen etwas Schäbiges andrehen.

»Ach, wir müssen gar nichts unterschreiben?«, sagen die Eltern dann oft erleichtert. Dann können sie hier also wohl keinen bleibenden Fehler begehen.

Andere Eltern jedoch vergessen, dass es die Laufbahn, das Leben ihres Sohnes ist. Sie steigern sich in dessen Fußballspiel so hinein, als ginge es um ihre eigene Karriere. Das ist nicht nur für die Beziehung Eltern-Sohn belastend, sondern auch für die Vereine und natürlich den Berater schwierig. Wenn da immer noch einer ist, der alles besser weiß, alles bestimmen will.

2019 waren wir mit *SportsTotal* an einem österreichischen Nationalspieler interessiert, Florian Grillitsch von der TSG Hoffenheim, als wir so ein Elternteil trafen. Mein Mitarbeiter Sascha Breese hatte Grillitsch bereits gesprochen, er stand einer Zusammenarbeit aufgeschlossen gegenüber. Wir sollten aber noch mit seinem Vater reden. Sein Vater habe seine Karriere stets eng begleitet.

Sascha und ich trafen Herrn Grillitsch in Bremen, vor einem Hoffenheimer Auswärtsspiel gegen Werder. Wir redeten über Florians Pässe mit Innenrist, über sein Wesen, den Markt für ihn. Es war ein angenehmes Gespräch. Dann sagte der Vater: Wenn wir seinen Sohn beraten wollten, müssten wir über die Aufteilung der Provision sprechen. Damit wir uns direkt verstünden: Er kaufe nur unsere Dienstleistung der Vereinssuche ein. Deshalb biete er uns 20 Prozent der Beraterprovision an.

»Wie bitte? *Sie* bieten *uns* 20 Prozent an? Und kassieren 80 Prozent, während wir die Arbeit machen?«

So sah es aus.

»Sascha, du zahlst bitte den Kaffee hier. Ich warte draußen im Auto. Auf Wiedersehen, Herr Grillitsch.«

Florian Grillitsch und sein Vater fanden aber offensichtlich trotz dieser Forderungen einen Spielerberater. Vielleicht einen jener Kollegen, die erzählen, der Struth sei so erfolgreich, weil er mit Geldkoffern herumlaufe.

Ich spielte das Szenario eines möglichen Wechsels von Mario Götze nach Hamburg, Wolfsburg, Leverkusen bis zum Ende durch. Ich ließ den Götzes von allen Vereinen konkrete Angebote zukommen. Aber die drei Klubs konnten selbst nicht mehr ernsthaft daran glauben, Mario Götze für sich zu gewinnen. Denn neun Monate nach meiner Deutschlandtour mit Jürgen Götze wurde Borussia Dortmund deutscher Meister. Mario Götze hatte sich in der zweiten Hälfte der Saison 2010/11 in schwindelerregendem Tempo in den Vordergrund gespielt.

Wenn ich oben auf der Tribüne des Dortmunder Stadions saß, aufgeputscht vom Lärm der 80 000, und Mario am Ball sah, schenkte mir der Fußballsport das schönste Gefühl: In dem Moment war ich vollauf glücklich im Hier und Jetzt. Die gesamte Konzentration lag auf Mario, kein Gedanke lenkte ab, ich war gebannt von dem Anblick wie von einem großen Kunstwerk. Es hieß: *Mann mit Ball.* Mario hielt den Oberkörper trotz des enormen Dribbeltempos aufrecht, als spürte er keine Anstrengung, seine Schritte federten, als könnte ein Mensch tatsächlich schweben. Alle 80 000 Zuschauer, bildete ich mir ein, hatten in diesem Augenblick denselben Gedanken: Was macht er jetzt?

Mario Götzes Spiel strahlte 2011 eine ganz seltene, ansteckende Leichtigkeit aus. Manchmal war es für mich deshalb irritierend, dass er als Person überhaupt nicht so war. So leicht.

Irgendwie wurde er von seinem innersten Wesen zurückgehalten, den Mitmenschen unbefangen, offen gegenüberzutreten. Toni und Felix Kroos erschienen mir völlig anders, unverkrampft, cool. Aber es mussten ja auch nicht alle Menschen immer einfach sein. Bin ich ja auch nicht.

Im Prinzip waren Mario und Jürgen Götze korrekte, freundliche Gesellen. Es war halt manchmal nur etwas anstrengend, wenn Jürgen wieder laut überlegte, ob Mario die Borussia verlassen sollte, weil der Klub doch seinen Bruder Fabian weggeschickt hatte.

Kinder, jetzt macht doch keinen Scheiß, dachte ich panisch und lächelte ganz ruhig, um noch einmal zu erklären, dass es momentan für Mario keinen besseren Platz als Dortmund gebe.

Das wussten sie natürlich auch. Das sahen sie natürlich auch so. Aber einfach mal vertrauen, das fiel ihnen von Natur aus nicht immer leicht.

Nach außen sah es nach einem völlig harmonischen, ganz leichten und selbstverständlichen Akt aus, als Mario Götze seinen Vertrag bei der Borussia um drei Jahre bis 2014 verlängerte. Dortmund hatte auf einen Vertrag über vier oder fünf Jahre gedrängt, aber bei jungen und außerordentlich begabten Fußballern wie Mario waren kürzere Laufzeiten für den Spieler ein Vorteil, waren die Götzes und ich uns einig. So blieb Mario Herr über die eigene Zukunft.

Fabian Götze verschafften wir einen Wechsel zur U23 des VfL Bochum. Der Sprung in die Profimannschaft schien dort nicht ganz so hoch, da diese nur in der zweiten Liga spielte.

Wir hatten alles gut hingekriegt. Ich barst vor Energie, ich hielt auch spezielle Charaktere aus, erst recht, wenn sie so wunderbar Fußball spielten wie Mario Götze.

Es war Sommer, 2011. Brings veröffentlichte ein neues Album, und ich konnte den Titelsong aus vollem Herzen mitsingen: *Dat is jeil, dat is jeil!*

13

Echte Freunde

Auf einem Tennisplatz in der Nähe von Cala Egos spielten vier Urlauber Fußballtennis. Die Touristen, die vorbeischlenderten, warfen im Gehen vereinzelt einen kurzen Blick auf die flotte Partie und konzentrierten sich wieder auf ihr Eis in der Waffel. Niemand blieb stehen, obwohl der Ball wirklich nicht schlecht lief. Es spielten Toni Kroos und Luca Struth aus der U14 von Bayer 04 Leverkusen gegen Mario Götze und einen 46-jährigen Mann, der auf dem Hartgummiplatz rannte, sich streckte, krümmte, jubelte, fluchte. Luca warf mir einen Blick zu, der zu fragen schien, ob mein Einsatz nicht vielleicht ein klein wenig unangemessen sei für einen Urlaubskick. Aber ich weiß bis heute nicht, wie man Fußball locker spielt. Und ein bisschen musste ich ja doch wohl auch einen technischen Rückstand auf die anderen drei durch Kampfgeist wettmachen.

Wir spielten bis zehn, und es stand 9:9, als Toni Kroos Mario und mir den Todesstoß versetzte. Den entscheidenden Punkt erzielte er aus purem Übermut mit einem Fallrückzieher. Niemand wollte ein Autogramm, niemand erkannte offenbar, dass hier auf einem abgenutzten Tennisplatz im Juli 2012 zwei der weltbesten Fußballer zugange waren. Ein paar Passanten schauten höchstens irritiert, weil ein Mann wegen einer Niederlage im Urlaubskick mit einem Verzweiflungsschrei zu Boden gesunken war.

Toni Kroos hatte ein Ferienhaus auf Mallorca erworben, ein paar Straßen von der Finca in Cala Egos entfernt, in der ich mit meiner Familie jedes Jahr wieder Urlaub machte. Ich komme auch vorbei, hatte Mario Götze gesagt. Ich fand: Sie waren wie Freunde für mich.

Ein enges, vertrauensvolles Verhältnis ist die Basis der Beraterarbeit. Aber in Wahrheit ist jede Beziehung zwischen Berater und Spitzenfußballer zunächst einmal auch ein delikates Verhältnis. Denn der Fußballer ist auch das Kapital des Beraters. Dieser muss also eigentlich schon allein aus geschäftlichem Kalkül freundlich sein. Das kann zu einem verkrampften Umgang führen.

Bei Mario Götze überlegte ich anfangs immer erst einmal, was ich sagte; ich fragte mich instinktiv: Wird er das gut finden, was ich gleich sagen will? Erst mit den Wochen fanden wir einen ungekünstelt offenherzigen Umgang. Mit etlichen anderen meiner Spieler ergab sich eine freundschaftliche Beziehung auf natürliche Art, etwa mit Toni und Felix Kroos, Eugen Polanski oder Ömer Toprak. Ich mag ja Menschen. Bei Toni, Eugen oder Ömer redete ich einfach drauflos.

Ich hatte nicht mehr viele echte Freunde, fiel mir auf. Micky aus der Ford-Siedlung war mir geblieben. Er reparierte seit 25 Jahren als Mechaniker bei Zweirad & Geschenke Lauff in Pulheim Mopeds und Fahrräder. Wir verabredeten uns oft, und es war nicht komisch, dass ich mittlerweile im Bentley kam und von Mario Götze erzählte. Er erzählte von Ayşe, dem Mädchen vom Büdchen, die Kinderärztin geworden war. Das passte trotzdem alles zusammen, der Bentley, Mario Götze, das Mädchen vom Büdchen, Zweirad Lauff, weil Micky und ich zusammengehörten.

Aber sonst? Ich arbeitete zu viel, um Freunde zu haben. Ich hatte nicht einmal genug Zeit für die Kinder, fühlte ich manchmal in einem Anflug von Reue. Im nächsten Moment allerdings schien es mir schon wieder logisch, dass ich sogar den Urlaub mit meinen Spielern verbrachte. Die Kinder fanden es auch cool, dass Toni Kroos und seine Freundin bei uns auf der Urlaubsterrasse saßen. Meine Frau fand das auch in Ordnung; also, glaube ich zumindest.

Andere hätten vielleicht eine Grenze gezogen. Der Urlaub musste ganz der Familie gehören und so. Für mich gab es keine Grenzen, was die Arbeit betraf. Ich liebte meinen Beruf als Spielerberater so sehr, dass ich meine Tätigkeit nie als Arbeit empfand. Ich stand in Badehose am Pool auf Mallorca, und es fühlte sich normal an, dass ich dabei zwischendurch am Telefon Transfers verhandelte.

Ich denke, das ist eine Stärke: Ich wollte von Natur aus ein väterlicher Freund für meine Spieler sein. Das halte ich schon für die ideale Rolle eines Beraters. Wobei ein Fußballprofi nicht dem Glauben erliegen darf, mein Berater kümmert sich doch wie ein Freund um mich, deshalb ist er ein exzellenter Berater. Es ist schön, wenn der Berater mit seinem Spieler oft eine Portion Nudeln essen geht. Aber nur die Anstellungen, die er seinen Spielern ermöglicht, sagen etwas über die Klasse eines Beraters aus.

»Ich kümmere mich bewusst nur um einige wenige Spieler, dann kann ich ganz für dich da sein«, werben Berater mit kleiner Kundenkartei gerne bei jungen Talenten. Tatsächlich können sie wenig für ihre Spieler tun, weil ihre Agentur so klein ist. Denn wer nur einen Bundesligaspieler und vier Zweitligafußballer betreut statt 80 Profis, hat zwangsläufig viel weniger Kontakte und Zugang zum Markt. Wenn du vier Nationalspieler vertrittst, wird jeder Sportdirektor dich aufmerksam anhören, auch wenn du wegen eines 19-jährigen Talents anrufst. Wenn du nur zwei beliebige Bundesligaspieler repräsentierst, hast du möglicherweise viel Zeit, mit einem 19-jährigen Talent über die Probleme dieser Welt zu debattieren, aber dummerweise nicht das Netzwerk, die Informationen und den Erfahrungsschatz, um den bestmöglichen Arbeitsplatz für den Jungen zu finden.

Ein guter Berater – und ein väterlicher Freund – kannst du nur sein, wenn du keine Angst hast, deine Spieler als Klienten zu verlieren. Du musst aussprechen können, was du denkst, auch wenn es das Verhältnis belastet. Einer unserer Spieler, Ivo Ilicevic, der für Kaiserslautern und den Hamburger SV stürmte, kam nach nur wenigen Profijahren mit einem Sportwagen für gut 200 000 Euro an. Da habe ich ihn lautstark gefragt, ob ihm jemand den Verstand weggepustet habe und von welchem Geld er eigentlich mit 57 leben wolle. Hat bei ihm allerdings auch nicht unbedingt gefruchtet.

Selbstverständlich gab es auch Spieler, mit denen ich keine wirkliche gemeinsame Ebene fand. Dann versuchte ich, meinen Job für sie so gut wie möglich zu machen, und ahnte doch, dass sie irgendwann die Agentur verlassen könnten. In solchen Fällen mangelte es allerdings nicht an Freundschaft, sondern an festem Vertrauen seitens des Spielers. Bei Ilicevic war das der Fall.

Meine Spieler kamen in unser Reihenhaus nach Longerich zum Abendessen, sie luden mich zu ihren Hochzeiten ein. Marcel Risse schnitt meinem Sohn die Spaghetti klein, als dieser sich mal wieder den Arm gebrochen hatte. Ich hätte geglaubt, etwas stimme nicht, wenn es anders gewesen wäre.

Dennis Diekmeier machten wir wenige Wochen nach seiner Hochzeit im Sommer 2010 nachträglich noch ein schönes Geschenk. Am 15. Juli versuchte ich, ihn anzurufen. Er nahm nicht ab, ich hatte es geahnt, denn er musste auf dem Weg zu einem Testspiel mit dem 1. FC Nürnberg sein. Vor Spielen, und seien es nur Tests, telefonierte ein Profi nicht. Ich schrieb ihm sofort eine SMS. »Junge, ruf an!«

Sekunden später hob ich ab, ehe Handy Nummer II zweimal geklingelt hatte.

»Dennis, wo bist du?«

»Im Mannschaftsbus. Wir fahren gleich los.«

»Ihr seid noch nicht losgefahren?«

»Nein, es sollte aber jeden Moment losgehen.«

»Dann steig aus.«

»Wie?«

»Du darfst nicht spielen. Nicht, dass du dich noch verletzt. Wir haben deinen Wechsel zum Hamburger SV durchgekriegt.«

Ein lukrativer Vierjahresvertrag wartete auf ihn – bei einem

Topverein, dem nur noch ein Schritt zu alter Größe fehlte. In dem Moment wollten wir das auch gerne glauben.

Als Berater bin ich meistens auch Fan meiner Spieler. Ich lebe ihre Karriereverläufe emotional mit, Diekmeier zum HSV, der Junge war nur noch einen Schritt vom ganz großen Durchbruch entfernt! Auch sein Weggefährte Marcel Risse hatte sich dank der Lehrjahre beim 1. FC Nürnberg zu einem auffälligen Bundesligaspieler entwickelt. Der FSV Mainz 05 hatte ihn engagiert. Wo Marcel in Mainz lebte, erfuhr ich auch als väterlicher Freund nur so nebenbei. Er verdiente gewiss um die 50 000 Euro im Monat, und er war in Mainz in eine Wohngemeinschaft mit vier Studenten gezogen. Er wollte nach den Erfahrungen in Leverkusen und Nürnberg nicht mehr alleine leben. Und er wollte Gleichaltrige um sich haben, die nichts mit Fußball zu tun hatten, die über andere Sachen redeten, vielleicht auch über das Italienbild bei Goethe oder elektrochemische Energiespeicherung.

Theoretisch hätte ich ihn als Berater darauf hinweisen müssen, dass das Leben in einer Studenten-WG mit deren üblichen Schlafens- und Partyzeiten vielleicht nicht ganz optimal für einen Berufssportler war. Aber ich fand seine Wohnidee faszinierend.

In seinen ersten Profijahren hatte ich jedes von Marcels Spielen im Stadion oder im Fernsehen verfolgt, um ihn sofort danach anzurufen und ihm ein Feedback zu geben. Er war sehr nervös vor den Spielen und brauchte gleich nach dem Match die Meinung eines Vertrauten, um sich sicher zu fühlen – vielleicht auch, um sich nicht alleine zu fühlen. In Mainz, mit dem Älterwerden, ließ diese Unsicherheit deutlich nach. Der Umzug in eine große Studenten-WG half Marcel. Es drehte sich nicht mehr alles ständig um den Fehler im letzten Spiel. Seine Gedanken hatten in dem ausgelassenen Geschnatter der WG nicht mehr so viel Gelegenheit, sich endlos zu drehen.

Marcel Risse war mein erster Spieler, er würde immer ein besonderer Spieler für mich bleiben.

»Häh, wie, dein erster Spieler?«, sagte er irgendwann. »Damals bei unserem ersten Treffen hatte es für mich geklungen, als wärst du schon voll im Geschäft, mit Calmund und allem.«

»Ja, weißt du …«

Wenn ich in meinem Kopf durchgehe, zu welchen meiner Spieler ich noch ein besonderes Verhältnis habe, dann fällt mir auch André Hahn ein, Sascha Riether, Benni Höwedes, Timo Horn, Dominique Heintz … und irgendwann bin ich bei so ziemlich jedem meiner Spieler gelandet. Das ist kein Gequatsche, damit es sich im Buch schön liest. Die Nähe zu suchen ist meine Art, von mir aus auch: mein Geschäftsmodell. Ich will meine Spieler richtig kennen, nicht nur bei Laune halten. Bei manchem spüre ich mehr als eine Nähe, eine Seelenverwandtschaft. Bei Ömer Toprak zum Beispiel. Mit 19 traf er sich mit Freunden zu einem spaßigen Abend auf der Kartbahn. Als er mit seinem Kart auf das Fahrzeug vor ihm prallte, explodierte der Tank. Ömer kam mit schwersten Verbrennungen ins Krankenhaus. Er musste sich komplizierten Hauttransplantationen unterziehen. Es ging darum, wieder normal gehen zu lernen. Und er kämpfte sich bis in die Bundesliga zurück. Diesen Geist, sich nie unterkriegen zu lassen, strahlt er aus. Wenn ich nur neben ihm sitze, werde ich von der Begeisterung für seinen Kämpferwillen gepackt.

Ich gehe da emotional voll rein. Jürgen Klopp ist als Trainer auch so: Er liebt auch alle seine Spieler. Wahrscheinlich wird er den einen oder anderen seiner Spieler schon mal für ein Arschloch halten, aber er liebt ihn trotzdem. Er betreibt seine Arbeit mit dieser wahnsinnig großen grundsätzlichen Liebe für seine Leute.

Ich lud Benni Höwedes zu uns nach Hause ein. Meine Frau bereitete ihre Spezial-Hamburger für Benni vor, Hackfleisch auf Baguettescheiben, im Ofen knusprig gebacken. Sie war eine tolle Köchin. Nur, wie das mit den besten Köchen genauso wie mit den besten Fußballern so ist: Auch sie haben Tage, an denen etwas misslingt. Als Tina das Essen auftischte, betrachtete ich die

Spezial-Burger und merkte: Oh je, jetzt hatte ich ein Loyalitätsproblem. Sagte ich, dass die Baguettescheiben angebrannt waren, damit Benni sie nicht essen musste? Oder schwieg ich, damit sich meine Frau nicht bloßgestellt fühlte?

Benni, in seiner furchtbar netten Art, aß die Spezial-Burger, als ob nichts wäre.

»Entschuldigung«, sagte ich vorsichtig zu Tina, »du weißt schon, dass die Brote ein wenig zu stark geröstet sind?«

Ich dachte, so eine Wahrheit könne meine Frau vertragen. Die Stimmung blieb auch heiter – bis Benni aus der Tür war. Vielleicht hätte ich wissen müssen, dass moderne Menschen grundsätzlich zwei Dinge gar nicht ertragen: Kritik vor anderen an ihrem Fußballwissen oder an ihrem Essen.

Vielleicht hätte ich da aber auch merken sollen, dass bei aller Liebe zu meinen Spielern eine andere Liebe litt.

Ich verdrängte die Erkenntnis. Ich genoss das Hochgefühl, mit Spielern wie Toni Kroos und Mario Götze arbeiten zu dürfen. In dem Sommer, bevor wir zusammen auf Mallorca Urlaub machten, hatte ich Mario bereits für ein paar Tage in seinen Ferien besucht, auf Ibiza.

Von dort nahmen wir die Fähre auf die kleine Nachbarinsel Formentera. Am Hafen liehen wir uns im nächstbesten Touristengeschäft zwei Fahrräder und radelten los, ohne festes Ziel. Wir hielten an einem Strand, wir gingen schwimmen und legten uns in den Sand. Der ganze Tag lag ohne Zeitdruck, ohne Verpflichtungen, ohne Plan vor uns. Ich erzählte von den Reisen in meiner Jugend zum Campingplatz Fontanelle, Mario erinnerte sich an die Urlaube seiner Kindheit, und auf einmal floss unser Gespräch, ein Thema ergab das nächste, da erwachte ein Vertrauen, einfach zu erzählen. Würde ich ein Buch schreiben, würde ich dichten: Auf einmal war da eine Leichtigkeit, wie in einem Dribbling von Mario Götze.

Wir gingen irgendwo etwas essen, es war nicht so wichtig, wie es schmeckte. Der Tag machte alles schön. Wir radelten weiter, einen Hügel hinauf, durch einen Wald, wir entdeckten noch einen Strand für uns. Als die Sonne unterging, nahmen wir die

Fähre zurück. Mario holte ein Buch aus seinem Rucksack und begann zu lesen. Er lag bäuchlings auf einer Sonnenliege, ein Handtuch über dem Kopf, versunken in sein Buch. Es ist das schönste Bild, das ich von ihm bewahrt habe. Er sah so zufrieden aus, dass ich mich augenblicklich glücklich fühlte.

14

Das Angebot

Manche Dinge erscheinen unmöglich, etwa ein Fußballspiel zu schauen und zu beiden Mannschaften zu halten. Ich habe es trotzdem versucht.

Bayern München griff an, Toni Kroos rückte aus dem Mittelfeld nach, und der Moment riss mich vom Sitz: Jetzt! Der Ball war Toni nach einem verunglückten Kopfballduell zweier anderer Spieler direkt vor die Füße gefallen, 18 Meter vor dem Tor, er konnte volley schießen! Vorbei.

Borussia Dortmund kam zum Gegenangriff, abgewehrt, und ein Ruck durchfuhr mich: Ja! Mario Götze sprintete heran, um den herumirrenden Ball direkt aufs Tor zu schießen. Ganz knapp vorbei.

Theoretisch hätte ich mir im Bundesliga-Spitzenspiel zwischen Bayern und Dortmund im November 2011 ein Unentschieden wünschen können, aber so weit dachte ich gar nicht. Ich nahm mir vor, in der Münchener Arena einfach das Spiel zu verfolgen, ohne emotionales Interesse am Ergebnis, Hauptsache, Toni und Mario würden gut spielen. Hauptsache … Das Spiel riss mich aus dem Gedanken, Mario hatte den Ball, 20 Meter zum Bayern-Tor, steil auf Kagawa gepasst, der versuchte, den Ball mit einem Kontakt irgendwie in Marios Lauf zu legen, der Ball flog verunglückt halbhoch in die Luft. 14 Meter vor dem Tor suchten Mario Götze und sein Gegenspieler Boateng hektisch herum: Wo war denn der Ball? Da flog er Mario fast an die Schulter. Er schaltete sofort.

»Tor!«, jubelte ich elektrisiert und dachte im Bruchteil einer Sekunde: Mist, Toni.

Da sah ich doch lieber Spiele vom FC, wo ich mich ohne Hintergedanken freuen konnte – beziehungsweise doch öfters ärgern. Fußball war mein Geschäft geworden, aber der FC war meine große Liebe geblieben. Neben meinem Schreibtisch im Büro stand ein Geißbock: das FC-Wappentier als Skulptur.

Irgendwann würde ich mal FC-Präsident werden. Die Leute lächelten, wenn ich das ankündigte. Manchmal schauten sie mich danach so komisch an. Denn ich lächelte nicht. Meinte ich das ernst? Bei mir war zu befürchten, dass ich das natürlich ernst meinte.

Bis dahin konnte ich das Fußballgeschäft dank Toni Kroos und Mario Götze in ganz neuer Tiefe kennenlernen. Der FC Arsenal lud Sascha Breese und mich im Herbst 2011 auf sein Trainingsgelände in Nordlondon ein, um sein Interesse für Mario zu dokumentieren. Die gesamte Führungsriege gab sich die Ehre, der Generaldirektor, der Geschäftsführer, der Chefscout. Trainer Arsène Wenger werde sich später auch noch zehn Minuten zu uns setzen, sagten sie. Dann kam er und blieb drei Stunden. Wir redeten über Marios Leichtigkeit im Dribbling und landeten bei Wengers Kindheit, als er im elsässischen Wirtshaus der Eltern immer die deutsche Sportschau im Fernsehen gesehen hatte. Irgendwann sprachen wir über Reiner Calmund. Den kannte auch bei Arsenal jeder.

Einen Herbst später kam Txiki Begiristain, der neue Sportchef von Manchester City, nach Dortmund, um sich vor einem Champions-League-Spiel der Borussia bei mir nach Mario zu erkundigen. Wir suchten gar keinen neuen Verein für Mario oder Toni. Wir bekamen durch das Interesse an unseren Ausnahmetalenten bloß den Kontakt zu den Machern der besten Klubs, ohne uns anstrengen zu müssen. Es gibt nicht viele Berater auf der Welt, bei denen sich Arsène Wenger oder Txiki Begiristain regelmäßig einfach mal über die Pläne ihrer Spieler informieren wollen.

Fortan würden wir zu diesem Kreis gehören. Nur zwischen Klaus Allofs und mir gab es noch immer keinen Kontakt. Vier Jahre nachdem wir uns wegen eines Juniorenspielers namens Dennis Diekmeier in die Haare gekommen waren, arbeitete Allofs mittlerweile als Sportvorstand beim VfL Wolfsburg und bekundete endlich Interesse an einem unserer Spieler. Nämlich an Dennis Diekmeier! Obwohl ich Dennis betreute, fuhr Dirk Hebel zu den Verhandlungen nach Wolfsburg, die dann – nicht so ganz überraschend bei Allofs' Liebe zu unserer Agentur – zu nichts führten.

Autobahnraststätten waren die Tagungsorte der ersten Berater gewesen. Man traf sich gerne auf halbem Weg mit Vereinsmanagern zu Vertragsverhandlungen, wohl bis tief in die Neunzigerjahre hinein. Aus dem *Wienerwald* auf der A3 waren Flughäfen und teure Hotels geworden. Gerade wenn ein Treffen geheim bleiben sollte, schwebte ein Vereinsvertreter in Köln oder Frankfurt ein, wir warteten in einem fein eingerichteten und doch gesichtslosen Zimmer eines sogenannten Conference Centers direkt neben dem Terminal. Zwei Stunden später entschwebte der Sportvorstand wieder, als wäre er nie da gewesen.

Karl-Heinz Rummenigge stattete uns im Herbst 2011 solch einen Besuch am Flughafen Köln ab. Wenn ein Vereinsmanager den Aufwand betreibt, zu einem Berater zu reisen, so ist dies das sicherste Zeichen: Sie wollen den Spieler wirklich, mit aller Macht.

Ich wusste bloß nicht, welchen Spieler Rummenigge wollte. »Wir müssten uns einmal treffen, Herr Struth«, hatte er nur am Telefon gesagt.

Es würde um Mario Götze gehen, tippte ich.

Der FC Bayern wolle Marco Reus anwerben, eröffnete mir Rummenigge im Conference Center. Hätte ich das gewusst ... so hatte ich noch nicht einmal Dirk Hebel mitgebracht, der bei uns Marco betreute.

Aber auch ich hatte eine Überraschung für Rummenigge. »Barcelona und Real waren auch schon wegen Marco da, Herr Rummenigge.«

Marco Reus, der schmächtige Junge aus der Jugend von Rot-Weiss Ahlen, dribbelte 2011/12 für Borussia Mönchengladbach wie eine Computeranimation durch die Bundesliga, er wurde zum Spieler der Saison gewählt. Mit 22 Jahren war er schon ein, zwei Spieljahre weiter als Toni und Mario, und er war dank einer Ausstiegsklausel günstig. Für 17 Millionen Euro durfte er Mönchengladbach verlassen, hatten wir in seinen Vertrag setzen lassen.

Es klingt wie eine moderne Selbstverständlichkeit, dass sich in Verträgen von Profifußballern Ausstiegsklauseln finden. Tatsächlich muss ein Berater jedes Mal wieder hart und unnachgiebig für solch einen Passus kämpfen, denn gegen nichts wehren sich die Vereine so vehement wie gegen eine Ausstiegsklausel. Eine Ausstiegsmöglichkeit für den Spieler bei festgeschriebener Ablösesumme raubt dem Klub die Handlungshoheit. Sehr oft ist solch eine Klausel für den Verein zudem mit dramatischen Einbußen verbunden. Ein Verkauf von Marco Reus zum Beispiel hätte Mönchengladbach ohne die Ausstiegsklausel 2012 wahrscheinlich 15 Millionen Euro mehr eingebracht. Wobei die Verantwortlichen der Borussia die Sache auch anders sehen konnten. Drei Jahre zuvor hatten sie für Marco nur eine Million Euro Ablöse bezahlt.

Mein FC, erinnerte ich mich, hatte Marco Reus 2009 dankend abgelehnt. Er würde doch nicht eine Million Ablöse für einen Spieler aus der zweiten Liga zahlen, erklärte mir der Sportdirektor des FC, Michael Meier, da hole er lieber Sebastian Freis vom Karlsruher SC ablösefrei. Der sei genauso gut, war die Botschaft.

Dass es als Berater oft Hartnäckigkeit braucht, um eine Ausstiegsklausel durchzusetzen, sieht man auch daran, welche Topspieler in letzter Zeit keine Ablöse im Vertrag fixiert hatten, etwa Ousame Dembélé in Dortmund oder das größte deutsche Talent der Nach-Kroos-Generation, Kai Havertz in Leverkusen. Ich weiß, man wird nicht besser, wenn man schlecht über andere redet; ich weiß, es sollte mich nichts angehen – aber ich nehme das jedes Mal wieder wie eine persönliche Beleidigung, wenn ein anderer Berater einem Spitzenspieler einen nachteiligen Vertrag aushandelt. Warum ist der Spieler dann nicht bei mir! Ich hätte das besser gemacht!

Ich weiß, ich weiß, es sollte mir egal sein – doch ich konnte nicht anders; als ich wieder einmal mit Bayer Leverkusens Geschäftsführer Rudi Völler beim Essen saß, platzte es aus mir heraus. »Wie kann das sein, dass der Havertz nicht mal eine Ausstiegsklausel hat!«

Rudi Völler lächelte nur, amüsiert und durchaus zufrieden.

Marco Reus wechselte 2012 nicht zu Barça, Real oder Bayern München, sondern zu Borussia Dortmund. Ich hatte damit gar nicht so viel zu tun, Dirk Hebel wickelte den Transfer ab. Wir fuhren damals gut mit dieser strikten Teilung, dass einem Spieler bei *SportsTotal* immer ganz klar einer unserer Berater zugeteilt war. Dirk Hebel war unser Mann an Marcos Seite, nicht ich, aber als gutes Beispiel, welche Faktoren bei der Vereinswahl zählen, will ich seinen Fall trotzdem wiedergeben.

Marco Reus kommt aus Dortmund. Mit 17 hatte er die Borussia verlassen, nachdem der Trainer ihn in der B-Jugend wegen seiner Schmächtigkeit eine Saison lang auf die Ersatzbank gesetzt hatte. Da ging er lieber zu einem bescheidenen Nachbarn, Rot-Weiss Ahlen, Hauptsache, er spielte. Schon drei Jahre später, 2009, hätte Dortmund Marco gerne zurückgehabt. Er war nicht mehr ganz so schmächtig. Aber vor allem umdribbelte er für Ahlen in der Zweiten Bundesliga gestandene Männer. 2009 konnten wir aus Dortmunds Nachfragen und ihrem Angebot allerdings herauslesen, dass sie Marco Reus nur als ein Talent unter mehreren zurückholen wollten. Sie würden ihn halt auch mal ausprobieren. Schon allein, damit ihnen niemand nachsagte, sie hätten ihn übersehen. Mönchengladbach aber wollte Reus zu diesem Zeitpunkt wirklich und unbedingt. Da war in den Gesprächen mit dem Trainer und Sportdirektor eine ganz andere Überzeugung, eine viel tiefere Beschäftigung mit Marco zu erkennen. Dass Mönchengladbach damals in der Bundesliga deutlich hinter Dortmund einzuordnen war, dass Dortmund Marcos Herzensverein war, waren 2009 nachrangige Argumente. In Mönchengladbach war für ihn eine Hauptrolle vorgesehen.

Drei Jahre später dann, 2012, wollte Borussia Dortmund Marco Reus mit aller Macht. Er würde in eine Mannschaft wechseln, die gerade zweimal deutscher Meister geworden war, er und Mario Götze würden sich mit ihrer Kreativität gegenseitig anstecken und auf eine neue Ebene heben. So falsch, wie es 2009 gewesen wäre, nach Dortmund zu wechseln, so richtig war es drei Jahre später. Das war derselbe Verein, aber eine ganz andere Aussicht.

Bayern München hasst es zu verlieren, nicht nur auf dem Spielfeld, sondern auch auf dem Transfermarkt. Nachdem Marco Reus ihnen dankend abgesagt hatte, erreichten mich immer wieder Anrufe von Journalisten.

»Volker, weißt du, was die Bayern über dich erzählen?«

»Krass, wie der Hoeneß über dich schimpft!«

Es gab, sachlich betrachtet, keinen Grund für Uli Hoeneß, auf Marco oder unsere Agentur wütend zu sein. Der Vereinswechsel war absolut korrekt abgelaufen, wir hatten die Bayern von Anfang an über Dortmunds Werben und Marcos emotionale Bindung zur Borussia informiert. Aber um eine sachliche Sichtweise ging es hier natürlich nicht. Der böse Berater war mal wieder schuld, wie immer, wenn ein Verein bei einem Spielertransfer nicht bekam, was er wollte.

Ich rief Bayern Münchens Präsidenten Uli Hoeneß an, um die Missstimmung auszuräumen. Er sei gerade auf dem Weg zum Golf, rief Hoeneß ins Telefon und nahm schon Tempo auf: »Wie Sie den Karl-Heinz Rummenigge an der Nase herumgeführt haben, ist eine absolute Frechheit! Ich habe Ihnen nicht viel zu sagen, außer: Sie sind hier eine Persona non grata!«

Ich konnte nicht mehr viel entgegnen. Er musste doch Golf spielen.

Wegen Mario Götze und Toni Kroos musste ich mir die Gedanken noch nicht machen, welcher der lockenden Klubs am besten zu ihnen passte. Sie waren in Dortmund respektive München gut aufgehoben, dachte ich zwischen 2011 und 2013. Beim FC Bayern wurde zwar immer mal wieder an Toni herumgekrittelt, aber der, auf den es ankam, zählte stets auf ihn: der Trainer. Ich hatte bei beiden Spielern die Verträge in ihren Klubs verlängert und knüpfte weiter fleißig Kontakte zu Topvereinen, die Mario und Toni gerne sofort verpflichten wollten und nach meiner Ansicht vielleicht in zwei, drei Jahren für die beiden Jungen interessant werden würden. Ein Bewerber mehr in der Sammlung rief im Februar 2013 an.

»Volker«, sagte Matthias Sammer, »könntest du dir vorstellen, dass wir uns mal zusammensetzen? Ich würde mich mal gerne über Mario mit dir unterhalten.«

Sammer arbeitete als Sportvorstand für Bayern München. Ich dachte, ich wäre dort Persona non grata.

Etwas explodiert jedes Mal wieder vor Freude in mir, wenn ich meinen Spielern so eine Nachricht überbringen kann: »Bayern München rief gerade an!«

Matthias Sammers Anruf machte mich allerdings nur halb glücklich. Zweifel drückten auf die Euphorie.

Bevor ich diesen Satz aufschrieb, habe ich meine Erinnerungen mehrmals hinterfragt: Kam mir die Skepsis wirklich sofort, bei Matthias Sammers erster Anfrage? Ich bin sicher: Ja, das war so.

Denn ich wusste ja, was passieren würde.

Einen Monat zuvor, im Januar 2013, war bekannt geworden, dass Pep Guardiola den FC Bayern ab Sommer trainieren würde. Da würde Mario sofort hinwollen; nicht zum FC Bayern, aber zu Guardiola. Und ich fragte mich, ob das gut gehen konnte. Wo war der Platz für Mario in Guardiolas Bayern-Elf? Konnte Mario Götze mit 21 wirklich den gestandenen Weltklassestürmer Mario Mandzukic verdrängen? Oder gar auf der zentralen Position im offensiven Mittelfeld den bayrischen Platzhirsch Thomas Müller?

Doch der Name Guardiola machte blind.

Wie alle Fußballer seiner Generation hatte Mario als Jugendlicher den FC Barcelona von Pep Guardiola im Fernsehen als Weltwunder des Sports bestaunt. Pässe wurden zu Kunst, wenn Xavi, Iniesta und Messi miteinander spielten. Einmal für Guardiola zu spielen war die höchste Weihe für Fußballer der Generation Götze.

Mit 25, hätte ich gesagt, wäre das der perfekte, der krönende Karriereschritt für Mario gewesen.

Aber ich musste ihm die Nachricht natürlich mit heller Stimme überbringen.

»Matthias Sammer rief gerade an, Mario! Die Bayern wollen dich, die sind von dir überzeugt, ich glaube, in die Sache kommt Bewegung rein.«

Ich sagte auch: »Wir müssen das in aller Ruhe angehen und dürfen nicht vergessen, dass du zur Zeit in Dortmund super aufgehoben bist.«

Mario nahm es, wie meistens, ohne größere Gefühlsausbrüche hin. Das war auch nicht nötig. Ich glaubte zu wissen, wie hell die Begeisterung in ihm loderte.

Die nächste Neuigkeit überbrachte nicht Matthias Sammer, sondern die Presse. Guardiola habe die Verpflichtung des Brasilianers Neymar gefordert und sei damit bei den Bayern abgeblitzt. Neymar war ein vergleichbarer Spielertyp wie Mario. Ich rief Sammer an.

»Matthias, will Guardiola Mario überhaupt?«

»Guardiola hat Neymar nur als Vorschlag in die Runde geworfen. Das war keine Forderung, und er hat es ohne Umschweife akzeptiert, dass wir den Transfer nicht machen wollen, bei all den Kosten und Unabwägbarkeiten. Wir wollen Mario. Guardiola will Mario.«

Ich hinterfragte die Geschichte noch mindestens fünf Mal. Bei jedem Anruf von Sammer fragte ich wieder: »Guardiola will Mario wirklich? Er will ihn, oder ihr auf Vorstandsebene wollt ihn als Neymar-Ersatz?«

Die Antwort war immer dieselbe. Guardiola wollte Mario.

Mario wollte nichts anderes mehr als Guardiola.

Ich versuchte, mich selbst zu überzeugen. Marios Talent konnte niemand aufhalten. Er spielte in Dortmund schon im dritten Jahr auf höchstem Niveau, Bundesliga und Champions League, er hatte schon mehr Erfahrung als die meisten 25-jährigen Profis. Toni Kroos hatte sich auch mit 21 bei Bayern endgültig durchgesetzt.

Aber meine Gedanken drehten sich immer weiter. Mario hatte nicht die mentale Coolheit von Toni. Marios Gedanken kreisten oft – mir schien: ohne dass er es wollte – um Kleinigkeiten, die nicht hundertprozentig geklappt hatten oder gegen ihn liefen. Mario hatte noch nie in so einem brutalen Wettkampfklima wie beim FC Bayern gearbeitet, sondern nur auf Wolken bei der euphorisierten Borussia von Trainer Jürgen Klopp.

Aber ein guter Berater rät eben nur, er entscheidet nicht.

Ich redete auf mich ein.

Mann, Volker, freu dich doch!

Mensch, Volker, wo sind die Dollarzeichen in deinen Augen!

Ein Wechsel zum FC Bayern würde meiner Agentur ungekannte Einnahmen bescheren.

Die Faustregel des Geschäfts besagt, dass ein Berater um die zehn Prozent des Spielergehalts als Provision erhält. Aber das ist nur ein Richtwert. Es gibt unzählige Varianten. Bei Marios letztem Vertrag in Dortmund hatten wir nicht nur für eine festgeschriebene Ablösesumme von 37 Millionen Euro gekämpft. Wir hatten uns auch zusichern lassen, dass bei einem tatsächlichen Vereinswechsel fünf Prozent dieser Ablösesumme an Mario gingen. Und weitere fünf Prozent *SportsTotal* zugutekamen.

Hinzu kam vom FC Bayern die übliche Provision für den Vertragsabschluss. Da würden wir als Agentur, grob überschlagen, mit über drei Millionen Euro nach Hause gehen.

Ich könnte jetzt erzählen, wie hart ich arbeitete, täglich 18 Stunden unter Strom, um das viele Geld zu rechtfertigen. Aber man kann Summen in diesen Dimensionen nicht mehr allein mit harter Arbeit rechtfertigen. Die einzige wahre Begründung, warum ich im Fußball so viel verdiente, lautete: Das Geld war da.

Spätestens nach der Weltmeisterschaft 2006 wurde Fußball in immer weiteren Teilen der Welt das große gesellschaftliche Freizeitereignis, bei dem man dabei sein wollte. Die Zuschauerzahlen im Stadion und vor den Fernsehern stiegen, zwangsläufig explodierten die Fernsehgelder für die Übertragungsrechte, die Sponsorenengagements, die Fanartikelverkäufe, die Ablösesummen. Und da es im Fußball letztendlich nur an einem guten Dutzend

Akteuren – den Spielern, Trainern und Sportdirektoren – hängt, ob du erfolgreich bist, wurden die immens gestiegenen Einnahmen an die Fußballer und somit auch ihre Berater weitergereicht. 2005 erschien mit David Beckham zum ersten Mal ein Fußballer unter den ersten zehn in der *Forbes*-Liste der bestbezahlten Sportler der Welt, zwischen Boxern, Tennisstars, Golfern und Rennfahrern. 2017 würden zwei Fußballer, Cristiano Ronaldo und Lionel Messi, das Ranking anführen.

Ich hatte einfach das Glück gehabt, in dieser Boomzeit ins Geschäft einzusteigen.

Einen guten Vertrag in Händen zu halten, die enormen Zahlen schwarz auf weiß zu lesen hatte mir oft einen Kick gegeben. 400 000 Euro im Monat, im Monat! Das hatte ich für meinen Spieler erreicht!

Für Mario würde ich in München mehr als das Doppelte herausholen, nahm ich mir vor. Er würde zu den drei Topverdienern im deutschen Fußball gehören!

Also, Volker, jetzt ruf den Sportdirektor von Borussia Dortmund an, bring den Deal zum Abschluss, und dann mach verdammt noch mal einen Luftsprung!

Ich versuchte es.

Michael Zorc meldete sich sachlich, freundlich; offensichtlich völlig unvorbereitet. Es war März 2013 geworden. Nichts war bislang durchgesickert.

»Michael, ich muss dir etwas sagen. Mario hat sich dafür entschieden, im Sommer nach München zu wechseln. Wir werden die Ausstiegsklausel ziehen.«

Nichts. Borussia Dortmunds Sportdirektor sagte einfach nichts. Die Stille verweilte.

»Ich …«, begann Zorc, »ich muss jetzt erst einmal schlucken. Lass uns in fünf Minuten wieder telefonieren.«

Fünf Minuten später rief er wieder an. Er warf mir alle Beleidigungen an den Kopf, die die deutsche Sprache hervorgebracht hat, eine nach der anderen, minutenlang. Ich sagte nur einen Satz.

»Ich kann deinen Zorn verstehen. Aber ich kann es nicht ändern.«

Mario Götze war die Symbolfigur einer Dortmunder Wiederauferstehung. Ein Junge der Stadt, dessen Spiel von Unbekümmertheit und Fröhlichkeit getragen wurde, stürmte voran, als die Borussia 15 Jahre nach ihrem Champions-League-Sieg wieder eine internationale Klassemannschaft hervorbrachte. Michael Zorc, jeder in Dortmund, musste die Abwerbung als persönlichen Angriff des FC Bayern verstehen: Die Bayern wollten sie wieder kleinkriegen.

Ich glaube, dass Mario Götze 2013 nicht zum FC Bayern gewollt hätte, wäre nicht Guardiola gewesen. Aber ich weiß, dass diese Unterscheidung für die Dortmunder auch keine Rolle spielte.

Einen Tag später rief Michael Zorc wieder an. Seine Stimme klang gespielt sachlich. »Hier herrscht Schockstarre. Wir müssen uns treffen, alle zusammen. Am besten am Sonntag, nach dem Spieltag.«

Ich telefonierte mit Matthias Sammer und sagte nichts von dem anberaumten Treffen, ich tat, als liefe alles nach Plan, alles nach Wunsch. Ich dachte etwas ganz anderes.

Mario hatte bei Borussia Dortmund sein Paradies gefunden. Irgendwann würde das Paradies abbrennen, irgendwann brennt es immer ab im Fußball, und dann musste er gehen, aber zu dem Zeitpunkt, 2013, herrschte in Dortmund eine wunderbar beschwingte Atmosphäre. Trainer Jürgen Klopp mit seiner enthusiastischen Art trieb das Team an – Vollgas! –, und die Jungen berauschten sich an ihrer Jugendlichkeit. Mario hatte mit Marco Reus einen kongenialen Spielpartner gefunden, Brüder der Leichtigkeit. Ich sah sie spielen und verstand: Fußball erreicht sein höchstes Niveau, wenn zwei Spieler unabhängig voneinander die gleiche Idee haben und diese in einer Kombination umsetzen. Anfang April 2013 wartete die Borussia heißhungrig auf das Champions-League-Halbfinale gegen Real Madrid. »Es ist wichtig, dass du Kloppo persönlich informierst«, sagte ich zu Mario. »Das gebietet der Anstand. Aber es ist auch wichtig für dich, noch einmal mit ihm zu reden. Nicht, dass du in München unterschreibst und danach merkst, Mist, eigentlich wäre ich lieber in Dortmund geblieben, bei dem Trainer.«

»Natürlich, auf jeden Fall«, sagte Mario. Ich ertappte mich dabei zu hoffen, dass Jürgen Klopp den Jungen beim Treffen am Sonntag zum Bleiben überreden würde. Klopp hatte eine sensationelle Jukebox.

Ich wischte den Gedanken beiseite. Meine Aufgabe war es, Mario und seine Entscheidung mit aller Macht zu verteidigen.

Michael Zorc bestellte uns für Sonntagmittag in das *Piazza Navona* in der Lübkestraße. Ich wusste nicht, was uns erwarten würde, und fand ein geschlossenes, sichtbar verlassenes Restaurant vor. Auf mein Klopfen wurde die Tür geöffnet. Entweder war im *Piazza Navona* sonntags Ruhetag und der Koch extra für uns erschienen, oder der Gastwirt hatte das Restaurant zur besten Essenszeit kurzerhand für die Borussia geschlossen, damit wir ungestört konferieren konnten.

Alle waren da, Jürgen Klopp, der Trainer, Michael Zorc, der Sportdirektor, Hans-Joachim Watzke, der Geschäftsführer der Borussia. Dirk und ich nahmen instinktiv auf der Seite von Mario und seinem Vater Platz.

Ich erinnere mich nicht mehr, ob wir gegessen haben. Das Gespräch absorbierte alle Aufmerksamkeit.

Jürgen Klopp warf die Jukebox an. Was sie gerade in Dortmund erlebten – Wahnsinn! Absolut glückliche Einheit mit dem Publikum, Mario erst am Anfang, die Liebe einer ganzen Stadt, Wahnsinn! Ich versuchte, in zurückhaltenden Worten Marios Entschluss zu verteidigen. Aber das war gar nicht nötig. Mario sprach klar und ohne zu zögern für sich selbst.

»Ich möchte das einmal erleben, für Guardiola zu spielen. Das bedeutet nicht, dass mich irgendetwas in Dortmund stört. Ich weiß bloß, das ist eine Chance, die nie mehr wiederkommt und die ich nutzen will.«

In solch einer Stresssituation hatte ich Mario außerhalb des Fußballplatzes noch nie so selbstsicher, so emotional im Gleichgewicht erlebt. Ich staunte. Ich war beeindruckt.

Mensch, wenn er so cool war, würde das doch was werden in München!

Die Jukebox auf der anderen Seite ignorierte den Gegensound. Jürgen Klopp ballerte weiter. Magische Nächte in der Champions

League, jetzt kam Real Madrid, in München waren solche Spiele sicher auch nett, aber hier Erlebnisse für die Ewigkeit, Wahnsinn! »Mario, ich liebe dein Spiel!« Ich sah Klopp an und musste stutzen. Ich sah genauer hin und war mir sicher: Hinter Jürgen Klopps Brille schimmerten die Augen wässrig.

Nach gut zwei Stunden schlugen die Emotionen um. Die Dortmunder Delegation merkte, dass all ihr Bezirzen und Buhlen ins Leere lief. Ihre Wut traf mich. Denn ich hatte doch sicher Mario eingeimpft, was er zu sagen hatte, oder wieso trat der so unfassbar entschieden auf? Aber auch gegenüber Mario hielten die Dortmunder ihre Enttäuschung nicht mehr zurück.

»Hab schon verstanden, Mario, ich bin halt kein Guardiola«, sagte Klopp und machte mit grimmig zusammengepressten Lippen ein paar komische Geräusche, pfff, phhh, paah, »ist halt der Guardiola, der spielt ja auch dieses Tikitaka.«

Es war alles gesagt. Marios Entscheidung stand fest wie vor dem ersten Wort im *Piazza Navona*.

Der Restaurantbesitzer wollte uns allen zum Abschied die Hand geben.

Dirk Hebel hatte mit Mario noch eine letzte Aufgabe zu erledigen, aber ich wollte nicht mehr mit, ich wollte allein sein.

Aus dem Auto rief Dirk Marco Reus an. »Ich würde kurz vorbeikommen. Ich habe Mario dabei. Wir müssen dir was sagen.«

Marco Reus, so berichteten sie es mir, habe versucht, nicht völlig geschockt zu wirken. Er murmelte etwas davon, dass es letztendlich natürlich Marios eigene Entscheidung sei. Aber doch auch sehr schade.

In der Nacht lag ich wach.

Mensch, ich hatte Mario doch heute Mittag erlebt, so entschlossen unter Druck – der packte das mental in München, der würde fliegen für Pep Guardiola.

Ich schaffte es nicht, daran zu glauben. Nicht nachts wach in der Dunkelheit. Ich glaube an zwischenmenschliche Energien, und Guardiola hatte während der Verhandlungen nicht einmal bei Mario persönlich angerufen. Natürlich, er lebte noch in New

York, er war Guardiola, er hatte es nicht nötig, irgendwo anzurufen. Aber machst du das nicht trotzdem, wenn du einen Spieler unbedingt willst?

Mann, hör auf, Volker!

Ich sollte endlich schlafen.

Aber es war ein Scheiß. Es war einfach ein Scheiß.

Und nun wollten wir so tun, als wäre gar nichts passiert. Sechs Wochen der Saison lagen noch vor Borussia Dortmund, sechs Wochen, in denen alle Welt glauben sollte, diese himmelstürmende Mannschaft und ihr Trainer seien eine unzertrennbare Einheit. Mario Götze und Jürgen Klopp mussten sich dieses Theater selbst vorspielen.

Der FC Bayern bat Mario, in der Zwischenzeit den obligatorischen medizinischen Eignungstest zu absolvieren, und zwar nicht in München, sondern in Augsburg bei Doktor Böhnisch. Niemand sollte ihn mit dem FC Bayern in Verbindung bringen. Am Abend davor saßen Jürgen Götze, Mario und ich noch einmal in meinem Büro zusammen.

Es schien mir wichtig, auch für mich, etwas zumindest einmal ganz offen auszusprechen. Ich sah erst Mario an, dann seinen Vater. »Es ist eure Entscheidung. Aber als Berater muss ich es so klar sagen: Ich habe Bauchschmerzen bei diesem Wechsel.«

Sie warteten, dass ich noch etwas sagte, etwas, was den Satz abmilderte.

»Du bist dir sicher, Mario? Ihr seid euch sicher?«

»Ganz sicher.«

Ein Charterflugzeug wurde bereitgestellt, damit Mario und sein Vater unerkannt nach Augsburg reisen konnten. Ich fuhr mit dem Zug hinterher, wegen meiner Flugangst.

Als Berater kalkulierte ich die Möglichkeit mit ein, dass Marios Wechsel vorzeitig auffliegen konnte. Ich wurde davon trotzdem kalt erwischt.

Am 23. April 2013 meldete die *BILD*-Zeitung: »Transfer-Hammer! Götze zum FC Bayern!« Einen Tag später spielte Dortmund gegen Real Madrid.

Mit einem Schlag war alles infrage gestellt: Würde Mario mit der Last dieser Nachricht noch für Dortmund spielen können? Konnte ihn Dortmund noch aufstellen angesichts des hysterischen Lärms der Fans und Medien, der sofort einsetzte?

Ich rief Mario an. Eine Frage, die ich ihm schon Hunderte Male gestellt hatte, klang nie bedeutungsvoller: »Wie geht's dir?« Alles in Ordnung. Sagte er. Natürlich werde er morgen spielen. Er blende das alles aus. Nach seinem Auftritt im *Piazza Navona* war ich sogar versucht, ihm zu glauben.

Robert Lewandowski habe ihn beim Training gefragt: »Stimmt das mit Bayern?«, erzählte mir Mario. Ich glaubte, augenblicklich zu verstehen, warum Lewandowski daran so interessiert war: weil sich Dortmunds Torjäger wohl auch schon mit dem FC Bayern einig war – und nun befürchten musste, dass er in diesem Sommer nicht mehr nach München wechseln durfte. Götze und Lewandowski konnte Borussia Dortmund unter keinen Umständen auf einmal ziehen lassen. Und auch der FC Bayern konnte es sich aus politischen Gründen nicht leisten, dem größten deutschen Rivalen die zwei besten Spieler auf einen Schlag wegzuschnappen. Derjenige, der keine Ausstiegsklausel besaß, musste in Dortmund bleiben. Robert Lewandowski.

Aber das war gerade wirklich nicht unser Problem.

Michael Zorcs Laune in Bezug auf mich wurde nicht besser. Es war Dortmunds Geschäftsführer Aki Watzke, der die Ruhe bewahrte. Nach kurzen, hektischen Überlegungen bestätigte Borussia Dortmund noch am Morgen des 23. April den Wechsel offiziell in einer Pressemitteilung. Darin erklärte Watzke: »Wir sind natürlich über alle Maßen enttäuscht, betonen aber, dass sich sowohl Mario als auch sein Berater absolut vertragskonform verhalten haben.«

An mich hatte ich in der Aufregung noch gar nicht gedacht. Irgendwann an dem Morgen rief Calli an, es rief alle Welt an, aber Calli sagte: »Hör mal, Jung, da hast du ein schönes Fass aufgemacht.«

»Ich weiß, Calli.«

»Mir erzählen sogar grundvernünftige Menschen: ›Wenn ich den Struth erwische, haue ich ihm in die Fresse.‹«

In Fanforen zur Borussia wurde ich beschimpft, bei *Sports-*

Total gingen E-Mails ein, man würde mit 4000 Mann vor meiner Tür stehen. Man würde mich umbringen.

Der böse Berater, der den unschuldigen Spieler dazu verführt, einen Verein zu verlassen, ist ein Klassiker der Fußball-Erzählungen. Es ist leicht nachzuvollziehen, wie diese Legende entstand. Wenn Vereine einen Spieler wie Götze an die Konkurrenz verlieren, sind sie unter Rechtfertigungsdruck. Den Spieler, den man bis zu diesem Moment als Ikone überhöht hat, plötzlich als Judas hinzustellen, ist nicht so einfach. Einzugestehen, der andere Verein hatte bessere Argumente, sähe erst recht dumm aus. Also hält am effektivsten der Berater als Prügelknabe her. Dadurch, dass »der Berater« meistens in den Medien anonym bleibt, lässt sich noch leichter über ihn schimpfen.

Drei Tage zuvor hatte ich beim Bundesligaspiel der Borussia gegen Mainz 05 noch völlig selbstverständlich auf der Tribüne gesessen. Marco Reus nach Vorarbeit von Mario Götze hatte das erste Dortmunder Tor zum 2:0-Sieg geschossen. Meine Karte für das fiebrig erwartete Spiel gegen Real sollte ich dann wohl eher verschenken.

Ich erkundigte mich bei der Polizei, wie ernst ich die Bedrohung nehmen sollte.

Falls es im Rahmen meiner finanziellen Möglichkeiten läge, empfehle man mir, einen privaten Sicherheitsdienst zu engagieren, hieß es.

Nachts vor unserem neuen Haus in Junkersdorf saßen fortan zwei Männer in ihrem Auto. Meiner Frau und den Kindern sagte ich nichts.

Wer hatte die Neuigkeit der *BILD*-Zeitung verraten? Es wusste nur der engste Kreis von Marios Abgang zu den Bayern, die Dortmunder Vereinsspitze, die Münchener Vereinsspitze, wir bei *SportsTotal*. Dass der Kellner des *Piazza Navona* etwas aufgeschnappt hatte, war unwahrscheinlich.

Wenn die *BILD*-Journalisten ein heißes Gerücht aus zweiter Hand hören, von irgendeinem Mitspieler, vom Teambetreuer, vom Berater eines Mitspielers, dann überprüfen sie es, dann rufen sie alle direkt Beteiligten an, drängen und bitten, flöten und drohen. Aber kein *BILD*-Reporter rief mich vor dem 23. April 2013 an. Das zeigt mir, dass sie die Exklusivnachricht aus todsicherer Quelle erfahren hatten, nicht von irgendeinem Kellner.

Ich weiß bis heute nicht, wer geplaudert hat. Ich weiß nur, wie ich am 24. April vor dem Fernseher saß statt im Stadion und dachte: Wie stark ist der Junge!

Gerade einmal acht Minuten waren gespielt, Mario war auf den linken Flügel ausgewichen. Er nahm den Pass auf, schien den Ball links an Reals Kapitän Sergio Ramos vorbeizulegen – nur eine Täuschung! Schon war Mario rechts vorbei und schlug die perfekte Flanke. Der Ball drehte sich in einem Flugbogen vom Torwart weg und fand Lewandowski auf Höhe des hinteren Torpfostens. 1:0 für Dortmund.

Tief in mir erwachten Faszination, Freude, Aufregung. Aber die Regungen kamen nicht an die Oberfläche. Als lägen Rollen von Dämmwolle auf meinen Gefühlen, sah ich, wie Mario Götze und Borussia Dortmund Real Madrid nach allen Regeln der Kunst mit 4:1 Toren besiegten.

Die entscheidende Szene im Rückspiel eine Woche später zeigte das Fernsehen zunächst nicht; die für mich entscheidende Szene. Plötzlich lag Mario am Boden. Es waren kaum zehn Minuten gespielt. Der Physiotherapeut und Arzt halfen ihm auf die Beine. Sein Gesichtsausdruck wechselte von schmerzverzerrt zu ausdruckslos, während er vom Platz humpelte.

Manche Sportärzte vertreten die These, Muskelfasern rissen nicht nur unter extremer körperlicher, sondern auch unter besonderer psychischer Belastung. Ich bin kein Experte, aber die Annahme erschien mir in dem Moment völlig logisch. Ich dachte, wie vermutlich Tausende normaler Fußballfans auch: So etwas musste jetzt ja noch passieren.

Als Mario ausgewechselt worden war, kam Jürgen Klopp extra zu ihm. Marios Entscheidung für Guardiola war für Klopp eine tiefe, persönliche Enttäuschung gewesen. Nun aber nahm er den verletzten Mario für drei Sekunden, die eine Ewigkeit dauerten, in die Arme und drückte ihn fest an seine bärenhafte Brust.

Ein Detail aus dieser Szene bohrte sich in mein Gedächtnis: Mario erwiderte die Umarmung nicht. Steif hing er in Kloppos

Fängen. Es wird die Frustration über die Verletzung gewesen sein, die Mario so erstarren ließ. Aber ich dachte auch: Man sieht ihm so selten an, was er fühlt.

Zum Finale blieb ein Monat. Borussia Dortmund hatte Reals Ansturm im Rückspiel überstanden, die 0:2-Niederlage fiel dank des 4:1-Siegs aus dem Hinspiel nicht ins Gewicht. Im Endspiel von London am 25. Mai wartete Bayern München.

Zum ersten, und wahrscheinlich für lange Zeit zum einzigen, Mal würden zwei deutsche Mannschaften das Champions-League-Finale bestreiten. Ich würde nicht dabei sein. Aufläufe von Borussia-Fans musste ich meiden. Auch hatte ich immer weniger Gründe, das Endspiel zu besuchen.

Toni Kroos würde nicht mitspielen. In der Öffentlichkeit schürte der FC Bayern noch die Hoffnung, aber ich wusste bereits, das würde nichts. Toni hatte im April einen Muskelbündelriss erlitten, der heilte nicht in fünf Wochen.

Marios Genesung hielt uns dafür im emotionalen Ausnahmezustand. Ob er beim Treppensteigen plötzlich einen Stich im Oberschenkel gespürt hatte oder seit 48 Stunden schmerzfrei war, bestimmte unsere Tage. Das war ganz gut, denke ich. Die Frage, kann er spielen, kann er nicht spielen, lenkte uns von dem Theater um seinen Vereinswechsel ab. Rund zwanzig Tage nach der Verletzung, zehn Tage vor dem Finale begann Mario, wieder zu laufen. Fünf Tage vor dem Endspiel stieg er ins Mannschaftstraining ein und sofort wieder aus. Er hatte einen Ruck gespürt.

Ich holte zwei Bierflaschen aus dem Kühlschrank. Ich hatte daran gedacht zu grillen, aber es hatte nur 15 Grad in Köln, Ende Mai. Ich reichte Jonas Boldt ein Bier.

Wir hatten während der Woche telefoniert. »Wo schaust du das Champions-League-Finale?«, hatte der Chefscout von Bayer 04 Leverkusen beiläufig gefragt. »Komm doch vorbei«, hatte ich spontan gesagt. Ich hatte nichts geplant, für Bayern gegen Dortmund, im Champions-League-Finale.

Toni Kroos gegen Marco Reus und Mario Götze. Das wäre das Spiel gewesen.

Jessica, Luca und meine Frau machten es sich auf dem Sofa bequem, Jonas nahm Platz, eigentlich war das eine nette Runde, eigentlich war das doch schön, mal so ein Spiel mit der Familie zu schauen. Ich war für Dortmund, das heißt, ich war für Marco Reus. Aber ich wurde das Gefühl nicht los, dass mir das Spiel egal war.

Meine Gedanken schweiften ab, ein Sommertag vor zwei Jahren kam mir in den Sinn.

»Das müssen wir unbedingt wiederholen«, wie oft hatte ich das zu Mario Götze gesagt, und wie oft hatte er zugestimmt. Aber wir hatten es nicht mehr geschafft, noch einmal mit der Fähre nach Formentera zu fahren, einfach drauflos, völlig unbeschwert.

15

Alle lieben Toni Kroos (nur der FC Bayern etwas weniger)

Micky wollte wissen, was alle wissen wollen. »Wie ist es denn, mit Uli Hoeneß zu verhandeln?«

»Ich habe keine Ahnung, Micky.«

»Wie meinst du das?«

Ich habe nie mit Uli Hoeneß verhandelt. Vielleicht lag es daran, dass er 2013 anderes im Kopf hatte. Immerhin lief ein Verfahren wegen Steuerhinterziehung gegen ihn. Oder die operative Rolle fiel ihm seit seinem Aufstieg vom Manager zum Präsidenten des FC Bayern einfach nicht mehr zu. Jedenfalls war Karl-Heinz Rummenigge mein Ansprechpartner beim FC Bayern.

Ein halbes Jahr nachdem wir den Götze-Vertrag ausgehandelt hatten, saßen wir uns wieder in seinem Büro an der Säbener Straße gegenüber. Toni Kroos' Kontrakt lief in 20 Monaten aus. Bayern wollte verlängern, Toni war nicht abgeneigt zu verlängern. Dummerweise hatten wir völlig unterschiedliche Vorstellungen von seinem Gehalt.

Sechs Millionen Euro brutto pro Jahr bot der FC Bayern.

Hatten sie vergessen, dass ich wusste, was sie Mario Götze bezahlten?

Zehn Millionen verlangte ich.

Karl-Heinz Rummenigge wirkt in Interviews auf viele Fußballfans oft herablassend, die personifizierte Bayern-Arroganz. Ich habe ihn als rational und umgänglich kennengelernt, ein Mann, der sich um Lösungen bemüht. Im Fall von Toni schien er allerdings die Lösung darin zu sehen, dass wir unsere Gehaltsvorstellungen einfach vergaßen und auf sein Angebot eingingen.

»Wir sehen in Toni sehr wohl einen wichtigen Spieler, deshalb würden wir sein Gehalt ja auch auf sechs Millionen anheben.«

»Toni wird unter Pep Guardiola aber einer der Spieler, die das System tragen, das ist schon in den ersten Wochen zu erkennen. Er gehört in die Kategorie der Top-Fünf-Spieler beim FC Bayern.«

»Ganz ehrlich, da sehe ich Toni nicht.«

»Sie sehen doch die Partien diese Saison.«

»Eben.«

Jan-Christian Dreesen, der Finanzvorstand der Bayern, saß an Rummenigges Seite, ich war allein gegen zwei, aber das machte mir nichts aus. Ich fand das reizvoll, wenn es richtig Feuer gab. Doch nach 30 Minuten hatten wir nichts mehr zu sagen. Wir hatten unsere Argumente bereits einmal wiederholt.

Niemand wurde laut, niemand war unterschwellig beleidigt. In aller Sachlichkeit glaubten sowohl Rummenigge wie auch ich, dass der andere eben keine Ahnung von Toni Kroos hatte. »Dann noch einen schönen Tag«, wünschte ich Rummenigge und Dreesen und flog wieder nach Köln.

Es war das alte Toni-Kroos-Problem. Sein gleichmäßiger Spielstil, seine unaufgeregten Bewegungen und die endlose Reihe kurzer, flacher Pässe verleiteten manchen Beobachter zur Annahme, Toni spiele mechanisch, um nicht zu sagen lethargisch. Zwei, drei Schlüsselszenen, wie seine Entscheidung, im Champions-League-Finale 2012 keinen Elfmeter zu schießen, hatten offenbar auch bei Rummenigge und Hoeneß das Vorurteil im Hinterkopf genährt, Toni spiele immer nur im selben Gang. Und das sei nicht der höchste.

Ich dagegen war der Meinung, dass Toni genau deshalb beim FC Bayern noch nicht sein gesamtes Potenzial abgerufen hatte: weil an ihm gezweifelt wurde. Das war nichts anderes als bei jedem Büroangestellten. Wenn deine Chefs dir ständig das Gefühl geben, na ja, du machst das schon halbwegs okay, aber so richtig gut bist du halt doch nicht – dann wird niemand sein ganzes Können zeigen.

Aber spätestens seit Sommer 2013, seitdem Guardiola erschienen war, musste doch jeder Tonis Wert erkennen! Guardiolas Stilmittel war der Pass. Seine Mannschaften schrieben mit dem Ball etwas auf das Spielfeld: Jeder Pass eine Zeile, und am Ende wurde ein Gedicht daraus. Auf engstem Raum passten und passten sie, langsam, langsam, um den Gegner herauszulocken, und plötzlich scharf, schnell, nach links und sofort nach rechts, da kam keiner hinterher. Guardiolas Bayern zeigten sich im Spieljahr 2013/14 den Gegnern so überlegen wie vielleicht noch nie ein Team in der Bundesliga. Vom 8. bis zum 27. Spieltag gewannen sie jedes Spiel, 19 Siege in Folge. Toni Kroos war dabei der Taktstock. Er hielt das Passspiel am Laufen. Er passte immer weiter, egal, wie hart das Pressing, wie wild der Widerstand des Gegners war. Ohne besonders schnell zu sein, bestimmte Toni Kroos mit seinen Pässen das Hochgeschwindigkeitsspiel. Denn er war der Beste in der Disziplin »Schneller denken«.

Guardiola kämpfte um Toni, als er hörte, die Vertragsgespräche stockten.

»Toni ist eine Wettkampfmaschine, in jedem von 60 Saisonspielen erreicht er das höchste Niveau«, sagte er öffentlich. »Ich brauche dich hier«, sagte er privat zu Toni.

Ich gehe davon aus, dass Guardiola das auch Karl-Heinz Rummenigge vermittelte. Davon war allerdings nichts zu spüren, als ich im November 2013 für ein zweites Gespräch nach München kam.

»Sechs Millionen Euro sind ein faires Gehalt für Tonis Stellenwert in der Mannschaft.«

»Das sehe ich anders.«

»Das wissen wir.«

»Er ist für Guardiolas Spiel genauso wichtig wie Lahm,

Schweinsteiger, Robben oder Ribéry. Er gehört in ihre Gehaltskategorie.«

Ich würde sagen, diesmal dauerte das Gespräch höchstens 29 Minuten.

Warum nimmt er dann nicht die sechs Millionen, das ist doch immer noch wahnsinnig viel Geld, schimpfen Fußballfans in solchen Fällen gerne. Richtig ist, dass es für deinen Lebensstil keinen gravierenden Unterschied machen sollte, ob du sechs oder zehn Millionen Euro brutto im Jahr verdienst. Wenn du das Geld halbwegs vernünftig anlegst, wirst du bis zum Lebensende materiell einen fabelhaften Standard genießen. Aber darum geht es beim Gehalt eines Profifußballers nicht – und übrigens auch nicht darum, dass der Berater und sein Spieler immer mehr, mehr, mehr wollen, weil sie den Hals nicht vollbekommen.

Das Gehalt bestimmt den Stellenwert eines Spielers in der Mannschaft. Es ist ein elementar wichtiger Teil der Anerkennung, die ein Fußballer in seinem Verein erhält oder eben nicht erhält. Ich denke, darin unterscheidet sich ein Fußballer von keinem anderen Arbeitnehmer. Wenn ein Versicherungsvertreter jede Woche wieder einen Haufen Abschlüsse erzielt, aber weiterhin schlechter bezahlt wird als der weniger fixe Kollege, wird er sich auch nicht genügend wertgeschätzt fühlen und letztlich die Firma wechseln.

Ich versuchte, es Karl-Heinz Rummenigge und Jan-Christian Dreesen im Januar 2014 ein drittes Mal zu erklären.

»Also gut, als eine Geste, um unsere Wertschätzung für Toni Kroos auszudrücken, sind wir bereit, ihm etwas entgegenzukommen. 6,5 Millionen Euro brutto können wir ihm anbieten.«

»Herr Rummenigge, wir rücken nicht von den zehn Millionen Euro ab.«

Ich hatte keine Stoppuhr dabei, aber war ich diesmal nach 28 Minuten aus dem Büro?

Das war der Moment, in dem sich Uli Hoeneß, der Spielerverträge nicht mehr aushandelte, auf seine Art in die Verhandlungen einschaltete.

Am 2. Februar 2014, nach einem 5:0-Sieg im besten Guardiola-

Stil über Eintracht Frankfurt, war Toni Kroos auf dem Weg in die Umkleidekabine. Toni hatte wegen einer Blessur auf der Ersatzbank gesessen, nur eine Vorsichtsmaßnahme, aber Mario hatte gespielt. Nach zwölf Minuten nahm er im Frankfurter Strafraum den Ball mit der Brust an, der Ball fiel sanft, perfekt von der Brust direkt vor sein Schussbein, Mario schoss ihn volley zum 1:0 ins Tor, und niemand wusste, niemand ahnte, dass diese Technik in wenigen Monaten historische Bedeutung erlangen würde: Mario Götzes Brustannahme, um sich den Ball sanft, perfekt zum Volleyschuss vorzulegen. Mario gehörte bei Bayern nicht zu Guardiolas erster Elf, aber er spielte viel, er füllte das Loch, wann immer wer auf den fünf Offensivpositionen verletzt war. Er versprühte Kreativität. Das Tor gegen Frankfurt war bereits sein sechstes in den jüngsten zehn Bundesligaspielen gewesen. Er war erst 21, wenn ich ihn so spielen sah, war ich mir sicher, er würde in den nächsten Jahren in die Stammformation hineinfinden, Mensch, Volker, was hattest du dir vor einem Jahr für blöde Sorgen gemacht!

Aber Uli Hoeneß wollte nach dem 5:0 gegen die Eintracht nicht zu Mario Götze. Mit hochrotem Kopf marschierte er auf Toni Kroos zu und rief ohne jegliche Einleitung: »Fang mal deinen Berater ein! Du kriegst hier nie zehn Millionen!«

»Ich brauch den nicht einzufangen«, antwortete Toni. »Wir sind da einer Meinung.«

Dann würde Toni Kroos nächstes Jahr eher nicht mehr für Bayern München spielen.

Das Gefühl, beim FC Bayern geduldet, aber nicht geliebt zu werden, beschäftigte Toni schon länger. Uli Hoeneß' rustikale Ansage hieß im Klartext, dass sie ihn nie auf einer Stufe mit Lahm, Schweinsteiger und Ribéry sahen. Das war der Zeitpunkt zu sagen: Dann schauen wir doch zumindest mal, ob Toni bei anderen Großvereinen höhere Anerkennung findet.

Anfang 2014 meldeten wir dem FC Barcelona, Real Madrid und Manchester United, dass Toni Kroos auf dem Markt sei. Ich hatte den Eindruck, die Verantwortlichen dort glaubten uns erst einmal nicht. Jaja, Bayern München lässt Toni Kroos ziehen, den perfekten Fußballer für Guardiolas Stil – guter Witz. Barça, Real und United argwöhnten offensichtlich, wir wollten ein Angebot von ihnen nur benutzen, um Tonis Verhandlungsposition in München zu stärken.

Nein, versicherte ich ihnen, ich spielte nicht mit ihnen, und ich war auch kein Scherzkeks. Toni Kroos war bereit, Bayern München zu verlassen.

Denn darauf lief es effektiv hinaus, das wussten auch Rummenigge und Hoeneß: Wenn sie sich mit Toni nicht auf eine Vertragsverlängerung über 2015 hinaus einigten, würde er im Sommer 2014 gehen. Das war das Gesetz des Fußballs: Ein Jahr vor Vertragsende war der letzte Termin, an dem der abgebende Verein noch eine anständige Ablösesumme erzielen konnte.

»Toni kann auch bis 2015 bleiben, bis sein Vertrag ausläuft«, sagte ich zu Matthias Sammer. Dann würde Bayern keine Ablöse erhalten, aber Toni umso bessere Angebote. Denn sein neuer Klub würde sich ja die millionenschwere Ablösezahlung sparen.

»Du kannst bei Bayern München keinen Vertrag auslaufen lassen!«, rief Matthias, es klang für mich ein bisschen empört, ein bisschen panisch.

Jaja, das wusste ich natürlich auch. Der FC Bayern berief sich auf eine Art Ehrenkodex. Sie bezahlten ihre großen Spieler generös, dafür erwarteten sie, dass diese Spieler einen Vereinswechsel allenfalls bei laufendem Vertrag anstrebten, sodass der FC Bayern mit einer Ablöse entschädigt würde und, das war fast genauso wichtig, in der Öffentlichkeit nicht als großer Verlierer dastand.

Aber ich würde mich von den Bayern nicht drängen lassen.

»Mal schauen, Matthias. Vielleicht bleibt Toni einfach bis 2015.«

»Das geht nicht!«

Sascha Breese hielt für *SportsTotal* den Kontakt zu Barça und den anderen Großen. Ich ließ ihn machen. Sascha hat später einmal gesagt, wie bewegt er war, dass ich ihm völlig selbstständig solch eine wichtige Transferanbahnung überließ. Ich fand, strategisch war das der ideale Weg: Sascha sondierte das Terrain und konnte bei den Gesprächen auch darauf verweisen, dass er wegen des Angebots natürlich noch mit seinem Chef Rücksprache halten müsste. Wurde das Angebot für unseren Spieler konkret, griff ich ein und hatte oft einen psychologischen Vorteil. Sascha hatte den Vereinsvertretern gesagt, sein Chef, das sei übrigens ein ganz harter Hund.

Ich habe nie ein Problem damit gehabt, Mitarbeiter machen zu lassen, wenn ich von ihrer Qualität überzeugt war. Nur dann – und da sind wir schon wieder bei Toni Kroos' Problem in München –, wenn ein Chef seinen Mitarbeitern das Vertrauen schenkt, einfach mal zu machen, werden die Mitarbeiter exzellent arbeiten.

Spätestens 2013, 2014 arbeiteten von den zehn besten deutschen Spielerberatern mindestens drei in meiner Agentur. Wobei ich mich dabei frecherweise selbst mitgezählt habe.

Ich hatte das Bild vom kranken, einsamen Norbert Pflippen noch im Kopf, dem Paten der Spielerberaterszene, dem am Ende alle Mitarbeiter mit den Fußballern davongelaufen waren. Aber die Angst, mir könnte es ähnlich ergehen, hatte ich nicht mehr.

Es passiert, dass sich kreative, autark arbeitende Mitarbeiter irgendwann mit den Fußballern selbstständig machen, die sie für die Agentur betreuen. Aber es geschieht vor allem dann, wenn der Chef schlechter ist als seine Mitarbeiter, wenn die Mitarbeiter das Gefühl haben, sie könnten es alleine besser.

In 14 Jahren als Kopf von *SportsTotal* musste ich nicht mehr als eine Handvoll Mitarbeiter verabschieden. Keiner von ihnen konnte sich selbstständig am Markt etablieren. Sehr wohl gab es in all den Jahren schmerzhafte Trennungen, etwa von Cüneyt Ipek, meinem kleinen Soldaten. Bei solch einem Mann der Straße, der auf allen möglichen und unmöglichen Wegen Informationen besorgt, besteht immer die Gefahr, dass er nicht erkennt, wann er zu weit geht. Bei Cüneyt hörte ich leider einmal zu oft, er baggere Jugendspieler über die sozialen Netzwerke an, doch zu *SportsTotal* zu kommen, er erzähle ihnen vom großen Geld. Der korrekte Weg bei Minderjährigen führt über die Eltern, und im Idealfall auch erst, wenn die Jungen 16 sind.

Wie gut meine Mitarbeiter sind, bekam ich immer wieder auch auf die nervige Art bestätigt: Vereine wollten sie abwerben. Uwe Fuchs erhielt 2014 das Angebot, Sportdirektor beim Zweitligisten Spielvereinigung Greuther Fürth zu werden. Martin Vontra sollte Chefscout für die Jugendteams beim FC Bayern werden.

»Du kriegst keine Freigabe!«, sagte ich kurz angebunden am Telefon, als Uwe mir von dem Angebot aus Fürth berichtete. Ich weiß, in solchen Fällen verständnisvoll zu reagieren hilft mehr. Aber das konnte ich im ersten Moment nicht. Instinktiv war ich im ersten Augenblick jedes Mal persönlich verletzt, wenn mir ein Mitarbeiter eröffnete, es könnte sich ergeben, dass er weggehe. Emotional empfand ich das als Angriff. Wie konnte der so illoyal zu mir sein! Ich ahne, was Psychologen dazu sagen würden: Das liege vermutlich an meiner Kindheit, wo ich in ständiger Angst lebte, verlassen zu werden, wo ich mich ständig verlassen fühlte.

Aber irgendwann schaltet sich ja auch bei mir der Verstand ein und schiebt die Urgefühle zur Seite. Bei allen Mitarbeitern, die ich halten wollte, haben wir es hingekriegt, bei Uwe Fuchs, bei Martin Vontra, auch bei Sascha Breese, als der in seinen Anfangsjahren einmal aufgeben wollte, zerrissen zwischen Job und Familie.

Dabei kann ich auch unbarmherzig sein, wenn ich das Gefühl habe, etwas läuft schief.

»Wo bist du?«, fragte ich Martin Vontra eines Sonntagmorgens am Telefon.

»Beim A-Jugend-Spiel der Eintracht.«

»Schon wieder? Was willst du denn da noch, du hast die Mannschaft dieses Jahr schon ein Dutzend Mal gesehen!«

»Ich schaue das Spiel gemeinsam mit dem Vater von Luca Waldschmidt.«

»Komm mal die Tage im Büro vorbei!«

Am Montagmorgen wurde es ein bisschen laut im Büro.

Was glaubte Martin – dass er die Familie Waldschmidt bei jedem Spiel bewachen müsse, damit sich kein anderer Berater an den Jungen heranpirschte?! »Martin, du bist ein Topmann! Aber du verschwendest deine Zeit, wenn du den Bodyguard für Lucas Papa spielst. In Vertragsgesprächen oder bei einer Vereinssuche müssen wir einen guten Job für ihn machen. Ob andere Berater Waldschmidt ansprechen, ist scheißegal – solange er weiß, dass wir die beste Arbeit machen! Du nutzt die Zeit besser, wenn du nach weiteren Talenten suchst, denn das kann kaum einer wie du!«

Du darfst nie deine Arbeitszeit in Angst verbringen, einen Klienten zu verlieren. Das war die Kernbotschaft.

Ich vermute, Martin fand mich in dem Moment nicht besonders nett. Aber ich war mir sicher, er hatte verstanden. Martin Vontra zählte ich dazu, als ich sagte, drei der besten deutschen Spielerberater arbeiteten in meiner Agentur.

Sascha Breese überbrachte mir Anfang 2014 die Nachricht: Alle lieben Toni Kroos. Barça musste unbedingt mit uns reden, Real war hellhörig geworden. Manchester United war richtig heiß. Ich ließ Sascha weiter machen. Er führte Anbahnungsgespräche mit Barça und arrangierte ein Treffen von Uniteds Trainer David Moyes mit Toni Kroos zu Hause bei Toni in München. Moyes brachte seine Frau Pamela mit. Vielleicht wollte er nur nebenbei einen netten Städtetrip mit ihr machen, doch ich vermute: Er hatte sie als Sonderscout dabei. Weibliche Intuition. Wahrscheinlich wollte er hören, was sie von Toni als Mensch hielt. Bereits einige Wochen zuvor hatte Sascha David Moyes ins Stadion von Mönchengladbach begleitet, damit der Trainer Tonis Kunst im Bundesligaspiel gegen die Borussia studieren konnte.

Man ließ uns wissen, Hoeneß und Rummenigge seien stinksauer.

Das war doch ein Affront, eine Provokation, den Trainer eines ausländischen Topklubs vor aller Welt ins Stadion zu setzen, um zu zeigen, seht her, so begehrt ist Toni Kroos!

Ich musste lachen. Es war doch gar nicht unsere Idee gewesen, dass Moyes sich öffentlich im Stadion zeigte. Er hatte ein altehrwürdiges Verständnis von korrekter Arbeit: Einen so wichtigen möglichen Neuzugang wollte er selbst live beobachten. Er tauchte Anfang 2014 noch zwei weitere Male bei Spielen von Toni auf.

Mit Real Madrids Sportdirektor Miguel Padeza waren wir am 26. Februar in Essen verabredet. Padeza hatte sowieso in der Gegend zu tun. Real spielte am Abend gegen Schalke 04 im Champions-League-Achtelfinale.

»Und wie reden wir mit dem, englisch?«, fragte ich Sascha.

»Es kommt ein Übersetzer.«

»Hast du den besorgt? Versteht der auch Fußballdeutsch und Fußballspanisch? Nicht, dass das eine Katastrophe wird.«

»Padezas Sekretärin schrieb mir, sie würden einen Übersetzer mitbringen.«

»Da bin ich ja mal gespannt.«

Im Foyer des Essener *Atlantic*-Hotels suchten wir uns eine stille Ecke. Sascha hatte Fotos von Padeza im Internet studiert, um ihn nicht zu übersehen. Das musste er sein, ein kleiner Mann, nicht einmal 1,70 Meter, um die 50, mit dem watschelnden Gang ehemaliger Fußballer. Aber wo war der Übersetzer?

»The translator is coming«, sagte Padeza.

Das war aber ein selbstbewusster Übersetzer, der Real Madrid warten ließ.

Aus den Augenwinkeln sah ich einen Mann in Reals Klubanzug durch das Foyer schlendern, mit Krawatte, aber es war weniger die Kleidung als die Körperhaltung, die ihm Eleganz verlieh. Der Mann kam auf uns zu. Das Gesicht kannte ich doch, woher kannte ich dieses Gesicht?

»This is the translator«, sagte Padeza.

Das war der Übersetzer?!

Emilio Butragueño, *el buitre*, der Geier, ein Held meiner Jugend, den ich in so vielen Weltmeisterschaftsspielen Spaniens bewundert hatte. Er war genauso klein wie Padeza und hatte bei der WM 1986 in Mexiko sowie 1990 in Italien bullige Verteidiger wie Kühlschränke stehen lassen.

Mit 50 arbeitete er als Botschafter für Real Madrid. Dazu gehörte es offenbar, als Übersetzer bei Transferverhandlungen einzuspringen.

Meine Mutter Marianne bei ihrer Erstkommunion in einer Kirche in Zabrze. [**1**]

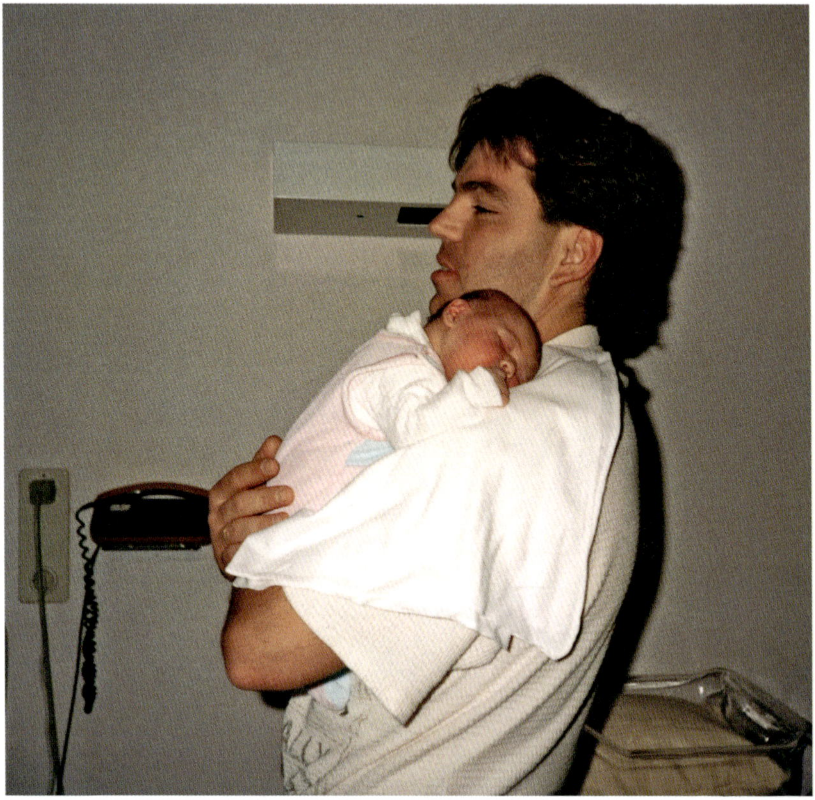

Meine Tochter Jessica wurde 1995 geboren. [2]

Der Ford Escort Cabriolet war mein ganzer Stolz. Ich hatte ihn mir als Versicherungsvertreter erarbeitet. [**3**]

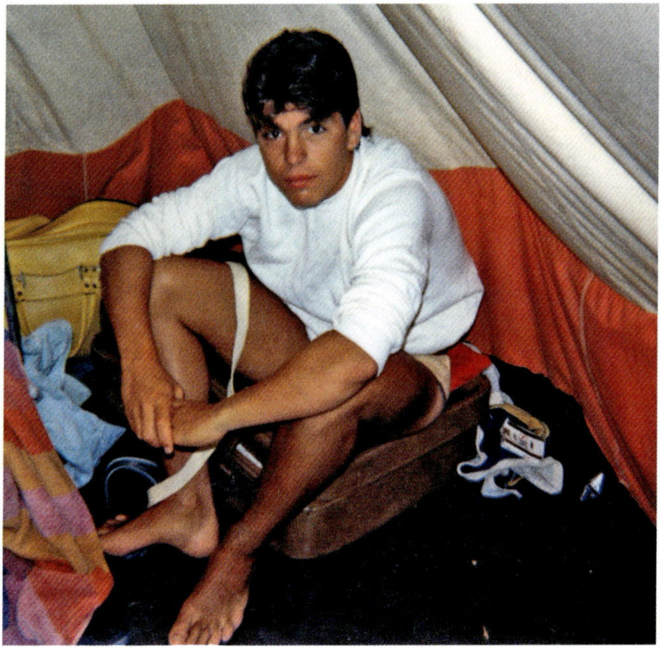

Mein erster Urlaub war mit 17 Jahren auf dem Campingplatz Fontanelle in Riccione an der Adria. [**4**]

Mit Reiner Calmund hab ich so manche Schlemmerei genießen dürfen. Hier sitzen wir 2019 im Restaurant Fellini in Köln. [5]

Kurz vor Transferschluss realisierten Sascha und ich den Wechsel von Benedikt Höwedes zu Juventus Turin. Nach 16 Jahren und 240 Bundesliga-Spielen verließ er Schalke, bei denen er sechs Jahre Kapitän war. [**6**]

Während der U21-Europameisterschaft 2017 in Polen erkundete ich die Heimat meiner Mutter. Ganz in der Nähe ihres Wohnhauses liegt das Fußballstadion von Górnik Zabrze. [7]

Am 17.07.2014 wurde Toni Kroos in Madrid vorgestellt. Erstmals sitzt er hier in der Kabine der Königlichen, bekommt das weiße Trikot mit seiner Nummer 8. Das Bild hat Seltenheitswert, weil Toni ausnahmsweise keine weißen Fußballschuhe trägt. **[8]**

Mit José Ángel Sánchez beim Essen, der nach Präsident Florentino Pérez der wichtigste Entscheider bei Real Madrid ist. [**9**]

Am 28. Januar 2021 unterschrieb Dayot Upamecano, von der Öffentlichkeit unbemerkt, seinen Vertrag bei Bayern München. [**10**]

Pancrazio Parisi zählt zu meinen besten Freunden. Hier feiern wir seinen 50. Geburtstag in Taormina. Mit auf dem Bild: Dean und Dan Caten, die Gründer der Modemarke Dsquared2 (oben Mi. u. l.), sowie Piero Barone und Ignazio Boschetto von Il Volo (oben 2. v. l. u. 2. v. r.) und der frühere italienische Torwart Marco Storari (unten li.), der heute als Mannschaftsleiter bei Juventus Turin arbeitet. [11]

Rudi Völler und ich auf der Gala der Toni Kroos Stiftung. [12]

Am 26. Mai 2018 schlug Real Madrid den FC Liverpool in Kiew mit 3:1. Es war für Toni der dritte Champions-League-Titel in Folge mit Real. [13]

Im vertraulichen Gespräch mit Dayot Upamecano auf der Gala unserer Agentur in der Kölner Flora. [**14**]

Der Klassenerhalt des 1. FC Köln 2021 wurde gemeinsam mit dem Retter Friedhelm Funkel auf meiner Terrasse gefeiert. [**15**]

Mit Melanie vor dem Millenium Stadion in Cardiff. Dort fand das UEFA-Champions-League-Finale 2017 zwischen Juventus Turin und Real Madrid statt. [**16**]

Micky ist mein ältester Freund. Wir sind gemeinsam aufgewachsen. [**17**]

Stolzer Papa: Meine Tochter Jessica mit ihrem Mann Daniel sowie mein Sohn Luca mit seiner Freundin Elisabeth bei unserer Agentur-Feier. [**18**]

Am 2. Mai 2021 unterzeichnete Julian Nagelsmann seinen Vertrag bei Bayern München. [19]

Butragueño sprach ein formvollendetes Englisch. Innerlich durchfuhr mich der Gedanke während des Gesprächs mehrmals: Butragueño übersetzt für dich! Möglicherweise fragte sich jemand, warum ich permanent strahlte.

Was *el buitre* allerdings zu übersetzen hatte, klang weniger begeisternd. Sie waren durchaus an Toni interessiert, grundsätzlich konnten sie sich für einen Spieler seiner Klasse ein sehr hohes Gehalt vorstellen – *aber*, klang es aus jedem Satz ungesagt heraus, sie wollten sich jetzt nicht wirklich festlegen.

Bei Raul Sanllehi, Barças Sportdirektor, den Sascha zuvor in Barcelona getroffen hatte, hatte es sich ähnlich angehört.

Mir war bewusst, dass in spanischen Vereinen ein anderes Zeitgefühl herrscht als bei mitteleuropäischen Konkurrenten. Die Mannschaft für die nächste Saison konnten sie doch auch erst ein paar Wochen vor Saisonbeginn planen. Aber wollte Toni so lange warten?

Manchester Uniteds Hauptgeschäftsführer Ed Woodward kam im April 2014 persönlich nach Köln zu uns in die Agentur, um einen Vertrag auszuhandeln. Wie all unseren von fern angereisten Gästen servierten wir ihm die legendären Törtchen aus der Kölner Traditionskonditorei Klüppelberg. »Jetzt weiß ich gar nicht, ob sich die Reise mehr wegen des Vertragsgesprächs oder wegen der Törtchen gelohnt hat«, sagte Woodward zum Abschied. Er hatte gewiss sechs davon gegessen.

Einige Tage später, vier Monate vor Beginn der nächsten Saison, schickte Manchester United Toni Kroos einen unterschriftsreifen Vertrag. Wir schickten Woodward ein Päckchen Klüppelberger Törtchen.

Es geht immer darum, wie sehr sich ein Fußballer wertgeschätzt fühlt, und Manchester United hatte mit David Moyes' Besuchen sowie ihrem handfesten Vertragsangebot eindeutige Liebessignale ausgesendet. Sportlich schwankte der Verein gerade, aber das schien nur natürlich im ersten Jahr nach Ende der 27-jährigen Epoche des Trainers Alex Ferguson. Um das wieder geradezurücken, holten sie ja nun neue Klassespieler. Toni Kroos sagte Manchester United zu.

Ich legte meine Kopie von Uniteds Vertrag in den Bürosafe.

Und da liegt sie noch heute, ohne Unterschrift von Toni. Am 22. April 2014 wurde David Moyes als Trainer von Manchester United entlassen. Wir konnten mit der Vereinssuche für Toni Kroos von vorne beginnen.

16

13. Juli

Es war Fußballweltmeisterschaft, und ich arbeitete in Badehose. Der Rand des Swimmingpools in unserem Ferienhaus auf Mallorca war mein Büro. Ich marschierte am Pool auf und ab wie ein Tiger im Zoo, während ich die Dienstgespräche am Handy führte. Elf mal fünf Meter misst der Pool. Das machte 16 bis 18 Schritte auf der Längsseite, acht Schritte auf der Breitseite und wieder zurück. So verbrachte ich Stunden.

Ich telefoniere besser, wenn ich mich dabei bewege. Wenn ich zu Hause in Köln einen wichtigen Anruf erwarte, gehe ich fürsorglich schon raus, an den Rhein, um frei marschieren zu können. Manchmal marschiere ich auch einfach durch das Büro, die Mitarbeiter schauen auf, will ich zu ihnen? Und ich marschiere an ihnen vorbei, Handy am Ohr, der ganze Körper in Bewegung, die Arme schwingen, auch der Kopf gestikuliert.

Sascha Breese besuchte mich während der Weltmeisterschaft 2014 im Ferienhaus in Cala Egos. Er stand am Pool beim Telefonieren, ebenfalls in Badehose. Ich hörte zu. José Ángel Sánchez war am Telefon. Das Halbfinale der Weltmeister stand bevor, Deutschland gegen Brasilien, und Sánchez wollte unbedingt vorher mit uns hinfliegen, ins deutsche Camp im abgelegenen Nordosten Brasiliens. Toni Kroos sollte einen Vertrag mit ihm unterschreiben. Sánchez war als Geschäftsführer die rechte Hand von Präsident Florentino Pérez bei Real Madrid.

Nachdem David Moyes Ende April bei Manchester United entlassen worden war, hatten wir zunächst abgewartet. Wer würde der neue Trainer in Manchester? Wurde das Interesse von Real oder Barcelona an Toni Kroos konkreter? Sehr oft löst die Zeit im Profifußball die Probleme.

Mitte Mai hörten wir von einem alten Bekannten. Louis van Gaal würde nach dem Sommer bei Manchester United als Trainer anfangen. Beim FC Bayern hatte Toni unter van Gaal 2010 eine tragende Rolle gespielt. Auf einer Weihnachtsfeier erklärte van Gaal offenbar einmal unter Einfluss von ein klein wenig Rotwein Hoeneß lautstark, dass niemand außer ihm beim FC Bayern verstehe, wie gut Toni Kroos wirklich sei.

Aber vier Jahre später hielt sich die Lust auf ein Wiedersehen sowohl bei Toni wie auch bei van Gaal in Grenzen. Toni hatte das Gefühl, eigentlich schon genug von der Exzentrik van Gaals erlebt zu haben. Van Gaal hielt die Verpflichtung eines Angreifers und Innenverteidigers für dringlicher.

Die beiden spanischen Klubs fanden, sich sechs Wochen vor dem Trainingsauftakt auf Neuzugänge festzulegen, sei zu früh.

»Dann warten wir eben die WM ab«, sagte Toni in einem Ton, in dem andere sagen: Dann gehen wir eben nicht heute, sondern morgen ins Kino. Warum sollte ihn das nervös machen, nicht zu wissen, wo er in zwei Monaten spielen und leben würde?

Also, objektiv betrachtet hätte es schon Gründe gegeben, ein ganz klein wenig nervös zu werden. Denn so viele Vereine gab es nicht, bei denen sich ein Spieler, der bei Guardiolas Bayern zu den Protagonisten gehörte, sportlich verbessern konnte. Real und Barça. Und wer eigentlich noch? Real und Barça.

»Wenn sich nichts ergibt, erfüllt Toni sein letztes Vertragsjahr bei euch und lässt den Vertrag dann auslaufen«, sagte ich zu Michael Reschke, der gerade als technischer Direktor von Bayer 04 Leverkusen zum FC Bayern wechselte.

»Das kannst du nicht machen! Du kannst einen Vertrag bei Bayern nicht auslaufen lassen!«

Ich saß am Pool, die Füße im Wasser.

Sieben Sommer zuvor hatte Reiner Calmund in Cala Egos zu mir gesagt: »Jung, als Spielerberater würdest du so viel Geld verdienen, da könntest du dir das Haus hier kaufen.« Er hatte das rein sinnbildlich gemeint. 2014 war die Besitzerin der Finca zu mir gekommen. Sie und ihr Mann hatten sich scheiden lassen. Wollte ich ihr Ferienhaus kaufen?

»Ich han et dir jesaht, ich han et dir jesaht«, sagte Calli und war den Tränen nahe vor Rührung, als ich ihn das erste Mal nach meinem Kauf in die Finca einlud. In solchen Momenten wollte ich ihn umarmen. Nur physisch war das halt nicht so leicht.

Ich wusste, dass gerade Reals Präsident Florentino Pérez bei Neuzugängen in WM-Jahren nicht nur Qualität, sondern auch Namen einkaufen wollte. Es ging darum, dem Publikum einen großen WM-Star, den Mann des Sommers, präsentieren zu können. Was ich nicht wusste, war, wie schnell sich südeuropäische Klubmacher im WM-Rausch verliebten. Nach nur einem WM-Spiel – zugegebenermaßen einer vorzüglichen Vorstellung von Toni beim 4:0 der Deutschen über Portugal – meldeten sich Real und Barça. Sie wollten Toni unbedingt verpflichten.

Sascha flog nach Barcelona. Raul Sanllehi, Barças Sportdirektor, den er im Februar schon mal in einem sterilen Seminarraum getroffen hatte, bat ihn an den Swimmingpool des Hotels *Juan Carlos I.*, diesmal zwar nicht in Badehose, aber ein Gefühl verstärkte sich: War das der Sommer unseres Beraterlebens? Drei unserer Jungs, Toni Kroos, Mario Götze und Benedikt Höwedes, spielten bei der WM in Brasilien eine elementare Rolle in einer deutschen Elf, die von der ganzen Welt fasziniert betrachtet wurde. Und wir redeten in der Sonne, in der Badehose, mit den größten Klubs der Welt. Um das wunderbar surreale Gefühl noch zu verstärken, hatte Sascha, während er Sanllehi zuhörte, permanent den Eindruck, er sei in einem Kinofilm gelandet. Raul Sanllehis großer Kopf auf kleinem Körper und vor allem seine rauchige, tiefe Stimme – das war doch Danny DeVito in *L. A. Confidential* oder sonst einer Hollywoodproduktion, der zu ihm sprach!

Im deutschen WM-Quartier Campo Bahia bekam Toni Kroos unterdessen einen Anruf von einem Mann, der Englisch mit filmreifem italienischem Akzent sprach. Carlo Ancelotti, Reals italienischer Trainer, wollte sich mal melden. Er erklärte Toni, wie unbedingt er ihn in seiner Mannschaft sehe, als Mann fürs Gleichgewicht, der mit seinem Positionsspiel, seinen Balleroberungen und Pässen die Abwehr um Superstar Sergio Ramos mit dem Sturm von Superstar Cristiano Ronaldo verband.

Am Pool in Barcelona kritzelte Danny DeVito alias Raul Sanllehi eifrig Zahlen für Sascha auf ein Blatt Papier. Sascha änderte ein paar Zahlen hier, ein paar Zahlen da, Sanllehi kritzelte wieder wie wild los. Aber sie kamen nicht hin. Barça würde Stürmer Luis Suárez vom FC Liverpool holen, dafür musste der katalanische Klub an Gehalt und Ablöse weit über 100 Millionen Euro aufbringen, zudem brauchten sie auf jeden Fall noch zwei neue Innenverteidiger und einen Torwart. Sie hatten nicht mehr genug Geld, um für Toni ein attraktives Angebot zu schnüren.

Aber Barça hatte uns extra nach Barcelona gebeten, Barça würde Toni Kroos liebend gerne verpflichten – das allein war auch schon jede Menge wert. Denn es reichte, um Real Madrid nervös zu machen: Barça, der ewige Rivale, holte mit Suárez schon einen Mann des Sommers, wenn Barça ihnen jetzt auch noch Toni Kroos wegschnappte, würden die Fans und die Presse sie zerfetzen! Es ging doch im spanischen Sommer darum, den schönsten Hoffnungsträger zu präsentieren.

José Ángel Sánchez bat Sascha nach Madrid. In Brasilien siegte Deutschland weiter, im Achtelfinale gegen Algerien, im Viertelfinale gegen Frankreich. Toni Kroos sei der beste Fußballer des Turniers, schrieb der legendäre Johan Cruyff in einer Zeitungskolumne: »Der Junge macht alles gut. Seine Ballbehandlung ist fast perfekt. Seine Pässe haben immer die richtige Geschwindigkeit. Schön zu sehen.«

Im Trainingszentrum von Real boten Präsident Pérez und sein Vertrauensmann Sánchez Sascha eine Zigarre an. Die musste er rauchen, selbst wenn er Lungenpatient gewesen wäre. Die gemeinsame Zigarre besiegelte den Deal, den sie ausgehandelt hatten. Real Madrid machte Toni Kroos ein Angebot, wie er es noch nicht erhalten hatte.

»Gib Real mein Wort: Ich mache das«, sagte mir Toni am Telefon. Aber da rief Sánchez schon wieder bei Sascha an.

Sie müssten den Vertrag jetzt sofort unterzeichnen, Barça gebe die Verpflichtung von Suárez wohl bald bekannt, sie müssten dagegenhalten. Wir müssten nach Brasilien fliegen.

Ich hielt das nicht unbedingt für ein glückliches Szenario: Die deutsche Mannschaft bereitete sich auf das Spiel der Spiele vor, ein Halbfinale gegen Rekordweltmeister Brasilien bei dessen Heim-WM, und ich marschierte mit Reals Geschäftsführer mal eben locker ins abgeschottete Quartier, am besten noch mit einem Hoffotografen im Schlepptau?

Toni fand die Vorstellung ebenfalls wenig erbaulich.

»Vielleicht hat Real ja schlechte Erfahrungen gemacht, dass ihnen Spieler nach einer mündlichen Zusage noch abgesprungen sind«, dachte er am Telefon laut nach. »Aber, Volker, sag ihnen: Ich gebe ihnen mein Wort, dass ich komme. Und ich halte mein Wort.«

Ich sagte zu Sascha Breese, er solle Sánchez die Nachricht von Toni übermitteln. Und hinzufügen, dass sich Barça aber auch noch mal gemeldet habe. Dann wollten wir mal sehen, ob im Halbfinale nicht noch Tonis Preis stieg.

Damit ich glauben konnte, was gerade geschah, sagte ich es mir vor: »Du stehst hier in Badehose am Ferienpool und machst den Deal deines Lebens.«

Wir gingen ins *La Marina*, um uns das Halbfinale anzuschauen. Ich hatte in unserem Ferienhaus einen riesigen Fernseher installieren lassen, um die Fußballspiele meiner Jungs gemütlich schauen zu können. Aber wir saßen eng, schwitzend, in einem unscheinbaren Restaurant und verrenkten uns die Köpfe, um Deutschland gegen Brasilien auf einem vielleicht 50 mal 80 Zentimeter kleinen Fernsehapparat anzuschauen. Da gab es mittlerweile größere Navigationsgeräte.

Aber Fußball mussten wir bei Torsten im *La Marina* schauen. Ich könnte gar nicht erklären, warum. Das war einfach so, das Gesetz der Gewohnheit.

Benni Höwedes spielte, wie im gesamten Turnier, als linker Außenverteidiger. Das hätte er sich, als gestandener Innenverteidiger, selbst nicht träumen lassen. Es war fantastisch zu sehen, wie er mit jedem Spiel mehr Mut fand, wie ein echter Außenverteidiger auch nach vorne zu stoßen. Ich weiß, der Ausdruck wird viel zu oft, viel zu schnell verwendet, aber in dem Moment passte er: Ich war wahnsinnig stolz auf Benni. Toni gehörte das Mittelfeld. Mario saß auf der Ersatzbank.

Er hatte das Turnier als Stammspieler begonnen und war in der internen Hierarchie immer weiter zurückgefallen. Im Achtelfinale gegen Algerien war er zur Pause ausgetauscht worden, und nun, acht Tage und zwei Runden später, konnte man erkennen: Da war er aus der Mannschaft gefallen. Er hatte nicht schlecht gespielt. Aber andere hatten dem Spiel die Wende gegeben, als er bereits ausgewechselt worden war.

Ich dachte an Marco Reus, der sich am letzten Tag vor der Abreise nach Brasilien im Testspiel gegen Armenien ein Band am Sprunggelenk gerissen hatte. Wir glauben als Berater, den Weg eines Fußballers wegen so logischer Kriterien wie Schnelligkeit oder Passgenauigkeit vorausahnen zu können. Und dann bestimmen doch immer wieder einzelne, zufällige, von mir aus auch schicksalhafte Augenblicke ganze Karrieren.

Das Feuer des Spiels war auch auf dem Minifernseher zu erahnen. Brasilien stürmte mit brachialem Willen an. Benni war die ganze Zeit in irgendwelche halsbrecherischen Duelle mit Brasiliens herangaloppierendem Außenverteidiger Maicon verwickelt.

Ich brauchte ein Bier, und da waren nicht mal 15 Minuten gespielt. Im Grunde war ich einer von Dutzenden deutschen Mallorca-Urlaubern in dem Restaurant; der halt merkwürdigerweise immer dann besonders laut schrie, wenn Benni Höwedes ein Tackling gewann oder Toni Kroos einen starken Pass spielte. Es brauchte schnellstens Tonis Autorität, damit die Deutschen das überdrehte Spiel unter Kontrolle bekamen. Sonst ging das böse aus.

So mancher talentierte Fußballer macht das Spiel seines Lebens, und es ist dann halt dummerweise nur ein Testspiel im Juli in Lüdenscheid oder Altona. Das beste Spiel der Saison in einem WM-Halbfinale gegen Brasilien hinzulegen, wenn du gerade in Verhandlungen mit Real Madrid steckst, ist nicht nur eine Punktlandung, sondern es sagt einiges über Toni Kroos' Nervenkostüm.

Er schlug einen Eckball, der Ball machte einen Flugbogen und wurde, raffiniert angeschnitten, plötzlich immer länger, sodass er in den hinteren Teil des Strafraums flog, wo nur noch Thomas Müller stand und volley zum 1:0 einschoss.

Toni Kroos verzögerte einen Pass, indem er auf den Strafraum zudribbelte, er wartete, bis die brasilianischen Verteidiger, vom Ball angezogen wie Motten vom Licht, auf ihn zurückten, alle zur Mitte hin, und passte dann diagonal in den entfernten Teil des Strafraums, wieder war Müller alleine, er legte quer, und Miroslav Klose erhöhte auf 2:0.

Toni Kroos nahm einen holpernden, einen schwer zu kontrollierenden Pass gar nicht an, sondern schoss ihn mit links per Dropkick zischend, perfekt ins Tor. 3:0.

Ich stand, und ich wusste nicht, wie das geschehen war. Die Schönheit des Tores hatte mich vom Sitz gerissen.

Toni Kroos übersprintete die brasilianische Abwehrreihe, Sami Khedira behielt die Übersicht eines Generals und spielte den Ball quer. Toni schob ihn lässig ins Tor zum 4:0.

Ich brauchte ein neues Bier.

Es waren erst 26 Minuten gespielt.

Wir alle wissen noch ganz genau, wo wir an jenem Abend waren, als der Fußball seine Kraft in voller Pracht offenbarte. Denn auch wenn es 1000 Gründe gibt, ein Fußballspiel zu schauen, so fasziniert uns das Spiel im Innersten vor allem wegen seiner Unvorhersehbarkeit. Alles kann passieren. Niemand weiß, was passieren wird. Einmal in 100 Jahren, und zwar ausgerechnet in einem WM-Halbfinale in Brasilien, kann Deutschland 7:1 gegen Brasilien gewinnen.

Toni Kroos wurde zum besten Spieler des Spiels gewählt. »Morgen kann der Sánchez wieder anrufen«, sagte ich zu Sascha.

Wir bestellten noch eine Runde im *La Marina*. Handy Nummer II vibrierte und sang in der Nacht. Die Whatsapp-Nachrichten kamen zu Dutzenden herein, aus Pulheim, aus Brasilien, ich beantwortete sie nebenbei, während wir im *La Marina* feierten. Schon wieder eine Whatsapp-Nachricht. Mario schrieb.

»Das war's dann wohl mit dem Finale für mich …«

»Mario, jetzt sieh doch erst mal das große Ganze: Ihr seid im Finale. Im WM-Finale!«

»Ich weiß, ich freue mich auch für die Mannschaft, aber …«, seine Stimme wurde schwächer und verstummte.

Ich hatte ihn sofort nach seiner Nachricht angerufen. Als er abhob, war ich aus dem *La Marina* in die lauwarme Nacht getreten. Ich ging auf dem Bürgersteig auf und ab.

Ich brauchte nicht irgendwelche Parolen auszugeben, ich wusste genauso gut wie er, dass er recht hatte. Er würde im Finale auf der Ersatzbank sitzen. Der Bundestrainer würde einen Teufel tun und nach dem 7:1 die Mannschaft ändern. Mario war nicht einmal eingewechselt worden. André Schürrle war nun der Joker Nummer eins. Und er hatte gegen Brasilien zwei Tore erzielt.

Ich hätte Mario gerne in den Arm genommen. Ich musste aufpassen, dass ich nach dem ganzen Sambuca meine Stimme und Lautstärke unter Kontrolle hatte.

»Im Moment kannst du dich nicht gut fühlen, niemand würde sich hundertprozentig gut fühlen, Mario. Das ist menschlich. Aber lass uns versuchen, die Fakten zu sehen: Ihr seid im WM-Finale. Du hast im Laufe des Turniers deinen Teil dazu beigetragen, selbst wenn er kleiner war, als wir uns erhofften. Du …«

Ich bekam keine Antwort mehr.

»Mario …«

Sein Atem in der Leitung ging schwerer.

»Mario, jetzt stell dich nur mal einen Moment neben dich und schau objektiv auf dich: Du siehst einen der talentiertesten Fußballer der Welt, der vor wenigen Wochen erst 22 geworden ist, der seine erste Weltmeisterschaft spielt. Dessen Weg erst beginnt!«

Der Rhythmus des Atems wurde nicht schwächer.

»Mario, wie ging es denn Messi bei seiner ersten WM? Der hat 2006 kaum gespielt, der saß im entscheidenden Spiel gegen

Deutschland auf der Bank! Und wo ist er heute? Du kannst noch viele Weltmeisterschaften spielen!«

Irgendwann wurde das Atmen in der Leitung gleichmäßiger, leiser.

»Du musst das als Reifeprozess sehen. All die Erfahrungen, die du jetzt machst, werden dir in den nächsten Jahren helfen.«

»Ich weiß …«

»Und jetzt gehst du mal eine Runde pennen. Am Sonntag im Endspiel kann dann immer noch alles passieren. Im Fußball ist alles möglich, oder was war heute los? 7:1 gegen Brasilien. Also, zerbrech dir jetzt nicht die Birne wegen Sonntag, sondern erlebe die Zeit einfach. Vielleicht passiert im Finale etwas Besonderes. Ich glaube daran, dass etwas Besonderes passiert.«

»Okay. Danke.« Er war 8000 Kilometer entfernt, ich hörte nur seine dünne Stimme. Aber ich glaubte sehen zu können, wie er sich beruhigt hatte.

Ein paar Minuten später saß ich wieder im *La Marina*. Ich kann mich nicht erinnern, wie spät es war, zwei oder vier Uhr nachts, ich habe keine Ahnung mehr, wie lange das Telefonat gedauert hatte, 20 Minuten oder 50. Die Gäste im *La Marina* sangen und lachten wie in dem Moment, als ich aus der Tür gegangen war. 7:1 gegen Brasilien! Ich versuchte, mir nichts anmerken zu lassen.

Am nächsten Tag telefonierten Sascha und ich mit Sánchez. Später rief ich Mario an.

Ohne dass wir viel sagen mussten, erhöhte Real Madrid das Angebot für Toni Kroos. Als ich die Zahlen hörte, dachte ich im ersten Reflex: Jetzt drehen sie ganz durch. Da hätte Karl-Heinz Rummenigge auch mit zehn Millionen keine Chance mehr gehabt. Toni Kroos würde der am besten verdienende deutsche Fußballer aller Zeiten sein.

Mario Götze war so frustriert, als hätte es unser reinigendes Gespräch in der Nacht zuvor nie gegeben.

Und das alles erlebte ich in Badehose, am Pool, mit schwerem Kopf nach einem klassischen Fußballfan-Abend.

Am Sonntagabend, kurz vor 21 Uhr, verwandelte sich das *La Marina* endgültig in mein Wohnzimmer. Wobei es schon besser ist, dass es in meinem echten Wohnzimmer nie so zuging. Nahezu das gesamte Restaurant war mit meinen Freunden und Bekannten besetzt. 40, 50 Leute waren meiner Einladung gefolgt. Felix Kroos war extra aus Deutschland angereist. Er konnte das Finale nicht live in Brasilien sehen, weil er mit Werder Bremen bereits in der Saisonvorbereitung steckte. Dann wollte er es wenigstens an meiner Seite sehen. Meine Schwiegermutter war da, zwei Freunde von Toni Kroos: Iris und Marco, Freunde meiner Kinder, eine bunte Truppe. Mein Sohn Luca saß ganz vorne am Tisch, wahrscheinlich hatte er schon einen Hexenschuss vom Hochstarren auf den Minifernseher. Ich saß direkt hinter ihm und hätte eher weniger einen seriösen Spielbericht erstellen können. Ich sah das Geschehen auf dem Bildschirm nur schemenhaft. Es war für eine kalte Fußballanalyse auch nicht gerade förderlich, dass der Kellner eine Flasche Sambuca direkt neben mir stehen ließ. Ich schüttete nach, ohne es richtig wahrzunehmen, und schüttete wieder nach. Ich konnte, in 1000 Varianten, immer nur das eine denken: Jetzt stell dir vor, die drei werden echt Weltmeister!

Die Deutschen hatten den Ball. Argentinien hatte die Torchancen. Diese Schwingungen nahm ich irgendwie auf. Benni verteidigte unnachgiebig, bei den Eckbällen für die Deutschen ging er nach vorne und köpfte – gegen den Pfosten! Toni bemühte sich ohne Unterlass und ließ mein Herz einmal stillstehen, als er den Ball in die Abwehr zurückköpfen wollte und dabei Higuaín übersah. Der Ball landete direkt bei dem argentinischen Stürmer, der postwendend frei vor dem Tor stand. Er schoss daneben. Gab es noch Sambuca?

Dann stand Mario da. Die reguläre Spielzeit war nahezu vorbei, aber es würde Verlängerung geben beim Stand von 0:0. Mario wurde für Miroslav Klose eingewechselt.

»Ich werde sowieso nicht spielen«, hatte er mir tags zuvor noch per Whatsapp geschrieben.

Seine Verletzlichkeit löste in mir stets den Drang aus, ihn in den Arm zu nehmen, zu beschützen vor den eigenen niemals ruhenden Gedanken. Wenn seine Mannschaft nach einem Sieg ausgelassen zu den Fans ging, um für einen Moment mit ihnen zu feiern, stand Mario meistens in der zweiten Reihe. Er nuckelte an einer Trinkflasche. Er konnte das von Natur aus nicht, sich einfach mal völlig dem Glück hinzugeben. Die Gedanken waren schon wieder am Rollen, was hätte er in dieser Spielszene anders machen können, in jener Szene besser machen sollen.

Toni spielte, aus dem Stand, von keinem Argentinier attackiert, einen Steilpass auf Schürrle links außen. Es war einer jener unzähligen Pässe, die von den meisten Zuschauern im nächsten Moment schon vergessen werden, weil es jetzt spannend wird; eines jener Zuspiele, mit denen alles beginnt.

Schürrle brach auf dem linken Flügel durch, er flankte. Und etwas explodierte, etwas durchfuhr mich, ich kann nicht mehr sagen, in welcher Hundertstel es geschah, ob bereits im Moment, als die Flanke in der 113. Spielminute auf Mario zuflog, im Augenblick, als Mario den Ball mit der Brust annahm, oder ob mich die Wucht des Augenblicks erst erfasste, als der Ball im Tor lag.

Ich wusste nicht, was ich tat, und sprang auf, ich schrie, Fäuste in der Luft: »Jaaa! Ja, ja, ja!« Dann ließ ich mich auf den Stuhl fallen.

Mindestens 20 Millionen Deutsche behaupten, in dem Moment, als Mario Götze ins Spiel trat, hätten sie es ganz genau gewusst: »Der macht das Tor!« Und ich glaube, ich habe in der Zwischenzeit jeden einzelnen dieser 20 Millionen getroffen. Ich lächle immer, wenn sie mir sagen: »Ich wusste es, er macht das Tor!«, ich lächle durchaus glücklich. Ich wusste bloß nicht, dass wir so viele Hellseher in Deutschland haben.

Ich kniff die Augen zusammen, um die Spielzeitanzeige oben im Eck auf dem Fernsehbild zu erkennen, ich wusste, es war bei dem Apparat sinnlos, und versuchte es trotzdem. »Wie lange noch?«, rief ich.

»Sieben Minuten.«

Scheiße, war das lang.

Ich versuchte, an etwas anderes zu denken als an den Fakt, wie lange noch zu spielen war, ich wollte mich auf das Spiel konzentrieren, aber das machte es nicht besser: Jetzt pfiff der Schiedsrichter auch noch Freistoß für Argentinien! 24 Meter vor dem Tor, halb rechts, beste Schussposition. Und die hatten Messi!

»Wie lange noch?«

»Es müsste längst Schluss sein!«

Es dauerte ewig, bis die Abwehrmauer stand, bis Messi die Sinne gesammelt hatte. Bitte, Messi, schieß drüber! Mann, Neuer, halt den! Schiri, pfeif doch ab, pfeif doch endlich ab! Dann schrien alle: »Jaaa! Ja, ja, ja!«, ich hatte gar nicht mehr richtig mitbekommen, wie Messis Freistoß weit über das Tor geflogen war, ich sah es auf dem Bildschirm, aber es rauschte an mir vorbei. Ich war nicht mehr in der Lage, das alles zu verarbeiten.

Irgendwer pfiff. Es musste der Schiedsrichter gewesen sein.

Der Lärm schlug über mir zusammen, »Jaaa! Ja, ja, ja!«, die Leute fielen sich in die Arme, Stühle wurden umgerempelt, Weltmeister! Weltmeister!

Ich spürte, wie die Tränen kamen. Ich wollte das nicht, nicht hier vor allen Leuten, die dachten doch, ich wäre theatralisch, ich würde eine Show abziehen, dabei bin ich nur Kölner, ich muss schnell weinen – ich sprang auf und eilte aus dem Restaurant.

Ich ging einfach los. Die Nebenstraßen waren leer. Von hier und da hörte ich noch den Lärm der Sommernacht, Licht aus Wohnzimmern und Fernsehapparaten fiel in die Dunkelheit. Ich achtete nicht darauf, wohin ich ging. Die Gedanken schwirrten. Der Kleine macht das Tor, der Kleine macht das Tor, als die WM für ihn schon gelaufen scheint! Mario, Benni, Toni sind Weltmeister, meine Jungs sind Weltmeister! Da unten, zwei Straßen weiter, hatte ich mit Toni und Mario auf einem abgenutzten Tennisplatz Fußballtennis gespielt, und niemand hatte sich nach ihnen umgedreht, zwei ganz normale Teenager schienen sie zu sein, gerade zwei Sommer war das her. Ein Gespräch mit Benni kam mir in den Sinn, zwei Monate vor der Weltmeisterschaft.

»Ich weiß gar nicht, ob ich nominiert werde«, hatte er gesagt.

»Benni! Jetzt hör mal zu!«

Er hatte als einziger deutscher Spieler neben Torwart Manuel Neuer alle WM-Partien komplett bestritten.

Die Gedanken liefen mit, die Erinnerungen sprangen, rannten, während ich um Mitternacht durch Cala Egos marschierte.

Ich nehme an, dass ich glücklich war. Aber vor allem war ich durcheinander vor lauter Glück.

Zurück im *La Marina*, erzählten mir die Leute, Mario habe ein Interview gegeben. »Er hat sich als Erstes bei seiner Familie und dir bedankt!«, live vor 35 Millionen Zuschauern, so viele hatten in Deutschland noch nie eine Fernsehsendung gesehen. Die Leute sahen mich erwartungsvoll an, warum hatte Mario mir denn so überschwänglich gedankt, in so einem einmaligen Moment, war da was gewesen? Ich lächelte nur.

Ich klinkte mich in die allgemeine Partystimmung ein, wo war denn der Sambuca, da gab es doch wohl noch Sambuca, aber ein Teil von mir blieb wie verschlossen. Da waren nur durcheinanderpurzelnde Emotionen, Glück, Unglaube und von allem zu viel.

Benni, Mario und Toni riefen mich gemeinsam aus der Umkleidekabine an, ich schrie ihnen irgendetwas entgegen, Laute des Glücks, und irgendwann, deutlich später, durchzuckte mich eine Erkenntnis.

Das würde mir niemand glauben. Ich wollte es zunächst selbst nicht glauben. Aber es war so. Das war so ein Moment, wenn Menschen sagen: »Es muss Schicksal sein.« Das Datum.

Es war der 13. Juli 2014.

Am 13. Juli 2007 war ich ebenfalls im *La Marina* gewesen. Reiner Calmund hatte dem Wirt die Pfirsichvorräte aufgefressen, und ich hatte zu Calli gesagt: »Also gut, ich mache es, Spielerberater«, auf den Tag genau sieben Jahre zuvor.

17

Spaghetti Vongole

Felix Kroos ging mal kurz vor die Tür und stellte fest, wie populär er von einem Moment auf den anderen geworden war. Dutzende Fans und Schaulustige, Kameraleute und Fotografen stürzten sich aufgeregt schreiend auf ihn. Er hatte nur eine kleine Runde durch Cala Egos spazieren wollen. »Toni, Toni!«, riefen die Leute.

»Äh, ich bin nicht Toni Kroos!«, versuchte er den Spaniern auf Englisch zu erklären. Aber er war sich nicht sicher, ob sie ihn verstanden beziehungsweise ob sie ihm glaubten. Schließlich war er aus Toni Kroos' Ferienhaus gekommen.

Die Begeisterung für Fußballstars erreicht in Spanien andere Dimensionen, als wir es aus Deutschland kennen, wurde uns in den Tagen nach dem WM-Finale bewusst. Und da war Toni offiziell noch gar nicht Spieler von Real. Er war am Dienstagabend, zwei Tage nach dem Triumph von Rio de Janeiro, auf Mallorca gelandet, um wie jeden Sommer hier seine Ferien zu verbringen. Er brauchte nur wenige Augenblicke auf mallorquinischem Boden, um zu realisieren, dass das mit der Urlaubsruhe schwierig werden würde. Kameras warteten am Flughafen, und rund um sein Ferienhaus herrschte ein Andrang wie auf einem Rummelplatz.

Wo kamen all die Leute her, woher wussten sie, dass Toni Kroos hier residierte?

Toni hatte es immer geschätzt, dass der Blick von seinem Wohnzimmer durch eine große Fensterfassade direkt auf einen kleinen Strand ging. Nun standen die Schaulustigen zu Dutzenden am Strand und schauten durch das große Fenster munter zu uns herein. Willkommen im Zoo. Hier sehen Sie Toni Kroos, den Weltmeister, den zukünftigen Spieler von Real Madrid, der Eintritt ist frei, und zwischendrin können Sie auch mal im Meer baden.

Wir da drinnen versuchten, den Trubel auszublenden. Sascha Breese und ich waren am Mittwoch zu Tonis Haus herübergekommen, um den Wechsel zu Real zu finalisieren. Nachdem wir mit Real die finanziellen Details des Vertragswerks geklärt hatten, mussten sich noch Real und Bayern über die Ablösezahlung einig werden.

Nach dem Sieg von Rio hatte Toni auch eine Glückwunschnachricht von Karl-Heinz Rummenigge erhalten. Eine Nachricht später hatte Rummenigge gefragt: »Toni, was machen wir denn jetzt?«

Ja, was machen wir denn jetzt wohl, hatte sich Toni gedacht und zurückgeschrieben: »Ich gehe nach Madrid. Bitte nehmen Sie Reals Angebot an.«

»Wir sind in Verhandlungen«, antwortete Rummenigge.

Am Dienstag, zwei Tage später, sah ihn Toni wieder. Nach dem Empfang für die deutschen Weltmeister in Berlin flog er zur nächsten Feier. Der FC Bayern würdigte in München seine sieben Weltmeister.

»Die Gespräche mit Real befinden sich in den letzten Zügen«, sagte ihm Rummenigge.

»Das hoffe ich doch«, sagte Toni. »Sonst muss ich hierbleiben.«

Rummenigge versuchte zu lächeln.

Am Mittwochvormittag hatten sich der FC Bayern und Real Madrid auf 25 Millionen Euro Ablöse geeinigt. Weil Tonis Vertrag in München nur noch ein Jahr währte, war die Entschädigung im Verhältnis zu seiner Klasse sehr niedrig.

Alles war paletti. Aber den Transfer konnten wir noch nicht vollziehen, ließ ich Real wissen. Ich musste noch etwas klären.

Wichtig als Berater ist, genau zu erkennen, wann du was fordern kannst. Manchmal musst du froh sein, einen Spieler überhaupt unterzubringen. Dann musst du vielleicht auch auf einige Prozent deiner Provision verzichten. Und manchmal hältst du alle Trümpfe in der Hand. Dann musst du sie auch ausspielen.

Ich rief noch einmal Karl-Heinz Rummenigge an.

»Herr Rummenigge, ich habe gehört, Sie sind mit Real durch.«

»Ja, wir haben alles gut über die Bühne gekriegt.«

»Sehr schön. Dann bräuchte ich bitte nur noch schriftlich, was wir besprochen haben.«

SportsTotal wurde, wie es üblich war, bereits von dem kaufenden Verein, also Real Madrid, für den Spielertransfer bezahlt. Doch schon lange zuvor, als sich Tonis Weggang abzuzeichnen begann, hatte ich mit Bayerns Technischem Direktor Michael Reschke eine Vereinbarung ausgehandelt, dass wir zusätzlich auch an der Ablöseeinnahme der Bayern partizipieren würden. Denn wir hatten in dem Fall für eine »Wegvermittlung« gesorgt, wie das bei uns im Branchenjargon heißt. Wir kümmerten uns proaktiv, quasi im Auftrag des FC Bayern darum, einen seiner Spieler anderswo unterzubringen.

Diese Vereinbarung musste mir Karl-Heinz Rummenigge noch mit seiner Unterschrift bestätigen. Ich konnte mich bei ihm darauf verlassen, dass dies kein Problem sein würde. Denn zum einen lernte ich Rummenigge als äußerst korrekten Verhandlungspartner kennen, zum anderen ist es nicht unüblich, dass der Berater vom abgebenden *und* aufnehmenden Klub bezahlt wird, wenn der Vereinswechsel komplett auf seine Vermittlung zurückgeht.

Denn wenn wir keinen Vereinswechsel arrangiert hätten, wäre Toni bis zum Vertragsende nächsten Sommer in München geblieben und dann ablösefrei gewechselt; der FC Bayern hätte keinen Cent gesehen, Toni und wir hätten dagegen vom neuen Verein einen gehörigen Einstiegsbonus erhalten, die sogenannte *signing fee*.

Die Öffentlichkeit geht bis heute davon aus, dass Bayern München von Real Madrid 25 Millionen Euro an Ablöse erhielt. Niemand weiß, wie viel davon an meine Agentur floss.

»Ihr könnt den Vertrag schicken!«, übermittelte Sascha Real Madrid. Sie wollten auch gleich einen Privatjet schicken.

Sofort am nächsten Morgen sollte Toni in Palma abgeholt und in Madrid den Fans präsentiert werden. Barcelona hatte Luis Suárez schon vor einer Woche vorgestellt!

»Das Flugzeug könnt ihr schicken«, sagte ich. »Aber wir werden nicht einsteigen, falls unsere Anwälte etwas an dem Vertrag zu beanstanden haben.«

Auch wenn über 90 Prozent der Verhandlungen im Profifußball seriös ablaufen, so kommt es immer mal wieder vor, dass man einen Vertrag aushandelt und dann staunt, wenn man ihn in Händen hält: Da stehen ja ganz andere Zahlen auf dem Papier!

Sogar bei einem der im Selbstbild so soliden, seriösen deutschen Vereine erlebte ich das einmal. Dennis Diekmeier saß im Juli 2010 im Flugzeug von Nürnberg nach Hamburg, ich hatte ihm gesagt, der Deal mit dem HSV sei durch – und da saß ich nun zeitgleich im *Grand Elysée* Hotel an der Rothenbaumchaussee und musste Sportdirektor Bastian Reinhard kurz und knapp erklären: »So müssen wir den Wechsel abblasen!« Gehalt, Prämien, logischerweise auch unsere Provision, alles war niedriger als besprochen. Das passiert vor allem, wenn der Sportdirektor einen Vertrag aushandelt und dann der Vorstandsvorsitzende meint, ihm nachträglich noch reinreden zu müssen. Bei Martin Kind, dem Anteilseigner von Hannover 96, hat das fast schon Tradition.

Am Nachmittag des 16. Juli 2014 studierten unsere Anwälte Toni Kroos' Vertrag. Mir fiel ein, dass ich noch etwas für die Reise nach Madrid benötigte. In Badehose konnte ich dort eher nicht erscheinen. Ich hatte aber kaum etwas anderes zum Anziehen dabei als T-Shirts und kurze Hosen. Ich war in die Ferien nach Mallorca gefahren.

In einer Boutique in Cala d'Or kaufte ich mir eine helle Stoffhose und ein hellblaues Hemd. Die Spanier nahmen es mit der Kleiderordnung doch eher locker.

»Eigentlich kannst du doch nach Madrid fliegen und den Vertrag für mich unterschreiben«, sagte Toni zu seinem Bruder. Wenn die Journalisten vor der Tür sie schon verwechselten, würde das den Herren bei Real auch nicht auffallen.

»Dann bleibe ich aber auch da und spiele für dich«, sagte Felix. »Wobei, dann würde es wohl schon auffallen.«

Auch Felix war bei Werder Bremen Bundesligaprofi geworden. Jede Saison kam er auf seine zehn, fünfzehn Einsätze. Was mir an den beiden gefiel, war, wie natürlich, frei von Neid, sie miteinander umgingen. Es kann wohl auch anstrengend sein, wenn du ein erfolgreicher Fußballer bist und ständig nur zu spüren bekommst, dass du eben nicht ganz so gut wie dein Bruder bist. Felix hatte sich gut damit arrangiert.

Aus dem Scherz, doch Felix nach Madrid zu schicken, wurde halber Ernst: Er sollte mitkommen. Natürlich sollte er Toni begleiten. So einen Tag musste er erleben. Wir waren in der Stimmung wie eine Studentenreisegruppe: Es ging auf große Fahrt!

Ich hatte bis zu jenem Donnerstag im Juli um die 100 Vereinswechsel von Profifußballern abgewickelt. Der Ablauf war immer ähnlich. Am großen Tag begleitete ich den Spieler zur Geschäftsstelle, im Beisein des Sportvorstands oder Sportdirektors unterschrieb er den Vertrag, und ein Vereinsfotograf machte ein Foto, während der Füllfederhalter über dem Vertrag in der Luft hing. Wenn es ein wichtiger Spieler war, gab es danach eine Pressekonferenz. In Madrid kamen wir am Flughafen an, eine Limousine wartete auf Toni, und ein Kameramann nahm auf dem Beifahrersitz Platz. Er hielt die Kamera die ganze Zeit auf Toni. *Real Madrid TV* übertrug live, wurde uns erklärt.

Wir trennten uns kurzzeitig. Sascha, Felix und ich fuhren zur Geschäftsstelle, während Toni mit dem Kameramann vor der Nase direkt zum Hospital Las Morales gebracht wurde. Dort würde er den medizinischen Eignungstest absolvieren. Vorher sollte Toni aber das T-Shirt wechseln. Er trug ein lässiges weißes

Shirt mit schwarzem Einsatz auf der Brust. Er musste bitte ein T-Shirt von adidas, seinem und Reals Sponsor, überstreifen.

Vor dem Krankenhaus standen Hunderte Fans. Waren die als Komparsen bezahlt worden? Nein, sie wollten einfach die Ersten sein, die Toni Kroos sahen. Sicherheitsleute hielten circa zwei Dutzend Fotografen und Fernsehteams zurück. Der Arzt, der die Untersuchung leiten würde, wartete vor dem Eingang, Krawatte unter dem weißen Kittel, um Toni persönlich zu begrüßen. Doktor Carlos Díez zog Toni recht ruppig am Arm fünf Meter nach rechts. So waren sie besser für die Fotografen im Bild.

Im Hospital wurde Toni an eine Maschine angeschlossen, die seinen Herzrhythmus maß. Die Kamera blieb dabei. »Diese Bilder sind spektakulär!«, kommentierte live auf *Real Madrid TV* ein Sprecher, »diese Bilder sind ein Luxus!«, sagte der andere Sprecher, »so etwas siehst du normal nicht.« Die Zuschauer sahen, wie Toni, verdrahtet, mit nacktem Oberkörper auf einem Krankenbett lag und sein Herzschlag aufgezeichnet wurde. Mehr geschah nicht, für mindestens 30 Sekunden.

Schließlich wurde Doktor Carlos Díez interviewt und verkündete live: »Toni Kroos befindet sich in einem perfekten Zustand. Ab sofort steht er dem Trainerstab zur Verfügung, für was immer sie ihn brauchen.«

Wir trafen uns im Trainingszentrum wieder, wo Toni Kroos für die Kamera kurz mit Trainer Carlo Ancelotti plauschen sollte. Man zeigte ihm einen Raum, auf dessen silbernem Türschild »Kroos« stand. Jedem Spieler der ersten Mannschaft stand auf dem Trainingscampus ein Raum zu, in Größe und Einrichtung einem Hotelzimmer ähnlich. Falls der Trainer zweimal am Tag trainieren ließe und sie sich zwischen den Einheiten zurückziehen wollten. Den Essenssaal sollte Toni auch noch sehen. Zufällig setzte sich gerade Reals U23-Mannschaft zum Mittagstisch. Toni kam nicht weiter, bevor er nicht 25 Hände geschüttelt hatte.

Profifußballer geben sich immer die Hand. Auch beim Nachmittagstraining, wenn sie sich fünf Stunden vorher beim Morgentraining schon einmal gesehen haben.

Wir fuhren weiter zum berühmten Santiago-Bernabéu-Stadion, in dessen Gemäuern auch Reals Geschäftsstelle untergebracht ist. Emilio Butrageño, der legendäre Geier, begrüßte uns.

»Ah, the translator!«, rief ich spontan und dachte erst dann darüber nach, ob Butrageño den Gag auch lustig finden würde. Er lachte. Dann stockte er.

»Nooo, Wolker!«, sagte er. Im Ausland bin ich stets Wolker oder Wolka für die Leute, so sehr sie sich bei der Aussprache meines Namens auch Mühe geben.

»Nooo, Wolker!«, sagte Butrageño. »You need a tie!«

Krawatte? Ich hatte keine Krawatte. Sascha auch nicht.

Ich fand das langärmlige Hemd und die lange Hose schon genug der Form. Es hatte 39 Grad in Madrid.

»Aber du hast einen Anzug dabei, Toni?«, fragte Butrageño.

Einen Anzug?

Wo sollten wir jetzt die Staatsempfangskleidung herkriegen?

Aus dem Fanshop. Oder von irgendeinem Büroangestellten. Ich bekam nicht mit, wo Butrageño die Kleidung herzauberte.

Die dunkelblaue Krawatte, in die das Real-Wappen dezent eingewebt war, passte perfekt zu meinem hellblauen Hemd. Zu der sportlichen Stoffhose weniger. Der Anzug war Toni zwei Nummern zu groß. Er flatterte um die Hüften.

Derart verkleidet konnten wir zum Mittagessen mit dem Präsidenten in einem der Säle des Stadions erscheinen. Ich weiß nicht, ob der Vereinskoch das Menü eigenhändig zusammenstellte oder ob Präsident Pérez an diesem Donnerstagmittag einfach für uns alle bestellt hatte. Auf jeden Fall stand plötzlich zum ersten Gang ein Teller Spaghetti Vongole vor mir.

Ich hasse Muscheln.

Das konnte ich hier jetzt allerdings schlecht sagen.

»Aus welcher Stadt in Deutschland kommen Sie?«, erkundigte sich Florentino Pérez.

»Köln«, sagte ich, schloss kurz die Augen und schluckte eine Vongola herunter. »Bernd Schuster hat lange für den 1. FC Köln gespielt. Und Bodo Illgner kommt aus Köln. Auch Harald Schumacher, falls Sie sich an ihn erinnern, ein großer Torwart. Wir hatten in Deutschland immer starke Torhüter.«

»Gibt es denn aktuell auch einen, den Sie empfehlen können?«

»Timo Horn«, sagte ich.

Angesichts der Schlagworte unseres Gesprächs – Köln, Torhüter – hatten sich meine Gedanken zwangsartig auf den aktuellen Torwart des FC zentriert, den wir auch bei *SportsTotal* betreuten. Timo war 21, Juniorennationaltorwart und bereits im zweiten Jahr die Nummer eins beim FC. Er hatte Zukunft. Wenngleich ich ihn bis zu diesem Moment vielleicht nicht zwingend als Real-Torwart gesehen hatte. Er hatte mit dem FC bislang nur in der zweiten Liga gespielt.

Florentino Pérez zückte aus der Innentasche seines Sakkos ein Ledernotizbuch, strich die Seiten mit dem Handrücken glatt und notierte fein säuberlich den Namen: Timo Horn. Ich widmete mich wieder tapfer dem Kampf mit den Muscheln.

Es wurde Nachmittag, und die eigentliche Präsentation hatte noch gar nicht begonnen.

Wir begaben uns in den holzgetäfelten Präsidiumssaal des Santiago-Bernabéu-Stadions. Gemäß dem Festprotokoll hatte Toni die Vizepräsidenten des Klubs zu begrüßen. Das Händeschütteln war schon wieder Arbeit. 13 Vizepräsidenten zählte ich. Alle selbstverständlich in Anzug mit Krawatte. Ich betrachtete derweil fasziniert die andere Truppe im Raum: Im Wandregal waren hinter Glas Reals zehn Europapokale aus dem Landesmeister- und Champions-League-Wettbewerb aufgereiht. Das war schon etwas anderes hier als bei meinen üblichen Arbeitsterminen. Ich musste an ein Dienstgespräch mit Michael Reschke denken. In meinem Büro zog er seine Schuhe und Socken aus, um die Füße zu lüften.

Unterdessen hörte ich schon seit einer Weile ein Raunen. Es schien durch die dicken Mauern des Bernabéu-Stadions zu dringen, ein Gemurmel, gedämpft, aber unaufhörlich. Als wir in die zum Stadion geöffnete Ehrenloge traten, verstand ich, was los war: Das Stadion füllte sich. 25 000 Menschen strömten herein. Es gab kein Fußballspiel zu sehen. Sie wollten Toni Kroos' Ankunft feiern.

Wir wurden gebeten, in der Ehrenloge Platz zu nehmen. Vor uns war ein Rednerpult aufgebaut. Musik erklang und flaute wieder ab. Der Stadionsprecher meldete: »Das Wort hat Florentino Pérez, Präsident von Real Madrid.«

Jubel. »Doooni!«, riefen die Leute. »Doooni! Dooni Krros!«

»Buonas tardes«, sprach Florentino Pérez ins Mikrofon.

»Doooni! Doooni! Doni Krros!« Die Leute sangen einfach weiter.

»Guten Nachmittag«, wiederholte Florentino Pérez, schon etwas ungeduldig.

»Doooni! Doooni! Doni Krros!«

»Guten Nachmittag!«, sprach Pérez zum dritten Mal, nun etwas vehementer. Und es wurde still.

Staubtrocken, im nüchternen Stil eines Bauingenieurs, trug der Präsident seine Rede vor. Zunächst klang er wie ein vertonter Wikipedia-Eintrag, als er alle Titel aneinanderreihte, die Toni mit 24 bereits gewonnen hatte, Weltmeister, Champions-League-Sieger, dreimal deutscher Meister, der Präsident vergaß auch den deutschen Liga-Pokalsieg von 2007 nicht. »Toni Kroos ist es gewohnt, für einen Klub zu spielen, in dem die Erwartungen hoch sind.« Die Stimme war noch immer ultrasachlich. »Aber ab heute wird das noch mehr so sein, in einem Trikot, das unaufhörlich mehr von dir verlangt. Du kommst mit der DNA eines Siegerklubs, eines Klubs, den wir übrigens zu unseren Freunden zählen, mit dem wir einen großen Teil der Geschichte des Fußballs teilen, Bayern München. Bayern ist einer dieser Vereine, die den Charakter eines jeden Spielers prägen, der sein Trikot trägt. Toni, das hier ist ab heute dein Zuhause, das hier ist deine Familie. Die Fans werden dir alles schenken, aber du sollst auch wissen: Die Erwartungen der Real-Familie sind grenzenlos.«

Puh, irgendwie hatte ich plötzlich eine ziemlich klare Vorstellung, wie bei Real Madrid mit Verlierern umgegangen wurde.

Die Menge aber jubelte. »Doni, Doni!«

»Ist ja gut«, sagte Florentino Pérez, wie man zu kleinen Kindern spricht, wenn sie bitte mal still sein sollen.

Applaus schloss seine Rede, und dann sagte der Stadionsprecher einfach nur: »Toni Kroos!«

Toni trat an das Rednerpult.

Im Publikum wehten ein paar Deutschlandfahnen. Eine Mutter hielt zwischen ihren zwei Jungs ein selbst gebasteltes Plakat hoch: »Herzlich kommen, Kroos!« Möglicherweise stand auch »Herzlich willkommen« auf der Pappe, aber das »will« war nicht zu erkennen.

»Ich möchte mich bei Real bedanken, und auch bei Bayern, dass sie mir die Möglichkeit gegeben haben, für den größten Klub der Welt zu spielen«, begann Toni. Er redete auf Deutsch, ein Dolmetscher übersetzte über die Stadionlautsprecher für die ganze Arena. »Ich weiß natürlich, wie das in Madrid ist: dass hier Titel erwartet werden.« Er stockte nicht, er fügte den nächsten Satz mit aller Selbstverständlichkeit der Welt an: »Dafür bin ich der richtige Mann.«

25 000 waren gekommen, um zu hören, um zu sehen, aber vor allem, um zu fühlen, dass er da war. Deshalb musste Toni Kroos nach seiner Rede hinunter in die Umkleidekabine und sich umziehen wie für ein Fußballspiel. Fünf Minuten Zeit sah das Protokoll vor, bitte nicht mehr, wir waren live. Ich setzte mich auf Cristiano Ronaldos Platz in der Umkleidekabine. Das machte ich nicht absichtlich. Ich hatte mich einfach direkt neben Toni gesetzt, und die Plätze in der Kabine waren nach den Rückennummern der Spieler angeordnet, Toni mit Rückennummer 8 würde fortan neben Ronaldo, Nummer 7, sitzen. Das war ein Moment, in dem mir die ganze Dimension bewusst wurde: Toni in einer Reihe zwischen Ronaldo und Benzema, Nummer 9. Ich hatte Gänsehaut.

Toni schlüpfte zum ersten Mal in das legendäre Trikot aus reinem Weiß. Normalerweise trug er ausnahmslos weiße Fußballschuhe, das war sein Fetisch, aber jemand, der davon nichts wusste, hatte ihm blaue Schuhe hingestellt. Immerhin die Größe passte einigermaßen. Er trat hinaus auf den Rasen, und die Menge begrüßte ihn so stürmisch, als wäre sein Erscheinen eine gelungene Überraschung.

Alleine Fußball zu spielen ist nicht so einfach. Toni machte ein paar Tricks mit dem Ball, jonglierte ihn mit den Füßen in der Luft, rechts, links, rechts, mit der Brust, mit dem Kopf. Dann lief er über das berühmte Spielfeld.

Sascha, Felix und ich durften einfach herumstreunen – auf

dem Rasen des Stadions Santiago Bernabéu, wo so viele historische Schlachten des Weltfußballs geschlagen worden waren. Das hier war ein Kindergeburtstag für gestandene Männer.

Exakt 27 Bälle waren bereitgelegt und rund um den Rasenplatz verteilt worden, die Toni ins Publikum schießen sollte. Er verteilte nur 26. Mit dem 27. Fußball dribbelte er quer über das Feld und spielte – plötzlich, ansatzlos – einen Pass zu mir. Mit einem Kontakt spielte ich ihm den Ball zurück in den Lauf, nun ja, vielleicht ein ganz klein wenig zu steil für den perfekten Doppelpass, aber man kann es auch so sehen: Toni lief zu langsam, um den Doppelpass perfekt aufzunehmen.

»Da musst du 48 Jahre alt werden, um im Bernabéu einen Doppelpass zu spielen«, rief er mir zu, 25 000 sahen uns zu. Und wir vergnügten uns für einen langen Moment auf dem Rasen des Bernabéu, als ob wir alleine hier wären. Ich bat einen der Organisatoren, mit meinem Handy ein Foto von Felix, Sascha, Toni und mir Arm in Arm auf dem Rasen zu machen. Mir kam vor lauter Freude nicht in den Sinn, dass zehn Meter entfernt eine Reihe von über 100 Fotografen stand, die professionelle Bilder von uns schossen.

Real Madrids Privatflugzeug brachte uns zurück nach Palma de Mallorca. Ein Sicherheitsmann wartete schon auf Toni am Flughafen, und sie brausten in die entgegengesetzte Richtung von Cala Egos davon. Er konnte angesichts des Trubels nicht mehr Ferien in seinem Ferienhaus machen. Jessica hatte deshalb in der Zeit, die wir in Madrid verbrachten, ein Haus in Andratx gemietet.

Am Samstagabend kamen Toni und Jessica noch einmal herüber nach Cala Egos. Wir hatten im *La Marina* eine kleine Feier organisiert, WM-Sieg, Vertrag bei Real, wir feierten alles, und als Mario Götze davon hörte, sagte er mir: »Was? Ich will auch eine Feier!« Also feierten wir einen Samstag später noch einmal im *La Marina*.

Mario kam mit einer Privatjacht von Ibiza herüber. Ich dachte kurz an eine ganz normale, wacklige Fähre.

Er schenkte mir ein schwarzes Plastikarmband. Er hatte es am

Tag des WM-Finales getragen. Als er am Spielfeldrand stand, bat ihn ein FIFA-Offizieller, das Armband auszuziehen. Er streifte es ab, trat auf den Platz, und der Rest ist Geschichte.

7:1 gegen Brasilien, Reals Wahnsinnsangebot, Mario völlig am Boden, das WM-Finale mit drei unserer Jungs, der Kleine macht das Tor, ein bisschen Geld vom FC Bayern und Real, der Tag in Madrid – das alles war in einer einzigen Woche passiert. In einer Woche, in der ich oft Badehose getragen hatte.

Ich trug die Badehose schon wieder und dachte, jetzt war es aber auch mal Zeit: Mit einem riesigen Satz sprang ich ins Wasser.

18

Das Herz

Meine Frau schrie durch das Haus: »Hilfe!« Meine Kinder sprangen aus den Betten und rannten zu ihr in den Keller. Dort angekommen sprintete Jessica sofort wieder nach oben in ihr Zimmer, um ihr Handy zu suchen. Sie wählte 112.

Ich weiß das nur aus ihren Erzählungen. Ich lag bewusstlos im Keller.

Luca und meine Frau versuchten, mich aufzurichten, in die stabile Seitenlage zu bewegen. Ich hing wie ein schwerer Sack in ihren Armen.

»Wir brauchen sofort einen Rettungswagen! Mein Vater ist ohnmächtig geworden!«, rief Jessica.

Was war passiert, fragte der Mann vom Notruf mit neutraler Stimme.

»Das weiß ich doch nicht, was passiert ist! Er liegt hier bewusstlos!«

Der Mann vom Notruf fragte weiter. Litt ich an Herzproblemen oder Epilepsie? War ich beim Fall aufgeschlagen? »Ich weiß es nicht«, rief Jessica, »kommen Sie doch einfach!«

Es war noch immer Sommer, der Sommer 2014. Meine Frau litt an einer Nackenverspannung, deshalb hatte ich ihr auf unserer Massagebank im Keller den Nacken massieren wollen. Auf einen

Schlag, ohne Ankündigung, hatte ich gespürt, wie sich mein Hals zuschnürte. Immer enger zog sich das imaginäre Seil um meine Luftröhre, mir wurde augenblicklich heiß, eine wahnsinnige Hitze durchfuhr den ganzen Körper, und mir war, als würde sich mein Herz zusammenziehen, als würde mein Herz von einer Faust zusammengedrückt. Dann wurde es schwarz.

War das ein Herzinfarkt?

»Wir können keine Anomalität feststellen«, sagten die Ärzte im Krankenhaus. »Das EKG ist in Ordnung, auch der Bluttest. Einen Herzinfarkt können wir definitiv ausschließen.«

Ein halbes Jahr zuvor, im Februar 2014, hatte sich die Schlaufe um meine Luftröhre zum ersten Mal zugezogen. Nach ein paar Minuten hatte sich die Verkrampfung wieder gelöst. Seitdem war ich einmal beim Spazierengehen mit dem Hund auf der Jahnwiese in die Knie gegangen, im wahrsten Sinne des Wortes: Die Verkrampfung in meiner Brust wurde immer fester, sodass es mir die Beine unter den Füßen wegzog. Ein anderes Mal war ich beim Einsteigen ins Auto einfach zur Seite gekippt. Mehrmals war ich nachts aufgewacht von dem Gefühl zu sterben. Meine Brust zog sich gewaltsam zusammen, ich bekam keine Luft mehr! Nach einer halben Minute ging die Lunge wieder auf, ich keuchte, ich sog den Sauerstoff ein.

Ich ging nach jedem Anfall wieder zum Arzt. Die EKG-Kurven waren immer okay. Ich wechselte den Kardiologen, ich wurde zum Neurologen geschickt, zum Facharzt für Innere Medizin, zum Physiotherapeuten, das gab es doch nicht, dass niemand etwas fand. Leute aus dem Fußball empfahlen mir die tollsten Herzspezialisten. Im Mai 2014 setzte mir ein Kardiologe in Leverkusen einen Stent in ein Seitengefäß des Herzens. Er meinte, dass sich jenes Gefäß in bestimmten Situationen krampfhaft schließe und so die Blutversorgung stocke. Der Stent werde es offen halten.

Die Attacken gingen unverändert weiter.

Ich sagte die Reise zur Weltmeisterschaft in Brasilien ab.

Nur auf Mallorca, während der WM 2014, war ich beschwerdefrei. Ich trank, ich rauchte abends zwei, drei Mentholzigaretten, ich schlief viel zu wenig, aber mir ging es prächtig. Ich trug Badehose, Real Madrid rief an, alles schien so leicht.

Mir ging durchaus selbst auf, dass der Stress meines getriebenen Lebens die Ursache für die rätselhaften Herzschmerzen und Atemnöte sein könnte. Aber das verdrängte ich.

Ich war ziemlich gut darin, die Dinge zu verdrängen. Dass sich meine Frau und ich nicht mehr verstanden, realisierte ich natürlich auch, aber trotzdem spielten wir uns eine Beziehung vor, in der ich ihr immer noch den Nacken massierte.

Alles war gut. Alles hatte gut zu sein. Wir hatten mit Toni Kroos einen Protagonisten beim größten Klub der Welt. Wir hatten den Siegtorschützen des WM-Finales. Der Mann, der Deutschland zum Weltmeister machte – das würde Mario für immer bleiben. Rahn 1954, Müller 1974, Brehme 1990, Götze 2014. Wir vertraten gut 40 Bundesligaspieler und etliche vielversprechende Talente.

Wir waren die erfolgreichste Berateragentur Deutschlands.

Wir hatten etwas zu feiern, als ich in der ersten Septemberwoche, am Ende der Transferperiode, wie jedes Jahr mit meinen Mitarbeitern für fünf Tage nach Mallorca fuhr. Als ich zurückkam, ergab ein Wort das andere, ich weiß gar nicht mehr, was der Auslöser war, meine Frau und ich warfen uns alles an den Kopf, was sich aufgestaut hatte. »Dann tschüss!«, rief ich, »ich gehe!«

Ich wollte gar nicht ausziehen. Ich hatte Angst, meine Familie zu verlieren. Aber jetzt, wo es einmal ausgesprochen war, musste ich gehen.

Ich konnte die Wohnung eines meiner Spieler beziehen. Sascha Riether, der erste deutsche Meister von *SportsTotal*, spielte mittlerweile beim SC Freiburg. Er hatte allerdings die Wohnung in Köln aus seiner Zeit beim FC behalten. Er hatte nur eine Saison beim FC verbracht, aber nach der Karriere wollte er in Köln leben.

Die Wohnung war voll möbliert, bis hin zu zwei Stoffhasen auf einem Regal im Eingangsbereich. Ich kaufte mir einen großen Kleiderständer für meine Klamotten und zog, wie damals in den jungen Jahren, mit einem einzigen Koffer ein.

Mir war klar, dass meine Frau und ich nicht mehr zusammenleben sollten. Den Gedanken, nicht mehr bei den Kindern zu sein, noch einmal meine Familie zu verlieren, ertrug ich genauso wenig. Nach einem Monat kehrte ich zu Tina zurück. Einige Wochen später zog ich wieder in Sascha Riethers Wohnung. Zwischendurch zog es mir zwei-, dreimal Herz und Bronchien zusammen, bis ich ohnmächtig wurde. Sieh die positiven Seiten, sagte ich mir: Toni Kroos war eine absolute Offenbarung im Madrider Mittelfeld, »der beste Mittelfeldspieler der Welt«, urteilte sein Mentor Jupp Heynckes. Mario Götze war in München als Stammspieler in die Saison gestartet und hatte sechs Tore in den ersten acht Partien beigesteuert – jetzt startete er durch, denn tief in ihm war es immer noch Sommer, der Sommer 2014! Der FC spielte wieder in der Bundesliga, und zwar unter ein klein bisschen Mithilfe von mir: Ich hatte Marcel Risse, meinen ersten Spieler, sowie Matthias Lehmann zum FC gebracht, dazu Timo Horn im Tor, das waren Pfeiler der Aufstiegself gewesen, mit Dominique Heintz kam für die erste Liga noch ein vierter *SportsTotal*-Spieler dazu.

Also, alles war gut.

Ich verbrachte wenig Zeit in Sascha Riethers Wohnung. Ich arbeitete, denn jetzt wollten wir doch mehr, mehr, mehr. Abends zog ich durch die Stadt, um nicht nachzudenken. Ich kannte so viele Leute in Köln, ich lernte so viele Leute kennen, ich dachte, ich gebe den Gedanken keine Chance hervorzukriechen. Ich traf eine Frau mit lachenden Augen wieder, wir hatten uns zwei-, dreimal im Kölner Leben gesehen, ich erinnerte mich: die Lehrerin. Melanie hieß sie, sie war alleinerziehende Mutter und Hauptschullehrerin. Es hatte mich beeindruckt, wie eine so zarte Frau mit ihren guten Umgangsformen freiwillig, aus absoluter Überzeugung an der Hauptschule unterrichtete.

»Ich bin übrigens ausgezogen«, erzählte ich ihr. »Ich wohne jetzt in der Belvederestraße.«

»Wo?«

»Belvederestraße 42. Ich konnte vorübergehend in der Wohnung eines meiner Spieler unterkommen, weil er gerade in Freiburg spielt.«

»Belvederestraße 42?«

»Ja.«

»Aber da wohne ich auch!«

Von dem Tag an begegneten wir uns öfters, in der Belvederestraße 42.

Am 4. November 2014 versuchte ich es noch einmal beim Kardiologen. Eine Computertomografie meines Herzens wurde angefertigt. Ich lag ruhig in der Röhre. Hoffentlich würden sie endlich etwas finden, dachte ich; sie würden sowieso wieder nichts finden.

Der Arzt kam wenig später mit den Computerbildern wieder. Etwas in seinem Gesicht änderte sich abrupt, als er die Aufnahmen betrachtete. »Ihre Herzkranzgefäße sind total verschlossen! Sie müssen sofort in die Herzklinik. Ich fürchte, Ihnen muss ein Bypass gelegt werden.«

Wörter können einen härter treffen als Schläge. Ein Bypass? Einen Bypass verband ich mit alt sein, mit einem zu Ende gehenden Leben. Ich war 48. Ich war doch auf dem Höhepunkt, der Berater der drei Weltmeister, Marios Tor, Tonis Transfer zu Real.

Ich wurde unmittelbar ins Herzzentrum der Uniklinik Köln gebracht. Professor Stephan Baldus, der Direktor, nahm sich persönlich meines Falls an. Das war beruhigend, eine Koryphäe. Das war beängstigend; wie ernst musste es um mich stehen, wenn der größte Experte gerufen wurde?

»Jetzt schauen wir erst einmal«, sagte Professor Baldus. »Wir setzen sicher nicht einem 48-Jährigen einfach so einen Bypass ein.«

Ein Herzkatheter wurde gelegt. Druck und Sauerstoffsättigung in Herz und Aorta wurden gemessen, die Herzkranzgefäße wurden sichtbar gemacht und mit den Bildern aus der Computertomografie abgeglichen. Es waren keine geschlossenen Gefäße mehr zu erkennen. Alles war einwandfrei.

»Sie leiden unter einer Prinzmetal-Angina«, sagte Professor Baldus, und der Ton seiner Stimme beruhigte mich zunächst einmal. Auch wenn ich keine Ahnung hatte, was das war.

Ich litt an Spasmen der Herzkranzgefäße, erklärte mir Baldus. Die Herzkranzgefäße zogen sich bisweilen krampfartig zusammen, die Durchblutung des Herzmuskels wurde gestört und somit die Sauerstoffversorgung des gesamten Körpers.

Nach der Verkrampfung öffneten sich die Herzkranzgefäße wieder, deswegen hatten die Kollegen auf den Bildern nie etwas gefunden, bis ich offenbar zufällig genau bei der Untersuchung des Kollegen an diesem Tag einen leichten Anfall erlitten hatte, ohne es selbst zu spüren.

»Da brauchen Sie gewiss keinen Bypass. Das lösen wir anders.«

»Keinen Bypass?«

Professor Baldus lächelte, während er den Kopf schüttelte. Dann fiel ihm etwas ein.

»Wissen Sie was? Ich habe gleich eine Vorlesung vor angehenden Fachärzten hier. Kann ich Sie mitnehmen? Das ist so eine seltene Krankheit, ich würde sie den Jungärzten gerne schildern.«

Ich war so euphorisch, kein Bypass, des Rätsels Lösung war gefunden, ich sagte natürlich zu!

Professor Baldus persönlich schob mich in meinem Krankenbett durch die Uniklinik. Fünf Minuten waren wir mindestens unterwegs, über Flure, in Bettenaufzügen, durch Gebäude, bis wir zum Hörsaal der Uniklinik im LFI-Gebäude 13 gelangten.

»Das ist Herr Struth«, stellte mich Professor Baldus den Jungärzten vor. Es waren über 100, schien mir. Ich lag da vor ihnen im Krankenbett und grüßte sie mit erhobener Hand. »Wir haben bei Herrn Struth vor wenigen Minuten eine Krankheit diagnostiziert, die so selten ist, dass wir heute spontan das Thema ändern, um sie Ihnen praxisnah erklären zu können. Es handelt sich um die sogenannte Prinzmetal-Angina, benannt nach ihrem Entdecker, dem amerikanischen Kardiologen Myron Prinzmetal.«

Professor Baldus erklärte, er bezog mich immer wieder mit Fragen ein, und ich assistierte ihm beflissentlich, 45 Minuten lang, aus dem Krankenbett heraus.

Danach kam ich auf die Überwachungsstation. Ich sollte erst einmal dortbleiben, nur zur Sicherheit.

Meine Frau kam mich besuchen. Wir waren nicht mehr richtig zusammen, wir konnten uns nicht richtig voneinander lösen.

Das Krankenhaus-Abendessen wurde serviert, und gut eine Stunde später erlitt ich den stärksten Spasmus. Es muss wahnsinnig schnell gegangen sein, aber in meiner Wahrnehmung wurde ich nicht schlagartig, sondern sanft abwärts gleitend in die Bewusstlosigkeit gezogen.

Was war denn jetzt, meine Brust, Hilfe, Hilfe, ein Gewicht legte sich auf mich, als hätte sich Reiner Calmund auf meine Brust gesetzt, meine Frau geriet in Panik, ich sah ihr verzweifeltes Gesicht vor mir, und dann war ich weg.

Mein Herz stand 37 Sekunden still.

Die Ärzte und Krankenschwestern holten mich mit einem Defibrillator ins Leben zurück.

Körperlich erholte ich mich schnell. Seelisch jedoch blieb etwas zurück. Das Wort Schock trifft es nicht ganz. Es war, als ob eine Panzerglasscheibe zwischen mich und das Leben gezogen worden wäre. Ich schien getrennt von allem um mich herum. Der Lärm, die Regungen, das Leben, nichts kam mehr richtig an mich heran. Nur ein Gedanke lastete auf mir. Eine halbe Minute lang war ich tot gewesen.

Ich sollte Nifedipin nehmen, ASS 100, Pentalong, zwölf Tabletten am Tag. Die Medikamente würden die Herzgefäße erweitern. Nach ein paar Tagen wurde ich entlassen, die Tabletten nicht vergessen, sagte man mir.

Es wurde nicht besser. Am 22. Dezember 2014 wrang die innere Faust mein Herz wieder einmal mit aller Macht aus. Wie für solche Fälle verabredet rief ich Professor Baldus an.

»Das hat keinen Sinn mehr«, sagte er, »das wird zu riskant. Kommen Sie sofort vorbei. Wir müssen da was machen.«

In sechs Tagen sollte ich nach Dubai fliegen. Auf der *Globe-Soccer*-Gala würde ich als Weltberater des Jahres geehrt werden. »Die besten Fußballer der Welt haben wir schon, jetzt haben wir auch den besten Berater der Welt!«, schrieb der *Express*.

Statt nach Dubai fuhr ich in die Uniklinik. Weil ich die Gala notgedrungen absagte, wurde der Preis kurzerhand an den Berater von Cristiano Ronaldo verliehen, Jorge Mendes. Es musste dem Galapublikum doch irgendein Sieger präsentiert werden, fanden die Veranstalter, es konnte doch die Feststimmung nicht mit solch einer traurigen Nachricht verdorben werden, der Gewinner liege im Krankenhaus. Also wurde ich ratzfatz als Berater des Jahres abgesetzt und durch Mendes ersetzt. Der König war tot, es lebe der König.

Aus einer Operation wurden drei. Zwei Stents reichten nicht, wie Professor Baldus zunächst gehofft hatte. Auch der Hauptstamm am Herzen musste mit einer Klammer offen gehalten werden, die Operation war zum damaligen Zeitpunkt noch nicht oft erprobt worden. Am Ende hatte ich sieben Stents am Herzen.

Die Panzerglasscheibe zwischen mir und der Welt wurde immer dicker. Meine engsten Mitarbeiter aus der Agentur kamen mich besuchen. So viele Spieler schickten Genesungswünsche. Alles würde gut. Alles war doch gut. Aber ich spürte die Hoffnung nicht mehr, die Freude. Ich spürte mich nicht mehr, hinter Panzerglas. Ich nahm nur die traurigen Fakten ganz genau wahr. Einige meiner Spieler wie zum Beispiel Mario riefen nicht an. Wenn ich mit Tina redete, hörte ich vor allem, was wir nicht mehr sagten.

Ich litt im doppelten Sinn am Herzen, erklärte mir Professor Baldus. Zu den Spasmen waren depressive Schübe hinzugekommen.

Professor Baldus empfahl mir die Lauterbacher Mühle. Die Klinik warb nicht nur mit ihrem ganzheitlichen Ansatz, sich um Körper und Seele zu kümmern, sondern mit einer naturgeschützten, märchenhaften Landschaft, blühenden Gärten und Blicken über die oberbayerischen Osterseen.

Ich reiste im Januar an. Die Landschaft war unter tiefem Schnee versunken, ein bitterer Wind fauchte mir ins Gesicht. Bis auf ein paar graue Stunden vom Vormittag bis zum frühen Nachmittag war es dunkel. Kilometerweit war rund um die Klinik kein Dorf in Sicht, nur Schnee und Wald. Ich fühlte mich von allem Leben verlassen. Ich sollte drei Wochen bleiben.

In der Klinik war ich mit Abstand von gut zehn Jahren der

Jüngste. Ich bekam eine Chipkarte für mein Rehabilitationstraining, die ich nur in die Kraftmaschinen im Fitnessraum stecken musste, und schon stellten die Geräte das für mich programmierte Gewicht oder den idealen Widerstand automatisch ein. Das war eine fabelhafte Klinik, in jeder Hinsicht auf dem besten Stand. Allerdings schob ich plötzlich die Gewichte an der Kraftmaschine hoch, als würde ich Strohhalme heben. Der 80-Jährige neben mir ächzte und kämpfte und bekam doch gar kein Gewicht hoch. Wir brauchten einen Moment, bis wir etwas merkten. Wir hatten die Chipkarten vertauscht. Die Geschichte erzählten wir uns tagelang, bei jedem Essen wieder. Ansonsten hatten wir nicht viel zu lachen.

In diesen Tagen rief meine Nachbarin aus der Belvederestraße an. Wie es mir gehe. Ich sprach eintönig, mechanisch. Sie komme mich besuchen, sagte Melanie. Ich merkte, ich konnte doch noch etwas fühlen, was man Freude nannte.

Melanie fand, ich musste mal raus. Wir entdeckten, nach längerer Fahrt durch die Dunkelheit, in einem bayerischen Dorf einen Italiener. Ein Ehepaar an einem anderen Tisch sprach uns an, das Restaurant war so klein, die Konversation über die Tische hinweg ergab sich fast auf natürliche Art. Am Ende des Abends bedrängte uns das Pärchen, doch die Abnehmpräparate zu kaufen, die sie vertrieben. Ich hätte mich in dem Moment als abgemagert beschrieben, Melanie hatte noch immer die Figur der Sportstudentin, die sie einmal gewesen war. Aber ich fand den Verkaufsversuch nicht dreist, ich fand das unterhaltsam. Gute Vertreter waren immer bei der Arbeit.

Mit Melanie ergaben sich die Gespräche ohne Anstrengung. Da war stets etwas, was ich ihr erzählen wollte. Selbst ihr Interesse für Fußball war echt. Als junges Mädchen war sie mit ihrem Vater oft von ihrem Haus in Willebadessen im Eggegebirge die 25 Minuten nach Brakel gefahren, um dort Amateur-Oberligapartien zu schauen. Das war der höchste Fußball in der Region. Das waren ihre Sonntage gewesen. Die Vorstellung gefiel mir. Ich war nicht der Einzige gewesen, der sonntags als Kind vom Leben dieser Amateurspiele magisch angezogen wurde.

Am nächsten Morgen, es war Samstag, gingen wir durch den

eiskalten Wald spazieren. Die Stille hatte nichts Romantisches. Sie erinnerte mich nur an meine innere Einsamkeit, selbst mit Melanie an der Seite. Nach ungefähr 40 Minuten entdeckten wir ihn: einen Menschen. Der einzige Mensch auf der Welt außer uns.

»Das ist Berti Vogts«, sagte ich zu Melanie.

Der ehemalige Bundestrainer war nach einer Herzoperation ebenfalls in der Lauterbacher Mühle.

»Das kannst du niemals erkennen«, sagte Melanie, denn der einzige Mensch auf der Welt außer uns marschierte einige Hundert Meter vor uns. Für Melanie war er nur ein kleiner Fleck.

»Doch. Das ist Berti Vogts.« Ich bestand darauf. Ich erkannte ihn an seinem Gang. Er schwang den rechten Arm soldatisch im Marschierschritt.

»Ich habe dich heute Morgen beim Waldspaziergang gesehen«, sagte ich ihm später beim Essen in der Klinik. »Ich habe dich am Gang erkannt.« Ich stand auf und marschierte kurzerhand durch den Essenssaal, den rechten Arm entschlossen schwingend.

»Blödmann!«

Da gab es mal etwas anderes zum Lachen als die Geschichte vom 80-Jährigen und mir.

Melanie war froh, dass Berti Vogts auch in der Klinik war. Ich hatte jemanden aus meiner Welt, sagte sie.

Ich freundete mich mit ihm an, und die Gespräche kamen unweigerlich auf Fußball.

»Sag mal, Volker, der Toni Kroos. Ist der wirklich Weltklasse?«

Ich versuchte, ganz normal weiterzuessen.

»Ja«, sagte ich jovial. »Ich denke schon.«

Dirk Hebel und Sascha Breese riefen praktisch täglich an, sie hielten mich auf dem Laufenden, aber ich konnte immer nur denken: Jetzt geht die Firma den Bach runter. Jetzt geht alles den Bach runter.

Meine pessimistische Sichtweise sei einfach ein Symptom der depressiven Verstimmung, sagten die Ärzte in der Lauterbacher Mühle. Ich war noch in der Lage, das zu verstehen. Aber deswegen bekam ich die Niedergeschlagenheit trotzdem nicht aus dem System.

Am Tag vor meiner Entlassung verschrieben mir die Ärzte Antidepressiva. Die Medikamente würden mir die Rückkehr in den Alltag erleichtern.

Ich weiß nicht, ob es die Wirkung der Antidepressiva war. Ob ich sie nicht vertrug. Vor dem Abflug nach Köln, auf dem Münchener Flughafen, bekam ich eine massive Panikattacke.

Panikattacke, das Wort klingt geradezu niedlich, gemessen an der Sprengkraft eines solchen Anfalls. Ich saß zwischen all dem glitzernden, blanken Chrom und Glas am Flughafen und wurde überwältigt vom Gefühl, sterben zu müssen. Minutenlang schüttelte es mich, alles im Körper zog sich zusammen, verkrampfte, schüttelte mich wieder durch, mein Herz raste, stand still, ich japste nach Luft und bekam keine. Während all dem versuchte ich angestrengt, nach außen den Eindruck zu erwecken, es gehe mir gut. Alles war in Ordnung.

Dann war ich also wieder bei der Arbeit. Ich rief die Spieler an, ich war wieder da, falls sie Sorgen hatten … Ich hörte selbst, wie matt meine Stimme klang.

Marcel Risse, mein erster Spieler, mein besonderer Spieler, besuchte mich im Büro, wir redeten über ihn und seinen Fußball, ein Berater redet immer nur über die anderen, ein Berater kümmert sich immer nur um die Sorgen der anderen. In Marcels Gesicht stand geschrieben, dass er mehr wissen wollte. Wie ging es mir wirklich? Er konnte das nicht, insistieren, nachhaken, Volker, was ist wirklich los? Das war in unserem Verhältnis nicht vorgesehen: dass er sich Sorgen um mich machte.

Er sah mich einfach an, mit seinen großen Augen. Da brach es aus mir heraus.

»Ich weiß nicht, wie lange ich den Job noch machen kann, Marcel. Bitte, bleib trotzdem bei *SportsTotal*!«

Die Ärzte sagten, das sei normal bei Depressionen: Existenzängste, Todesängste. So wie man bei einem Bänderriss eben nicht sprinten konnte, konnte man bei einer Depression die Welt nicht lebensfroh betrachten. Die Funktionen des Gehirns waren vorübergehend gestört. Und so wie das Sprunggelenk sich von einem Bänderriss erholte, würde sich mein Kopf auch wieder erholen.

Ich arbeitete weiter und musste schon wieder ins Krankenhaus. Ein Halswirbel war von der Heftigkeit der Spasmen verschoben worden und musste durch ein Kunststoffkörbchen, einen sogenannten *cage*, ersetzt werden.

In der Agentur sprangen uns zwei Bundesligaspieler ab. Torwart Kevin Trapp und Verteidiger Bastian Oczipka schlossen sich anderen Beratern an. Oczipka stammte aus derselben Leverkusener Jugendmannschaft wie Marcel Risse und Stefan Reinartz, aus unserer ersten Generation; die mussten wir uns packe, hatte Calli gesagt. Wir hatten Oczipkas gesamten Weg begleitet, fast acht Jahre lang. Jetzt war er einfach weg.

Es war offensichtlich, dass die Agentur unter meinen Abwesenheiten litt.

Andere Berater bekamen davon Wind und riefen unsere Spieler an. Kümmerten sich die bei *SportsTotal* überhaupt noch richtig um sie? Mensch, bei *SportsTotal* bist du doch sowieso nur eine Nummer, denen geht es doch eigentlich nur um Kroos, Reus und Götze! Die anderen Berater riefen noch mal an und noch mal. Wir hatten dasselbe Szenario bereits Hunderte Male erlebt. Hunderte Male blieb der Spieler trotzdem bei uns. Er fühlte sich bei uns bestens aufgehoben. Im Frühjahr 2015 allerdings wussten unsere Spieler nicht, was war mit dem Volker? Wie gut war *SportsTotal* ohne ihn?

Berater buhlen permanent um die Spieler anderer Berater, darüber werde ich mich nicht beklagen. Ich werbe selbst anderen Beratern Spieler ab, wenn ich das Gefühl habe, sie wären bei mir besser aufgehoben. Wahrscheinlich habe ich sogar die Konkurrenz, die Aggressivität auf dem deutschen Markt mehr befeuert als sonst ein Berater.

Warb mir jemand einen Spieler ab, nahm ich es trotzdem persönlich. Der alte Instinkt funktionierte noch, im Frühjahr 2015. Denen würde ich es zeigen, uns den Oczipka abwerben! Ich würde ihnen extra zwei Spieler abwerben!

Aber nicht mal das ging bei Oczipkas neuem Berater Sven Kraft. Der hatte keine zwei guten Spieler.

Wenn ich mich wieder abreagiert hatte, sah ich es pragmatischer. Ich warb Spieler ab, die ich spannend fand, bei denen ich das Gefühl hatte, die könnten richtig Karriere machen. Bei welchem Berater sie waren, blieb zweitrangig.

Meine Mitarbeiter rotierten im Frühjahr 2015, wir waren nach außen eine der erfolgreichsten Agenturen der Welt, und niemand sollte spüren, dass etwas anders war. Uwe Fuchs scoutete unverdrossen nach Talenten. In Leverkusen sah er einen Jungen, von der Muse geküsst, der war noch nicht 16, eigentlich zu jung für uns, ich fand das unseriös, als Berater bereits bei Kindern anzutanzen. Doch Uwe sagte, den mussten wir uns jetzt schnappen, sonst machte es ein anderer. Das war ein Junge aus der Kroos-Götze-Reus-Kategorie.

Uwe vereinbarte einen Termin mit den Eltern, die Eltern waren in Ordnung, seriös, Anwältin und Polizist, keine Verrückten, die ihre eigenen Sehnsüchte von Geld und Ruhm auf den Jungen projizierten.

Da musste ich ran, sagte Uwe, da brauchte es die Jukebox. Das war noch im Januar 2015. Also gut, sagte ich.

Das Nächste, was ich hörte, war, dass Uwe Fuchs im Krankenhaus lag und vor Gelenkschmerzen nicht einmal mehr ein Buch in den Händen halten konnte. Eine Auto-Immunkrankheit hatte ihn getroffen, es würde Monate dauern, bis er sich wieder normal bewegen konnte. Parallel dazu musste ich mich in die Lauterbacher Mühle begeben.

Wir sagten den Termin mit diesem 15-Jährigen in Leverkusen einfach ab.

Zwei Jahre später sah ich den 17-jährigen Kai Havertz in der Bundesliga spielen, »das größte deutsche Talent seit Toni Kroos!«, riefen die Kommentatoren. Ich erinnerte mich: Ja, mit dem hatten wir einen Termin gehabt.

Es wurde Frühling. Mit den Depressionen wurde es besser. Mit den Depressionen wurde es wieder schlechter. Ich schleppte mich durch. Ich sagte mir: Ich kämpfe.

Kai Birras meldete sich. Ich müsse unbedingt nach München kommen. Birras hatte in der Anfangszeit meiner Agentur das Marketing geleitet. Als Mario Götze nach München ging, war er mit gewechselt. Er machte sich selbstständig, auch als Marios persönlicher Marketingmann. Ich müsse unbedingt mit Mario sprechen, sagte Kai Birras. Die ganze Familie sei nervös.

Ich kam zum Reden nach München und hatte in meiner depressiven Stimmung den Eindruck, einem Tribunal vorgeführt zu werden. Die Eltern, der Bruder und Birras saßen an Marios Seite auf der großzügigen Dachterrasse seiner Münchener Wohnung.

Sie wollten wissen, was jetzt Sache sei. »Bist du denn wieder fit? Wir haben ja Verständnis für deine gesundheitlichen Probleme, aber wir müssen endlich was unternehmen, das kann hier nicht so weitergehen!«

Mario hatte in den großen Spielen der Saison auf der Ersatzbank Platz nehmen müssen, in den Champions-League-Halbfinals gegen Barcelona genauso wie im Bundesliga-Spitzenspiel gegen Borussia Dortmund. Er hatte praktisch alle anderen Spiele der Saison bestreiten dürfen. Aber aus der Perspektive des Gekränkten fand er nun, der große Guardiola lasse ihn links liegen. Der rede nicht mal verständnisvoll mit ihm. Da hatte Mario recht, ich fand das auch unmöglich von Guardiola. Bloß wurde es nun mir vorwurfsvoll an den Kopf geworfen, als wäre ich für die Situation verantwortlich. Ich musste doch endlich etwas dagegen tun!

Bis zu diesem Zeitpunkt war Mario das meiste in seiner Fußballkarriere leichtgefallen. Enttäuschungen hatten sich wie von selbst aufgelöst, aus dem Ersatzspieler der WM 2014 war in einem Augenblick der ewige WM-Siegtorschütze geworden. Wann hätte Mario lernen sollen, Frustrationen zu bewältigen, sich über wirkliche Widerstände hinwegzusetzen? Ich verstand seine Verzweiflung, ich konnte nachvollziehen, dass seine Eltern und sein Bruder in ihrer Ohnmacht vielleicht auf ihn eingeredet hatten, der Guardiola lässt dich nicht gegen Barça spielen, und wo ist dein Berater, was tut dein Berater überhaupt!

Ich konnte nicht erwarten, dass er sich in solch einer Situation in mich hineinversetzte, dass er verstand, wie mich die Krankheiten einschränkten. Aber ich war trotzdem verletzt in diesem Moment.

Was sollte ich tun, Guardiola die Aufstellung diktieren? Mario hatte doch nach München gewollt, nicht ich! Immer sah diese Familie alles schwarz!

Ich sagte nichts von alldem. Ich gab mich verständnisvoll. Wir würden schon eine Lösung finden. Wir kamen da raus. Erinnerte er sich noch an den Abend nach dem WM-Halbfinale und wie die Welt drei Tage später ausgesehen hatte?

Am Ende des Gesprächs war Mario ruhiger. Der Junge war schon in Ordnung, sagte ich mir. Erst als ich am Flughafen München einen Moment fand innezuhalten, merkte ich: Ich war restlos erschöpft.

Also mussten wir einen Verein für Mario Götze suchen. Wir ließen unsere internationalen Kontakte spielen. Real Madrid, Barcelona, Manchester United, vor drei Jahren hatten sie sich alle vehement für Mario Götze interessiert. Nun drucksten sie alle herum.

Mit 21 hatten alle in ihm den Spieler gesehen, der er eventuell werden konnte. Sie wollten sein Potenzial kaufen. Nun sahen sie den Spieler, der er geworden war. Ein Offensivspieler, der kreative Ideen aufblitzen ließ, aber mindestens genauso regelmäßig verloren schien im Spielfluss und deshalb ein Rätsel hinterließ: Wer war Mario Götze wirklich? Der Fußballer mit wunderbarer Leichtigkeit, den man ab und an herausragen sah, oder der Fußballer, der nicht die Konstanz für das allerhöchste Niveau besaß?

Ich hätte ihnen sagen können, dass Mario, wie so viele Menschen, wie alle Menschen, nur die Liebe, das grenzenlose Vertrauen seines Chefs brauchte, und er würde für sie der Fußballer werden, der schweben konnte.

Aber Real und Barcelona hatten sich schon ihre eigene Meinung gebildet. Juventus Turin auch, hörte Sascha Breese von deren Sportdirektor Fabio Paratici. Sie wollten ihn!

Ich rief Mario sofort an, Mensch, was hatten wir für ein Netzwerk. »Mario! Juventus ist heiß!«

»Ich gehe doch nicht zu Juventus, wenn ich bei Bayern bin.«

Wir redeten noch weiter, innerlich jedoch wusste ich schon, es war vergebliche Mühe. Juventus, der größte Klub Italiens, stand damals in der Wahrnehmung vieler Deutscher ein paar Zentimeter hinter dem FC Bayern, deshalb hielt Mario diesen Wechsel für einen Rückschritt. Bloß, wo stand Mario realistisch betrachtet?

Karl-Heinz Rummenigge hatte mir gegenüber bereits eine jener beiläufigen Bemerkungen fallen lassen, die nie nebensächlich gemeint sind. Ob es möglicherweise für Mario sinnvoller sein könnte, das Glück andernorts zu suchen? In dieser Situation, bei seiner eigenen Unzufriedenheit, musste Mario doch zumindest abwägen, ob der italienische Meister einen Ausweg bot.

Aber Mario wollte von Juventus nichts wissen. Ich spürte, durch unsere Worte hindurch, eine Stille zwischen uns. Dann legte ich auf.

19

Ein Brief an Mario

Ein Komiker verstand den Ernst meiner Lage. Matze Knop, der mit seinen Parodien berühmter Fußballer das Publikum zum Lachen brachte, rief mich an. Wir kannten uns, weil ich ihn mehrmals für Firmenfeiern unserer Agentur gebucht hatte. Während die meisten anderen besorgt nach Herzkranzgefäßen und Stents fragten, dachte er an die andere Seite meines Herzens.

Er wollte mich gerne mit einem Buddhisten in Kontakt bringen. Mit dessen Hilfe könnte ich vielleicht leichter erkennen, ob mein Lebensstil mich krank gemacht hatte, ob ich möglicherweise etwas an meinem Leben ändern wollte.

Ich hatte keine Ahnung, was ein Buddhist mit mir anfangen konnte oder ich mit ihm. Ich rief ihn einfach an.

Er schickte mir zunächst ein Buch. Ich hatte im Leben vielleicht zehn Bücher gelesen.

Der Mönch, der seinen Ferrari verkaufte hieß der Titel.

Ich blätterte darin, und plötzlich, ohne zu merken, wie es begonnen hatte, las ich. Ich verschlang das Buch.

Es ist eine Parabel. Die Personen darin sind fast holzschnittartige Charaktere, nicht so widersprüchliche Typen wie wir echten Menschen. Die Identifikation mit der Hauptperson fiel mir dennoch leicht: Der Mann hatte sein Leben voll dem Beruf untergeordnet und war nach einem schweren Herzinfarkt ins Zweifeln geraten.

Als ich das Buch durchhatte, las ich es noch einmal von vorne. Ich nahm einen gelben Textmarker in die Hand und strich Sätze an, die über mich oder aus mir heraus zu sprechen schienen.

»Auf deinem Sterbebett wird dir bestimmt nicht der Wunsch kommen, mehr Zeit im Büro verbracht zu haben.«

»Bedauere nie deine Vergangenheit. Lass dich vielmehr auf sie als Lehrmeisterin ein.«

»Die Qualität deiner Gedanken bestimmt die Qualität deines Lebens.«

Die vielen Erkenntnisse des Buchs faszinierten mich, sie gaben mir das Gefühl, an einem Scheidepunkt zu stehen, an dem ich mein Leben radikal ändern musste. Aber ich hatte nicht die Kraft und die Entschlossenheit dazu.

Ich klammerte mich auch im Herbst 2015 krampfhaft an die Bahnen, die ich kannte. Ich zog abermals bei meiner Familie ein, ich wollte sie nicht verlieren, der Streit mit Tina ging von vorne los, ich zog wieder aus. Ich fühlte mich immer mehr zu Melanie hingezogen und redete mir ein, ich dürfe auf keinen Fall mit ihr eine Beziehung eingehen. Dann hätte ich doch meine Familie endgültig verloren.

Die Spasmen spürte ich seit den Operationen nicht mehr, die depressive Stimmung hatte sich aufgehellt, aber was machte ich daraus? Ich arbeitete weiter mehr, mehr, mehr, wir waren eine der erfolgreichsten Spielerberatungsagenturen der Fußballwelt, und ich wollte alles dafür tun, dass dies so blieb.

Der *Spiegel* setzte seinen bekanntesten investigativen Sportjournalisten auf mich an, Rafael Buschmann. Wie war meine Agentur in wenigen Jahren so groß geworden? Das war für Journalisten grundsätzlich verdächtig, schließlich hörte man über Spielerberater alles Mögliche.

»Herr Struth«, sagte Buschmann am Telefon, »ich schreibe eine Geschichte über Sie – mit Ihnen oder ohne Sie.«

Das fand ich geil. Dass der *Spiegel* einen Topmann auf mich ansetzte.

Das war ein Spiel auf höchstem Niveau: Er wollte wohl irgendwelche schmutzigen Details ans Licht zerren, Schmiergelder für Vereinsmanager, Steuerbetrug. Ich wollte, dass er über mich recherchierte und merken musste: Da war nichts. Keine Steueroasenmodelle, kein anrüchiges Investment in irgendwelche Fußballklubs, um dort unsere Spieler zu platzieren.

»Bevor Sie die Geschichte schreiben, ohne zu recherchieren, würde ich vorschlagen, Sie kommen mal bei mir vorbei.«

»Ich habe aber ein paar Sachen, die man Ihnen vorwirft.«

»Das kann ich mir denken.«

Natürlich würden ihn irgendwelche anderen Berater mit ihren Diffamierungen gefüttert haben.

Buschmann kam, und irgendwann schlug er in meinem Büro mit der flachen Hand auf den Tisch. Das konnte doch nicht sein, dass ich auf ganz legale Art und Weise in der Branche die Nummer eins geworden war!

Er wühlte, er bekam sogar irgendwie Zugriff auf die Verträge von Götze und Kroos. Aber alles, was zutage trat, war, dass ich wahnsinnig viel Geld verdiente.

Das hätte ich ihm auch so sagen können.

Solche Typen wie der Mann vom *Spiegel*, die sich in ihrer Arbeit verbissen, gefielen mir. Etwas später stellten wir sogar einen Journalisten als Spielerberater bei *SportsTotal* an, Kai Psotta von *Sky*, der zuvor viele Jahre für die *BILD*-Zeitung gearbeitet hatte. Calli hatte mir von ihm erzählt: »Während die anderen Reporter bei der Tour de France Häppchen mit den Siegern aßen, schlich der Psotta durch die Hotels der Radfahrer, um Dopingspritzen zu suchen.« Solch einen Mann konnte ich gebrauchen, umtriebig, gallig. Ob er eine Story suchte oder Fußballspieler, war dasselbe: Er würde herumlungern, herumstreifen, bis er sie gefunden hatte.

Ich halte es für erfolgversprechend, ganz verschiedene Typen als Mitarbeiter einzustellen. 2018 engagierte ich auch erstmals eine Frau als Spielerberaterin bei uns, Raquel Rosa, eine Brasilianerin, die den Fußball im Blut hat. Sie hatte für die deutsche Nationalelf bei der WM 2014 in Brasilien als eine Art Alltagsmanagerin gearbeitet, ehe sie sich bei RB Leipzig jahrelang um die Integration der ausländischen Profis kümmerte. Sie kennt sich im Profigeschäft aus und beherrscht sechs Sprachen.

Ralf Rangnick, damals der Trainer von RB Leipzig, hatte mich gefragt, ob ich nicht eine neue Arbeit für RBs Integrationsbeauftragte, Frau Rosa, wüsste. Sie würde den Verein verlassen. Ich denke, wenig später ärgerte sich Rangnick wahnsinnig über seine Nachfrage bei mir. Statt sie als Betreuerin und Übersetzerin anzustellen, ließ ich Raquel Spieler akquirieren; im Handstreich gewann sie zwei von RBs wichtigsten Fußballern, Dayot Upamecano und Amadou Haidara, für unsere Agentur – und kurz darauf lehnte Upamecano auf unser Anraten RBs erstes Angebot für eine Vertragsverlängerung ab.

Der Buddhist fragte mich auch nach dem Fußballgeschäft. Er stellte jede Menge Fragen, er schien zunächst kaum etwas anderes zu tun, als nach meinem Leben zu fragen.

Ich hatte mir unter einem Buddhisten instinktiv ein kleines, schrumpeliges asiatisches Männchen vorgestellt. Ich sah mich einem deutschen Koloss gegenüber. Torsten Theiler war sein Name, 1,90 Meter groß, deutlich über 100 Kilo Muskelmasse im Polo-Shirt. Abgetretene American-Football-Spieler sahen so aus.

Zu sagen, Torsten Theiler könne gut zuhören, wäre unpräzise. Er konnte mich durch seine Art zuzuhören wahnsinnig gut zum Reden bringen.

Immer tiefer führte er mich in meine Kindheit, und irgendwann sagte er: »Du musst mit deiner Mutter reden.«

Ich sah ihn irritiert an.

Meine Mutter war tot.

»Besuch sie. Rede mit ihr. Sag ihr alles, was du ihr nie sagen konntest. Aber höre ihr auch zu.«

Häh?

Ich wollte es probieren. Ich ging zum Friedhof, ich stellte mich aufrecht vor das Grab, und irgendwann begann ich in meinem Inneren, sie anzusprechen.

Ich fragte sie, warum sie nicht eingeschritten war, als mir einer ihrer Liebhaber – oder besser gesagt einer ihrer Nachtgefährten – aus purer Lust an der Macht ins Gesicht geschlagen hatte, einem fünfjährigen Jungen. Ich erzählte ihr, wie schön der eine Abend in der Pulheimer Pizzeria gewesen war, warum hatte es davon nicht mehr geben können?

Irgendwann antwortete sie.

Wusste ich denn, wie das Leben für sie gewesen war? Ein Mädchen, das mit sechs in Pulheim in die Schule gesetzt wurde und kein Wort verstand, weil sie zu Hause polnisch sprachen. Sie hatte mit 16 nur einen rauschhaften Abend mit einem schmissigen Musiker erleben wollen und war schwanger geworden, wusste ich, was bei meiner Oma da los gewesen war? Sie hatte heiraten müssen, mit 17, in den Sechzigern, sie und der Musiker hatten es wirklich probiert, aber da war wenig außer einer Nacht, was sie verband. Mit Alkohol im Blut schien die Verzweiflung ihres Lebens nicht ganz so einschneidend.

Ich blieb sechs Stunden am Grab.

Ich hatte, mit 49, zum ersten Mal bewusst, radikal die Perspektive meiner Mutter eingenommen.

»Ich verzeih dir, Mama«, sagte ich zum Abschied.

Das war wie eine neue, erhebende Erfahrung: verzeihen zu können. Es bedeutete, den anderen wirklich zu verstehen, wirklich zu lieben.

Ich änderte mein Leben nicht radikal, wie der Anwalt in meinem parabelartigen Buch, der in einem Himalajakloster nach dem Sinn des Lebens suchte. Doch in manchen Momenten gelang es mir durchaus, eine andere, gelassenere Sicht auf die Dinge zu bekommen.

»Schau mal, Mario«, sagte ich, nahm ein weißes Blatt und malte zwei kleine Punkte darauf.

»Was ist das?«, fragte Mario Götze.

»Das ist dein Leben.«

»Wie?«

»Da sind zwei kleine schwarze Punkte: die Trennung deiner Eltern und deine Schwierigkeiten beim FC Bayern. Aber der Rest, der riesige Rest deines Lebens ist weiß, hell.«

Da lächelte er. In dem Moment schaffte ich es, seine trüben Gedanken zu verscheuchen.

Sie kehrten bloß schnell wieder zurück. Eine Sehne riss im Oktober 2015 in seinen Adduktoren. Er fiel monatelang aus. Guardiola rief nicht an, Guardiola flog mit seiner Mannschaft in höheren Sphären, 20 Siege in den ersten 23 Bundesligaspielen der Saison 2015/16, in der Champions League ein 5:1 gegen Arsenal, ein 4:0 gegen Piräus. Ich konnte Marios Gefühl, zurückgelassen zu werden, voll verstehen.

Karl-Heinz Rummenigge bat mich Anfang 2016, doch einmal zu ihm nach München zu kommen. Seine Botschaft sprach er taktvoll aus, aber diesmal auch unmissverständlich. Es wäre besser für alle Beteiligten, wenn ich nach einem anderen Klub für Mario Götze Ausschau hielte.

Über Toni Kroos redete ich mit Rummenigge nicht mehr. Ich erspare meinen Gesprächspartnern eigentlich immer unangenehme Themen, die in der Vergangenheit liegen. In Wunden zu stochern bringt niemandem etwas.

Die Zeitungen schrieben vom »größten Fehler des FC Bayern«, Toni Kroos gehen zu lassen. Man musste doch nur sehen, mit welcher Persönlichkeit er für Madrid das Spiel bestimmte! Ich sehe das anders. Ich glaube nicht, dass es ein Fehler der Bayern war, ihn gehen zu lassen. Denn Toni wäre in München vermutlich nie der Fußballer geworden, der er in Madrid wurde. Unter der Skepsis der Vereinsführung und vieler anderer im Klub hätte er sich nie vollends entfalten können. Selbst, wenn er nach der WM 2014 eine bedeutendere Rolle im Team der Bayern eingenommen hätte – das Wissen, dass dich hier eigentlich die meisten still und heimlich für einen biederen Spieler halten, hätte ihn unbewusst gehemmt. Im Hinterkopf wäre eine Blockade geblieben. In Madrid, fern von allem Zweifel, war er frei.

Ich glaubte, dass es auch für Mario Götze noch einen solchen Ort gab. Er hieß Klopptown.

Bei Jürgen Klopp, seinem lebensfrohen Dortmunder Förderer, würde er wieder aufblühen.

Klopp hatte im Herbst 2015 den FC Liverpool übernommen.

Er hatte dort keine gefestigte Spitzenmannschaft vorgefunden, das machte einen Wechsel von Mario nach Liverpool noch idealer: Er wurde dort benötigt. Er könnte sich unter relativ geringen Erwartungen in den ersten Monaten in den Vordergrund spielen. Beflügelt vom Gefühl, wieder wichtig zu sein, würde er immer besser werden. Er würde die Mannschaft mit nach oben ziehen. Das war der Masterplan.

Jürgen Klopp fand den Plan schlüssig. Das bedeutete bei ihm, dass er mich im Frühling 2016 praktisch jeden zweiten Tag enthusiastisch anrief. Vermutlich rief er bei Mario jeden Tag an.

»Volker, wie sieht's aus mit Mario? Soll ich ihn persönlich in München abholen? Ich fahr da mit meinem Opel vor, wenn es sein muss.«

Während einiger freier Tage, an denen Mario offiziell auf Mallorca weilte, flog er mit seiner Freundin und Sascha Breese nach Liverpool. Jürgen Klopp zeigte ihm das legendäre Stadion an der Anfield Road, aber auch das Trainingszentrum und wahrscheinlich sogar die Abstellkammer für die Putzfrauen, so überschwänglich war er.

Mario flog zurück und sagte: Mal schauen.

Es gab einen zweiten Interessenten, der eventuell emotional und sportlich Marios Comeback beflügeln konnte. Alt-Götzestadt.

Borussia Dortmund würde ihn zurückholen. Ihr junger Trainer Thomas Tuchel und vor allem Geschäftsführer Aki Watzke bemühten sich mit großem Eifer um Mario. An einem Sonntag trafen wir uns abends um 21.30 Uhr, nach dem Spiel der Borussia, in meiner Agentur in Köln. Vorher kam Mario zu mir nach Hause.

Es war einer unserer schönsten Nachmittage. Ich spürte ein tiefes Vertrauen, eine große Nähe zwischen Mario und mir. Er hatte sich dafür entschuldigt, dass er mich in meiner Zeit in der Klinik nie angerufen hatte. Ich hatte verstanden, dass ich damals in meiner depressiven Phase oft übersensibel reagiert hatte.

Thomas Tuchel brachte seinen Assistenztrainer sowie Borussias Sportdirektor Michael Zorc mit zu dem Treffen. Wenn niemand außer Tuchel etwas gesagt hätte, wäre es aber auch in Ordnung gewesen. Ich glaube, alle im Raum lauschten ihm, als er komplexe Vorgänge auf dem Spielfeld faszinierend erklärte.

Mario würde bei ihm im Freiraum zwischen Angriff und Mittelfeld spielen, von dort könnte er sich ans Tor anschleichen, wieder zurückziehen, um aus dem Blick der Verteidiger zu entkommen. Er hätte eine große Bewegungsfreiheit, die im Fußball nur dem zugestanden wird, der mit einem Pass oder einem Schuss alles verändern kann.

Es war nach Mitternacht, als wir uns verabschiedeten. Ich hatte unseren Firmenfahrer gebeten, sich bereitzuhalten. Er brachte Mario zurück durch die Nacht. So konnte Mario am nächsten Morgen in München aufstehen, als hätte es unseren Abend in Köln nie gegeben.

Dortmund oder Liverpool? Ich wartete gespannt auf Marios Entscheidung.

Ich favorisierte eindeutig Liverpool. Klopp würde wieder die Leichtigkeit in Mario wecken. Aber ehrlich gesagt war das gar nicht so wichtig, Dortmund oder Liverpool, Klopp oder Tuchel. Er musste nur weg aus München, zurück in ein Umfeld, das ihm Vertrauen schenkte. Von Guardiola wurde er in der Bundesliga oft ausgewechselt und in der Champions League nicht mal eingewechselt.

»Was machen wir, Mario?«

»Ich habe es mir überlegt. Ich will erst die Europameisterschaft abwarten.«

»Bitte?«

Wenn er im Juni 2016 eine auffällige EM spiele, ergebe sich alles von selbst.

Gedanken flogen in meinem Kopf: Dachte er an Toni Kroos, der die WM 2014 als Plattform genutzt hatte?

Aber bei Mario war die Situation anders als bei Toni. Ich sorgte mich, dass er nach der schweren Zeit mit Guardiola nicht in der Verfassung war, bei der Europameisterschaft zu glänzen – erst recht nicht mit dem zusätzlichen Druck, um seine Zukunft zu spielen.

»Mario …« Nein, er würde die EM abwarten.

Das lief auf ein Desaster hinaus.

Mein Job war es nicht, ihn zu überreden, aber doch bestens zu beraten. Ich konnte seine Entscheidung nicht einfach so hinnehmen, wenn ich sie für grundlegend falsch hielt.

Ich brauchte Unterstützung. Ich rief den Bundestrainer an.

Normal ist das nicht, dass Berater sich mit dem Bundestrainer austauschen.

Allerdings vertrat ich mehr Nationalspieler als sonst wer. Ich konnte ihn immer anrufen, wenn es bei meinen Nationalspielern etwas Ernsthaftes gab. Er meldete sich genauso oft bei mir.

»Jogi, ich stecke mit dem Mario gerade voll in der Zukunftsplanung und wollte dich da auch einfach mal wissen lassen, was Sache ist.«

»Ich weiß Bescheid, danke. Ich telefoniere zurzeit viel mit dem Mario.«

»Und was sagst du ihm denn?«

»Also, ich glaub schon, dass ihm eine Veränderung guttun würde.«

»Dann sag ihm das aber bitte auch deutlich!«

Ich konnte nur hoffen, dass die Meinung des Bundestrainers trotz seiner vorsichtigen Art zu reden bei Mario ankommen würde.

Es war Mai geworden, die Bundesligasaison ging zu Ende. Ich saß im kleinen Hafen von Cala d'Or, unweit von unserem Ferienhaus, beim Frühstück. Die Luft war mild, und ich nahm die Schönheit des Moments gar nicht richtig wahr. Ich grübelte. Mario, Mario, Mario.

Ich rief ihn wieder an.

»Mario, wir müssen was machen. Kloppo wird die EM nicht abwarten. Tuchel will auch eine Antwort. Du bist ein Schlüsseltransfer für die, das musst du verstehen, die wollen nicht bis Mitte Juli auf deine Entscheidung warten.«

»Das kann ich aus ihrer Sicht verstehen. Aber ich werde die EM abwarten. Ich will ein gutes Turnier spielen und sehen, was sich ergibt.«

»Mario, das wird nicht gehen. Kloppo will eine Antwort vor der EM.«

»Dann sag ihm ab.«

»Was?«

»Sag ihm ab.«

»Ich soll dem Kloppo absagen?«

Das konnte er mal schön selber machen. Zumindest das sah Mario ein. Er rief Jürgen Klopp im Mai 2016 an und teilte ihm mit, er bedanke sich für das Interesse, aber er habe sich gegen Liverpool entschieden.

Noch mal werde er sich nicht um Mario Götze bemühen, ließ mich Kloppo wissen.

Mario schien die Entscheidung kein Kopfzerbrechen zu bereiten.

In der Nacht danach, im Ferienhaus auf Mallorca, schlief ich schlecht.

Ich wälzte die Gedanken, ich drehte den Körper von links nach rechts und wieder nach links. Ich fand den Schlaf nicht, aber am nächsten Morgen hatte ich eine Entscheidung getroffen. Ich nahm das Handy in die Hand.

»Kannst du nach Mallorca kommen?«

»Was ist los?«

»Ich möchte das mit dir in aller Ruhe besprechen, aber du weißt, dass ich dich niemals hierher bestellen würde, wenn es nicht um eine Entscheidung von großer Tragweite ginge.«

Er komme, morgen mit dem ersten Flug, sagte Dirk Hebel.

Wir gingen in die *Windrose*, dasselbe Café im Hafen von Cala d'Or, aus dem ich zwei Tage zuvor Mario angerufen hatte.

»Dirk, es gibt zwei Möglichkeiten: Entweder ich liege in einem halben Jahr wieder irgendwo auf der Herzstation. Oder ich höre, wie ich mir das geschworen habe, auf mein Herz. Ich kann mich noch erinnern, wie sich alles in mir sträubte, als Mario damals in München unterschrieb. Jetzt bin ich mit ihm schon wieder an einem Punkt, an dem wir völlig unterschiedlicher Auffassung sind. Ich werde die Zusammenarbeit mit Mario beenden.«

Dirks Reaktion überraschte mich.

»Das ist ein enorm wichtiger Spieler für uns, Volker«, sagte er.

»Aber menschlich kann ich dich verstehen. Dich gesund in der Agentur zu haben ist das Wichtigste.«

So war es entschieden, nach drei Sätzen.

Wie macht man Schluss? Das ist in der Schule bei der ersten Liebe schon die Hölle, und es wird nie wirklich leichter im Leben.

Ich schrieb Mario eine Whatsapp-Nachricht.

Mario, ich muss mit dir reden.

Worum geht es denn?

Das möchte ich dir gerne persönlich sagen.

Er musste in dem Moment bereits ahnen, worum es gehen würde. Aber wir stellten uns noch durch eine ganze Reihe von Whatsapp-Nachrichten hindurch ahnungslos. Am Samstag würden wir uns vor dem DFB-Pokalfinale zwischen dem FC Bayern und Borussia Dortmund in Berlin treffen. Ich hatte keine Bedenken, unser Gespräch könnte ihn vor so einem wichtigen Spiel aufwühlen. Es war, auch wegen einer Rippenverletzung, klar, dass ihn Guardiola nicht einsetzen würde.

Am Freitagabend, bevor ich am 21. Mai 2016 nach Berlin flog, wollte ich meine Gedanken sammeln. Ich wollte mir klar werden, was genau ich zu Mario sagte, und auch noch einmal rekapitulieren, was wir alles gemeinsam miteinander erlebt hatten. Ich nahm Stift und Papier und schrieb so etwas wie einen Abschiedsbrief.

Lieber Mario, begann ich.

20

Eigentlich gibt es nichts Neues

Wir hatten uns zur Begrüßung immer umarmt. Diesmal hielt ich ihm instinktiv die Hand hin. Er schlug ein. Dann suchten wir uns einen Tisch.

»Du weißt, warum ich hier bin«, sagte ich, ohne das Gespräch mit viel Small Talk einzuleiten.

»Nö«, sagte Mario.

Natürlich wusste er es.

Es war jedes Mal wieder ein kurioses Bild, einen Fußballprofi im Trainingsanzug in einem antiquierten majestätischen Grandhotel zu sehen. Die Bar im Berliner *Regent Hotel* war holzvertäfelt, mittags um drei dezent abgedunkelt. Mario trug das knallig rote Poloshirt des FC Bayern. Wir hatten uns in eine geschützte Ecke verzogen.

»Hier ist schon mal ein Brief.« Ich schob ihm ein Kuvert hinüber. Er rührte es zunächst nicht an. »Den kannst du nach unserem Gespräch lesen oder wegschmeißen, wie du willst. Ich wollte in einem Brief alles festhalten, was ich dir zu sagen habe, falls mir das im Gespräch nicht gelingen sollte. Mario, ich möchte unsere Zusammenarbeit beenden.«

»Ich auch.«

»Dann sind wir uns ja einig.«

An der Stelle hätten wir schmunzeln können. Ich erinnere mich nicht mehr genau, aber ich glaube nicht, dass wir es schafften, zumindest reflexartig zu grinsen.

»Es ist für mich unwahrscheinlich schwer, deinen Bedürfnissen gerecht zu werden, Mario. Wir sind so weit auseinander in unseren Vorstellungen, wie deine Karriere weitergehen soll. Das macht keinen Sinn mehr. Ich möchte das nicht unterstützen, dass du noch ein Jahr bei den Bayern bleibst, und ich möchte auch nicht das Risiko mitgehen, dass du mit der EM zockst.«

Er sagte sinngemäß etwas wie, ich hätte doch in letzter Zeit sowieso nicht mehr viel für ihn getan.

»Wir hatten letztes Jahr eine Anfrage von Juventus auf dem Tisch liegen, wir haben dir jetzt die Möglichkeit eröffnet, zwischen Liverpool und Dortmund zu wählen. Mario, du musst mal realistisch überlegen, wo du in deiner Karriere stehst, welche Optionen du erwarten kannst.«

Ja, schon klar, sagte er, aber er meine doch etwas anderes: Ich sei in letzter Zeit nicht mehr richtig für ihn da gewesen.

»Mario, ich war krank! Ich bin von einer Herzoperation zur nächsten getaumelt und hatte mit Depressionen zu kämpfen.«

Es hatte keinen Sinn mehr. Das begriffen wir beide. Mario drückte auf seinem Handy herum. In weniger als einer Minute erschienen von irgendwoher sein Vater und sein Bruder Fabian.

Natürlich hatte er gewusst, worum es bei unserem Treffen gehen würde.

Der Vater holte aus einer Aktentasche ein Schreiben in Klarsichtfolie hervor.

»Was ist das?«

»Eine Trennungsvereinbarung.«

Etwas explodierte. Vulkan Struth brodelte. Ich versuchte, die Hitzewellen zu kontrollieren, nicht aus meinem Körper herauszulassen. Sie hatten von einem Anwalt ein Schreiben aufsetzen lassen! Vermutlich fanden sie das professionell. Ich fand es traurig.

»Ich kam hierher und wollte mich sauber trennen! Wir haben keinen Vertrag, wir haben uns damals per Handschlag auf die

Zusammenarbeit geeinigt, und ich wollte mich heute per Handschlag von euch trennen. Und ihr kommt mir hier mit irgendwelchen Schreiben, die euch irgendein Anwalt aufs Auge gedrückt hat! Einen Scheiß werde ich unterschreiben!«

Sie verzogen den Mund und schüttelten die Köpfe.

Einmal laut geflucht zu haben, den Ärger rausgelassen zu haben, beruhigte mich.

»Ich verabschiede mich jetzt. Wir sollten das jetzt alle erst einmal sacken lassen. Und dann müssen wir in ein paar Tagen noch einmal reden, denn irgendwann müssen wir unsere Trennung ja kommunizieren. Das wird einen Knall in der Branche geben.«

Wir verabschiedeten uns mit einem Händedruck. Die Zeit der Umarmungen war vorbei.

Benommen trat ich aus dem mondänen Hotel ins Nachmittagslicht. In gut vier Stunden begann das DFB-Pokalfinale. Die Fußballfans reisten zu Zehntausenden in die Stadt, und ich würde als einziger fußballbegeisterter Gast vor dem Anpfiff aus der Stadt abfliegen.

Ich war keine 30 Meter weit gekommen, da rannte ich in Matthias Brügelmann, den Fußballchef der *BILD*-Zeitung. Er wollte ins Teamhotel des FC Bayern.

»Herr Struth! Was gibt es Neues?«

»Nichts«, sagte ich. »Eigentlich gibt es nichts Neues.«

Ich rief Melanie vom Flughafen Tegel aus an. Wir waren kein Paar. Ich war nach 22 Jahren Ehe nicht bereit, sofort eine neue Bindung einzugehen. Ich wollte bloß oft mit ihr reden, wenn mich etwas aufwühlte.

Als das Pokalfinale zwischen Borussia und dem FC Bayern begann, saß ich schon wieder in Köln vor dem Fernseher. Ich hatte ein paar Freunde eingeladen. Wir setzten uns auf die Terrasse und öffneten eine Flasche Wein. Das Wetter war traumhaft. Ich schaute das Spiel mit konzentriertem Interesse wie Hunderte Fußballpartien zuvor und danach. Fußball, das Spiel an sich, lenkte mich vollends von meinen Gedanken ab, so wie es schon im Alter von zehn oder fünfzehn gewesen war.

Als ich am Montagmorgen ins Büro kam, rannte mir unser Pressesprecher Max Geis entgegen. »Ey, der Götze, der Götze!«

Markus Hörwick, der Mediendirektor des FC Bayern, hatte Max informiert. Mario Götze sei bei ihm gewesen und habe ihm gesagt, er habe sich von seinem Berater getrennt.

Er hatte sich von mir getrennt?

Hörwick hatte offenbar die Information an die *BILD*-Zeitung weitergegeben.

Eilig zimmerten wir unsererseits eine Presseerklärung zusammen, die von der einvernehmlichen Trennung zwischen Mario Götze und *SportsTota*l berichtete.

Irritiert las ich in der *BILD* auch ein Zitat von Mario, das Hörwick der Zeitung ebenfalls übermittelt hatte: »Ich freue mich schon auf die neue Saison in München und werde alles daransetzen, in meinem ersten Training unter Carlo Ancelotti topfit anzutreten.«

Der FC Bayern und auch dessen neuer Trainer, Guardiola-Nachfolger Ancelotti, hatten überhaupt kein Interesse daran, dass Mario noch zum ersten Training der neuen Saison antrat. Das musste Mario wissen.

Warum machst du das, Mario, fragte ich mich, warum erzählst du so etwas? Ich gab mir selbst eine Antwort: Es geht im modernen Fußball viel zu oft darum, wie einer in der Öffentlichkeit dasteht. Das verbraucht so viel Energie, das bringt so viel negative Energie.

Nicht mehr mein Problem, sagte ich mir. Aber das war leicht gesagt. Mario beschäftigte mich weiterhin.

Thomas Tuchel rief an. Warum hatten sich Mario und ich getrennt? Er wollte ihn immer noch gerne nach Dortmund holen. Aber stimmte irgendetwas nicht – mit Marios Charakter, schwang unausgesprochen mit.

»Mario ist schon in Ordnung«, sagte ich. »Er hat bloß manchmal seinen ganz eigenen Kopf.«

Fünf Jahre später finde ich, dieser eine spontane Satz fasst es noch immer am besten zusammen: Es war am Ende nicht immer einfach zwischen Mario und mir – aber er ist schon in Ordnung.

Ich habe nicht vergessen, was meine Agentur der Zusammenarbeit mit Mario zu verdanken hat; damals, als alle jungen Fußballer wie Mario Götze sein wollten. Wenn ich zurückdenke, dann sehe ich ihn immer noch auf der Fähre von Formentera nach Ibiza, vertieft in ein Buch; in sich ruhend, zufrieden nach einem wunderschönen Tag.

Genau eine Woche nachdem ich und Mario unsere Trennung in Berlin besprochen hatten, feierte ich im Mailänder Meazza-Stadion Toni Kroos' ersten Champions-League-Triumph mit Real Madrid. Sie gewannen das Finale gegen Atlético Madrid im Elfmeterschießen.

Wir alle schauen Fußball unbewusst auch deshalb, weil wir unsere Gefühle hier im Extremen erfahren, niederschmetternde Traurigkeit und urplötzliche, ekstatische Freude. Für einen Menschen, der ein bisschen besser auf sein Herz aufpassen wollte, war das auf den ersten Blick allerdings nicht das beste Berufsfeld. Doch ich brauchte den Gefühlsüberschuss des Fußballs, war mir gerade in den langen Gesprächen mit Melanie und Torsten, dem Buddhisten, klar geworden.

Für viele mag das wie ein einziger Widerspruch klingen: Er geht einem Beruf nach, in dem es die ganze Zeit ums liebe Geld geht, um mehr, mehr, mehr Geld, und gleichzeitig versucht er, buddhistischer zu leben, gelassener, mehr die einfachen Schönheiten des Lebens zu genießen wie einen Spaziergang im Park. Von mir aus können das alle widersprüchlich nennen. Aber mir war 2016 klar geworden, dass ich eine Mitte finden musste zwischen dem brennenden Ehrgeiz, einer der Allerbesten auf meinem Feld zu sein, und dem Wunsch, nicht mehr so engstirnig zu leben.

Die Trennung von Mario Götze verdeutlichte mir, dass ich beides brauchte, das alte Arbeitsfieber und die neue Achtsamkeit.

Ich hatte mich bewusst von ihm getrennt, weil ich nicht mehr alles dem Erfolg unterordnen wollte. Ich bin überzeugt, nicht viele Berater hätten sich aus freien Stücken von einem Spieler von Marios Kaliber getrennt. Denn das bedeutete den bewussten Verzicht auf garantierte Millioneneinnahmen, das bedeutete einen einschneidenden Imageverlust: Dem Berater von Mario Götze schlossen sich neue Talente eher an. Das gab ich für ein bewussteres Leben auf.

Deswegen legte ich jedoch nicht meinen Kampfgeist und meine Umtriebigkeit ab. Nach der Trennung von Mario hatte ich sofort Dortmunds Geschäftsführer Watzke angerufen. Ich wollte ihn persönlich darüber informieren, dass Mario und ich nicht mehr zusammenarbeiteten, aber ihm auch klarmachen, dass ich auf einen Anteil der Provision bestand, falls Mario nach der EM doch noch zur Borussia wechseln würde. Schließlich hatte ich den Transfer größtenteils vorbereitet.

Als Mario Götze nach einer für ihn enttäuschenden Europameisterschaft 2016 aus Mangel an Alternativen tatsächlich zur Borussia zurückkehrte, musste ich Hans-Joachim Watzke nur kurz an unsere mündliche Abmachung erinnern. Selbstverständlich, sagte er, würden wir unseren Anteil bekommen. Das war eine Erfahrung, die ich über die Jahre immer wieder machte: Gerade bei den Persönlichkeiten der großen Klubs wie Pérez, Rummenigge, Watzke oder Rudi Völler konnte ich mich auf ihre Korrektheit verlassen. Sie mochten hartnäckig in Verhandlungen sein, wo es angebracht war, aber sie blieben stets fair. Sie hielten sich an Verabredungen.

Ich merkte: Mich in schwierigen Verhandlungen durchsetzen und dann schwarz auf weiß an großen Summen ablesen zu können, was ich erreicht hatte, gab mir unverändert einen enormen Kick. Wie ich dieses Gefühl liebte!

Aber ich musste nicht mehr alles machen.

Die Junioren-Europameisterschaft für Teams unter 21 Jahren im Juni 2017 war eines jener Turniere, die ich nicht mehr besuchen wollte. Das sollte ich meinen Mitarbeitern überlassen.

Doch ich fuhr zur U21-EM nach Polen. Gerade, weil ich im Leben auch anderen Dingen als Fußball nachgehen wollte. Ich wollte in Zabrze die Spuren meiner Familie finden.

Vor der Abreise kontaktierte ich meinen Großcousin Christian, um herauszufinden, wo genau meine Mutter mit ihren Eltern bis 1956 gewohnt hatte. »Ich höre mich um«, sagte er, und

Tage später hatte er tatsächlich eine Adresse für mich: Ksiedza Konstantego Damrota in Zabrze. Die Hausnummer wusste leider niemand mehr.

Ich quartierte mich mit meinem Mitarbeiter Martin Vontra in Krakau ein, wo die deutsche Mannschaft stationiert war. Vier Spieler aus unserer Agentur waren dabei, Niklas Stark, Marc-Oliver Kempf, Lukas Klünter und Dominik Kohr, am Ende würden sie Europameister werden.

Eine U21-Europameisterschaft ist stets ein Szenetreff. In mittelgroßen Städten wie Krakau trifft man in Cafés und Restaurants mehr oder wenig zufällig all die Leute, die hinter den Kulissen die Geschicke eines Fußballvereins bestimmen, die Kaderplaner, Scouts und Nachwuchstrainer. Das ist für einen Berater wie eine Informationsmesse. Ich hörte in Krakau von Michael Reschke, sein Job als Technischer Direktor beim FC Bayern klinge nur noch toll. Nach Guardiolas Abgang vermisse er eine tiefer gehende Zusammenarbeit im Verein. Ich hörte dies, ich hörte das, nicht selten wurden aus diesen Alltagsgesprächen Geschäfte – aber in Krakau kam es mir vor, als führte ich diese wichtigen Hintergrundgespräche fast nebenbei. In erster Linie wollte ich nach Zabrze.

Die Fahrt dauerte nicht länger als eine Stunde. Ich hatte Martin dabei, er stammt aus einer polnischen Familie, er spricht die Sprache. Als uns der Navigator in Zabrze der Damrotastraße immer näher brachte, staunte ich: Da waren Flutlichtmasten! Da war das Fußballstadion von Górnik Zabrze, direkt in der Straße meiner Mutter! Ich spürte eine neue Verbindung zu ihr.

Wir hielten am Straßenrand. Kleine Einfamilienhäuser standen auf der einen Seite, alte Wohnblocks auf der anderen. Martin sprach jeden Fußgänger über 65 an. Kennen Sie zufällig Adelheid Kameinski? Meine Oma.

Die Passanten schüttelten den Kopf, die meisten, ohne ihren Gang zu verlangsamen.

Ich stand hinter Martin, sah mich um und hörte seinen Worten zu, die ich nicht verstand. *Przepraszam, czy nie zna Pan przypadkowi Adelheid Kameinski?*

In der Kindheit hatte ich Polnisch verstanden. Wenn die Tanten und Onkel in Pulheim zu Besuch kamen, blieben sie wochenlang bei meinen Großeltern. Dann wurde Polnisch zur Familiensprache.

Die Frau wusste etwas! Auf jeden Fall war sie stehen geblieben und redete mit Martin. Ich lächelte ihr zu, als sie schließlich ihren Weg fortsetzte.

»Und?«

»Sie hat mir eine Adresse genannt. Sie meint, dort würden noch irgendwelche Kameinskis wohnen.«

»Aber von meiner Familie?«

»Das konnte sie nicht sagen.«

Wir fuhren zu der Adresse.

Eine Frauenstimme meldete sich in der Sprechanlage.

»Guten Tag, entschuldigen Sie die Störung, hier ist der Enkelsohn von Adelheid Kameinski«, sagte Martin.

Totenstille legte sich in die Leitung.

Nach zehn oder zwanzig Sekunden, die eine Ewigkeit dauerten, summte der elektronische Türöffner an der Haustür.

Ihr Mann sei auf der Arbeit, sagte uns die Frau. Sie werde ihn anrufen, damit er sofort nach Hause komme.

Das war sehr freundlich von ihr, aber wer genau war sie, wer war ihr Mann?

Ihr Mann kam wenige Minuten später durch die Tür, und vor Aufregung fragte ich gar nicht nach, wie er einfach von seiner Arbeit hatte aufspringen können, was er eigentlich genau arbeitete. Er hieß Mischau. Seine Mutter war die Schwester meiner Großmutter. Er hatte mit meiner Oma noch kurz vor ihrem Tod 2004 Kontakt gehabt.

Er holte Fotoalben hervor, sie stellten Essen und Getränke auf den Tisch. Wie man das machte, wenn Familie zu Besuch kam.

Irgendwo im Inneren, in einer Schicht tief unter der Euphorie, hatte ich in meinen erfolgreichsten Momenten als Unternehmer oft eine Traurigkeit schlummern gespürt. Was brachten all diese Glücksmomente, wenn ich keine Familie hatte, mit der ich sie teilen konnte?

Es war schön gewesen, wenn die Kinder auf mich einstürmten: Papa, was macht Mario, geht er zu Bayern, bleibt er bei Dortmund?

Aber ich hatte oft die Vorstellung im Kopf gehabt, wie ich mit meiner Mutter und meinem Vater zusammensaß, auch ein Bruder oder eine Schwester wären dabei gewesen, und ich hätte dann vielleicht sogar gespürt, dass meine Eltern stolz auf mich waren.

Als ich die Fotoalben von Mischau betrachtete, wurde ich von Glück und Schmerz aufgewühlt. Es hatte diese Familie gegeben. Ich hatte sie nie als funktionierende Familie kennengelernt.

Meine Mutter hatte in der Damrotastraße 26 gewohnt, wusste Mischau.

Wir fuhren dorthin zurück. Das Haus lag direkt gegenüber der Schule. Sie hätte nur 20 Sekunden für den Schulweg gebraucht, wenn die Flucht nach Westdeutschland sie nicht aus ihrem Leben gerissen hätte. Ich sah die Straße hinunter, eine Kirche lag an ihrem Ende. Schlagartig erinnerte ich mich an etwas.

»Lass uns in die Kirche gehen, Martin!«

Ich erkannte nichts wieder und glaubte doch, die Kirche zu kennen. Unter der Handvoll Fotos, die ich von meiner Mutter besaß, befand sich eines, das sie bei ihrer Erstkommunion zeigte, auf einer Kirchenbank kniend.

Sie musste auf einer dieser Bänke hier gekniet haben.

Wieder in Köln, suchte ich das Foto heraus. Es zeigte ein dünnes, hübsches Mädchen. Ich rahmte das Bild und stellte es neben den Fernseher ins Regal. So konnte ich, wenn ich Fußballspiele sah, zwischendurch immer wieder zu meiner Mutter hinüberblicken.

Es ging mir besser, seit ich einiges in meinem Leben verändert hatte. Daran erinnerte ich mich im September 2017 immer wieder selbst. Es tut gut, einen Schlussstrich zu ziehen und quälende Beziehungen hinter sich zu lassen.

In diesem Glauben fuhr ich am 20. September zum Amtsgericht an der Luxemburger Straße. Aber natürlich tat es erst einmal verdammt weh, als meine Frau und ich vor der Richterin unsere Scheidung besiegelten.

Die Kinder waren erwachsen. Das sollte es einfacher machen, theoretisch.

Ich ging aus dem Gericht und fuhr los. Ich wusste nicht, was ich tat, ich fühlte es nur. Ich fuhr alle Stationen unseres gemeinsamen Lebens ab. Das Haus meiner Schwiegereltern, wo ich mit meinem Büromaterial das Auto aus der Garage vertrieben hatte, das Heilig-Geist-Krankenhaus, in dem wir alle vier geboren wurden, Jessica, Luca, Tina und ich, die Runde am Fühlinger See, wo wir so oft spazieren gegangen waren.

Überall stieg ich aus und ging los, von einem Ort der Erinnerung zum nächsten, insgesamt 18 Kilometer zu Fuß. Ich ging voll in den Schmerz hinein. Ich brauchte das, um darüber hinwegzukommen.

Sieben Stents stecken in meiner Brust. Ich würde sagen, einen brachte mir die Ehekrise, einen die Konflikte als Berater, fünf verdiente ich mir mit meinem rastlosen Lebensstil. »Ich habe ein neues Ziel im Leben«, sagte Melanie zu mir, »dass du keinen achten bekommst.«

21

Hamburger Schlechtermach-Verein

Reiner Calmund rief an, und ich verbrachte wieder eine Ewigkeit am Telefon mit dem Spiel: Rate mal, was Calli will? Er erzählte mir von seiner Kreuzfahrt über das Arabische Meer. Ich dachte: Calli, was willst du wirklich von mir?

Vielleicht ist das einfach seine höfliche Art, ein Gespräch mit freundlichem Small Talk einzuleiten, möglicherweise hat er auch sein Mitteilungsbedürfnis nicht im Griff – ich glaube allerdings, dass die langatmige Einführung seine Strategie ist. Er quatscht dich so lange zu, bis du erschöpft nur noch »ja, ja, ja« zu seinen Ideen und Wünschen sagst.

Also, die Kreuzfahrt über das Arabische Meer: Sie waren in Südindien gestartet, hatten anschließend im Oman angelegt, später auch in Dubai, wie prächtig das Meer dort nachts glitzerte und diese Weite der Wüste, und … Wenn er jetzt auch noch anfing, mir aufzulisten, was es auf der Reise alles zu essen gegeben hatte, würde ich frühestens in einer Stunde auflegen können. Ach, übrigens, er war wieder mit dem Kühne und seiner Frau unterwegs gewesen, ein großartiger Mensch, er habe mir ja schon mal von ihm erzählt, »ich habe dem Kühne gesagt, er müsse dich unbedingt mal treffen, damit du ihm erklärst, wie das Transfergeschäft so läuft. Das könntest du doch mal machen, wenn du eh in Hamburg bist.«

»Ja, ja, ja«, sagte ich erschöpft.

Das war Anfang 2016 gewesen, ich war gerade angespannt damit beschäftigt, für Mario Götze Alternativen zu Bayern München aufzutun. Ich vergaß Callis Wunsch. Er erinnerte mich mehrmals wieder daran.

Klaus-Michael Kühne war als Gesellschafter der Transportfirma Kühne + Nagel einer der zehn reichsten Deutschen geworden. Mit 79 Jahren regte sich in ihm offenbar die Sehnsucht, etwas zu hinterlassen. Er trat verstärkt als Mäzen in seiner Heimatstadt Hamburg auf. Den Bau der Elbphilharmonie unterstützte er mit fünf Millionen Euro. Neuerdings engagierte er sich auch beim Hamburger SV, vermutlich, weil ihm jemand eingeflüstert hatte, der HSV sei nur einen Schritt von alter Größe entfernt. »Der Kühne hat das Gefühl, dass sie sich beim HSV mit seinem Geld nicht besonders geschickt anstellen. Du könntest ihm doch den einen oder anderen Tipp geben, worauf er achten sollte«, sagte Calli. »Dauert ja nur eine Stunde.«

Ich war neugierig, einen Unternehmer wie Kühne kennenzulernen. Aber ich hatte eigentlich auch keine Zeit. Ich wollte nicht mehr so getrieben arbeiten, ich wollte keine Termine mehr wahrnehmen, die meine Agentur nicht weiterbrachten.

»Tu mir den Gefallen«, sagte Calli.

»Ja, ja, ja.«

Mitte April 2016 sah ich mich am Gate in Köln stehen. Ich hatte einen Flug nach Hamburg gebucht.

Der Flug hatte Verspätung. Ich hasse es, zu spät zu kommen. Das Taxi vom Flughafen Fuhlsbüttel in die Hafencity steckte im zäh fließenden Verkehr. Ich hatte einen Termin mit einem der erfolgreichsten Unternehmer Deutschlands und würde mindestens eine halbe Stunde zu spät sein, ich hasste diese Schei… Ich wollte mich doch nicht mehr über solche Kleinigkeiten des Lebens aufregen. Aber ich hasste es trotzdem!

Als ich vor der Deutschlandzentrale von Kühne + Nagel aus

dem Auto hetzte, begrüßte mich eine Assistentin mit herzlichster Freundlichkeit. Hatte sie extra über eine halbe Stunde auf mich gewartet? Ich war nicht mehr wütend. Ich war nur noch peinlich berührt über meine Verspätung. Was sollte Kühne bloß von mir denken? Er würde mich für einen respektlosen Lümmel halten.

Ich wurde zu einem großen Konferenzraum im obersten Stockwerk geführt, die Tür ging auf, und abgehetzt, leicht beschämt, nahm ich nur aus den Augenwinkeln wahr, dass noch etliche andere Personen im Raum saßen. Klaus-Michael Kühne hatte sich erhoben und kam um den Tisch herum, um mich zu begrüßen, mit 79 immer noch eine mächtige Figur, groß, breitschultrig und sehr hanseatisch, mit dem straff gescheitelten Haar und den zusammengekniffenen Augen hinter der kantigen Brille.

»Entschuldigen Sie vielmals, dass ich zu spät komme, Herr Kühne, das ist mir sehr unangenehm.«

»Sie brauchen sich nicht entschuldigen, wir sind froh, dass Sie überhaupt kommen! Wollen Sie denn erst einmal etwas essen und trinken?«

Ein Platz an der Kopfseite des mächtigen Konferenztisches war für mich frei gehalten worden, und als ich mich setzte, registrierte ich, wer alles anwesend war. Dietmar Beiersdorfer, der Sportvorstand des HSV, Karl Gernandt, der Vorsitzende des Aufsichtsrats, und natürlich Reiner Calmund.

Ich warf Calli einen Blick zu. Mich beschlich das Gefühl, dass er mir nicht alles erzählt hatte, was hier ablief. Wie war das, ich sollte Kühne nur mal ein bisschen was vom Geschäft erzählen? Was machten dann die hohen Vertreter des HSV hier? Calli erwiderte meinen Blick und lächelte fröhlich, unschuldig.

Weil er die Parteien hier ja zusammengebracht habe, sei es erst einmal an ihm, uns vorzustellen, sagte Calli und hielt eine Begrüßungsrede in seiner gewohnten Maschinenpistolensprache. Um es kürzer zu fassen: Er erklärte mich dabei zum Doktor Fußball.

»Calli, was geht hier ab?«, sagte mein Blick.

Klaus-Michael Kühne ergriff das Wort. Er habe dem HSV bereits mehrere millionenschwere Darlehen gewährt, erst vergangenen Sommer habe er die Verpflichtung des schwedischen Mittelfeldspielers Ekdal für vier Millionen Euro finanziert, und was sei mit der Lusche, permanent verletzt sei die! In ähnlichem Ton redete er über so manchen Verantwortlichen des HSV. Ich sah mich verstohlen um. Denn die saßen doch im Raum. Mir kam es vor, als rutsche Dietmar Beiersdorfer ein wenig tiefer in seinen Stuhl. Ich halte Beiersdorfer übrigens fachlich bis heute für einen exzellenten Sportvorstand. Aber die individuelle Kompetenz schien beim HSV auch weniger das Problem als die Zusammenarbeit, der Umgang miteinander. Wie ich gerade wieder merkte.

Kühne ging dazu über, Fragen zu stellen. Was hielt ich von Ekdal? Was hielt ich überhaupt von der Mannschaft des HSV? Was würden Sie denn machen, wenn Sie unser Sportdirektor wären, Herr Struth?

War ich in ein Bewerbungsgespräch für den Posten geraten?

Didi Beiersdorfer sagte wenig, Karl Gernandt machte den einen oder anderen Einwurf. Ich beantwortete Klaus-Michael Kühnes Fragen.

»Herr Kühne, ich habe noch nie in einem Verein gearbeitet, aber ich glaube zu wissen, die wichtigsten zwei Positionen in einem Profiklub sind der Sportdirektor und der Trainer.«

Das hatte er natürlich schon einmal gehört, aber ich wollte auf etwas anderes hinaus als auf die Personalauswahl des HSV. Ich sagte: »Doch selbst der beste Trainer und der beste Sportdirektor nutzen nichts, wenn sie nicht harmonisch zusammenarbeiten. Und beim HSV fängt ständig ein neuer Sportdirektor an, findet noch einen alten Trainer vor, und die beiden beäugen sich misstrauisch. Und so belauern sich hier in diesem Verein offenbar alle. Das kann nicht funktionieren. Beim HSV ist die Kultur des ›Der andere ist schuld‹ eingezogen. Dieses ›Mein Mitarbeiter, Nebenmann oder Vorgesetzter ist sowieso eine Lusche‹. In so einem Klima des Argwohns werden alle Spieler schlechter, so gut sie eigentlich auch sind. Denn Fußball ist ein Zusammenspiel, es geht um die Energie miteinander, nicht nur um individuelles Talent.«

Aber mit solchen Spielern wie dem Ekdal werde das erst recht nichts, fand Herr Kühne.

»Weil Sie den Ekdal erwähnen. Wie viel hat der gekostet, sagten Sie? Vier Millionen. Herr Kühne, das ist viel Geld, damit können Sie einen Flügel der Elbphilharmonie bauen, aber im Fußball kriegen Sie da heute keine gestandenen Klassespieler mehr, sondern eben einen talentierten Spieler, der einen ruhigen, strukturierten Verein braucht, um sein Potenzial eventuell abzurufen. Hängen Sie an die vier Millionen mal eine Null dran, dann können Sie den HSV mit Geld nach oben bringen.«

»Sie meinen, ich sollte 40 Millionen investieren?«

»Besser wären 50, und zwar jede Saison, über mindestens drei Jahre.«

»Das werde ich niemals tun!«

»Müssen Sie ja auch nicht. Sie haben mich nach meiner Meinung gefragt, und ich habe Ihnen meine Antwort gegeben.«

»Ich werde hier niemals 150 Millionen reinstecken!«

Er knurrte ein wenig und sah mich an, als wollte ich ihm sein Geld wegnehmen.

Als das Gespräch nicht viel später beendet war, verabschiedeten wir uns formal herzlich, aber doch recht neutral voneinander.

Ich hatte den Rückflug für den späten Abend direkt nach Mallorca gebucht. Ich wollte mich zu Pausen zwingen. Bis zum Abflug blieben noch ein paar Stunden.

Ich war mit Didi Beiersdorfer zum Abendessen verabredet. Ich hatte ja nicht gewusst, dass wir uns schon bei Kühne sehen würden.

Aus alter Gewohnheit gingen wir ins *Grand Hotel Elysée*, wo die Mannschaft des HSV vor Heimspielen residierte und Didi und ich oft unsere Spielerverträge verhandelt hatten. Im Foyer blieben wir einen Moment stehen. Es gibt vier Restaurants im *Elysée*, wir überlegten, welches wir wählen sollten. Aus 20 Meter Entfernung winkte uns ein Mann zu. Kühne.

Seine Frau kam schneller als er auf mich zu. Ihr Mann musste irgendetwas wie »Das ist der Struth!« zu ihr gesagt haben. Jedenfalls drückte sie mich an sich, als würden wir uns seit 100 Jahren kennen, und sagte: »Sie sind der, der unseren HSV jetzt mal nach vorne bringt!« Links geherzt, rechts geherzt.

In dem Moment war ich einfach geschmeichelt. Erst viel später, als ich rekapitulierte, wie alles begonnen hatte, fragte ich mich: Hätte da bei dir nicht was klingeln sollen?

Inzwischen hatte Kühne seine Frau eingeholt. Didi Beiersdorfer und ich ließen sie ihres Weges gehen, um zum Abendessen Platz zu nehmen.

Vom HSV nichts Neues hatte mir Didi beim Essen zu berichten: Seine Zusammenarbeit mit Trainer Bruno Labbadia sei wahnsinnig schwierig, jeden neuen Spielervorschlag beäuge der. Da waren wir wieder beim Thema, dem unverträglichen Klima des Misstrauens.

»Aber mal schauen, was jetzt nach der Sitzung heute passiert«, sagte Didi.

»Was soll denn passieren?«

»Wir brauchen das Geld von Kühne. Ohne Geld von außen können wir zur neuen Saison keine Spieler holen, die uns vorwärtsbringen.«

»Du hast doch gehört, was er gesagt hat: Niemals investiert er großes Geld in den HSV.«

»Ja, aber er hält große Stücke auf den Calli. Und deshalb, hoffe ich, wird er auch über das, was du sagtest, noch mal nachdenken.«

Ich ließ das so stehen. Ich konnte das weder einschätzen, noch ging es mich wirklich etwas an. Möglicherweise konnte ich den neuen Kontakt zu Kühne nutzen, wenn einer unserer Spieler zum Hamburger SV wechseln wollte. Beziehungsweise wenn einer unserer Spieler unsicher war, ob er sich den HSV wirklich antun wollte.

»Ist schon ein Typ, der Kühne«, sagte Didi Beiersdorfer und lächelte. Alte Schule, extrem korrekt, extrem rational, extrem trocken. »Karl Gernandt, der ihn von uns am besten kennt, hat erzählt, dass Kühnes Mitarbeiter, wenn sie zur Filiale nach Amerika reisen, die Firmenpost mitnehmen müssen. Sie sollen sie dort direkt abgeben, um das Porto zu sparen.«

Auf dem Weg aus dem Restaurant ging ich an Klaus-Michael Kühnes Tisch vorbei, um mich noch einmal für den Nachmittag zu bedanken und zu verabschieden. Ein Pärchen saß bei den

Kühnes am Tisch, Herr Kühne stellte mir seine Abendgesellschaft vor. Der Mann war ein alter Klassenkamerad von ihm. Vor fast 70 Jahren seien sie zusammen in die Heinrich-Hertz-Schule in Hamburg-Winterhude gegangen. Nebenbei war der Klassenkamerad eine der bekanntesten Figuren des geteilten Nachkriegsdeutschlands. Der Liedermacher und Lyriker Wolf Biermann.

Der eine hatte eine kapitalistische Bilderbuchkarriere als Unternehmer hingelegt, der andere war in die DDR übergesiedelt, um kommunistische Ideale umzusetzen, ehe er vom realen Sozialismus desillusioniert wurde. Offenbar verstanden sie sich prächtig.

20 Stunden nachdem ich im gediegenen Konferenzraum der Hafencity gesessen hatte, nahm ich in einem anderen Hafen Platz. Von einer schmucklosen Caféterrasse blickte ich über den alten Ankerplatz der Fischer von Cala d'Or. Jetzt lagen dort Jachten. Das Handy klingelte, das Handy klingelte immer. Ich kannte die Nummer nicht.

»Herr Stttrrruth«, die spitze Hamburger Aussprache war unverkennbar, »hier ist Kühne. Haben Sie mal Zeit!«

»Selbstverständlich, Herr Kühne.«

»Ich habe das alles mal sacken lassen, was Sie gestern zum Besten gegeben haben. Also, ich mach das mal kurz: Wenn ich denen so viel Geld gebe, würden Sie mich da beraten?«

»Puh, Herr Kühne …«

»Wenn die da so viel Geld für einen Spieler haben wollen, dann brauche ich schon jemanden, der mir sagt, ob der gut oder schlecht ist.«

Das also hatte Calli gewollt, als er begann, mir in epischer Länge von seiner Kreuzfahrt zu erzählen.

»Herr Kühne, das müssen wir besprechen. So spontan sage ich Ihnen: Natürlich kann ich mir vorstellen, Sie zu beraten, warum nicht.«

»Das ist fein. Ich fliege morgen nach Mallorca. Könnten Sie da zu mir aufs Boot kommen?«

Morgen? Behutsam lief das nicht gerade ab.

»Gerne.«

Ich dachte, das wird eine coole Sache. Kühne wird ein paarmal anrufen, immer wenn ihm Didi Beiersdorfer einen Spieler vorschlägt. Das würde mir nicht nur Spaß machen, meine Expertise einzubringen, ich würde auch wieder von einer ganz neuen Seite einen Informationsvorsprung kriegen, welche Spieler der HSV suchte. Im besten Fall konnte ich dann auch mal sagen: »Herr Kühne, wir hätten da bei *SportsTotal* einen Spieler …«

Vor einiger Zeit hatte mich ein erfolgreicher Kölner Unternehmer, Franz-Josef Wernze, gefragt, ob ich mich nicht am Investment seiner Familie in den polnischen Fußballklub Lechia Danzig beteiligen wolle. Ich hatte, ohne zu zögern, abgelehnt. Ein Berater darf meiner Meinung nach niemals gleichzeitig Besitzer eines Fußballklubs sein. Du machst dich zu Recht angreifbar. Missbrauchst du den Klub als Plattform für die Fußballer deiner Agentur? Kommen und gehen deine Spieler im Verein, so wie es für ihre individuelle Karriere am besten ist? Oder benutzt du deine Spieler für die Ziele deines Klubs, wenn du sie dorthin lockst, weil es für die Mannschaft sinnvoll ist, nicht aber für die Karriere des Spielers. Kurz gefasst: Die Wahrscheinlichkeit, dass du dich mit deinen Interessen als Berater und Klubeigentümer verzettelst, ist enorm hoch. Klaus-Michael Kühne zu beraten war etwas ganz anderes, sagte ich mir. Es war eine ehrenwerte Nebentätigkeit, bei der ich zudem von einem honorigen Unternehmer einige Geschäftsweisheiten erfahren konnte und sich der gute Zugang meiner Agentur zum HSV noch verbessern würde.

Für eine solche Konstellation wurde das neudeutsche Wort Win-win-Situation geschaffen.

Mein Telefon klingelte schon wieder.

»Kühne rief mich gerade an«, berichtete mir Didi Beiersdorfer. »Er meinte, er hätte morgen einen Termin mit dir, auf Mallorca.«

»Ja.«

»Er hat mich auch hinbestellt.«

Theoretisch war das, was ich vor mir sah, ein Boot. Es hatte eine Reling, ein Deck. Ansonsten erinnerte Kühnes Jacht im Hafen von Palma durch Größe und Glanz eher an eine schwimmende Villa.

Der Konferenztisch an Bord schien für ein komplettes mittelständisches Unternehmen konzipiert. »Also«, sagte Kühne. Er wäre bereit, in den angedachten Dimensionen in den HSV zu investieren, wenn er mich an seiner Seite wüsste.

»Deswegen bin ich hier, Herr Kühne.«

»Das freut mich. Aber sagen Sie mal, Herr Struth: Reichen nicht auch 20 Millionen pro Spieljahr?«

Schwierig, sagte ich, wenn der HSV wirklich wieder an die Spitze wolle. 20 Millionen koste heutzutage oft schon ein einziger gestandener Klassespieler.

»Also gut«, sagte Kühne. Wie würde das dann ablaufen?

Er verlangte von Didi Beiersdorfer die Garantie, dass ich über jeden Wunschspieler des Vereins informiert würde, und er verlangte von mir, dass ich mich über jeden Vorschlag eingehend informierte. »Bringen Sie auf jeden Fall auch eigene Ideen ein!«

Wir sprachen über die Hierarchie und Struktur einer Mannschaft, über Neuzugänge, die nicht nur das Spiel, sondern das Klima des Misstrauens mit ihrer unverbrauchten, positiven Art verändern konnten. Nach 60 Minuten war Kühne euphorisch.

Nur noch ein Schritt zu alter Größe! »Ich will ja auch mal wieder den HSV gegen Juventus Turin im Volksparkstadion sehen, nicht nur gegen den FC Augsburg.«

Abrupt wandte er sich Didi zu. »So, Herr Beiersdorfer, und jetzt lassen Sie mich mal bitte eine Viertelstunde mit meinem Berater alleine.«

Ich glaubte, im Boden zu versinken. Der Sportvorstand des Hamburger SV musste wie ein Schulbub aufstehen und vor die Tür gehen.

Ich kann nicht sagen, was mir unangenehmer war: dass Didi rausgeschickt wurde, während ich sitzen blieb. Oder dass in der Szene überdeutlich wurde, wie entwürdigend Abhängigkeit sein kann. Didi Beiersdorfer wäre in dem Moment für den HSV auch ins Meer gesprungen. Hauptsache, Kühne legte die Millionen auf den Tisch.

»So, Herr Struth, was kostet das denn?«

»Was meinen Sie, Herr Kühne?«

»Was kriegen Sie denn von mir?«

»Oh, da muss ich mir erst einmal Gedanken machen.«

»Sagen Sie es einfach. Ich will die Sache hier und heute vom Tisch haben.«

Ich dachte immer, ich mochte es schnell. Aber ein wenig Bedenkzeit hätte ich auch nicht schlecht gefunden.

»500 000 Euro im Jahr«, sagte ich nach zwei Sekunden Überlegung. »Und lassen Sie uns die Beratung mal auf drei Jahre anlegen.«

Abgemacht, sagte Kühne.

»Mensch, tut mir leid, dass du da so Knall auf Fall von Bord geworfen wurdest«, sagte ich, wieder an Land, zu Didi Beiersdorfer.

Sei schon in Ordnung, sagte er, er habe die Zeit zum Telefonieren nutzen können.

Aus April wurde schnell Mai. Die Fußballsaison ging dem Ende entgegen. Hamburg war so etwas wie euphorisch. Der HSV hatte die Bundesligasaison auf Platz zehn abgeschlossen. Zu den Europapokalplätzen war es nur noch ein Schritt.

Die Transferplanungen für die kommende Spielzeit liefen auf vollen Touren. Kühne bestellte mich in sein Haus in Zürich, er bestellte mich auf seinen Ansitz in Port Andratx. Der Aufsichtsratschef Karl Gernandt beraumte ständig Telefonkonferenzen an.

Ich hatte manchmal vor mich hin geträumt, dass ich doch auch Sportdirektor bei einem Profiklub sein könnte, mit meinem Fachwissen, Netzwerk und Verhandlungsgeschick. In meinen Tagträumen war das immer ein fantastischer Job gewesen.

Jetzt lernte ich, was es bedeutete, Sportdirektor in einem Klub wie dem HSV zu sein. Ständige Absprachen, ständiges Erklären, Werben, Buhlen, Kämpfen, zum Teil mit Leuten wie dem Aufsichtsrat, der nicht wirklich mit prägnanter Fußballkompetenz glänzte.

Unversehens war ich in einen gigantischen Prozess hineingezogen worden. Ich hatte eine Agentur mit mittlerweile 80 Spielern zu führen, ich hatte die Sache mit Mario zu klären. Ich musste ständig mit den Verantwortlichen des HSV konferieren.

Ich fühlte mich vereinnahmt.

Ich sagte mir, das war nur eine heiße Phase, Transferzeit, ich sagte mir, das war nur die schwierige Anfangszeit. Wenn der HSV den einen, entscheidenden Schritt gemacht hatte, würde sich alles einpegeln. Ich fand es eigentlich doch spannend, mal eine Vereinsplanung miterleben zu können. Was würde das für ein Hochgefühl sein, wenn der HSV mit meiner kleinen Hilfe an die Spitze zurückkehrte.

Doch nichts ging einfach beim HSV, nichts ging einfach mal so.

Ich riet Kühne, einen jungen Spieler unbedingt zu halten, Kerem Demirbay, er hatte sich während einer Leihe zu Fortuna Düsseldorf in der zweiten Liga vielversprechend in Szene gesetzt. Trainer Labbadia sah Demirbay nicht in seinem Team. Wenn der Trainer den Spieler partout nicht wollte, machte es keinen Sinn, ihn zu halten, entschied Didi Beiersdorfer. Da konnte ich ihm nur zustimmen.

Ich empfahl ein Talent aus unserer Agentur, Luca Waldschmidt von Eintracht Frankfurt. Der brauchte Vertrauen und ein, zwei Jahre Zeit, dann würde er ein richtig gewitzter Mittelstürmer werden. Handelte ich aus Eigeninteresse, fragten die Lokalzeitungen: Lud ich möglicherweise einen Spieler beim HSV ab, der bei Eintracht Frankfurt chancenlos war? Kühne ließ sich davon nicht beirren, er finanzierte die Ablöse von 1,3 Millionen Euro. Aber mir ging das Gezeter der Journalisten auf die Nerven: Was wollten die! Ich verschaffte dem HSV ein Supertalent. Die sollten mal richtig recherchieren, statt zu mutmaßen!

Trainer Labbadia wollte unbedingt einen Außenverteidiger, Dennis Aogo. Ich riet ab. Wir wollten schnelle, junge Spieler für die Flügelpositionen, waren wir doch übereingekommen. Aogo erfüllte viele Kriterien, aber nicht diese zwei. Labbadia war außer sich. Wie es angehe, dass jetzt ein Berater in die Transferpolitik reinrede!

Vier Monate zuvor, am 10. März 2016, war Bruno Labbadia mit Didi Beiersdorfer zur Feier meines 50. Geburtstags erschienen. Ich hatte mich sehr gefreut, schließlich hatten wir die eine oder andere Meinungsverschiedenheit gehabt – sein Kommen war ein Zeichen, dass dies hinter uns lag. Calli bestand auf der Feier darauf, »komm, wir machen ein Foto zu viert«, Didi, Bruno, Calli und ich. Das Bild wollte Calli unbedingt Herrn Kühne schicken. Ich hielt das damals noch für eine nette, unschuldige Geste. Vier Monate später konnte ich den Gedanken nicht unterdrücken: Bruno Labbadia kommt zu meinem Geburtstag, bestärkt mich, Herrn Kühne zum Investieren zu bewegen – und sobald das Geld fließt, soll ich den Mund halten, soll Herr Kühne die Spieler einfach abnicken, die der Trainer will?

Das waren doch nur die üblichen Meinungsverschiedenheiten im Fußball, versuchte ich mich zu beruhigen, das musste ich aushalten. Wir mussten weitermachen.

Didi Beiersdorfer flog zu den Olympischen Spielen 2016 nach Rio, um einen brasilianischen Innenverteidiger namens Rodgrio Caio zu beobachten. Dort fand er dessen quirligen Nebenmann, Linksverteidiger Douglas Santos, viel interessanter. »Den *müssen* wir verpflichten, Herr Kühne!«, sagte ich, und tatsächlich, das klappte mal reibungslos.

Was natürlich die Ausnahme blieb. Didi schlug einen jungen Schweizer Mittelfeldaufräumer vor, Denis Zakaria. Ein beachtliches Talent, hörte ich aus der Schweiz. Ich war nicht dabei, als Didi und Bruno Labbadia über Zakaria redeten. Aber danach war er kein Thema mehr.

Alle – Beiersdorfer, Labbadia und ich – hielten Filip Kostic für eine Verstärkung. Aber der VfB Stuttgart verlangte 17 Millionen Euro Ablöse. »Warten Sie bis kurz vor Transferschluss, dann ist der für zwölf zu haben«, riet ich Kühne. Didi und Labbadia drängten Kühne. Sie müssten Kostic sofort holen, sonst schlüge Wolfsburg zu. Klar, war ja nicht ihr Geld.

Ich hatte einen Tipp bekommen, ein richtig starker französischer Nationalspieler von Newcastle United sei zu haben, Moussa Sissoko. Das war ein Gigant! An dessen Schultern prallten Gegner ab. Sissoko beherrschte das Schwierigste: einfach zu spielen. Aus der Einfachheit seines Spiels wurde Eleganz, weil er richtige Entscheidungen traf. Aber Labbadia wollte ihn nicht. Labbadia, so kam es mir vor, wollte aus Prinzip keinen Spieler mehr, den ich vorschlug. Er machte ständig Gegenvorschläge. Wieder gab es eine Telefonkonferenz.

Kühne brüllte Didi Beiersdorfer an: »Jetzt holen Sie doch endlich diesen Yohoko!«

Es sei verantwortungslos, Sissoko für 20 Millionen Ablöse zu verpflichten, wenn der Trainer ihn ablehne, sagte Didi, und auch da konnte ich ihm nur zustimmen. Ein Spieler, den der Trainer nicht will, wird fast sicher zum Flop.

So wurde gestritten, gefeilscht, gehakelt – in einem Führungsteam, das eigentlich blind zusammenarbeiten sollte. 33 Millionen Euro allein für Ablösezahlungen investierte der HSV mit Kühnes Hilfe schließlich im Sommer 2016 in neue Kräfte. Investitionen in dieser Größenordnung hatte ich ihm empfohlen. Doch trotz faszinierender einzelner Zukäufe fehlte das Wichtigste: eine stringente Linie. Kriegte der Trainer seinen einen Wunschspieler, durfte der Sportvorstand dafür seinen kaufen. Ich hatte einen wunderbaren Crashkurs erhalten zum Thema: Warum es mit dem HSV nie etwas wird.

Wenn ich einen Schritt neben mich trat, wenn ich mit den Augen eines Außenstehenden auf unsere Bemühungen blickte, dann musste ich sagen: Ich war nur eine weitere Figur geworden, die eine Zusammenarbeit verkomplizierte. Noch einer mehr mit eigenen Ideen, die mit den Ideen der anderen kollidierten. So gut die Ideen auch sein mochten.

Ich besuchte die anderen Vereine, ich musste schließlich auch mal meine eigene Arbeit machen. Aki Watzke in Dortmund begrüßte mich: »Kann ich dich überhaupt noch reinlassen, du arbeitest doch für den HSV!« Der Sportvorstand des FC, Jörg Schmadtke, sagte: »Bringt es überhaupt noch was, mit dir zu reden? Du schickst deine Spieler doch eh nur noch nach Hamburg.« Nach den Scherzen überbrachten sie mir dieselbe Botschaft noch einmal in freundschaftlichen Worten. »Du tust dir keinen Gefallen mit deinem Engagement für Kühne«, sagte Rudi Völler in Leverkusen. »Du machst dich angreifbar.«

Das hatte ich bereits gemerkt, vielen Dank.

Mein Ruf litt. Einige Hamburger Aufsichtsräte und Journalisten witterten hinter jedem meiner Vorschläge persönliche Interessen. Empfiehlt er Spieler, an deren Transfers er mitverdient? Lehnt er Spieler von rivalisierenden Beratern ab?

Ich war verletzt. In England und den USA, wo Investoren Fußballklubs besitzen wie Chemiefirmen oder Gärtnereien, war es gang und gäbe, dass die Klubbesitzer einen Fußballagenten als privaten Berater engagierten. Nur im deutschen Fußball finden viele, ein Investor sollte schön sein Geld rausrücken und dann mal den Trainer und Sportdirektor ohne Kontrolle machen lassen. Warum? Es ist nicht nur legitim, sondern angebracht, dass ein Investor von einem unabhängigen Experten Einschätzungen zu seinen Investitionen einholt – so wie in allen Demokratien Minister bei Fachfragen externe Berater zurate ziehen. Mehr als eine halbe Milliarde Euro gab die Bundesregierung 2019 für Berater und Gutachter aus. Ich machte nichts anderes, ich beriet Kühne nach bestem Wissen und Gewissen und stand dafür plötzlich als böser Schattenmann da.

Mal sachlich nachgedacht: Wieso sollte ich dem HSV zu schlechten Spielern raten? Ich wäre nicht der erfolgreichste Spielerberater Deutschlands, wenn ich absichtlich schlechte Spieler vermittelte. Meine Agentur war so erfolgreich geworden, weil wir *gute Spieler* erkannten und vermittelten. Regelmäßig lehnten wir die Beratung von Fußballern sogar ab, wenn wir nicht an ihre Qualität glaubten.

Schwervermittelbare würden uns nur viel Arbeit bringen und, falls sie nicht einschlugen, unseren Ruf bei den Vereinen schädigen. Genauso würde ich mein Ansehen ruinieren, wenn ich dem HSV Ladenhüter empfahl oder Kühne von Superspielern abriet, nur weil die von der Konkurrenz angeboten wurden.

Mal sachlich weitergedacht: Wie gut oder schlecht waren die Ratschläge, die ich Klaus-Michael Kühne gab?

Kerem Demirbay wurde bei der TSG Hoffenheim einer der feinsten Kreativspieler der Bundesliga. 2019 zahlte Bayer 04 Leverkusen für ihn die höchste Ablöse der Vereinsgeschichte, 32 Millionen Euro.

Luca Waldschmidt flatterte im Hamburger Schlechtermach-

Verein nur, statt abzuheben, aber der HSV erzielte mit seinem Weiterverkauf einen Transfernettogewinn von 3,7 Millionen Euro. Auf seiner nächsten Station, beim SC Freiburg, wurde Luca Nationalspieler. Im Sommer 2020 zahlte Benfica Lissabon 15 Millionen Euro Ablöse, um sich seine Dienste zu sichern.

Dennis Aogo blieb bei Schalke und spielte dort genauso wie später beim VfB Stuttgart solide mit. Seine besten Jahre waren vorbei.

Douglas Santos kostete den HSV 7,5 Millionen Euro Ablöse und brachte dem Klub zwölf Millionen, als er nach drei Jahren zu Zenit St. Petersburg weiterzog.

Filip Kostic, gelähmt von der ständigen Hamburger Unruhe, wurde eine Wucht, sobald er zu Eintracht Frankfurt kam.

Moussa Sissoko marschierte voran, als sein neuer Verein Tottenham Hotspur bis ins Champions-League-Finale vorstieß.

Doch die Substanz meiner Beratung war unerheblich. In dem Hamburger Klima des gegenseitigen Misstrauens musste ich als Eindringling wahrgenommen werden, als jemand, der von außen die Klubpolitik bestimmen wollte. Als Schattenmann mit eigener Agenda.

Das hätte ich voraussehen müssen.

Warum ging ich das Engagement dann trotzdem ein?

Vermutlich weil ich wirklich glaubte, mit meinem Rat würden die Transfers besser. Weil ich träumte, mit meiner Hilfe würde der HSV den einen fehlenden Schritt machen. Weil ich geschmeichelt war, dass mich Kühne fragte.

Mein Engagement als Mäzen-Berater in Hamburg war grundsätzlich ein großer Fehler. Die Frage war nur, wie ich da wieder rauskam.

Ich spürte gegenüber Herrn Kühne eine Verantwortung. Ich hatte ihm meine Hilfe für drei Jahre per Handschlag zugesagt. Abmachungen hielt man ein. Ich hatte ihn dazu bewegt, in großen Dimensionen in den HSV zu investieren. Ich konnte mich nicht nach drei Monaten aus dem Staub machen.

Aber ich musste es aus Selbstschutz tun.

»Herr Gernandt, ich muss da raus«, sagte ich zu Kühnes Vertrauten aus dem Aufsichtsrat am Telefon, als er wieder einmal angerufen hatte, weil dies nicht klappte oder jenes schieflief.

»Wenn Sie das machen, dann richten Sie hier ein Desaster an! Dann zieht sich Kühne zurück, dann bricht hier alles zusammen.«

Also machte ich weiter.

Ich fuhr durch Mallorca und suchte verzweifelt einen Blumenladen. Kühne hatte mich zum 79. Geburtstag seiner Frau Christine nach Port Andratx eingeladen. Und die Geschäfte machten ihre traditionelle, ausgedehnte spanische Mittagspause von 14 bis 17 Uhr. Da musste doch irgendwo ein blöder Blumenladen geöffnet haben! Oder gab es auf der ganzen Insel gar keinen einzigen Blumenladen?

Ich hielt in jedem Dorf und kam schon wieder zu spät zu Kühne, schlussendlich auch noch ohne Blumen. Er musste mich für einen chronisch unpünktlichen Menschen halten.

Unter weitschweifigen Entschuldigungen folgte ich ihm ins Haus. Wir saßen bei Kaffee und Kuchen zusammen, und irgendwann fragte ich: »Wie ist das denn, Herr Kühne, wenn der Luca Waldschmidt richtig durchstartet und dem HSV irgendwann 15 Millionen Ablöse einbringt, haben Sie sich da eine Gewinnbeteiligung zusichern lassen?«

»Wenn der Waldschmidt so gut wird, dann darf der gar nicht mehr weggehen.« Denn er wolle doch irgendwann den HSV wieder gegen Real Madrid sehen.

Klaus-Michael Kühnes Engagement für den HSV war reines Mäzenatentum. Als Luca dann tatsächlich für fünf Millionen nach Freiburg ging, erhielt Kühne nach meinen Informationen die 1,3 Millionen zurück, die er für Waldschmidts Kauf ausgelegt hatte, aber keinen Cent mehr. Klaus-Michael Kühne wollte mit dem HSV kein Geld verdienen, er wollte den Verein einzig vorwärtsbringen.

Ich konnte den Mann nicht sitzen lassen.

Ich musste da aber dringend raus.

Im September 2016, nach gerade einmal fünf Bundesligaspielen, wurde Trainer Labbadia entlassen. Die Mannschaft hatte ein einziges Unentschieden erreicht. Die zerstörerische Atmosphäre des internen Ringens und Misstrauens lähmte das Team. Ich wurde nach einem neuen Trainerkandidaten gefragt, und auf einmal kam mir der Markt leer vor. Wo ich als Spielerberater sonst mit vollem Vertrauen einen Kandidaten positioniert hätte, spürte ich als Berater des Geldgebers nun die Verantwortung: Was, wenn du einen Kandidaten vorschlägst und der kriegt es nicht hin? Es war wahrscheinlich, dass es ein Trainer in diesem negativen Energiefeld nicht hinkriegen würde, so begabt er auch war. Ich empfahl Markus Gisdol, und als er tatsächlich Trainer wurde, freute ich mich nicht so, wie ich es ansonsten bei geglückten Vermittlungen tat, sondern spürte ein Drücken und Ziehen in der Kehle.

Ich sah die Schlagzeilen schon vor mir, bevor sie gedruckt wurden: »Berater Struth zieht beim HSV die Fäden«.

Nein, ich zog keine Fäden, ich gab Ratschläge! Ich wusste, ich würde den feinen Unterschied niemandem mehr vermitteln.

Einer der Hamburger Stürmer, Bobby Wood, schoss einige Spiele lang keine Tore, und schon stand in der Zeitung: Den hat der Struth dem HSV angedreht! Nein, hatte ich nicht, unsere Agentur hatte Bobby übernommen, als er bereits beim Hamburger SV spielte. Nach zwei Jahren verlängerte Bobby Wood seinen Vertrag beim Hamburger SV. Jetzt aber, sagten die Journalisten, den neuen Vertrag hat der Struth beim Kühne durchgedrückt! Nein, ich hatte Bobby Wood mehrere Angebote vermittelt, unter anderem eines vom 1. FC Köln, und der Sportdirektor des HSV hatte sich sehr darum bemüht, dass Bobby blieb. Aber wofür erzähle ich das, wofür rechtfertige ich mich? Die Verdächtigungen würden nicht aufhören, solange ich Herrn Kühne beriet.

Mitte November rief ich Calli an. Anders als er brauchte ich keine weitschweifigen Einleitungen. »Pass auf, Calli, du hast mir das eingebrockt. Du hilfst mir, da wieder rauszukommen. Du rufst jetzt den Kühne an und sagst ihm, ich müsste den Beraterjob leider aufgeben, die Arbeit sei in der Branche nicht mehr vermittelbar.«

Es war ein Freitag, als Calli zurückrief. Er habe Kühne vorgewarnt. Okay, dann würde ich nächste Woche das persönliche

Gespräch suchen. Am Montagmorgen hatte ich eine E-Mail von Herrn Kühne im elektronischen Postfach.

Die willst du nicht lesen, dachte ich.

Herr Kühne beschimpfte mich von A bis Z. Er habe mir vertraut, und jetzt ließe ich ihn nach einem halben Jahr im Stich, mit den ganzen Luschen, zu denen ich ihm geraten hätte …

Dass ihm ein Mitarbeiter einfach sagt, »tschüss, mein Freund!«, kennt so ein Mann nicht.

Ich rief ihn an und bat um ein persönliches Gespräch. Wenn man sich gegenübersitzt, versteht man die Haltung des anderen besser, als wenn man sich mit E-Mails beschießt.

Ich verzichtete auf das verabredete Honorar, ich wollte auch keinen Anteil der 500 000 Euro haben. Ich wollte meinen Seelenfrieden zurück.

Ein halbes Jahr später war ich wieder in Hamburg, ich versuchte, mir einzureden: ganz normal als Spielerberater. Der HSV war an einem unserer Fußballer interessiert, André Hahn von Borussia Mönchengladbach. André war einer jener Spieler, mit denen ich mich persönlich stark verbunden fühlte. Er hatte mit 21 in einer WG in der Bremer Peripherie gewohnt und sich praktisch nur von Tiefkühlpizza ernährt. Das Gehalt seines Viertliga-Klubs, an sich schon karg, kam seit Monaten nicht mehr. Er kämpfte sich durch, aus einer scheinbar aussichtslosen Situation bis in die Nationalmannschaft. Mit solchen Spielern identifizierte ich mich. Die sich gegen alle Wahrscheinlichkeit durchsetzten.

Im Frühjahr 2017 hatte André Hahn Angebote von Eintracht Frankfurt, Hertha BSC und dem Hamburger SV. André kam aus dem Norden, von der Nordseeküste, er hatte beim HSV in der Jugendmannschaft gespielt. Die Idee lockte ihn, nach Hause zu kommen.

Ich telefonierte wieder mit Kühne. Unser Verhältnis war nach der Aussprache herzlich geblieben. Ich hatte ihn auch gebeten, sich weiter für den Verein zu engagieren, auch ohne mich.

Aufsichtsräte und Journalisten witterten hinter meinem Telefonat erneut Beeinflussung. Benutzte ich Kühne, um das Gehalt für André Hahn hochzudrücken? Mal sachlich die Fakten zu betrachten schien nicht möglich: Der Sportdirektor und Trainer des HSV wollten Hahn. Das war ein gefragter Spieler, keine Lusche! Frankfurt, für sein Scouting hoch gepriesen, umwarb ihn unter anderem. Die Angebote des HSV waren immer höher als von anderen, sportlich besseren Klubs.

Ich erzähle die Episode nicht, um mich zu empören, sondern um auf etwas Interessantes hinzuweisen: Kühne beeinflusste mich unbewusst. Nach dem Telefonat mit ihm riet ich André Hahn zu einem Wechsel nach Hamburg. Das beste Gehaltsangebot, der Heimatfaktor und mit einem enthusiastischen Mäzen im Hintergrund; irgendwann, bald, musste es aufwärts gehen.

Ich Idiot! Ich hatte mich blenden lassen, auch von meiner Sympathie für Kühne. Der HSV ging – natürlich – den entscheidenden Schritt auch in der Saison 2017/18 nur rückwärts. André wurde von diesem Verein wie so viele, wie fast alle Spieler in den jüngsten Jahren, schlechter gemacht. Am Ende stand der erste Bundesligaabstieg in der Geschichte des Hamburger SV, und André Hahn bat mich flehentlich, ihn da nur rauszuholen, unabhängig davon, ob er einen Großteil seines Gehalts einbüßte.

Das setzte mir zu: Ich hatte ihm auch noch zu Hamburg geraten. Ein Berater kann sich theoretisch immer dahinter verstecken, dass er nur rät, nicht entscheidet, aber das lasse ich vor mir selbst nicht gelten: Ein kompetenter Berater zeichnet sich dadurch aus, dass er Situationen besser einordnen kann als seine Klienten selbst. Sonst bräuchten sie ja keinen Berater. Ich wusste, wie die Strömungen in einem Verein flossen, welches Arbeitsklima herrschte, welche Spielertypen der Trainer bevorzugte, welches Potenzial in der Mannschaft steckte. Toni Kroos sagte einmal zu einem Vertrauten: »Volker hat ein unfassbares Gespür, in welche Richtung das Geschäft laufen kann. Mir hat das in vielen Situationen Ruhe gegeben: Ich kann Volkers Rat hundertprozentig vertrauen.«

Ich weiß, jeder Mensch macht Fehler, jeder liegt mal daneben. Aber es schmerzte mich trotzdem unheimlich. Ich geißelte mich dafür, dass ich André Hahn nicht vom Hamburger SV abgeraten hatte.

Dieser Verein hatte mir meinen Lebenstraum geraubt. Wenn es in Fußballklubs so zuging, wenn Entscheidungen dort nur einander abgerungen und verwässert wurden, wollte ich nicht mehr Präsident des 1. FC Köln werden. Wobei, vielleicht wollte ich das dann doch noch.

22

Eine kurze Begegnung mit Marketingfuzzis

Wenn ein Freund ankündigt, er müsse mal mit mir reden, stellt sich bei mir sofort ein schlechtes Gefühl ein. Es muss sich um ein unangenehmes Thema handeln. Sonst würde er doch einfach gleich mit mir reden.

Im Frühling 2017 erhielt ich so eine Nachricht von Benni Höwedes.

Ich stutzte. Benni musste mal mit mir reden?

Wir arbeiteten seit zehn Jahren zusammen. Wir hatten uns immer alles ohne bedeutungsschwere Ankündigungen sagen können.

Was konnte Benni stören? Er war Weltmeister, Kapitän auf Schalke, wir hatten seinen Vertrag dort vor einem Jahr bis 2020 verlängert; er konnte als regionaler Held in seinem Verein alt werden. Ich konnte nichts erkennen, was unsere Beziehung belasten könnte.

Als er schließlich in mein Büro kam, sah er wie ein leidender Hund aus, der Blick gesenkt, die Lippen aufeinandergepresst, das Gesicht fahl. Wir waren mit *SportsTotal* aus einem Kölner Industriegebiet in ein innenstädtisches Büro am Rhein gezogen, große Fensterfassaden gaben den Blick auf den Fluss und die Stadt frei.

»Schön hier«, sagten viele, wenn sie das erste Mal in unser neues Büro kamen. Benni sagte nichts.

Er setzte sich und knetete die Lippen, als nähme er Anlauf.

Dann begann er, von Christoph Metzelder zu erzählen. Sie kamen aus demselben Ort, Haltern am See, zwei Nationalspieler, zwei Innenverteidiger internationaler Klasse. Metzelder war acht Jahre älter als Benni, 37 mittlerweile, und ging gerade entschlossen seine Karriere nach der Karriere an.

»Metze wird gemeinsam mit Raphael Brinkert und Arne Friedrich in der Werbeagentur Jung von Matt eine Abteilung für Spielerberatung aufbauen.« Benni zögerte. Als brauchte er mehr Atemluft zum Weiterreden. »Sie haben mir eine Position in der Firma angeboten.«

Ich hatte augenblicklich alles verstanden. Aber ich sagte nichts. Ich konnte nicht sprechen.

»Der Deal ist so: Ich wechsle jetzt als Spieler zu ihnen und würde das Gesicht der Agentur, um andere Talente anzulocken. Dafür garantieren sie mir einen Führungsposten in der Firma, sobald ich das Fußballspielen lasse.«

Schweigen.

»Das muss ich annehmen, Volker.«

Schweigen.

»Du kannst dir nicht vorstellen, wie scheiße ich mich fühle! Aber ich muss das annehmen, das ist eine Superchance.«

Vielleicht musste ich als Hauptgesellschafter einer der fünf größten Sportberatungsfirmen weltweit solche Trennungen emotionslos betrachten. Ein Spieler ging, ein anderer würde kommen. Aber ich konnte das nicht. Benni war einer meiner ersten drei Spieler gewesen, Risse, Reinartz, Höwedes, und die Schönheit meiner Arbeit lag auch darin, dass wir den ganzen Weg gemeinsam gingen, von den Anfängen ihrer Profikarriere bis zum letzten Tag. Ihre Anfänge waren meine Anfänge gewesen, wir hatten den Weg zusammen bewältigt. Bis hierhin. Eine wahnsinnige Traurigkeit und Enttäuschung zog mich zu Boden. Ich wollte am letzten Tag von Bennis Fußballkarriere neben ihm stehen und ihm, wortlos, mit einer Umarmung bestätigen, wie schön es gewesen war, ein ganzes Berufsleben gemeinsam.

»Benni, ich kann verstehen, wenn du sagst: Das ist eine Chance.«

Schweigen, nun von seiner Seite.

»Aber die werden das nicht schaffen, Benni. Die werden keine erfolgreiche Beratungsagentur zustande kriegen. Ich mache das Geschäft jetzt so viele Jahre, ich habe ein Gespür dafür, ob jemand das Zeug zum Berater hat. Metzelder, Brinkert – das sind Marketingfuzzis. Und Marketingfuzzis werden in dem Geschäft nie erfolgreich sein. Da ist nicht ein Straßenköter dabei. Das wird nicht hinhauen. Du wirst es bereuen. Das ist eine Kirmesveranstaltung von so Typen, die meinen, sie kämen in unserem Geschäft mit Power-Point-Präsentationen weiter.«

Wir schwiegen gemeinsam. Weil wir nicht wussten, wie wir uns verabschieden sollten, versprachen wir, uns in zwei, drei Wochen noch einmal zu besprechen.

Als wäre es ein Zeichen, kam ich wenig später wieder mit Bastian Oczipka in Kontakt, einem anderen Spieler aus unserer Anfangszeit. Er hatte *SportsTotal* zwei Jahre zuvor verlassen. Seitdem hatte ich seine Eltern das eine oder andere Mal auf den Tribünen der Bundesliga getroffen und mehr aus ihrer Körpersprache als aus ihren Worten herauszulesen gemeint, dass sie Bastians Weggang von *SportsTotal* bedauerten. Irgendwann rief ich ihn dann einmal an.

»Mal blöd gefragt«, sagte Bastian, nachdem wir uns eine Weile unterhalten hatten: »Würde ich mein Gesicht verlieren, wenn ich zu euch zurückkäme?«

»Red keinen Blödsinn!«

Wenige Wochen später vermittelten wir unserem neuen, alten Mandaten Bastian Oczipka einen Wechsel von Eintracht Frankfurt zu Schalke 04 und dort einen Vertrag, der ihm jegliche finanzielle Sorgen nehmen sollte.

Das musste ein Zeichen für das zweite Gespräch mit Benni sein. Ich würde ihn von seinem Agenturwechsel abbringen.

Wir trafen uns bei ihm zu Hause, in Düsseldorf.

»Nochmals – jetzt mal davon abgesehen, dass wir fantastisch zusammengearbeitet haben –, lass dich nicht auf die Nummer mit Brinkert und Metzelder ein. Die werden das nicht hinkriegen. Die sind in ihrem Bereich top, in der Werbung, im Marketing, aber das sind nicht die umtriebigen Typen, die ihre Ohren überall haben, die wittern, bei welchem Verein sich gerade was tut, und sofort reagieren. Die haben in der Beraterbranche keine Chance.«

Ich hatte den Eindruck, dass Benni meine Argumente nachvollziehen konnte. Aber er wollte keine Argumente mehr zulassen. Er hatte sich schon entschieden. Er wollte glauben, er müsse das machen.

Ich wurde immer leiser. Am Ende flüsterte ich nur noch. »Dann ist das jetzt so, Benni.«

Menschen ziehen sich gerne auf Inseln zurück, um den Alltagssorgen zu entfliehen. Umgeben von Meer, abgetrennt von allem anderen, geben uns Inseln die Illusion, weit weg zu sein; selbst wenn auf einer Insel wie Mallorca in der Hochsaison kaum noch Abstand möglich ist vor lauter Leuten, die Abstand suchen.

Ich reiste nach den Herzoperationen und der Scheidung von meiner Frau nicht mehr nur ein- oder zweimal, sondern gut und gerne sechs Mal im Jahr in mein Ferienhaus auf Mallorca. Aber ich schuf mir auch selbst kleine Inseln, mitten im Alltag. Telefonate mit Melanie waren kurze Sprünge auf eine Insel. Nach Gesprächen wie mit Benni rief ich sie sofort an. Dreimal am Arbeitstag telefonierte ich gewiss mit ihr. Bisweilen dauerte das Gespräch nur 20 Sekunden. Ich war danach erfrischt.

So ging ich wieder an die Arbeit. Die Trennung von Benni Höwedes war nicht nur ein emotionaler Schlag, ich musste sie auch sachlich abarbeiten. Unsere Provision für seine Vertragsverlängerung 2016 beim FC Schalke 04 würden wir, wie in der Regel üblich, über alle vier Vertragsjahre gestückelt erhalten. Drei Viertel des Geldes standen noch aus. Wenn Benni sich nun aber neuen Beratern anschloss und diese für ihn einen Vereinswechsel organisierten, wären unsere ausstehenden Raten futsch. Denn Schalke müsste selbstverständlich nicht weiter Provision für einen Vertrag bezahlen, den der Spieler gar nicht mehr erfüllte.

Ich rief Schalkes Sportvorstand Christian Heidel im Juni 2017 an, um die Situation auszuloten.

»Ich wollte dich nur informieren, dass zwischen uns und Benni derzeit alles etwas in der Schwebe ist«, begann ich. »Metzelder und Brinkert haben ihm da so einen Floh ins Ohr gesetzt: Sie wollen sich jetzt in der Spielerberatung probieren und ihn als Gesicht der Firma ins Boot holen.«

»Ja, dann Bingo!«

»Wieso?«

»Ich sag dir das jetzt im Vertrauen, Volker: Der Tedesco steht nicht auf Spielertypen wie Benni.«

Domenico Tedesco war Schalkes neuer Trainer.

»Das heißt?«

»Dass der Benni sich eigentlich ziemlich schnell einen anderen Verein suchen sollte!«

Der erste Instinkt war immer noch, Benni sofort anzurufen und ihn über die Situation zu informieren. Ich unterdrückte den Impuls. Stattdessen wünschte ich innerlich Metzelder und Brinkert viel Spaß bei der Vereinssuche. Die wussten doch noch gar nicht, dass sie einen Klub suchen mussten!

Die Vorbereitung auf die neue Fußballsaison begann Anfang Juli allerorten. Über meine anderen Spieler bei Schalke 04 erfuhr ich, dass Tedesco Signale an Benni sandte: Er steckte ihn in einem Trainingsspiel in die Mannschaft mit den Ersatzspielern, er redete ständig vertrauensvoll mit zwei anderen Innenverteidigern. Er nahm Benni nach sechs Jahren die Kapitänsbinde weg. Ein Profifußballer versteht die Zeichen: Er war nicht des Trainers Mann.

Ich rief Benni an.

Wir verschwendeten keine Zeit mit Small Talk, für ausführliche Entschuldigungen oder gegenseitige Versicherungen. Benni Höwedes klang, als habe er meinen Anruf sehnsüchtig erwartet. »Ich muss weg von Schalke«, sagte er. »Und das kriegt so auf die Schnelle nur ihr hin!«

Innerhalb von Tagen hatten wir einen neuen Verein für Benni, und nicht gerade irgendeinen Verein. Juventus Turin wollte ihn.

Sascha Breese hatte Juventus' Sportdirektor Fabio Paratici sofort angerufen. Er wusste dank seines regelmäßigen Austauschs mit Paratici, dass sie einen Innenverteidiger suchten. Während überall sonst beinahe schon wahnhaft junge Talente gejagt wurden, wurden im italienischen Fußball ältere Spieler geschätzt. Erfahrung war der entscheidende Wert.

Aus der komplizierten Situation, dass er bei Schalke kurzfristig nicht mehr gefragt war, konnte für Benni Höwedes mit 29 ein Aufstieg zu einem der größten Vereine der Welt werden. Er flippte ein wenig aus. Drei Tage lang rief er mich öfter an als ich Melanie.

»Hat sich Juventus schon wieder gemeldet, Volker?«

»Deren Interesse ist aber sicher, Volker?«

»Das muss klappen, Volker!«

Ich genoss die Euphorie eines alten Freundes und ersparte ihm die Frage, was für einen Verein ihm wohl seine Marketingfreunde beschafft hätten.

So fand der beschlossene Wechsel von Benedikt Höwedes zur Werbeagentur Jung von Matt nie statt. Deren Spielerberatungsabteilung akquirierte keinen einzigen namhaften Mandaten und wurde, offenbar nach persönlichen Verwerfungen in der Agentur, relativ schnell wieder geschlossen.

Wir allerdings mussten den Transfer von Benni zu Juventus noch über die Bühne bringen. Turin wollte ihn für eine Saison ausleihen. »Kommt gar nicht infrage«, sagte Heidel. Schalke wollte Höwedes nur verkaufen, nicht verleihen. Angesichts seines Alters würde es kaum noch eine bessere Gelegenheit geben, eine hohe Ablöse zu erzielen.

So vergingen die Wochen im Handels-Patt. Es wurde Mitte August, die Saison begann, und Benni war noch immer auf Schalke.

Ich wusste, wir mussten taktieren. In offenen Verhandlungen ruhig zu bleiben, wenn alle anderen Beteiligten Stress verbreiten, gehört zur hohen Schule eines Beraters.

Als Erstes mussten wir uns versichern, dass Juventus nicht mit Benni zockte. Nicht selten jonglieren Vereine mit zwei oder gar mehr Spielern als potenziellen Neuzugängen für eine Spielposition. Kompliziert sich die Verhandlung mit dem einen, nehmen sie ganz schnell den anderen.

Ich kannte Juventus' Sportdirektor seit einigen Jahren persönlich, und der persönliche Kontakt ist in solchen Situationen immer noch der verlässlichste Indikator. Paratici war niemand, der mit uns Spielchen trieb.

Das war die Basis, Ruhe zu bewahren. Juventus war bereit, mit uns bis zum Ende der Transferperiode zu warten, zu taktieren, um Benni zu ihren Konditionen zu kriegen.

Aber nicht jeder Spieler schafft es, cool zu bleiben, wenn die Tage vergehen und sich nichts rührt. Es geht um ihn, um seine Zukunft. Die Zeitungen schrieben, was wird aus Benni Höwedes, die Mitspieler auf Schalke fragten sorgenvoll, was ist denn mit Juventus, nicht dass die dich plötzlich hängen lassen. Tedesco verschärfte die Signale. Die Bundesliga begann, und Benni saß auf der Ersatzbank.

Mensch, wenn du die ganze Saison hier sitzt, weil sich Volker verzockt?

Ich war im ständigen Austausch mit Benni, ich beruhigte ihn, ich zeigte ihm in aller Souveränität das Drehbuch seines Wechsels zu Juventus auf: »Bis Ende August, bis ein oder zwei Tage vor Ablauf der Transferperiode, wird Schalke sich nicht bewegen. Sie werden Druck machen, um irgendwo noch eine Ablöse für dich zu erzielen. Aber Juventus weiß das, die sitzen das einfach aus. Dann bleibt Schalke nichts anderes übrig, als kurz vor Toresschluss einzuwilligen. Du musst einfach die zehn Tage durchstehen.«

Ich war gelassen. Aber etwas nagt immer an deinen Nerven in solchen Situationen. Irgendetwas kann immer passieren. Was, wenn sich Benni in den zehn Tagen im Training verletzte? Was, wenn plötzlich, unvorhersehbar ein anderer Weltklasseverteidiger auf den Markt kam?

Ich wischte die Gedanken weg. Ich versuchte es jedenfalls.

Schalkes Sportdirektor Christian Heidel gab sich in der Öffentlichkeit kompromisslos. Benni würde nicht ausgeliehen, nur gegen eine ordentliche Ablösezahlung könnte er gehen. Sonst säße er halt die ganze Saison auf der Ersatzbank.

Aber realistisch konnte Schalke gar nicht mehr anders, als Benni abzugeben. Mit seinem Satz »Reisende soll man nicht aufhalten« hatte Trainer Tedesco ungewollt eine definitive Abschiedserklärung öffentlich ausgesprochen. Auch das passiert öfter: Ein Trainer, ein exzellenter Fachmann auf seinem Gebiet, bringt seinen Verein durch einen ungeschickten öffentlichen Ausspruch in eine schlechte Verhandlungsposition.

Am 27. August, vier Tage vor Ende der Transferperiode, saß Benni Höwedes in Schalkes Bundesligaspiel bei Hannover 96 abermals auf der Ersatzbank. Sie hätten kein Problem damit, dass es das ganze Jahr so weitergehe, sagte Heidel. Außer Juventus zahle richtig.

»Du kannst nicht eine ganze Saison das Problem mit dir rumschleppen, dass der beliebte Kapitän vom Trainer rasiert wurde, und keiner versteht es«, entgegnete ich. »Beim ersten Misserfolg würde es Tedesco um die Ohren fliegen, dass er Benni aus der Mannschaft geschmissen hat.«

Das wusste Christian Heidel selbstverständlich. Auch wenn er etwas ganz anderes sagte.

Am 30. August 2017, einen Tag vor Ende der Transferperiode, gab der FC Schalke 04 bekannt, Benedikt Höwedes werde für eine Gebühr von 3,5 Millionen Euro für eine Saison an Juventus Turin ausgeliehen.

Falls Benni in jenem Spieljahr mindestens 25 Partien für die Italiener bestritt, würde Juventus ihn danach für 13 Millionen Euro definitiv von Schalke kaufen, wurde zusätzlich vereinbart. Das war der Kompromiss. Galant wurde darüber hinweggegangen, dass Schalke bis zu jener Minute ein Leihgeschäft offiziell kategorisch ausgeschlossen hatte.

Bennis Jahr bei Juventus wurde alles andere als ein Freudenfest. Er rannte von einer Verletzung in die nächste, eine Zerrung, ein Muskelfaserriss, es war zum Verzweifeln. Am Ende hatte er gerade in drei Ligaspielen etwas zu Juventus' italienischer Meisterschaft beigetragen. Aber dass wir diesen Wechsel hinbekommen haben, bleibt davon unbelastet ein Meisterstück.

Meine Freundschaft zu Benni ist heute noch intakt, obwohl wir diese Fasttrennung durchgemacht haben. Einmal brach es ungefragt aus ihm heraus: »Ich weiß nicht, was mich da geritten hat. Ich glaube, ich habe mich schon auf dem weichen Chefsessel einer der führenden Werbeagenturen gesehen. Wahnsinn! Ich hätte das sportlich nie überlebt, wenn ich die Trennung von euch durchgezogen hätte.«

Ich musste an den Abschied von Mario Götze denken, an das Ende meiner Zusammenarbeit mit Kühne und, auf einer ganz anderen Ebene, die Scheidung von meiner Frau. Ich sagte nichts zu Benni, ich lächelte nur und dachte für mich: Noch eine Trennung hätte ich auch nicht unbedingt gebraucht.

23

Ein etwas anderer Traumurlaub

Ich begann, meine Schritte zu zählen. Waren es am Ende des Arbeitstages erst 7000, parkte ich das Auto vor meiner Haustür und ging zu Fuß in die entgegengesetzte Richtung, einen extra großen Umweg nach Hause. Auf 10 000 Schritte am Tag wollte ich mindestens kommen. 12 000 waren besser.

Eine App auf meinem Handy registrierte die Schritte. Mein Handy hatte ich sowieso ununterbrochen bei mir.

Melanie lächelte amüsiert, wie kategorisch ich jeden Tag das Ziel der 10 000 Schritte verfolgte. Mir aber fiel es nicht nur leichter, mir bereitete es auch mehr Spaß, wenn ich aus dem Streben, gesünder zu leben, einen Wettbewerb machte.

Wenn ich zusätzlich eine halbe Stunde joggen ging, wurde der Balken auf der Schrittzähler-App richtig schön grün. Da kam ich auf über 20 000 Schritte am Tag.

Ich benutzte nur noch ein Handy. Als ich im Herbst 2017 mit Marcel Risse essen ging, staunte er still. Wo ich früher drei Handys vor mir ausgebreitet hatte und so schnell redete, dass er mir kaum folgen konnte, führten wir nun ein geradezu entspanntes Gespräch.

Ich hoffe, es klingt nicht zu pathetisch, wenn ich sage: Durch die Eingriffe am Herzen und die Scheidung entdeckte ich das Leben neu. Ich versuchte, bewusster, achtsamer zu leben. Ich lebte definitiv mit einer größeren Neugierde und neuen Freude. Auf eine überraschende Art half mir die Scheidung. Ich eierte nicht mehr herum, sondern ließ die Gefühle für Melanie zu.

Melanie sagte nie, »mach mal das« oder »tu mal dies«. Bloß dadurch, dass ich sah, was sie tat, probierte ich neue Dinge aus.

Ich begann, Bücher zu lesen. Und anders als bei den Schritten zählte ich nicht die Seiten. In einem faszinierenden Buch konnte ich versinken. Die Autobiografie von Phil Knight fesselte mich. Aus dem Nichts, ohne eigenes Kapital, gründete er als junger Mann eine Firma, um Laufschuhe aus Japan in die USA zu importieren. Daraus wurde der größte Sportartikelkonzern der Welt, Nike. Was mir an seiner Autobiografie gefiel, war nicht nur die Geschichte, sondern wie Knight erzählte. Er war äußerst erfolgreich, und in seiner Lebensgeschichte ging es trotzdem auch um Bruchlandungen, Ängste, Eitelkeiten. Wenn man ein Buch über sich selbst schreibt, dachte ich, muss man es so schreiben: schonungslos.

Von der neuen Lebensenergie gepackt, begann ich auch, mein Spanisch zu intensivieren. Nach einiger Zeit konnte ich mich dem Gärtner meines Ferienhauses tatsächlich in seiner Sprache verständlich machen. Wobei er mich immer noch nicht verstehen wollte, wenn es darum ging, doch mal zur verabredeten Zeit zu erscheinen.

Als Toni Kroos im Sommer 2017 in einer umgebauten Kölner Industriehalle einen Gala-Abend für seine Stiftung veranstaltete, kaufte ich zwei Dutzend Eintrittskarten. Eine Karte kostete 1000 Euro. Es war eines jener Benefiz-Dinner im amerikanischen Stil, bei denen möglichst viel Geld für einen guten Zweck eingespielt werden sollte. Toni engagiert sich für schwer kranke Kinder. Er unterstützt beispielsweise Kinderhospize in Düsseldorf und Berlin oder das Kinderkrankenhaus an der Amsterdamer Straße in Köln.

Manche Prominente gründen Stiftungen aus Imagegründen. Andere werden vom Glück, erfolgreich zu sein, tatsächlich dazu animiert, anderen zu helfen. Toni besucht regelmäßig Kinderstationen, er ist mit manchen todkranken Kindern in Kontakt, als ob sie zu seiner Familie gehörten.

Ich schenkte meinen Pulheimer Freunden Micky, Frank und ihren Ehefrauen vier Eintrittskarten für die Gala. Ist mal etwas anderes, als uns wie üblich im *Brauhaus am Dom* zu treffen, sagte ich.

Schauspieler marschierten bei der Gala auf, Nastassja Kinski, Heiner Lauterbach, Politiker, Popstars, Persönlichkeiten des Fußballs wie Jupp Heynckes, Rudi Völler und selbstverständlich Calli. Eine Tombola wurde ausgelobt, 50 Euro das Los. Als der Hauptgewinner verkündet wurde, der ein Jahr lang einen Audi S5 Cabrio erhielt, sprang ich auf, riss die Arme in die Luft und schrie: »Jaaa!« Die Leute lachten, die Leute dachten, ich hätte gewonnen. Sie hatten in dem großen Saal nicht verstanden, dass ich hinter dem »Jaaa!« noch schrie: »Miiicky!«

Ich freute mich 100-mal mehr, dass Micky gewonnen hatte, als wenn ich selbst gewonnen hätte. Ich fand das unglaublich, dass unter den 500 Gästen genau derjenige den Hauptgewinn zog, der nicht schon alles hatte. Und nein, ich hatte die Ziehung nicht manipuliert.

Eine Fähigkeit hatte ich mir bewahrt, so sehr tolle Erlebnisse in meiner Arbeit über die Jahre auch alltäglich wurden. Ich konnte noch immer staunen, was alles in meinem Leben möglich war. Eines Tages, es muss in dieser Zeit um 2017 gewesen sein, kamen Manchester United und der FC Barcelona mit ihren ranghöchsten Delegationen zum Düsseldorfer Flughafen, um mit mir zu sprechen. Sie wussten nichts voneinander. Wir hatten die einen ins *Steigenberger*-Hotel bestellt und die anderen ins *Maritim*. Sie dachten beide, sie würden exklusiv mit Sascha Breese und mir über einen Transfer von David Alaba vom FC Bayern zu ihnen reden.

Alaba hatte offiziell keinen festen Berater. Sein Vater George kümmerte sich um die Geschäfte. Niemand wusste, dass in Wahrheit wir von *SportsTotal* den internationalen Markt für David sondierten.

Ich hatte am Anfang seiner Karriere den Kontakt zu seinem

Vater gesucht, Sascha Breese hatte danach viele Jahre lang weiter für uns geworben und irgendwann das Mandat erhalten, dass wir uns im Ausland für David umhörten, falls er einmal Bayern verlassen wollte. Seine Leistungssprünge in den Jahren unter Pep Guardiola hatten Alaba in einen Spieler verwandelt, den alle haben wollten.

Der Vater fand, es sei an der Zeit, sich einmal anzuhören, was United und Barça boten. Damit George Alaba nicht zweimal aus Wien anreisen musste, hatten wir sie am selben Tag in Düsseldorf einbestellt.

Im *Steigenberger* lobpreisten Ed Woodward, der Hauptgeschäftsführer von Manchester United, und seine rechte Hand, Matthew Judge, David Alaba in höchsten Tönen. Es war unüberhörbar, dass sie ihn unbedingt nach Manchester locken wollten. George schien das Ganze zu gefallen. Seine Stimme schnurrte. »Der David wants to make something different, I think«, sagte er, der David denke tatsächlich über eine Luftveränderung nach. »David is not only a left defender, he can play in central midfield as well«, David wolle nicht immer nur wie beim FC Bayern linker Verteidiger spielen, er fühle sich für Höheres berufen, für die Königspositionen im zentralen Mittelfeld. Woodward und Judge nickten eifrig. Ich sah verstohlen auf die Uhr.

Wir waren längst über die Zeit. Das Treffen mit der Barcelona-Delegation hatten wir anderthalb Stunden nach dem United-Gespräch terminiert, wir waren sicher gewesen, das würde reichen. Nun warteten sie schon im *Maritim*. Mir saß Ed Woodward gegenüber, der den finanzstärksten Verein der Welt leitete, und ich konnte nur denken: Wie kommen wir schnellstens hier weg?

Mit gut 20 Minuten Verspätung tauchten wir im *Maritim* auf. Raul Sanllehi und Robert Fernández, die sportlichen Leiter des FC Barcelona, taten, als machte es ihnen gar nichts aus. Gab es ein besseres Indiz dafür, wie sehr sie sich David Alaba in ihr Team wünschten?

In der Hektik machte ich einen entscheidenden Fehler. Ich setzte mich auf die Seite von Sanllehi und Fernández. Das heißt, ich saß George Alaba direkt gegenüber. Ich musste so tun, als lauschte ich sichtlich beeindruckt und ganz aufmerksam seinen Sätzen. Dabei kannte ich jedes einzelne seiner Worte schon.

»Der David wants to make something different, I think«, sagte er. O ja, da musste ich bestätigend nicken.

»David is not only a left defender, he can play in central midfield as well.« Absolut, musste ich durch meine Gestik zu verstehen geben.

Sascha dagegen hatte sich neben George gesetzt. Er konnte einfach abschalten, sogar einmal auf Toilette gehen. Während ich eine Stunde lang so tun musste, als erzählte mir George Alaba ganz große Neuigkeiten.

Letztendlich entschied sich David Alaba 2017 weder für United noch für Barça, sondern dafür, in München den Vertrag zu verlängern. Sascha und ich aber sprachen noch oft über den Tag, als wir mal kurz von Manchester United zum FC Barcelona rübergingen und ich in ein und derselben Filmszene festzustecken schien. Nach den beiden Treffen am Düsseldorfer Flughafen gingen Sascha und George noch zusammen essen. Sascha war nicht überrascht, dass ich ganz kurzfristig leider, leider nicht mitkommen konnte.

An Weihnachten 2017 sah ich einen Babyhai. Er schwamm direkt vor meiner Schnorchelbrille herum. Auch Rochen glitten wie gigantische Teppiche durch das Meer. So weit weg vom Transfermarkt und Fußballgeschäft war ich in zehn Jahren noch nicht gewesen. Ich war mit Melanie auf die Malediven gereist.

Wir verbrachten die Tage in der Hängematte. Abends saßen wir am Steg und sahen der Sonne beim Untergehen zu. Beim Weihnachtsessen bekam ich Magenkrämpfe.

Das durfte doch nicht wahr sein. Ausgerechnet am 24. Dezember solch ein Ärgernis im Paradies. War aber eben so. Wir versuchten, die Magenproblemchen wegzulächeln. Vielleicht hatte ich ein Gewürz nicht vertragen. »Ich probiere mal einen Sambuca«, sagte ich zu Melanie, »der Alkohol tötet die Bakterien.« Nachdem ich drei Sambuca getrunken hatte, meinte sie, ich sollte es lieber sein lassen. Das Rumoren in der Magengegend hielt unverändert an. Wir gingen mit der Zuversicht ins Bett, dass es am nächsten Morgen schon wieder gut sein würde.

Am nächsten Morgen schien es in meinem Bauch zu brodeln. Heiße Schmerzwellen schossen durch meinen Leib. Ich rief den Hotelarzt. Sein Gesicht kam mir bekannt vor. Das war der Junge, der die Surfbretter verlieh und den Swimmingpool reinigte. Hotelarzt war wohl eher eine optimistische Beschreibung. Er hatte irgendwelche Hustensäfte und Schmerztabletten dabei und meinte, das gehe schon wieder weg. Johannes B. Kerner, der deutsche Fernsehmoderator, den wir im Urlaubshotel kennengelernt hatten, brachte mir aus seiner Reiseapotheke Buscopan. Das half gegen Magenkrämpfe. Ich versuchte aufzustehen und sank blitzartig zu Boden. Ich krümmte mich am Boden. Mein Körper glühte. Ich musste hohes Fieber haben.

Wir waren auf einer kleinen der 1000 maledivischen Koralleninseln, es lebten dort nur 150 Leute. Die Einsamkeit war uns himmlisch erschienen. Wo sollte ich hier einen Arzt, einen richtigen Arzt, finden, dachte ich jetzt.

Ich schrieb meinem Hausarzt in Köln eine Nachricht, wünschte frohe Weihnachten und fragte, ob ich ihn kurz anrufen könne.

Über das Telefon dirigierte er mich. »Führ mal die Hand nach rechts vom Bauch. Ja, und jetzt ein wenig nach unten. Tut es da weh?« Ja, da waren die Schmerzen!

Er werde mir über das Telefon gewiss keine konkrete Diagnose stellen, sagte mein Hausarzt, aber das sehe alles andere als gut aus. Das könnte eine Blinddarmentzündung sein. Ich müsse sofort in ein Krankenhaus.

Alle paar Tage gab es von unserer idyllischen Insel Flüge in die Hauptstadt Malé. Für den 25. Dezember war kein Flug geplant. Wir mussten ein Schnellboot auf die Nachbarinsel nehmen und von dort abfliegen. Die Fahrt dauerte anderthalb Stunden. Jeden Schlag des Boots auf die Wellen spürte ich im Bauch. Ich wollte schreien. Der Flughafen auf der Nachbarinsel sah aus wie die Kühlhalle bei Bofrost in Dormagen-Hackenbroich, dachte ich noch. Dann, kaum dass ich im Flugzeug saß, bekam ich Schüttelfrost und fiel in Ohnmacht.

Das Krankenhaus war selbst bei freundlicher Einschätzung

heillos überfüllt. Auf den Gängen wuselte es vor Menschen, Melanie musste sich in einer Schlange anstellen, und irgendwann wurde ich in einen Raum gebracht. Eine Frau kam. War sie Ärztin, war sie Krankenschwester? Sie mussten röntgen. Melanie musste sich wieder in der Schlange anstellen, um vorab zu bezahlen. Blutabnahme. Aber zuerst wieder anstehen, wieder bezahlen. Ultraschall. Wieder anstehen, wieder bezahlen. Es vergingen gewiss zwei Stunden, während ich vom Fieber geschüttelt wurde und nicht wusste, was los war.

Dann kam der Arzt. Manche Menschen, und das ist in fast jedem Beruf ein unbezahlbares Talent, müssen nichts tun, um ihr Gegenüber für sich einzunehmen. Sie strahlen Vertrauen einfach aus. Nishan, der Arzt, gehörte in diese Kategorie. Er hatte in Russland studiert, er sprach sehr gutes Englisch. Er war sich nicht hundertprozentig sicher, sagte er, aber nach aller Wahrscheinlichkeit hätte ich einen »appendix break« erlitten. Das Fachwort *appendix* kannte ich nicht. *Break* verstand ich. Ein Organ war durchgebrochen. Melanie suchte *appendix* im Internet. Blinddarm. Blinddarmdurchbruch. »Wir müssen sofort operieren«, sagte Doktor Nishan.

»Hier?!«, dachte ich panisch.

Ich wurde in einen Raum mit großen gelben Bodenfliesen geschoben. Das Licht war kalt, wie in einer verlassenen Bahnhofshalle. An den Wänden erkannte ich kleine schwarze Punkte. Mücken, sagte Melanie. Ich sah noch, wie sie aus dem Operationssaal ging und sich die Tür schloss. Dann wirkte die Vollnarkose.

»Sechs Stunden später, und Sie wären vermutlich tot gewesen«, sagte mir Nishan, nachdem er den durchbrochenen Blinddarm entfernt hatte.

Die Schmerzen in meinem Bauch waren allerdings nur durch neue, höllische Schmerzen ersetzt worden. Ich lag im Krankenzimmer, Melanie durfte auf einer Pritsche bei mir im Raum schlafen. Morgens kam die Putzfrau und reinigte den Raum mit einem Wasserschlauch. Sie könne mir leider keine Schmerzmittel mehr geben, sagte die Krankenschwester. Der Vorrat im Haus sei gerade aufgebraucht.

»Wir müssen hier raus«, sagte ich zu Melanie.

Am 29. Dezember ging ein Direktflug von Malé nach Frankfurt. Der nächste Flug folgte erst fünf Tage später.

»Ich kann Sie auf keinen Fall fliegen lassen«, sagte Doktor Nishan.

»Ich muss fliegen«, sagte ich.

Zum Abfluss des Wundwassers war mir ein Schlauch gelegt worden. Die Krankenschwestern versuchten, den Schlauch irgendwie zu verkleinern, sodass ich damit fliegen könnte. Es sah nach Gärtnerarbeit aus, wie die Krankenschwestern an mir rumzogen und -drückten. Schließlich gaben sie auf. Ich würde ganz ohne Schlauch fliegen; selbstverständlich auf eigenes Risiko.

Ich weiß nicht, was Menschen allein mit ihrem Willen wirklich bewirken können. Ich hatte jedenfalls den ganzen Flug nach Deutschland hindurch den Gedanken im Kopf, »ich will nur ankommen«. Und so kam ich tatsächlich an.

Wir fuhren direkt in die Kölner Uniklinik. Was für ein Hochgenuss das war: Krankenschwestern mit Gummihandschuhen! Der Geruch von Desinfektionsmittel!

Jetzt wird alles gut, dachte ich. Der diensthabende Arzt schickte mich kurzerhand nach Hause. Es sei alles in Ordnung. Meine höllischen Schmerzen? Die rührten wohl noch von der Operation her.

Es war der 29. Dezember, das Krankenhaus notbesetzt. Sie wollten wohl so wenig Patienten wie irgendwie möglich vor Ort haben. Die meisten Ärzte waren im Urlaub; der eine oder andere vielleicht auf den Malediven.

Silvester verbrachte ich zu Hause, gekrümmt wie an Weihnachten, mit unglaublichen Schmerzen an der Stelle, wo der Blinddarm gewesen war. Am 2. Januar kehrte ich in die Uniklinik zurück.

Für über zwei Monate würde ich nicht aus Krankenhäusern herauskommen. Ich verlor 23 Kilo und sah beim Blick in den Spiegel ein altes Männlein. Abszesse hatten sich in der Wunde gebildet. Ich hatte mir im Krankenhaus in Malé einen multiresistenten Keim eingefangen.

Melanie hetzte zwischen dem Krankenhaus und ihrer Wohnung hin und her, sie kümmerte sich um ihre Tochter, sie betreute mich. Als wir wieder einmal vor einem Untersuchungssaal warteten, wo gleich MRT-Bilder von meinen Abszessen gemacht werden sollten, hatte ich eine Eingebung. Eigentlich gibt es kaum etwas Romantischeres, als wenn sich ein Mensch aufopferungsvoll um einen anderen kümmert. Mir ging es miserabel und gleichzeitig war ich plötzlich, für einen kurzen Moment, euphorisch: glücklich, dass Melanie da war.

24

Ein Rücktritt und ein Vereinswechsel, die es nie gab

Weiberfastnacht 2018 verbrachte ich mit einer Tüte Pommes an Franks Frittenbude und einem ausgedehnten Spaziergang. Der Kölner Karneval war jedes Jahr ein unumstößlicher Fixpunkt für mich, *wir lieben das Leben, die Liebe und die Lust!*, da machte ich keine Dienstreisen oder Termine. So war es auch 2018. Bloß machte ich Kurtage daraus.

Ich war von den Monaten in Krankenhäusern ausgezehrt. Ich sagte mir, es sei normal, dass ich derart geschwächt keine pralle Lebenslust verspürte. Andererseits finden Menschen gerade in schweren Krisen die Kraft, ihr Leben zu verändern.

Ich hatte immer andere Dinge im Berufsleben ausprobiert. War es wieder Zeit für einen Wechsel? Sollte ich die Spielerberatung aufgeben?

Ich plante bereits, zehn Prozent meiner Firmenanteile an Sascha Breese zu verkaufen, weil ich ihn irgendwann als meinen Nachfolger sah.

Aber was sollte ich dann tun? Meine Berufswechsel hatten sich stets ergeben, indem mir Ideen kamen und ich die Möglichkeiten dann schnellstens nutzte. Das Einzige, was mir momentan durch den Sinn ging, war, mit Melanie in einem verbeulten Auto über italienische Landstraßen zu fahren, das Fenster heruntergekurbelt, das Autoradio an. Oder sollte ich doch versuchen, FC-Präsident zu werden?

Der aktuelle FC-Präsident, Werner Spinner, hatte mir offen vorgeschlagen, er würde mich eines Tages als sein Nachfolger ins Gespräch bringen, falls ich das wollte. Doch das lag in unbestimmter Zukunft.

Meine Gedanken kreisten, und meine Mitarbeiter merkten natürlich, dass der Vulkan gerade kein Feuer hatte. Es war einer jener kuriosen, menschlichen Momente, wenn sich die gefühlte Wirklichkeit krass von der tatsächlichen Realität unterscheidet: Alle in der Firma spürten eine Unsicherheit, wie es weiterging, ob etwas zu Ende ging. Und gleichzeitig waren wir 2018 erfolgreicher denn je. Der Umsatz von *SportsTotal* stieg weit über 20 Millionen Euro. Das lag einerseits schlichtweg daran, dass die Gehälter und somit die Beraterprovisionen kontinuierlich wuchsen. Der bestbezahlte Bundesligaspieler, Robert Lewandowski, verdiente mittlerweile um die 20 Millionen Euro brutto im Jahr. Die schlechtbezahltesten Erstligaprofis kamen ungefähr auf 30 000 Euro im Monat. So etwas wie der durchschnittliche Bundesligaspieler, also ein Fußballer, der im Jahr 20 Partien für ein Mittelklasseteam bestritt, ging mit einem Festgehalt von 1,5 Millionen Euro brutto im Jahr nach Hause. Das waren 200 Prozent mehr als zehn Jahre zuvor.

Andererseits belegten unsere kontinuierlich steigenden Einnahmen, wie professionell bei *SportsTotal* gearbeitet wurde. Mein Modell, die Mitarbeiter mit großer Freiheit agieren zu lassen, funktionierte. Wir akquirierten beständig neue Talente wie Dayot Upamecano, Philipp Max oder Marco Richter. Einmal hatte ich eine junge Stimme in der Leitung. »Herr Struth, hier ist Robin Knoche, erinnern Sie sich noch an mich?«

Wie würde ich mich nicht an einen Innenverteidiger des VfL Wolfsburg erinnern, der einen Marktwert von zehn Millionen Euro besaß!

»Sie hatten mir einmal angeboten, ich könnte Sie jederzeit

anrufen«, sagte er. Nun, Jahre später, sah er den Zeitpunkt gekommen. Er würde sich gerne unserer Agentur anschließen.

Wir waren gefragt, die Agentur lief, ich brauchte nicht mehr in jedes Detail involviert sein. Ich konnte mich auf das große Ganze konzentrieren, Informationen aus meinem riesigen Netzwerk verknüpfen und schnelle Strategien für meine Mitarbeiter entwerfen, dazu wie ein *elder statesman* den Kontakt zu den großen Figuren des Spiels pflegen, Pérez, Rummenigge, Watzke. »Mach einfach nur noch das, was dir Spaß macht«, sagte Sascha Breese im Frühjahr 2018 zu mir. Hauptsache, du führst die Firma weiter, war die unausgesprochene Botschaft.

Abends zu Hause trug ich Jogginghose. Sah ja keiner. Es klingelte an der Wohnungstür. Wer war das jetzt? Der Bofrost-Mann, einer, der so emsig war wie ich damals und einfach mal an den Türen klingelte? Es war Sonntag – da konnte nicht mal der emsigste Bofrost-Mann arbeiten, weil das Warenlager geschlossen war.

Ich öffnete, und dann stand ich da, in meiner Jogginghose. Ich starrte, ich öffnete den Mund. Es kam kein Wort heraus. Stattdessen formte der Mund ein Lächeln, wie es nur Menschen können, die vom Glück überwältigt werden.

Er wolle einfach nur sehen, wie es mir nach der Odyssee durch die Krankenhäuser gehe, er wolle mich einfach endlich mal wiedersehen. Deshalb war Toni Kroos für einen Tag unangekündigt von Madrid nach Köln gereist.

Jeder Mensch kann mehrere Wesen sein. Ich war 2018 der, der verzagt über ein anderes Leben nachdachte, und gleichzeitig arbeitete ich spätestens ab April schon wieder mit großer Kraft. Der Widerspruch war mir selbst gar nicht bewusst. Ich brütete, was ich wollte, und telefonierte leidenschaftlich die Entscheider der großen Vereine ab.

Als Berater bin ich ein Offensivspieler: draufgehen, immer agieren, nicht warten. Ich rief Thomas Tuchel an. Er stand unmittelbar davor, im Juli 2018 seine Trainerarbeit bei Paris St. Germain zu beginnen. Näher kennengelernt hatten wir uns, als wir bei einem Bundesligaspiel Mönchengladbach gegen Bayern München zufällig nebeneinander auf der Tribüne saßen und das Spiel genug Zeit ließ, über alles Mögliche zu reden, offenbar auch über Ernährung. Wenige Tage später brachte mir der Paketbote Post von Thomas Tuchel. Er schickte mir das Buch *Weizenwampe.*

Warum Weizen dick und krank macht.

Er ist sehr überzeugt von weizenfreiem Essen. Ich gehe jetzt jedenfalls einfach mal davon aus, dass er mir das Buch aus grundsätzlicher Überzeugung schickte und nicht speziell, weil ihm auf der Tribüne mein Hunger missfallen hatte.

Als ich ihn im Frühjahr 2018 anrief, um von seinen Plänen für Paris zu hören, sagte er mir, er suche noch einen physisch starken Verteidiger, schnell, aber ruhig in den Bewegungen, der das Spiel mit langen, perfekten Diagonalpässen steuern könne.

»Einen wie Boateng«, sagte ich.

»So einer wäre der Hammer«, sagte er.

Ich kombinierte, ich entwarf augenblicklich ein Szenario.

Jérôme Boatengs Form wurde bei Bayern München mittlerweile skeptisch beäugt, wusste ich aus erster Hand – Boateng zu Paris, das könnte ein Transfer werden, den alle Seiten wollten. Die Sache war nur, dass wir gar nichts mit Boateng zu tun hatten.

Dann mussten wir das eben ändern.

Ich rief Kai Psotta an, unseren Mann in München, der vor einigen Jahren für die *BILD*-Zeitung nach Dopingspritzen in Hotelmülltonnen gesucht hatte. Noch am selben Nachmittag saß Kai mit Boateng in einem Separee beim *Alten Wirt* in München zusammen. Er ließ sich von ihm die Vollmacht unterzeichnen, dass wir einen Wechsel zu Paris St. Germain organisieren durften.

Solch einen Treffer landet ein Berater extrem selten. Meistens werden Vollmachten nur für ausländische Spieler vergeben. Wenn zum Beispiel ein griechischer Stürmer nach Deutschland will und sein Athener Berater keine Kontakte in die Bundesliga hat, erteilt er einem deutschen Spielervermittler das Recht, dort für ihn zu suchen. Boateng aber war offensichtlich überzeugt, dass niemand einen Wechsel nach Paris besser hinbekam als wir, nicht einmal sein eigentlicher Berater.

Boatengs tatsächlicher Berater, Christian Nerlinger, geriet möglicherweise ein wenig in Panik. Auf jeden Fall eilte Nerlinger am nächsten Tag von München nach Köln zu mir ins Büro. Er fing sofort an, sich vehement zu beschweren. Nach einer Weile verhandelte er darüber, welcher Anteil ihm bei einem Wechsel seines Mandanten nach Paris bliebe.

Jetzt könnte jemand sagen, supermoralisch sei das aber auch nicht, sich vom Spieler eines anderen Beraters hinter dessen Rücken eine Vollmacht zu holen.

Das sehe ich in diesem Fall ganz anders.

Zum einen war Boateng mit 30 Jahren erwachsen genug, frei zu entscheiden, wen er mit der Vermittlung beauftragte. Zum anderen hätte sich diese Transfermöglichkeit ohne mich nie aufgetan.

Ich rief die wichtigen Personen des Profigeschäfts wie Tuchel regelmäßig an, nur um mal zu hören, was sie bewegte. Boatengs Berater hatte diesen direkten Draht offensichtlich nicht, oder ihm fehlte die Fantasie, sich auch in Paris für seinen Spieler umzuhören. Tuchel selbst träumte laut am Telefon von Boateng, aber hatte offenbar auch keine Schritte eingeleitet, den Transfer zu verwirklichen.

Es brauchte jemanden, der die Möglichkeit erkannte und die Initiative ergriff.

Kai Psotta organisierte für den 11. Mai 2018 ein Geheimtreffen zwischen Boateng und Tuchel in München. Damit es wirklich geheim blieb, lud er sie zu sich nach Hause ein. Dort ging von der Tiefgarage der Aufzug direkt zur Wohnungstür. Das war besser als in dem Apartment, das seine Frau in München besaß, sagte Tuchel. Da hätten sie von der Tiefgarage erst wieder auf die Straße gemusst. Dem neugierigen Schuster im Parterre wäre der Weltmeister Boateng vermutlich nicht entgangen.

Als sie am Nachmittag wieder einzeln den Aufzug nach unten in die Tiefgarage nahmen, war Thomas Tuchel fest entschlossen, Jérôme Boateng in seine Mannschaft zu holen. Und Jérôme Boateng wollte unbedingt nach Paris.

Der FC Bayern zeigte sich offen. Man müsse sehen, jetzt sei ja erst einmal Weltmeisterschaft, aber im Prinzip stünden sie einem

Vereinswechsel nicht im Wege. Falls Boateng wider Erwarten bei der WM seine große Form wiederfand, wollten sie nicht als die Dummen dastehen, die ihn bereits zuvor verkauft hatten.

Ich kannte dieses taktische Zögern schon. Es würde ein langer Sommer werden.

Ich richtete mein WM-Studio auf Mallorca ein. Mit meinem Sohn schleppte ich den Fernseher auf die Terrasse, um dann festzustellen, dass man dort nichts sah. Die Sonne blendete zu stark.

Viele WM-Vorrundenspiele in Russland wurden am Nachmittag oder frühen Abend ausgetragen. Wir hängten großflächig Folien auf, um das Fernsehbild abzudunkeln. Die Terrasse sah aus wie eine Beduinen-Zeltstadt mit all den flatternden Folien. Man erkannte das Fernsehbild nun schemenhaft.

Ins *La Marina* konnten wir nicht mehr, Torsten hatte das Restaurant geschlossen, um am Hafen ein geschäftigeres Lokal zu führen. Sollten wir uns an diesen Sommertagen wirklich ins Haus setzen, um Fußball zu schauen? Wir wollten es nicht wahrhaben und erahnten mit zusammengezogenen Augen auf der Terrasse, wie Deutschland, der Weltmeister, sein Auftaktspiel der WM 2018 0:1 gegen Mexiko verlor.

Wenn Toni Kroos beim Pass zögerte, wusste ich immer: Etwas stimmte grundsätzlich nicht in seinem Team. Die Mitspieler liefen zu langsam auf die vorgesehenen Positionen. Toni musste mit dem Zuspiel warten. Alles wurde Langsamkeit. Eine unvorhersehbare Trägheit hatte sich auf die deutsche Mannschaft gelegt.

Toni würde am Ende der Weltmeisterschaft in Russland aus der Nationalmannschaft zurücktreten. Das hatte er im Frühling entschieden. Das wusste noch niemand außer seiner Frau, seinem Bruder und einigen von uns in der Agentur. Seit acht Jahren lebte er im Rhythmus samstags Spiel, mittwochs Spiel, samstags Spiel. Reisen, im Hotel schlafen, zurückreisen, übernächtigt nach Hause kommen, wieder aufbrechen. Er hatte zwei Kinder, Jessica und er wünschten sich ein drittes. Er sehnte sich nach dem Gefühl, zu Hause zu sein, mal richtig zu Hause zu sein.

Sechs Tage nach der traurigen Offenbarung gegen Mexiko war ich wegen einiger Termine kurzzeitig zurück in Köln. Mit einem

Dutzend Freunden und Bekannten saß ich im *Heising & Adelmann* auf der Friesenstraße, um das zweite Vorrundenspiel der Deutschen gegen Schweden zu sehen. Die Gäste im Biergarten nebenan schrien schon immer, bevor irgendetwas auf unserer Fernsehleinwand passierte. Offenbar lief die Übertragung in unserem Restaurant ein, zwei Sekunden zeitverzögert.

Nebenan im Biergarten wurde gestöhnt und geflucht, und bei uns führte Toni Kroos den Ball locker durchs Mittelfeld. Dann sahen wir im *Heising* es auch. Toni leitete das 0:1 mit einem Fehlpass ein, von dem ich und viele gesagt hätten: Solche Fehlpässe kann er gar nicht spielen. Danach drängten die Deutschen, ich fand, jetzt spielten sie mit Schwung und Vehemenz, Marco Reus erzielte das 1:1, aber mehr sprang nicht heraus. Es lief schon die fünfte Minute der Nachspielzeit. Im Biergarten nebenan brüllten die Leute. Auf unserer Leinwand standen Marco Reus und Toni Kroos, unsere zwei, bei einem Freistoß auf dem linken Flügel zusammen.

»Ich schieß ihn direkt aufs Tor«, sagte Marco.

Hohe Flanken hatten die Schweden 95 Minuten lang aus dem Strafraum geköpft.

»Der Schusswinkel ist zu schwer«, sagte Toni, »lass mich mal machen. Ich leg mir den Ball zwei Meter vor, du stoppst ihn, dann habe ich einen besseren Winkel.«

Mit der Hand dirigierte Toni Marco auf die richtige Position. Er passte, Marco stoppte, und dann flog der Ball. Jetzt konnten wir es auch sehen. In einer sagenhaft schönen Flugkurve zischte der Ball um die schwedische Abwehrmauer herum und schlug in den entfernten oberen Torwinkel ein.

Es war mir doch egal, wie ich schrie! Fußball. In seinen besten Momenten überwältigt dich das Spiel.

Toni Kroos würde Weltfußballer des Jahres werden! Dessen war ich mir in dem Moment sicher. Einen Monat zuvor, am 26. Mai, hatte er mit Real zum dritten Mal in Folge die Champions League gewonnen, wer von den Real-Stars die beste WM spielte, würde Weltfußballer werden. Es würde Toni sein. Ich hatte das im Gefühl nach diesem Tor.

»Toni ist der beste Einkauf in Reals Geschichte«, hatte mir

Präsident Florentino Pérez nach dem dritten Champions-League-Sieg gesagt. Ich gehe mal davon aus, dass er das nicht auch Beratern von fünf anderen Spielern erzählte. Auf jeden Fall verstand ich, was er meinte: Das Preis-Leistungs-Verhältnis bei Toni war aus Real Madrids Sicht unschlagbar. Während andere Stars wie Gareth Bale um die 100 Millionen Euro kosteten, hatte Real Toni für 25 Millionen ausgelöst und den Mann erhalten, der dem Spiel der dreimaligen Champions-League-Sieger die Balance zwischen Angriff und Abwehr gab. »Wenn Toni will, dass wir schnell spielen, spielen wir schnell«, sagte sein Mittelfeldpartner Casemiro. »Und wenn Toni will, dass wir langsam spielen, spielen wir langsam.«

Dann kam die Stille. Ich saß wieder auf der Terrasse in Cala Egos, der Ton des Fernsehers lief noch, aber ich nahm ihn nicht mehr wahr, nachdem die deutsche Nationalelf im abschließenden Vorrundenspiel 0:2 gegen Südkorea verloren hatte. Ich fühlte mich eingehüllt in Stille. Der Weltmeister war in der Vorrunde ausgeschieden.

Wie konnte eine theoretisch so starke Mannschaft so verkrampfen vor Angst? Wie konnten so tolle Fußballer vier Tage nach dem berauschenden Schweden-Sieg wieder so gehemmt spielen? Fußball. Wieso hatte ich nicht weiter Kugelschreiber verkauft? Kugelschreiber ziehen dich nie so runter.

Ich hatte keine Lust, mit irgendwem zu reden. Selbst mit Toni Kroos schrieb ich nur ein paar Whatsapp-Nachrichten hin und her. Ich ging stark davon aus, dass er auch keine Lust hatte, mit irgendwem zu reden.

Am nächsten Morgen saß ich wieder auf der Terrasse, die plötzlich leer, verlassen wirkte, das Handy piepste, das Handy piepste immer. Gleichgültig sah ich mir die Whatsapp-Nachrichten an. Max Geis schrieb, unser Pressesprecher bei *SportsTotal*. »Anbei Tonis Rücktrittserklärung aus der Nationalmannschaft.«

Rücktrittserklärung? Daran hatte ich gar nicht mehr gedacht.

Der Vulkan erwachte. Er brauchte nur den Bruchteil einer Sekunde, um zu brodeln.

»Max, seid ihr irre geworden?!«

»Wieso denn?«

»Ihr könnt doch jetzt nicht Tonis Rücktritt verkünden!«

»Es war doch so abgesprochen.«

»Aber Toni kann doch nicht nach so einer Niederlage abtreten! Das ganze Land wartet nur darauf, einen Sündenbock für das WM-Ausscheiden zu finden. Wenn Toni jetzt zurücktritt, wirft er sich selbst den Kritikern zum Fraß vor. Dann heißt es: Und jetzt verpisst sich der Kroos auch noch.«

»Toni meint, er wolle seinen Rücktritt unabhängig von einem Sieg oder einer Niederlage selbst bestimmen.«

»Aber seine wahren Gründe für den Rücktritt erkennt niemand mehr, wenn er heute zurücktritt, einen Tag nachdem eine deutsche Nationalmannschaft zum ersten Mal in ihrer Geschichte in der Vorrunde ausgeschieden ist! Dann setzt jeder Tonis Rücktritt in Zusammenhang mit dieser Blamage. Halt die Presseerklärung zurück, ich muss mit Toni sprechen.«

Ich rief ihn an.

Am Abend zuvor, nach der Schmach zurück im Mannschaftsquartier, um die Koffer zu packen, hatte der Manager der Nationalmannschaft, Oliver Bierhoff, Toni angesprochen.

»Was wirst du jetzt machen, Toni?«

Es durchzuckte Toni, als würde er ertappt. Ahnte Bierhoff etwas von den Rücktrittsabsichten? Toni war erst 28, in der Blüte seiner Karriere, es gab keinen Grund, dass Bierhoff Verdacht hegen sollte. Doch offenbar hatte der Manager ein gutes Gespür, was Spitzenfußballern nach ultimativen Niederlagen durch den Kopf ging.

»Ich weiß es nicht«, wich Toni aus, »ich muss das erst einmal sacken lassen.«

Später, im Zimmer, überraschte ihn seine Frau. »Ich weiß nicht, ob du jetzt wirklich zurücktreten solltest«, sagte Jessica. Aber sie würde sich doch am meisten freuen, wenn er nicht mehr permanent unterwegs wäre, wusste Toni. Und selbst sie zweifelte am Rücktritt?

Er wollte sich nicht beirren lassen.

»Ich habe mir das vor einem halben Jahr gut überlegt«, sagte er mir am Morgen danach am Telefon. »Die guten Gründe, warum ich zum Entschluss gekommen bin zurückzutreten, bestehen unverändert. Ich will nicht mehr das ganze Jahr permanent unterwegs sein.«

»Ja, aber wenn du jetzt zurücktrittst, nimmt dir niemand diese Gründe ab. Das hält dann jeder für Ausreden. Die Leute denken, du trittst als Schuldiger des WM-Debakels ab.«

»Was die Leute denken, sollte aber nicht meine Entscheidungen beeinflussen.«

»Toni, glaub mir, das bleibt dein ganzes Leben an dir hängen: der traurige Abgang eines großartigen Fußballers. Hinter allem, was du erreicht hast, würde ein *Aber* stehen: der Weltmeister, der deutsche Champions-League-Rekordsieger, *aber* leider unvollendet, nach dem schmählichen WM-Aus 2018 viel zu früh, mit 28, aus der Nationalelf zurückgetreten.«

»Es ist eine grundsätzliche Entscheidung, die will ich nicht ...« Aus dem Hintergrund schaltete sich eine helle Stimme ein.

»Du sollst weiter für Deutschland spielen, Papa!«

Tonis vierjähriger Sohn Leon meldete Bedenken an.

Leon hatte die gesamte WM in Russland miterlebt. Frauen und Kinder durften die Spieler oft im Teamquartier besuchen, und als Toni den Freistoß gegen Schweden ins Tor sausen ließ, saß Leon 20 Meter entfernt auf der Haupttribüne. »Unglaublich, Papa!«

Am Morgen des 28. Juni 2018 hatte er geweint. Mit einem Tag Verspätung hatte Leon realisiert, dass diese wunderbare Weltmeisterschaft vorbei war. »Wir packen zusammen, Leon, wir fahren nach Hause«, hatte Toni gesagt.

Aber warum, das Endspiel war doch noch gar nicht gewesen!

Toni Kroos musste seinem Sohn den Begriff »ausgeschieden« erklären.

»Toni«, fuhr ich fort, »dann schieb die Entscheidung wenigstens ein paar Wochen auf. Fahr in den Urlaub, und lass dir alles noch einmal in Ruhe durch den Kopf gehen.«

Zumindest dazu konnten wir Toni Kroos bewegen – sein vierjähriger Sohn und ich.

In der Zwischenzeit war der Boateng-Wechsel nach Paris geplatzt. Antero Henrique, der portugiesische Sportdirektor von Paris St. Germain, hatte sich dagegen ausgesprochen und die Verhandlungen abgebrochen. Thomas Tuchel war außer sich. Er wollte Boateng!

Dann hatte ich plötzlich einen portugiesischen Berater am Telefon. Er könne helfen, den Wechsel wiederzubeleben; selbstverständlich nur, wenn er an der Provision partizipiere.

Mir kam ein Verdacht, was hier ablief. Hatte St. Germains Sportdirektor den Deal für tot erklärt, um einen befreundeten Berater ins Spiel zu bringen? Auch wegen solcher Machenschaften stand die Beraterbranche in der Kritik.

Ich sagte dem Portugiesen in ziemlich deutlichen Worten, dass ich keinen Bedarf an seiner Hilfe hätte. Dann informierte ich Thomas Tuchel, dass meiner Ansicht nach Henriques Absage des Boateng-Transfers nur taktischer Natur gewesen war.

Ich weiß nicht, wie Tuchel mit seinem Sportdirektor daraufhin redete. Ich weiß nur, dass der Trainer und ein Mitarbeiter des Sportdirektors von Paris St. Germain einige Wochen später, Anfang August 2018, einträchtig zu einem Treffen mit mir im Kölner *Hyatt Hotel* erschienen. Ohne größere Komplikationen verhandelten wir wegen eines Vierjahresvertrags für Jérôme Boateng. Ich informierte Karl-Heinz Rummenigge. Er wirkte erfreut. Ich war gespannt, wie schnell er sich mit Paris wegen der Ablöse einigen würde.

Toni Kroos war mit seiner Familie nach Griechenland in den Urlaub gereist und wollte nicht daran denken, dass er eine missratene Weltmeisterschaft hinter sich und eine wichtige Entscheidung vor sich hatte. Er verdrängte die Frage, ob er weiter für Deutschland spielen sollte, ich merkte es, wenn ich mit ihm telefonierte.

»Wie siehst du den Rücktritt jetzt, Toni?«

»Ich habe mir noch keine Gedanken gemacht.«

Journalisten und Fans wollten es nicht glauben, als die Nationalspieler nach der WM 2018 aus dem Urlaub zurückkehrten und die meisten sagten, sie hätten das unglaubliche Ausscheiden noch gar nicht analysiert. Aber sie hatten doch vier Wochen Zeit gehabt!

Doch Toni Kroos schob die unangenehmen Fragen und Erinnerungen im Urlaub tatsächlich einfach zur Seite. Er hatte nur diese zwei, drei Wochen im Jahr wirklich frei vom Beruf, die würde er sich nicht von unangenehmen Gedanken vermiesen lassen. Große Fußballer wie er können das: Dinge radikal ausblenden. So rein wie er sich auf dem Spielfeld immer auf die laufende Partie konzentrierte, so erfolgreich verdrängte er im Urlaub den Fußball.

Nur ab und an scheuchten ihn seine zwei Berater auf. »Papa, es ist blöd, wenn du nicht mehr für Deutschland spielst«, sagte Leon. »Toni, ich habe mit Jogi Löw gesprochen«, sagte ich.

Ich hatte den Bundestrainer primär angerufen, um ihn von Tonis Gedankenspielen zu unterrichten. Aber natürlich hoffte ich auch, dass Joachim Löw meiner Meinung war: Wir mussten Toni Kroos von seinem Entschluss abbringen.

»Jogi, Toni ist momentan im Urlaub. Deshalb rufe ich an. Er trägt sich mit dem Gedanken, aus der Nationalelf zurückzutreten.«

Mir war, als könnte ich hören, wie Joachim Löw ganz kurz der Atem stockte.

»Das geht nicht! Da können andere zurücktreten, aber ich brauche den Toni. Um ihn herum will ich eine neue Mannschaft aufbauen.«

»Vielleicht solltest du ihm das dann mal so deutlich sagen?«

Drei-, viermal telefonierte ich mit Toni, drei-, viermal mit dem Bundestrainer. Zu vermitteln ist der Alltag eines Beraters, aber zwischen dem Bundestrainer und einem seiner Schlüsselspieler zu vermitteln war dann doch eine einmalige Angelegenheit.

»Und wenn du nur noch in den wichtigen Länderspielen dabei bist, Toni?«, schlug ich ihm vor. »Du könntest die Qualifikationsspiele gegen Liechtenstein oder San Marino aussetzen und hättest schon viele freie Wochen gewonnen.«

»Jogi, du musst das verstehen, Toni ist seit acht Jahren fast 50 Wochen im Jahr auf Achse, er will einfach nur ein paar Pausen haben«, sprach ich wenig später in eine andere Telefonleitung:

»Wenn du mit ihm sprichst, könntest du ihm anbieten, in Zukunft zumindest ab und an auf seinen Einsatz in Spielen gegen die San Marinos dieser Welt zu verzichten. Das könnte die Lösung sein.«

Ja, er musste mit dem Toni darüber reden, sagte Joachim Löw.

Ende August einigten sich der FC Bayern und Paris St. Germain. Jérôme Boateng würde für 37 Millionen Euro in die französische Hauptstadt wechseln.

Bayerns neuer Trainer Niko Kovac verlangte einen Ersatz für Boateng, sobald der gefunden war, durfte Boateng gehen. Die Bundesligasaison hatte schon begonnen, es war eine reine Vorsichtsmaßnahme von Kovac, dass er Boateng noch im Spielerkader haben wollte, bis ein Nachfolger verpflichtet war. Oder so schien es.

Am 29. August 2018, drei Tage vor Ende der Transferphase, sagte der FC Bayern den Spielerwechsel ab. Keiner der Ersatzkandidaten hatte Kovac überzeugt. Der Trainer hatte deshalb sein Veto gegen den Verkauf eingelegt.

Bingo.

Ich musste oft an den verpassten Wechsel denken, als ich den Ärger beim FC Bayern in der folgenden Saison mitbekam. Nachdem er ihm den Traumwechsel untersagt hatte, ließ Kovac Boateng in den wichtigen Spielen auf der Ersatzbank. Boateng dankte es ihm mit stummer Wut.

Statt 37 Millionen handelte sich der FC Bayern atmosphärische Störungen ein. Ich tippe mal, ich war nicht der Einzige, der im Konjunktiv dachte: Hätten wir doch …

Auch wenn der Boateng-Wechsel nur der Transfer wurde, den es nie gab, so denke ich mit Abstand gerne an den Beinahecoup zurück. Denn er gehört zum Sommer 2018, als ich ein Gleichgewicht fand. Ich fuhr mit Melanie auf einer Vespa an Siziliens Ostküste entlang in jenem Sommer, und zwischendrin musste sie lachen, weil schon wieder der Bundestrainer anrief. Es war möglich, merkte ich in jenem Sommer, beides zu verbinden, ein Leben von mediterraner Leichtigkeit und besessener Arbeit.

»Jogi«, sprach ich ins Handy, ein sizilianisches Eis in der anderen Hand, »aber hast du Toni gesagt, dass er auch mal ein Spiel gegen Estland oder Timbuktu aussetzen kann?«

Hatte er offenbar.

Denn als der Urlaub vorbei war und Toni Kroos das Nachdenken über Fußball wieder zuließ, entschied er, den Rücktritt zu stornieren.

Niemand weiß, dass Toni Kroos eigentlich schon aus der Nationalelf zurückgetreten war. Niemandem fiel etwas auf, als Toni Kroos dann mal im Juni 2019 bei den EM-Qualifikationsspielen gegen Estland und Weißrussland fehlte. Wegen »muskulärer Probleme«, hieß es in der Presseerklärung des Deutschen Fußball-Bundes. Von denen merkte niemand etwas, der Toni am selben Wochenende auf der Hochzeit seines Bruders Felix traf.

»Vom Rücktritt zurückzutreten hat mich nicht Volker überzeugt«, sagt Toni allerdings. »Das war Leons Werk.«

25

Weiter, immer weiter. Oder?

Je näher wir dem Stadion kamen, desto stiller wurde ich. Ich versuchte, weiter entspannt mit Melanie zu plaudern, ich konzentrierte mich auf das Abbiegen und Fußgänger-über-die-Straße-Lassen, aber parallel dazu wanderten die Gedanken auf einer zweiten Ebene zurück in die Vergangenheit. Fast neugierig, ohne tiefere Gefühlsregungen dachte ich beim Anblick der vielen Zuschauer, die sich dem Stadion näherten: Ob welche von denen mir damals auch Morddrohungen und Hassmails geschickt hatten?

Zum ersten Mal nach vier Jahren fuhr ich wieder zu einem Heimspiel von Borussia Dortmund ins Stadion.

Ich wollte Melanie einen Herzenswunsch erfüllen. Die Borussia war ihr Team, aber die Mannschaft live im Stadion hatte sie noch nie gesehen.

Mario Götze selbst spielte bereits im zweiten Jahr wieder für die Borussia. Sein Bayern-Wechsel, die Hysterie damals, war längst harmlose Folklore. Aufregungen im Profisport werden meistens schnell von der nächsten Aufregung verdrängt. Es würde kein Problem mehr für mich sein, Dortmunds Partie gegen RB Leipzig am 14. Oktober 2017 zu besuchen. Die überwiegende Mehrheit des Fußballpublikums ging sowieso ins Stadion, um zu feiern und sich zu freuen, nicht um zu hassen. Ich selbst war in der Zwischenzeit oft genug wieder zu Verhandlungen und Gesprächen bei der Borussia gewesen, unter anderem vermittelte ich unsere Spieler Gonzalo Castro und Ömer Toprak nach Dortmund. Der erste Stadionbesuch seit 2013 war ein formaler Schlusspunkt: Alles war wieder normal.

Konzentriert betrachtete ich das Spiel der Borussia gegen Leipzig und sah trotzdem die ganze Zeit Melanies Gesicht. Es glühte vor Freude. »Wenn das mein Vater sehen würde«, sagte sie öfter vor sich hin. Und ich spürte etwas, es wird kaum erwähnt, wenn es um die Arbeit eines Beraters geht, ich selbst habe es vielleicht viel zu selten erwähnt, dabei ist es die Essenz des Beraterseins: wie wahnsinnig schön es ist, anderen eine Freude zu bereiten, andere glücklich zu machen.

Mario spielte im Mittelfeld, und ich konnte ihm ohne irgendwelche Gefühlswallungen einfach zuschauen. Ich würde lügen, würde ich behaupten, ich hätte nie wieder daran gedacht, wie es wäre, noch einmal mit ihm zusammenzuarbeiten. Ich bilde mir ein, dass wir es heute vielleicht besser hinkriegen würden als am Ende. Denn ich habe gelernt, dass zu einer Beziehung nicht nur absolute Nähe gehört, sondern auch die Fähigkeit, im richtigen Moment emotional Abstand zu halten. Doch das waren nur Gedankenspiele. In der Wirklichkeit beschäftigten mich andere Spieler.

Die nächste Generation stand am Start. Als der Bundestrainer im Herbst 2019 die Nationalmannschaft für die EM-Qualifikationsspiele gegen Weißrussland und Nordirland nominierte, waren neben Toni Kroos und Marco Reus drei weitere Spieler von *SportsTotal* dabei, die das breite Publikum kurz zuvor noch kaum gekannt hatte, Luca Waldschmidt, Niklas Stark, Suat Serdar. Zwölf Jahre nach meinem Einstieg ins Geschäft hatten wir zum zweiten Mal eine ganze Reihe Fußballer auf ihrem langen Weg vom Talent zum Nationalspieler begleitet. Der Übergang von der Gruppe um Toni Kroos, Mario Götze, Benedikt Höwedes und

Marco Reus zur nächsten Generation geriet fließend. Ohne Unterbrechung vertrat *SportsTotal* von allen Agenturen die meisten deutschen Nationalspieler.

Im Detail konnte ich allerdings sehen, was sich in all den Jahren getan hatte: Waldschmidt, Stark und Serdar hatte nicht mehr ich persönlich akquiriert, sondern mein Mitarbeiter Martin Vontra. Ich steuerte das große Ganze und konzentrierte mich auf punktuelle, entscheidende Akzente. Als ich im September 2019 erfuhr, der türkische Fußballverband buhle um Suat Serdar für seine Nationalelf, rief ich Joachim Löw an.

»Jogi, falls du auch in Suat einen potenziellen Nationalspieler siehst, musst du schnell handeln. Die Türken machen ernst. Ihr Nationaltrainer Senol Günes war bei einem Spiel Suats auf Schalke, er wird ihn vermutlich bald für die türkische Auswahl nominieren.«

Suat Serdar, geboren in Rheinhessen als Sohn türkischer Einwanderer, fühlt sich als Deutscher und als Türke. Grundsätzlich mag das eine schöne Errungenschaft sein: in zwei Nationen heimisch zu sein. Bloß im Spitzensport kann das zu einem Gewissenskonflikt führen. Wenn ich die eine Nationalmannschaft wähle, wird es die andere Nation womöglich als Zurückweisung empfinden.

Ich als Berater wollte nur meinen Job machen: Suat alle Optionen bieten, die deutsche Auswahl wie die türkische. Dass ihm und seiner Familie die Entscheidung unheimlich schwerfiel, ließ uns in der Agentur selbst leiden.

Einige Wochen nach meinem Anruf bei Jogi Löw bestritt Suat Serdar gegen Argentinien und Estland seine ersten Länderspiele für Deutschland. Damit war er für keine andere Nationalmannschaft mehr spielberechtigt.

Der türkische Nationaltrainer Senol Günes fühlte sich überrumpelt. Er hatte doch gerade erst Suat auf Schalke besucht, da war überhaupt noch nichts vom Interesse der Deutschen zu spüren gewesen. Wie kam es dann, dass ihm der Kollege Löw auf einmal den Spieler wegschnappte?

Tja, lieber Herr Günes, wenn ich das nur wüsste.

Ein Generationenwechsel bedeutet nicht nur, dass die einen kommen, sondern auch, dass die anderen gehen. Rund zwölf Jahre nachdem wir ihnen bei den ersten Schritten im Profifußball geholfen hatten, näherte sich logischerweise eine ganze Reihe meiner ersten Spieler dem Karriereende. Sie waren über 30. Ein Jahrzehnt lang hatten wir ihnen lukrative Verträge besorgt. Plötzlich wurde es schwierig, sie weiterhin im Profifußball unterzubringen.

Für vier unserer älteren Spieler fanden wir im Sommer 2018 keinen adäquaten Verein mehr, Dennis Diekmeier, Eugen Polanski, Domenic Maroh und Tobias Levels. Das war eine neue, grauenhafte Erfahrung. Ich blies die Reise nach Mallorca ab, die ich traditionell mit meinen Mitarbeitern nach dem Ende der Sommer-Transferperiode unternahm. Wir hätten ein Rekordjahr zu feiern gehabt, aber wie konnten wir uns unbelastet freuen? »Die vier sitzen verzweifelt zu Hause, und wenn sie aufs Handy schauen, sollen sie sehen, wie wir Fotos vom fröhlichen Feiern auf Mallorca posten?«, sagte ich zu meinen Mitarbeitern. »Das bringe ich nicht fertig.«

Manche, vielleicht sogar die meisten Spielerberater verbringen die meiste Zeit ihrer Karriere im schrecklichen Gefühl, ihre Fußballer enttäuschen zu müssen. Denn sie nehmen die Spieler, die sie kriegen können, sie müssen die Spieler nehmen, die sie kriegen können, und für den einen Jugend-Bundesligaspieler interessieren sich mit 18 nur noch Viertligisten, der andere ist mit 23 als Ersatzspieler eines Bundesligisten nicht mal mehr in der zweiten Liga gefragt. Es gibt ein massives Überangebot an talentierten Fußballern, aber in der Bundesliga beständig nur 400 Arbeitsplätze. Wenn du nicht die besten Talente findest und für dich gewinnst, ist Spielerberater ein niederschmetternder Beruf: Du hörst ständig ein Nein von den Vereinen, genauso wie von besseren Talenten, die du gerne akquirieren möchtest. Du erfährst täglich Zurückweisung.

Deshalb forcierten wir auf einer Strategiesitzung 2019 unser Ziel: Wir wollten nur noch Talente bei *SportsTotal* aufnehmen, denen wir den Sprung in eines der acht besten Bundesligateams zutrauten.

Unter unseren 80 Spielern würden sich trotzdem weiterhin welche finden, die es bloß in die zweite Liga schafften oder die sogar mit 21 gar nicht mehr gefragt waren. Das ließ sich nicht vermeiden. Denn die Entwicklung eines Fußballers ist immer von Unwägbarkeiten geprägt. Aber wir mussten zumindest, so gut es geht, versuchen, die Besten zu erkennen, und uns auf sie beschränken. Einen unterdurchschnittlichen Fußballer zu vermitteln kostet viel mehr Anstrengungen, Ressourcen und Zeit, als ein Toptalent zu betreuen. Keine Firma wächst mittel- oder gar langfristig, wenn sie ein schlechtes Produkt verkauft.

Im Fußball bedeutet dies, dass der Kampf um die besten Talente immer früher beginnt. 2007 konnten wir als pfiffige, aggressive Seiteneinsteiger noch reihenweise 18-jährige Nachwuchsnationalspieler akquirieren, die zum Teil, wie Marcel Risse, noch nicht einmal von anderen Beratern ernsthaft umworben worden waren. Knapp anderthalb Jahrzehnte später kämpfen Dutzende Berater um 14-Jährige. In dem Alter ist es nicht möglich, eine Karriere seriös vorauszusagen. Aber die Konkurrenz unter den Beratern ist so groß geworden, dass irgendwann die ersten glaubten, wenn sie die Talente nicht schon als 16-Jährige ansprachen, würden sie sie nie mehr bekommen. Daraufhin begann ein Berater, der nicht mal bei den 16-Jährigen zum Zug kam, die 15-Jährigen anzubaggern. Die Anzahl der Berater und Möchtegernberater in Deutschland hat sich seit 2007 auf schätzungsweise 1000 verdoppelt. 950 davon vertreten aber keinen einzigen Erstligaspieler und versuchen verzweifelt, irgendwo einen zu finden.

In meiner Agentur können wir es uns aufgrund unseres Rufs und unseres Netzwerks leisten, nicht jeden Irrsinn mitzumachen. 14-Jährige betreuen wir nicht. Falls sie mit 16 oder 17 immer noch auf dem Weg zu einer großen Karriere scheinen, können wir sie dann akquirieren. So selbstbewusst bin ich. Und falls das nicht klappt, müssen wir das aushalten. Kein Berater kann alle tollen Spieler betreuen.

Ganz konnten wir uns dem Kampf um immer jüngere Talente allerdings auch nicht verschließen. Wenn du hörst, die anderen großen Agenturen tanzen um ein 15-jähriges, absolutes Ausnahmetalent herum, fällt es schwer stillzuhalten. Müssen wir dann nicht auch schon jetzt zuschlagen?

Aber mit diesen Fragen konnte ich umgehen. Was mir zusetzte, war, Menschen zu enttäuschen, die sich auf mich verließen. Die Saison 2018/19 lief längst, und wir hatten für Dennis Diekmeier noch immer keinen Verein gefunden.

Wir verlängerten im Herbst 2018, unbemerkt von der Öffentlichkeit, Toni Kroos' Vertrag bei Real Madrid zu nochmals verbesserten Konditionen bis 2023, aber im Kopf blieben die Gedanken an Dennis.

Vor einem Jahrzehnt hatten wir uns gemeinsam auf den Weg in den Profifußball gemacht. Aus dem begabten Jungen war kein Superstar geworden, sondern ein solider Bundesligaspieler, was übrigens mehr ist, als aus den meisten unheimlich talentierten Jungs wird. 2018 war er nach über 200 Bundesligaspielen mit dem HSV abgestiegen, er war 28. Auf einmal winkten die Sportdirektoren der Bundesliga hektisch ab. Als ob Dennis gezeichnet wäre: HSV-verseucht.

Die berufliche Existenz eines Familienvaters, eines Riesentyps, der mir ans Herz gewachsen war, hing von mir ab. Das ist Druck. Und ich, der das beste Netzwerk der Welt hatte, der immer eine Lösung hatte, fand nichts für Dennis.

Als wir Ende 2018, nach einem halben Jahr in der Arbeitslosigkeit, endlich ein ernsthaftes Angebot für Dennis Diekmeier hatten, druckste Sascha Breese am Telefon ein wenig herum: »Das ist natürlich nicht, was du gewohnt bist, Dennis. Aber die wollen dich wirklich unbedingt.« Der SV Sandhausen, der deutsche Inbegriff für Fußballdiaspora, fragte, ob Dennis Diekmeier für sie in der zweiten Liga spielen wollte.

»Auf den Verein wäre ich jetzt nicht gekommen«, sagte Dennis. »Aber weißt du was, ich gehe da hin. Ich will einfach nur wieder Fußball spielen. Ich vermisse das so. Ich sehe die anderen im Fernsehen, und ich jogge durch den Wald. Wenn Sandhausen die Einzigen sind, die mir noch eine Chance geben, dann gebe ich ihnen alles.«

Dennis Diekmeier, neu geboren in Sandhausen, wurde von den Experten wie den *Kicker*-Redakteuren in der Rückrunde

2018/19 einhellig als bester Außenverteidiger der Zweiten Bundesliga bezeichnet. Sofort meldeten Vereine wieder Interesse an, Vereine, die ihn einen Sommer zuvor abgeschrieben hatten. Aber er wollte in Sandhausen bleiben. Er spürte, wie wunderschön es war, Wertschätzung zu erfahren und etwas zurückgeben zu können.

Am 26. Mai 2020 saß ich beim Abendessen, als mein Handy einen Vibrationsschock erlitt. Etliche Nachrichten gingen gleichzeitig ein: Dennis Diekmeier hatte ein Tor geschossen. Sein erstes Tor nach elf Jahren und 287 Spielen als Fußballprofi.

»Das habe ich doch gerade geträumt, oder?«, schrieb ich ihm nach dem Zweitligaspiel des SV Sandhausen beim SV Wehen-Wiesbaden.

»Endlich ist der Fluch vorbei!«, antwortete er. »Aber das hast du doch schon immer gesagt: dass ich bei Eckbällen nach vorne muss.«

Natürlich hatte ich das nie gesagt. Dennis Diekmeier war alles andere, aber nicht kopfballstark. Nun hatte er mit einem Kopfballtor Sandhausen von den Abstiegsängsten befreit.

Nicht jedes persönliche Drama in den späten Jahren eines Fußballers endet so versöhnlich. Ein Jahr zuvor, im Mai 2019, gratulierte ich Benni Höwedes per Whatsapp-Nachricht, nachdem sein Team Lokomotive Moskau das russische Pokalfinale gewonnen hatte.

»Ich musste mit Muskelbündelriss raus«, schrieb Benni zurück. »So geht meine Karriere zu Ende.«

Ganz so schlimm kam es nicht, nach drei Monaten spielte Benni im Spätsommer 2019 wieder für Lokomotive in der Champions League. Aber einen erhofften Wechsel zurück nach Westdeutschland, wo seine Frau mit dem neugeborenen Kind lebte, bekamen wir, unter anderem auch aufgrund der Verletzung, nicht mehr hin. Der Vertrag in Moskau war theoretisch fantastisch, die Bezahlung war fürstlich, doch er litt, weil er eigentlich nur bei seiner Familie sein und die ersten Schritte seines Kindes erleben wollte.

Ich wusste, solche Schicksale würden mich fortan systematisch begleiten: Irgendeiner meiner Spieler würde immer mit den Schwierigkeiten einer zu Ende gehenden Karriere kämpfen. Die Traurigkeit ignorieren, sich auf die Erfolge unserer jungen Spieler fokussieren war keine Möglichkeit für mich. Ich konnte nicht anders als voll mitleiden, jedes Mal wieder aufs Neue.

Ein Mann, den ich vor zwei Jahren hatte leiden sehen, ging mir nicht mehr aus dem Kopf. Ich kannte seinen Namen nicht, ich hatte sein Gesicht nie gesehen. Er stand mit dem Rücken zu mir, als ich im Januar 2018 nach meinem Blinddarmdurchbruch im Krankenhaus in Köln meine tägliche Runde über die Flure drehte.

»Meinst du, deine Mutter könnte diesen Monat noch mal unsere Miete übernehmen?«, sagte der Patient am Fenster zu irgendwem am Telefon.

Das war das Leben, das ich aus meiner Kindheit kannte. Eigentlich wäre es logisch gewesen, wenn mein Leben so weitergegangen wäre. Was war es für ein Glück, dass es ganz anders gekommen war. Sollte, musste ich nicht etwas von meinem Lebensglück abgeben?

Die Gedanken tauchten im Alltag immer wieder auf. Ich musste an einen Satz denken, den mir meine Oma mitgegeben hatte. »Sieh zu, dass du am Ende der Tage mehr gegeben als genommen hast.« Immer konkreter entwickelte ich mit meinen Geschäftspartnern daraus eine Idee. Im November 2019 gründeten wir die *SportsTotal* Stiftung. Die Fußballer unserer Agentur, aber genauso wir Berater engagieren uns dafür, Kindern, Jugendlichen und Familien in Not zu helfen. Engagement bedeutet nicht nur Geld geben, das ist mir wichtig: Die Spieler sollen persönlich zu den Menschen gehen. Marco Richter besuchte zum Beispiel ein Kinderheim in Friedberg bei Augsburg und spielte mit den Jungs und Mädchen Fußball. Davon zu hören, wie der Torwart namens Tim flog, wenn Marco schoss, war erfüllend. Der Junge sprang und sprang mit weit aufgerissenen Augen und immer zerzausteren Haaren, um ja alle Schüsse eines Bundesligaprofis zu halten. Wahrscheinlich machte Tim der Anblick all seiner blauen

Flecken von den Landungen auf dem harten Turnhallenboden am nächsten Tag immer noch glücklich. Etwas Besonderes erleben, etwas, was sie aus dem schwierigen Alltag herausreißt, fehlt Kindern in prekären Verhältnissen sehr. Das kenne ich gut.

Für einen meiner Spieler wurde die Stiftung ein Teil seines neuen Lebens. Benni Höwedes rückte nach seinem Karriereende in den Vorstand auf. Wir hatten jemanden mit Empathie und Kreativität gesucht, da war uns aufgefallen, welchen Kandidaten wir direkt vor unserer Nase hatten.

Die Geschäftsführerin für die Stiftung wiederum fand ich auf bewährtem Wege, instinktiv, aus der Eingebung eines Moments heraus. Melanie und ich waren mit Friedhelm Funkel und dessen Frau zum Essen verabredet. Natürlich erzählten wir zum 100. Mal die Geschichte, wie ich ihm in seiner Zeit als Trainer von Eintracht Frankfurt den neuen Ronaldinho vermitteln wollte und der kleine Brasilianer zum Probetraining in einer viel zu großen wattierten Winterjacke antrat. Während des ausgelassenen Gesprächs ratterte, wie so oft, parallel etwas in meinem Hinterkopf.

Am nächsten Morgen rief ich Friedhelm Funkels Frau an.

»Sag mal, Anja, hast du eine Zwillingsschwester?«

»Bitte? Warum fragst du?«

»Hast du nun eine oder nicht?«

»Nein, habe ich nicht.«

»Schade. Denn du bist ja als Heilpraktikerin voll ausgelastet.«

»Worauf willst du hinaus, Volker?«

Zwei Monate später fing sie als Geschäftsführerin unserer Stiftung an. Ihre Menschenkenntnis als Heilpraktikerin für Psychotherapie, ihre offene, kommunikative Art und ihre Nähe zum Fußball prädestinierten sie für den Posten, war es mir beim Abendessen gekommen.

Für andere da zu sein ist auch eine Kernkompetenz der Beraterarbeit. Das wird nur gelegentlich übersehen, weil wir in den Medien bevorzugt im Zusammenhang mit Millionensummen oder Machtkämpfen vorkommen. Als eines Tages unser Marketing- und Social-Media-Manager Marcel Berger zu mir kam, schien das zunächst nur ein privates Gespräch über die Sorgen eines unserer Spieler zu werden. Maximilian Mittelstädt von

Hertha BSC hatte seinen Instagram-Account gelöscht, nachdem er dort in Kommentaren regelmäßig beschimpft und bedroht worden war. Ich weiß nicht, wie oft ich Spielern schon zur Seite gestanden habe, weil ihnen verbale Gewalt das seelische Gleichgewicht und den Schlaf raubte. Dieses Mal, sensibilisiert durch unsere Stiftungsarbeit, dachte ich, wir müssten noch mehr tun, als dem Spieler beizustehen.

Meine Kinder meinten zwar, ich hätte keine Ahnung, was Instagram ist, aber begriffen, dass es in einer Berateragentur einen Spezialisten für diese virtuelle Welt der Sozialen Medien braucht, hatte ich dann doch schon recht früh. Deshalb hatte ich Marcel Berger bereits vor Jahren eingestellt. Er entwickelte mit unseren Spielern ein zweiminütiges Video, um zum Kampf gegen Cybermobbing aufzurufen. *Unite against Hate* nannten wir es. 14 unserer Profis von Toni Kroos bis Dayot Upamecano lasen Hassnachrichten vor, die ihnen anonym zugeschickt worden waren. Es wurde eine eindrückliche Demonstration, dass wir verbale Gewalt nicht einfach als gegeben hinnehmen sollten. 30 Millionen Menschen sahen sich das Video an. Der Bundespräsident Frank-Walter Steinmeier lud Toni Kroos zu einem gemeinsamen Auftritt im Kampf gegen Cybermobbing ein.

Ich hatte noch nie so viele überwältigende Rückmeldungen erhalten wie nach dieser Aktion. Das war eine schöne Erfahrung: Die Vernünftigen sind, selbst im Internet, in der Überzahl. Man hört sie dort nur viel zu selten.

Ich fühlte, wir hatten die Agentur dank der neuen, jungen Spieler und der Stiftung für die Zukunft gerüstet, als Anfang 2020 in den Nachrichten gemeldet wurde, in einer chinesischen Provinzstadt namens Wuhan sei ein tödlicher Virus ausgebrochen. Und ich dachte noch, wie weit weg ist das von uns.

26

Glück in Zeiten der Pandemie

Für einen Mann über 50 gibt es wenig Melancholischeres als der Anblick eines verlassenen Fußballplatzes. Er erinnert einen augenblicklich an all die Schlachten der Kindheit. Als ich im März 2020 auf meinen Spaziergängen durch Köln an still daliegenden Sportplätzen vorbeikam, spürte ich jedoch eine andere Regung, eine Mischung aus Beklommenheit und Staunen. Das Leben, das wir kannten, war verschwunden, von gestern auf heute.

Das Coronavirus, das eben noch eine ferne Notiz aus Wuhan gewesen war, hatte eine Pandemie ausgelöst. Die öffentlichen Plätze, die Innenstädte, Fußballfelder oder Flughäfen verwaisten, denn solange es keinen Impfstoff gab, schützte vor einer Infektion wie im Mittelalter nur das Kontaktvermeiden.

Das Fußballsystem blieb von den Einschränkungen natürlich nicht verschont. Absage der kompletten Spieltage wegen Ansteckungsgefahr, Einstellung des Trainingsbetriebs und sofort die Fragen: In welcher Höhe können die Vereine ohne laufende Einnahmen noch die Gehälter und Provisionen bezahlen? Wann wird wieder Fußball gespielt werden können, wie lange wird ohne Zuschauer gespielt werden müssen?

Ich arbeitete, wie die meisten, plötzlich von zu Hause. An die

Stelle von fortwährenden Reisen zu Vereinen und Spielern in ganz Europa traten nun stundenlange Spaziergänge durch Köln, um Kopf und Lunge freizukriegen, 10 Kilometer, 15 Kilometer, was war das für eine Befriedigung, danach auf den Schrittzähler zu schauen.

Ich dachte auf meinen Spaziermärschen an die Kinder, die nun hinter den Fenstern vor ihren Computern und Handys saßen, weil all ihre Freizeitkurse abgesagt waren. Meine eigene Kindheit kam mir in den Sinn. Wie wir in großen Gruppen, unbeobachtet von den Erwachsenen, nachmittagelang herumgetollt waren. Ich bin froh, dass wir als Kinder keine Handys hatten. Was ich alles verpasst hätte.

Nach ein, zwei Wochen der Pandemie sah ich klarer. Die Einschnitte würden gravierend sein. Und es blieb mir und unseren Fußballern nichts anderes übrig, als die neue Realität besonnen, so gelassen wie möglich zu akzeptieren.

Die Anrufe meiner Spieler erreichten Rekordausmaße.

»Der Verein will, dass ich für die nächsten drei Monate auf 20 Prozent meines Gehalts verzichte. Soll ich das machen, Volker?«

Dutzende Male führte ich dasselbe Gespräch.

»Ich rate dir sehr dazu. Du hast, wie wir alle, jahrelang absolut von dem System profitiert. Noch nie haben Fußballspieler so viel Geld verdient wie heute. Wenn du einen kleinen Teil dazu beitragen willst, dass das System jetzt überlebt, dann unterschreib den Verzicht.«

»Aber die müssen doch Geld haben.«

»*Sky* hat die Zahlung der letzten Rate der Fernsehgelder für dieses Spieljahr verschoben, es ist unklar, ob diese Saison weiter gespielt wird; die Vereine haben gerade wirklich Liquiditätsprobleme.«

Auf 10 bis 30 Prozent ihres Gehalts verzichteten die Profis in allen Bundesligavereinen in den Pandemiemonaten 2020/21. Von den gut 80 Fußballern unserer Agentur akzeptierten alle den Gehaltsverzicht, ohne zu zögern; bis auf zwei Ausnahmen.

Mit den beiden musste ich reden.

Ich erklärte ihnen, was ich allen gesagt hatte, die Liquiditätsprobleme, die privilegierte Situation, in der sie sich als Profifußballer im Vergleich zu Einzelhändlern oder Musikern immer noch befanden. Ich redete von Solidarität, Zurückgeben, Einfühlungsvermögen, und als ich von einem der beiden immer noch »ja wie«, »hm«, »weiß nicht« hörte, sagte ich: »Okay, dann machst du das mal.«

»Was?«

»Du verzichtest nicht auf dein Gehalt.«

»Wie jetzt?«

»Ja, mach das doch mal. Und dann schaust du, wie deine Mannschaftskameraden reagieren, wenn sie erfahren, dass du dich so egoistisch zeigst. Dann schaust du mal, wie dich die *BILD*-Zeitung in zwei Tagen als Arschloch der Nation vorführt. Oder glaubst du wirklich, das bleibt geheim? Glaubst du wirklich, der Verein nimmt das einfach so hin?«

Ein paar Tage später konnten die Bundesligavereine feststellen, dass sich alle Spieler unserer Agentur ohne Murren dem vorgeschlagenen Gehaltsverzicht anschlossen.

Viele Menschen in Deutschland schienen den Verzicht der Profifußballer allerdings nicht zu sehen – beziehungsweise nicht sehen zu wollen. In den Medien war viel von einer angeblichen Wut der Gesellschaft auf den Fußball die Rede. Die reichen Profis denken selbst in der Krise doch nur an sich, war die Parole.

Die Coronakrise hatte bei etlichen Leuten den Beißreflex ausgelöst: Der böse, gierige Profifußball wolle immer noch mehr, mehr, mehr, während der Rest des Landes von wirtschaftlichen Sorgen geplagt werde. Ich verstehe, dass die Leute im emotionalen Ausnahmezustand der Pandemie jemanden suchten, an dem sie ihre Irritationen abreagieren konnten. Ich teile die Ansicht, dass ein noch größeres gesellschaftliches Engagement von Fußballklubs, genau wie von allen anderen Unternehmen, toll wäre. Aber mal bei den Fakten geblieben: Was hat der Profifußball in der Coronakrise verbrochen? Er hat wie Volkswagen oder der lokale Kebabimbiss und jedes andere Unternehmen auch versucht, so schnell und gut wie möglich wieder den Betrieb aufzunehmen, um die finanziellen Verluste in Grenzen zu halten. Das ist nicht unanständig, sondern notwendig. Manche Spieler und Vereine dachten in der Krise möglicherweise nur an sich – andere Spieler und Vereine aber versuchten, mit tollen Ideen in ihrer Umgebung zu helfen. Marco Reus gründete die Kampagne *Help your hometown* und spendete dafür selbst eine halbe Million Euro, um lokale Dortmunder Kleinbetriebe zu unterstützen.

Doch es ging mal wieder gar nicht darum, die Fakten zu sehen. Sondern darum, jemanden an den Pranger zu stellen, um sich abzureagieren oder von sich abzulenken. Selbst ein sonst so sachlicher Mann wie Christian Seifert, der Geschäftsführer der Deutschen Fußball-Liga, meinte, sich an den Stammtisch setzen zu müssen. Als der Fußball von vielen Seiten angegriffen wurde, lieferte Seifert, was die Kritiker hören wollten: Vieles müsse sich ändern, sagte er der *Frankfurter Allgemeinen*, auch beim Verdienst der Berater, »die Millionen kassieren für einen Musterarbeitsvertrag, den sie bei uns aus dem Internet herunterladen können. Und das einfach nur deshalb, weil sie den richtigen Dreiundzwanzigjährigen kennen.«

Das Konzept gibt es seit Tausenden Jahren, und es funktioniert immer noch: eine Gruppe pauschal als Böse, als Sündenböcke hinstellen und so von sich selbst ablenken. Die Berater. Die Politiker, die Investmentbanker, die Lehrer. Die Fußballfunktionäre. In den Talkshows des Landes lautet einer der meistbenutzten Sätze: »Man muss da differenzieren.« Aber im nächsten Satz wird dann doch wieder lieber pauschalisiert.

Das Gezeter ebbte ab, als die Pandemiebeschränkungen im Frühsommer 2020 gelockert wurden und der Fußball wieder vorsichtig rollte. Bis die Normalität zurückkehrte, würde es allerdings länger dauern.

Ein volles Jahr, in dem Fußballspiele wegen der Ansteckungsgefahr weitgehend ohne Zuschauer stattfinden mussten, traf die Fußballklubs finanziell empfindlich. Bereits nach wenigen Monaten der Pandemie, im Sommer 2020, gingen die Ausgaben der Profiklubs für Spielertransfers weltweit um 30 Prozent zurück. Ein Spieljahr später würden die Einbußen der Fußballbranche noch gravierender ausfallen. Mit einem Rückgang des Umsatzes um 800 Millionen Euro rechnete die Bundesliga in der Saison 2020/21, das waren rund 20 Prozent im Vergleich zum Vorjahr. In anderen Fußball-Ländern sah es nicht besser aus. Einen Satz hörte ich von den Vereinen in Endlosschleife: »Solche hohen Gehälter können wir nicht mehr bezahlen.« Ich dachte mir: Wenn weniger Geld im System ist, dann wäre es doch logisch, wenn ihr bei einem möglichen Spielerabgang auch nicht mehr solche gigantischen Ablöseforderungen stellt.

Ich hätte einen Vorschlag für eine noch nie diskutierte Reform auf diesem Gebiet: Ablösesummen könnten nach einem festen Schlüssel aufgrund des Gehalts eines Spielers berechnet werden. Jeder Spieler, der zwei Millionen Euro brutto im Jahr verdient, kann dann, das nur als fiktives Beispiel, für zehn Millionen Euro Ablöse aus dem Vertrag aussteigen, ein Spieler mit einer Million Jahresgehalt für fünf Millionen.

Aber das ist die Zukunft.

In der Gegenwart kämpften unsere Spieler und wir als Agentur erst einmal mit den Auswirkungen der Pandemie. Ein, zwei Monate bevor das Coronavirus Europa im März 2020 heimsuchte, hatten wir wie jedes Jahr im Winter einige vielversprechende Transfers für den nächsten Sommer angebahnt. Atlético Madrid begeisterte sich für Suat Serdar. Manchester City ließ uns wissen, sie hätten Dayot Upamecano im Auge. Borussia Mönchengladbach bemühte sich um Philipp Max. Vier Monate und ein Pandemieausbruch später blieb von diesen Transfers nichts mehr.

Es tat mir für die Spieler unheimlich leid. Aber ich fände es unanständig, darüber zu jammern. Zehntausende Menschen verloren durch das Coronavirus ihr Leben, in manchen Branchen wurden Abertausende in Existenznöte gebracht. Ich kann schon noch erkennen: Dagegen fielen die Konsequenzen für mich als etablierter Agenturbesitzer doch ziemlich klein aus.

Es hat auch Vorteile, älter zu sein. In diesem Pandemiejahr 2020/21 spürte ich es. Die Lebenserfahrung von 54 Jahren half mir, mich mit der Situation zu arrangieren und sie einzuordnen. Die Pandemie ist das Ungemütlichste, was meine Generation in Deutschland erlebt hat. Aber ich musste an meine Großeltern denken. Sie hatten zwei Weltkriege durchgemacht, die Kriegsgefangenschaft meines Opas, die Flucht aus Schlesien, die Alkoholsucht ihrer Tochter, der viel zu frühe Tod all ihrer Kinder. »Und mein Opa konnte seiner Familie nicht mal schnell eine Whatsapp-Nachricht aus der Gefangenschaft in Russland schicken«, hörte ich mich zu meinen Kindern sagen.

Nicht, dass ich in den Pandemiemonaten nie angespannt gewesen wäre. Die jährlichen Fixkosten unserer Agentur beliefen sich auf vier Millionen Euro, da tauchte der nagende Gedanke natürlich auf: Die musst du jetzt erst mal reinholen. Aber ich glaubte zu wissen, was gegen die Angst half: ruhig und geduldig weitermachen.

Ich bekam noch während des ersten Lockdowns im Frühling 2020 eine sehr interessante Vertragsverlängerung von Dayot Upamecano bei RB Leipzig durch. In dem Moment, in dem Dayot seinen Kontrakt bis 2023 verlängerte, wussten er, ich und auch RB Leipzig bereits, dass er den Vertrag nicht erfüllen würde. Er würde Leipzig definitiv im Sommer 2021 verlassen.

Der Fall ist ein perfektes Beispiel, wie komplex die Karriereplanung von Spitzenspielern im modernen Fußball geworden ist. Dayot Upamecano hatte sich in Leipzig zu einem der gefragtesten Innenverteidiger Europas entwickelt, gewandt, ballsicher, muskulös und atemberaubend schnell. Sein ursprünglicher Vertrag lief 2021 aus. Frühe Leipziger Avancen, Dayot länger an den Verein zu binden, hatte ich angesichts seiner Begehrtheit entspannt zurückgewiesen. »Da ging wohl Ihr Taschenrechner nicht richtig, Herr Mintzlaff«, hatte ich im Juni 2019 zu Leipzigs Geschäftsführer gesagt, als er mir ein Vertragsangebot vorlegte. Wenn man sich kennt, kann man Verhandlungen auch mal durch einen legeren Ton auflockern.

Theoretisch hätte Dayot einfach mit dem alten Vertrag bis 2021 für Leipzig spielen können und wäre dann ablösefrei zu einem der weltbesten Vereine gewechselt, die ihn umschwärmten. Gemeinsam mit Oliver Mintzlaff, der sich so hartnäckig wie konstruktiv bemühte, fanden wir jedoch eine bessere Lösung, eine, von der alle Parteien etwas hatten.

Wir verlängerten den Vertrag bis 2023 zu deutlich erhöhten

Bezügen. (Da ging der Taschenrechner in Leipzig ja doch wieder!) Wir bauten allerdings auch eine verhältnismäßig niedrige Ausstiegsklausel ein. Für 42,5 Millionen Euro durfte Dayot den Verein bereits 2021 verlassen. Auf dem freien Markt, ohne festgeschriebene Ablöse, war er ungefähr das Doppelte wert.

Die Regelung half allen, Dayot, RB Leipzig, seinem neuen Klub und natürlich auch uns als Agentur. Dayot bezog bis 2021 in Leipzig ein besseres Gehalt und wusste, er würde dank der festgelegten niedrigen Ablösesumme 2021 noch attraktiver für die Weltklubs. Leipzig wiederum würde 2021 immerhin über 40 Millionen Euro an Ablöse erhalten, statt den Spieler am Ende des alten Vertrags ohne Entschädigung zu verlieren. Zudem konnte RB bereits ein Jahr lang nach Nachfolgern suchen, weil sie wussten, wann Upamecano den Klub verließ. Für den neuen Verein schließlich war der Verteidiger mit 42,5 Millionen gemessen am Marktwert günstig. Manchmal ist Fußball tatsächlich ein Spiel, in dem alle gewinnen.

Als mich Journalisten im Februar 2021 recht aufgeregt fragten, was am Gerücht dran sei, Bayern München wolle Leipzigs Upamecano verpflichten, waren viele überrascht, wie offen ich darauf antwortete. Aber ich musste nichts verheimlichen. Der Wechsel zum FC Bayern war bereits beschlossen.

Die guten Nachrichten rissen nicht ab. Sascha Breese gewann einen neuen Klienten für unsere Agentur. Leipzigs Trainer Julian Nagelsmann. Trainer betreue ich nie mehr, hatte ich nach der Erfahrung mit Lucien Favre gedacht, ich weiß. Aber bei Julian Nagelsmann ist es gerechtfertigt, eine Ausnahme zu machen. Er ist ja kein Trainer. Sondern ein Supertrainer.

Ich akquirierte unterdessen mit Niklas Süle einen weiteren Nationalspieler.

Einige Monate zuvor hatte sich Niklas das Kreuzband gerissen. Ein verletzter Fußballer fühlt sich schnell von aller Welt vergessen, wusste ich, und schrieb ihm genau deshalb eine Nachricht. Aus einer Nachricht wurden Treffen, aus Treffen eine Zusammenarbeit.

Wann ich einen Spieler anspreche, ist bei der Akquise oft ein entscheidender Faktor. Nach jeder Transferperiode analysieren wir den Markt, um zu sehen, welcher Spieler hätte eigentlich den Verein wechseln sollen, ist aber nicht gewechselt. Oft sprechen wir diesen Spieler dann gezielt an. Denn möglicherweise scheiterte sein Wechsel an der falschen Strategie oder dem fehlenden Netzwerk seines Beraters. Möglicherweise denkt er, ein anderer Berater könnte das besser.

Am Tag nach der Akquise eines wichtigen Spielers bei seinem Verein anzurufen ist für mich immer noch ein Moment wie beim Kindergeburtstag, wenn alle Kerzen auf dem Kuchen brennen. »Herr Rummenigge, ich wollte Ihnen nur kurz mitteilen, dass wir ab sofort Niklas Süle beraten.«

Manchmal stelle ich mir vor, wie der Vereinsvertreter am anderen Ende der Telefonverbindung denkt: Muss das sein, der Struth schon wieder. Rudi Völler hat einmal zu mir gesagt: »Ich mag dich, Volker, du bist ein guter Typ. Aber ich bin auch froh, wenn der nächste interessante Spieler nicht schon wieder mit dir durch die Tür kommt.« Ich glaube, das war eines der schöneren Komplimente, die man mir gemacht hat.

Aus Wochen mit dem Coronavirus wurden Monate. Ich sah kaum noch Menschen, außer auf Bildschirmen. Ich solle äußerst vorsichtig sein, dass ich mir das Virus nicht einfinge, sagte mir mein Arzt. Das Herz mit den sieben Stents wäre bei einer Infektion sehr gefährdet. Ein Abend an der Hausbar mit ein, zwei Besuchern und zwei, drei Gläsern Wein wurde das Maximum meines Soziallebens. Melanie und ich sahen allenfalls die engsten Freunde. Dazu gehörten Anja und Friedhelm Funkel.

Dadurch, dass Anja unsere Stiftung leitete, hatte sich der Kontakt noch einmal intensiviert. Zu Friedhelm hatte ich schon seit Jahren ein sehr gutes Verhältnis – vielleicht, weil wir uns nicht im Fußballgeschäft kennengelernt hatten, sondern lange bevor ich Spielerberater wurde, als ich ihm zu Werbezwecken einen meiner Karnevalsschals umhängte. Friedhelm war so etwas wie der schlechteste Kunde meiner Beratungsagentur. In meinen ersten zwölf Jahren als Spielerberater hatte ich ihm keinen einzigen Profi vermittelt. Erst 2019, ganz am Ende seiner langjährigen

Trainerkarriere, wechselte einmal ein Spieler unserer Agentur, Erik Thommy, leihweise zu Friedhelms Mannschaft, Fortuna Düsseldorf. Kurz darauf war Friedhelm Funkel mit 66, nach sagenhaften 45 Jahren im Profifußball, in Rente gegangen.

»Vermisst du den Fußball denn?«, fragte ich ihn im November 2020 an meiner Hausbar.

Wer vermisste denn nicht irgendetwas in diesen Monaten?

»Als ich meinen Rücktritt erklärte, wollte ich mit Anja auf Reisen gehen, Afrika sehen, Neuseeland erkunden und zu Hause in meiner Alte-Herren-Mannschaft Tennis spielen«, sagte Friedhelm. »Zwei Monate später war die Coronapandemie da und von unseren Plänen nichts mehr möglich. Das habe ich mir schon irgendwie anders vorgestellt.«

»Was wäre denn, wenn dich morgen ein Verein anrufen würde?«

»Ja, das käme natürlich darauf an, wer anruft.«

In dem Moment ging der Berater-Rauchmelder in mir an. Ich roch etwas, ich roch etwas.

Friedhelm Funkel, der seine Karriere zehn Monate zuvor offiziell beendet hatte, sagte auf einmal an meiner Hausbar, es käme darauf an, welcher Fußballverein ihn anriefe.

»Wenn der FC sich melden würde?«

Friedhelm hatte den 1. FC Köln bereits einmal, vor 17 Jahren, trainiert. Es war ein spezieller Klub für ihn geblieben, auch wegen der gigantischen Herzenswärme der Kölner für ihren FC. »Wenn der FC anruft? Dann hätte ich ein paar schlaflose Nächte«, sagte er. In seinem Gesicht ging dieses schelmische Lächeln eines 67-jährigen Jungen auf, das einen zwang, ihn einfach zu mögen.

»Okay«, sagte ich. »Ich verstehe.« Am nächsten Tag rief ich Kölns Sportdirektor Horst Heldt an.

»Hör mal, Horst, jetzt nur mal für deinen Hinterkopf: *Wenn* du in den nächsten Wochen oder Monaten daran denken solltest, den Trainer zu wechseln, also nur *falls* du irgendwann mit dem Gedanken spielst …«

Das war eine delikate Sache. Friedhelm Funkel und ich wollten auf keinen Fall dem aktuellen Trainer Markus Gisdol in den Rücken fallen. Doch der FC, gefangen in Abstiegsangst, machte mit seinen unsteten Auftritten wieder einmal die halbe Stadt fertig, und es konnte sein, dass irgendwann ein Trainerwechsel unausweichlich war.

Er wolle die Saison, sofern es nur irgendwie möglich bleibe, mit Gisdol durchziehen, sagte mir Heldt. Gisdol stehe vor einer unheimlich schwierigen Aufgabe, aus Talenten eine neue Mannschaft zu entwickeln, da seien Rückschläge unvermeidlich.

»Natürlich, es ist ja auch nur, *wenn* ein Trainerwechsel wegen der Abstiegsgefahr irgendwann unumgänglich sein sollte, *nur für den Fall* solltest du wissen, dass Friedhelm Funkel bereitstünde.«

»Was?«, entfuhr es Horst Heldt. »Der hat seine Karriere doch beendet.«

»Ja, eigentlich schon«, sagte ich, »aber an meiner Hausbar …«

Ein paar Tage später kamen Horst Heldt und Kölns Geschäftsführer Alexander Wehrle zu mir nach Hause. Wo sollte man sich denn treffen außer zu Hause? Friedhelm Funkel war schon da. Ich machte die drei bekannt und ließ sie miteinander reden. Acht Spieltage waren in der Bundesligasaison gespielt. Der FC hatte keine einzige Partie gewonnen. Wenn die Mannschaft nun, Ende November 2020, auch noch in Dortmund verlor, musste der Verein über einen Trainerwechsel nachdenken.

Der FC gewann in Dortmund sensationell 2:1. Er ziehe das mit Gisdol durch, sagte Horst Heldt.

Dann war es eben nur eine nette Geschichte für mein Buch: Wie ich Friedhelm Funkel fast aus der Rente geholt hätte.

So schien es immer weiterzugehen. Bis ein kleiner Funken plötzlich alles veränderte.

Die Zusammenarbeit zwischen Dirk Hebel auf der einen sowie Sascha Breese und mir auf der anderen Seite funktionierte nach 13 Jahren nicht mehr, spürten wir schon länger. Vielleicht wäre es besser, wenn wir getrennte Wege gingen?

Die übliche Presseerklärung über eine »einvernehmliche, harmonische Trennung« haben wir dann Anfang 2021 natürlich auch verschickt. Dass der Weg dahin in Wirklichkeit aufwühlend und schmerzhaft war, kann sich jeder denken. Wir konnten uns nicht darauf einigen, wer von uns die Agentur verlässt. Also wurde *SportsTotal* liquidiert. Mit Sascha Breese und Martin Vontra musste ich über Monate eine neue Firma aufbauen, *Sports360*. Bis auf einen traten alle Mitarbeiter, die mir wichtig waren, sowie 80 Prozent unserer Profifußballer der neuen Agentur bei.

Dass es so enden würde mit *SportsTotal*, stimmte mich wehmütig. Ich hatte mir immer vorgestellt, wie ich die Agentur, die ich vor vielen Jahren aus dem Nichts geschaffen hatte, einmal blühend übergeben würde. Gleichzeitig spürte ich jedoch eine Erleichterung, dass es zu Ende war. Dass die ganzen Scherereien mit den Rechtsanwälten wegen der Firmenliquidation hinter uns lagen.

Für 100 000 Euro hatte ich 2010 33 Prozent von *SportsTotal* an Dirk Hebel veräußert. Zehn Jahre später war die Firma das 200-Fache wert gewesen. Auf 70 Millionen Euro schätzte ein Investor namens Peter Kroha von der Beteiligungsgesellschaft Invision Anfang 2020 den Wert von *SportsTotal*. Sie wollten unsere Firma kaufen. Mit dem Zukauf von drei, vier anderen etablierten Agenturen wollten sie die größte Spielerberatungsgruppe Europas bilden. Ich sollte der Kopf der neuen Mega-Agentur werden.

Ich lehnte den Verkauf ab, so wie bereits 2012, als die Wasserman Media Group aus Los Angeles 40 Millionen Euro für *SportsTotal* geboten hatte. Ich wollte nicht den Druck im Hinterkopf spüren, dass da irgendwer war, der mir Leitlinien geben konnte, ein Investor, für den Fußballer genauso ein Geschäftszweig waren wie Einkaufskörbe oder künstliche Augenlinsen. Ich wollte mich nicht einem Besitzer ausliefern, der mir vorschreiben konnte, wie lange – oder wie kurz – ich noch in meiner Firma zu arbeiten hätte. Ich wollte selbst bestimmen, wie ich meine Firma führe, wie lange ich sie führe.

Es war richtig gewesen, nicht zu verkaufen. Dessen war ich mir auch im Herbst 2020 noch sicher, als die Diskussionen mit Dirk liefen und die Zukunft der Agentur für eine Zeit ungewiss schien.

Irgendwann, während dieser traurige Prozess der Agenturabwicklung ablief, kam mir der Gedanke: Vielleicht zwingt dich da gerade jemand zu deinem Glück.

Die unruhige Suche, was ich eigentlich noch will im Leben, hatte mich einige Jahre begleitet. Einerseits wollte ich den Job nicht aufgeben, denn ich spürte genauso intensiv wie vor 13 Jahren, das ist meine Berufung. Spielerberater. Andererseits sehnte ich mich nach einem – ein klitzeklein wenig – ruhigeren Leben. Plötzlich sah ich es klar vor mir. Die Firmenneugründung gab mir die Chance, beide Sehnsüchte zu erfüllen; als Spielerberater weiterzuarbeiten, aber nicht mehr alles machen zu müssen.

Ich werde in der neuen Firma das Tagesmanagement nach einer Zeit der Einarbeitung langsam, aber sicher an die anderen zwei Gesellschafter Sascha Breese und Martin Vontra abgeben. So kann ich mich mehr und mehr auf den Kernbereich der Arbeit konzentrieren, die Spielerberatung und -vermittlung. Chefdiplomat wäre eine nette Beschreibung für meine zukünftige Rolle. Das ist jemand, der seine Kontakte spielen lässt, der weiterhin seine wichtigsten Spieler betreut, Spieler akquiriert, der immer dort ist, wo was los ist. Ich bleibe der Mann, der vorangeht, werde aber nicht mehr der sein, den man fragt, welche ergonomischen Bürostühle gekauft werden sollen.

Wenn der FC am Samstag wieder verlieren würde, kämen sie nicht herum, den Trainer zu wechseln, sagte mir Sportdirektor Horst Heldt Anfang März 2021; drei Monate nachdem der Sieg in Dortmund einen Trainerwechsel abgewendet hatte. Der FC spielte gegen Werder Bremen unentschieden. Er ziehe das mit Gisdol durch, sagte mir Horst Heldt.

Am 9. März 2021 hatte ich mir zwei Stunden frei gehalten, um ein paar Korrekturen an diesem Buch vorzunehmen. Gegen elf Uhr, als ich mich mit Rechtschreibung und Kommasetzung beschäftigte, ging mir jäh auf, dass es noch eine ziemlich große Veränderung im Manuskript geben könnte. Joachim Löw gab bekannt, dass er nach der Europameisterschaft im Sommer 2021 nach 15 Jahren als Bundestrainer zurücktreten werde. Augenblicklich war ich am *Drehbuch schreiben.* So nenne ich es, wenn wir versuchen, Szenarien auf dem Transfermarkt zu entwerfen, wenn wir versuchen vorauszusehen, was wird als Nächstes passieren. Der Bundestrainer tritt zurück, und das Drehbuch beginnt: Wer wird Löws Nachfolger?

Hansi Flick, Löws langjähriger Assistent, der als Cheftrainer des FC Bayern gerade in einer Saison alle sechs Titel von der Champions League bis zur deutschen Meisterschaft gewonnen hat, ist der natürliche Kandidat.

Wer aber wird dann Trainer des FC Bayern?

Bingo!

Lief das Drehbuch so, musste der FC Bayern auf Julian Nagelsmann kommen. Ein halbes Jahr zuvor hatte ihn Sascha Breese für unsere Agentur gewonnen.

Julian ist der Trainer, der alles hat, eine selten hohe Fachkompetenz, eine natürliche, einnehmende Menschenführung und, trotz des jungen Alters von 34 Jahren, bereits herausragende Erfolge, die Champions-League-Qualifikation mit der TSG Hoffenheim, der Vorstoß ins Champions-League-Halbfinale 2020 mit RB Leipzig. Bei Julian gab es schon vor Jahren Trainingsspiele, in denen zum Beispiel im Zentrum des Spielfelds ein Sperrgebiet errichtet war, Betreten verboten. Häh, dachte mancher Zuschauer zunächst, was soll denn das, muss an der Stelle der Rasen geschont werden wie auf einer Schwimmbadwiese? Bis man begriff: Julian wollte in der Übung das Spiel über die Flügel schulen. Durch die Absperrung des Zentrums zwang er die Spieler nach außen. Hunderte solcher Übungen hat er sich selbst ausgedacht. Und nach dem Training läuft er schon mal mit fünf Paketen wie ein Postbote durch die Geschäftsstelle, die Pakete in seinen Armen so hoch gestapelt, dass man sein Gesicht gar nicht mehr sieht. Er hat für den Sportdirektor Alex Rosen in Hoffenheim zum Geburtstag Sneakers bestellt, damit der endlich mal modische Schuhe trägt, und serviert ihm das Modell in fünf verschiedenen Farben. Vier Pakete schickt Julian dann wieder zurück, nachdem der Sportdirektor sich die Schuhe in einer Farbe ausgesucht hat.

Der FC Bayern würde bei uns wegen Julian anrufen, wusste ich am Tag, als Joachim Löw seinen Abschied verkündete. Falls – ja, falls – Hansi Flick neuer Bundestrainer wurde.

Es dauerte nicht einmal zwei Tage, da merkte ich, dass noch jemandem derselbe Gedanke gekommen war. Oliver Mintzlaff, Julians Chef bei RB Leipzig, rief an. Er müsste mich einmal sehen. Ach, warum bloß?

Wie einige Sportvorstände in Zeiten des Coronavirus kam Leipzigs Geschäftsführer für das Geschäftsgespräch zu mir nach Hause. »Ein schönes Haus habe ich Ihnen mit unserem Geld ermöglicht«, sagte er zur Begrüßung. Offenbar pflegen Sportvorstände ein und denselben Humor. Fredi Bobic, Mintzlaffs Kollege von Hertha BSC, brachte wenig später bei seinem Besuch genau denselben Spruch.

Jedenfalls wollte mir Mintzlaff sagen, »wenn die Bayern Julian wirklich wollen, wird sie das richtig viel Geld kosten, wobei ich ihn ja überhaupt nicht gehen lassen werde«. Falls jemand nicht ganz folgen konnte, fasse ich das gerne noch mal zusammen: RB Leipzig würde Julian Nagelsmann niemals gehen lassen, deshalb würde es extrem teuer, wenn sie ihn dann gehen ließen.

Das war, auch wenn es vielleicht nicht so klingt, eine eindeutige Ansage. Ablösen für Trainer sind eine neuere Erscheinung, und für Julian Nagelsmann, der noch bis 2023 in Leipzig unter Vertrag stand, würde eine Rekordsumme fließen müssen, sagte mir Oliver Mintzlaff, ohne es auszusprechen.

Julian selbst hatte keine Zweifel. Er wollte zum FC Bayern. Das war sein Trainertraum. Er ist in Landsberg groß geworden, 60 Kilometer westlich von München.

Bloß entschieden über seinen Wechsel zum FC Bayern weder er noch Oliver Mintzlaff und auch nicht der FC Bayern. Einzig und allein an Hansi Flick lag es, ob dieser Trainertausch zustande kam. Wir alle konnten Drehbücher schreiben, wie wir wollten, wenn Hansi Flick sagte, »ist ja schön, dass ihr alle denkt, ich würde Bundestrainer, aber ich bleibe beim FC Bayern«, blieb alles Fantasie.

So begann das Warten auf Hansi.

Und Hansi ließ auf sich warten.

Ab und an telefonierte ich mit Bayern Münchens Sportvorstand Hasan Salihamidzic. Ganz nebenbei ließ er fallen, er wisse auch noch nicht, ob Flick Bundestrainer werde. In spaßhaftem Ton fügte Salihamidzic an: »Aber falls er Bundestrainer wird, soll es in eurer Agentur ja einen recht guten Trainer geben, habe ich gehört.«

Das war alles, was bis zum 15. April 2021 passierte. Ein paar spaßhafte Andeutungen im Konjunktiv.

Über einen Monat nachdem Joachim Löw das Trainerdomino angefangen hatte, rief mich Salihamidzic an. Hansi Flick habe ihnen gestern, am Tag nach dem Ausscheiden in der Champions League gegen Paris St. Germain, erklärt, er wolle den FC Bayern zum Saisonende verlassen. Sie wünschten sich Julian Nagelsmann als Nachfolger.

Ich benachrichtigte Oliver Mintzlaff. Er hatte schon, was ein Verhandlungsprofi in solchen Situationen braucht: eine klare Strategie und ein Knurren in der Stimme. Wenn der FC Bayern den Trainer wollte, den er ja gar nicht gehen ließ, würde das nicht nur teuer. »Das Ganze muss bis Sonntag abgewickelt sein. Ich werde nicht zulassen, dass sich die Verhandlungen ziehen. Wir müssten selbst einen Trainernachfolger bestimmen, das muss alles schnell gehen, damit keine Ungewissheit in der Mannschaft aufkommt. Bis Sonntag steht der Deal, oder ich blase alles ab.« Es war Donnerstag.

Das Nächste, was ich hörte, war: »Das ist ja Waaahnsinn!« Oliver Kahn, der neue Vorstandsvorsitzende des FC Bayern, war in der Leitung. Oliver Mintzlaff habe 30 Millionen Euro Ablöse gefordert. Der FC Bayern hatte neun Millionen geboten.

Der Weltrekord bei Trainerablösen stand bei 15 Millionen Euro. Der FC Chelsea hatte 2011 für diese Summe André Villas-Boa vom FC Porto ausgelöst.

Mit welcher Zahlung der FC Bayern Leipzig entschädigte, war eine Verhandlungssache zwischen den beiden Vereinen. Aber es lag in unserem Interesse, dass ich vermittelte. Ohne eine Einigung zwischen den Parteien würde Julian nicht nach München ziehen.

»Ja, was halten Sie denn für angemessen?«, knurrte mich Oliver Mintzlaff am Telefon an.

Vielleicht 15 Millionen, schlug ich ruhig vor.

15 Millionen! Da waren wir schnell wieder am Anfangspunkt: Er lasse Julian sowieso gar nicht weggehen.

»Herr Mintzlaff, jetzt, wo Sie das Buch aufgeschlagen haben, müssen wir zu einer Einigung kommen. Sie können Julian nicht mehr halten.« Davon war ich absolut überzeugt.

Natürlich hätte Julian Nagelsmann beim Scheitern der Gespräche brav gesagt, »gut, dann bleibe ich«, und selbstverständlich hätte er hochprofessionell weitergearbeitet. Aber das wäre nur die rationale Seite gewesen. Emotional wären bei Julian – bei jedem Menschen, dem man einen Herzenswunsch verwehrt – Verbitterung, Wut oder Traurigkeit zurückgeblieben. So sehr er sich auch bemüht hätte, diese Gefühle zu unterdrücken, seine Spieler in Leipzig hätten es gespürt; sein Wirken wäre belastet gewesen.

Ich war nicht dabei, als Oliver Mintzlaff und Oliver Kahn weiter verhandelten. Ich bekam bloß am Sonntag, dem 18. April, den Anruf, sie hätten sich geeinigt. Etwas mehr als 20 Millionen Euro soll die Ablöse betragen, habe ich gehört, einige Bonuszahlungen kämen hinzu, je nachdem, welche Erfolge Julian in München erziele.

Nur drei Tage nachdem die Verhandlungen eröffnet worden waren, schien tatsächlich alles geregelt. Bis auf einmal Hasan Salihamidzic am Telefon eine Bitte an mich richtete.

Die Kosten für Julians Anstellung seien nun wirklich sehr hoch, sagte er. »Kannst du vielleicht noch mal mit ihm reden, ob er bei seinem Gehalt Abstriche macht?«

»Damit kommst du früh um die Ecke, Hasan. Alles ist fest vereinbart!«

Ja, das wusste er natürlich, aber als sie Julian das Angebot machten, waren sie nicht davon ausgegangen, über 20 Millionen an Leipzig entrichten zu müssen.

»Fragen kann ich Julian. Ob er auf deine Bitte eingeht, liegt allein an ihm.«

Sascha Breese und ich riefen Julian an. Wir schilderten ihm Salihamidzics Anliegen, und Julian Nagelsmann sagte einfach: »Okay.« Er verzichtete auf 15 Prozent seines vereinbarten Gehalts.

Ich stellte mich darauf ein, dass ich wegen unserer Arbeit für Julian in nächster Zeit mit Dreck beworfen würde. Wie bereits beschrieben, sind Diffamierungen im Fußballgeschäft gang und gäbe. Dass wir fortan beim FC Bayern den Trainer und zwei Spieler betreuten, würde zu Unterstellungen führen. Bereits in Leipzig hatte Julian einmal eine drohende Whatsapp-Nachricht eines anderen Beraters erhalten. Wir hätten das 16-jährige Talent Sidney Raebiger von ihm abgeworben, schrieb der Berater, und er wolle nicht hoffen, dass Nagelsmann sich für uns bei dem Spieler stark gemacht habe.

Bitte was?

Julian Nagelsmann wusste noch nicht einmal, dass der Junge von uns betreut wird.

So werden nun irgendwelche Berater Bayern-Spieler und Reporter mit der Behauptung füttern, Dayot Upamecano spiele immer, weil er bei derselben Agentur wie der Trainer sei.

Glauben diese Diffamierer tatsächlich, ein Weltklassetrainer lasse sich in die Mannschaftsaufstellung reinreden? Glauben sie wirklich, ich wäre so dumm, es zu versuchen?

Wahrscheinlich glauben sie es nicht einmal selbst. Aber sie erzählen es, um eine ungute Situation heraufzubeschwören, in der sich Spieler oder Trainer gezwungen sehen, ihren Berater zu verlassen.

Willkommen in der schönen Welt der Spielerberatung.

Wenn der FC am Sonntag nicht gewinne, müssten sie den Trainer wechseln, sagte mir Sportdirektor Horst Heldt vor dem Spiel gegen Mainz 05 am 7. April 2021. Der FC kämpfte heroisch, nach einer Stunde ging er 2:1 in Führung. »Der Markus Gisdol hat mehr Leben als eine Katze«, sagte Melanie zu mir, und ich nickte, durchaus bewundernd.

In der Nachspielzeit der Partie verlor der FC 2:3. Am nächsten Tag stellte der 1. FC Köln Friedhelm Funkel als neuen Trainer vor.

Eine kaum zu beherrschende Anspannung packte mich. Was, wenn es schiefging? Ich hatte Friedhelms Rückkehr aus der Rente initiiert. Natürlich, es war seine Entscheidung gewesen und die des FC, aber damit brauchte ich mich nicht herauszuwinden. Ich fühlte mich verantwortlich, vor allem gegenüber Friedhelm: Niemand opfert seinen wohlverdienten Ruhestand, um als Absteiger Stress, Schuldgefühle und Schmähungen zu durchleben. Der FC stand, drei Punkte hinter dem Drittletzten, auf einem Abstiegsplatz. Friedhelm blieben sechs Spiele.

Ich sprach nahezu täglich mit ihm. Er erzählte mir von seinen Trainingseindrücken und Aufstellungsideen. In großen Stresssituationen hilft es Menschen oft, wenn sie jemanden zum Reden haben, einfach zum Reden.

Friedhelm Funkel schaffte es, Jonas Hector in Gesprächen wirklich zu erreichen. Der Mannschaftskapitän wurde wieder zu einem der dominanten Spieler des FC. Den eminent wichtigen Mittelstürmer Sebastian Andersson ließ Friedhelm dagegen immer wieder pausieren. Ein Knorpelschaden plagte Andersson. Dank der dosierten Belastung war er in seinen wenigen, aber alles entscheidenden Einsätzen auf der Höhe. Friedhelm ließ die Elf am vorletzten Spieltag bei Hertha BSC Berlin vorsichtig spielen, um ein 0:0-Unentschieden zu erreichen, und ich stellte mir vor, wie viele meiner Bekannten in der Stadt vor den Fernsehern schrien: »Greift doch an, warum greifen die nicht an, wir steigen ab!« Friedhelm wusste aus seiner Erfahrung, dass die Elf beim Versuch, in Berlin zu gewinnen, schnell in eine Niederlage rennen konnte. Ein Unentschieden dagegen war ein realistischer, kleiner Schritt in Richtung Klassenerhalt.

Mit solchen Kniffen eines altersschlauen Trainers vermied Friedhelm Funkel mit dem FC tatsächlich den Abstieg. Am Tag nach dem 5:1-Sieg im Relegationsspiel gegen Holstein Kiel saßen wir in FC-Trikots bei mir im Garten, um zu feiern. Es war eine kleine Runde, die, ohne dass ich es in dem Moment merkte, die zentralen Themen meines Lebens widerspiegelte: Da waren Anja und Friedhelm, die Freunde aus dem Fußball. Neben ihnen Micky, der Freund meiner Jugend, mit seiner Frau sowie Tobias Beckurts mit Frau, der Chefarzt der Klinik Severins Klösterchen, der mir nach meinem Blinddarmdurchbruch nicht nur körperlich, sondern auch seelisch so unglaublich geholfen hatte.

Horst Heldt, den Sportdirektor des FC, und Alex Wehrle, den Finanzvorstand, hatte ich auch eingeladen. Die beiden kamen mit Verspätung, sie hatten noch einen Termin beim FC gehabt. Der Vorstand hatte Horst Heldt seine Entlassung mitgeteilt. Wir hatten feiern wollen. Nun saßen wir bedrückt zusammen. So war es ständig im Fußball, ging mir auf. Das Glück bleibt immer flüchtig.

Ich hatte nach der Neustrukturierung unserer Agentur Anfang 2021 das Gefühl gehabt, mit 55 Jahren als *elder statesman* langsam in den Hintergrund zu treten. Und auf einmal war ich im Frühling 2021 präsenter denn je, nicht nur durch die Verbindung zu Friedhelm Funkel und dem FC. Meine Agentur hatte die beiden Königstransfers des Fußballfrühlings getätigt, Dayot Upamecano und Julian Nagelsmann zu Bayern München. Einige Monate später gewannen wir in Champions-League-Sieger Timo Werner einen absoluten Klassespieler als Klienten hinzu. Für all diese Coups erhielten wir, genauso wie für die Aktion *Unite against Hate,* viel Aufmerksamkeit und Anerkennung.

Das fühlte sich ziemlich merkwürdig an. Denn im Tagesgeschäft steckte ich wie alle anderen im Juni 2021 in den Mühlen des Pandemiealltags. Alles ging schwer. Vertragsverlängerungen gestandener Bundesligaspieler hakten, Vereinswechsel blieben im Konjunktiv stecken. »Wenn uns Mangala verlässt, dann wären wir vielleicht an Suat Serdar interessiert«, war eine typische Ansage der Vereine. Die große Ungewissheit hatte sich über das Fußballgeschäft gelegt. Alle Klubs mussten stramm haushalten, keiner wusste so recht, wie viel Geld er zur Verfügung hatte. Personalfragen, die vor anderthalb Jahren in zwei Telefonaten geklärt waren, erforderten nun zwölf Gespräche. Und danach war meistens noch immer der Konjunktiv im Spiel. »Eigentlich sind wir uns einig, wenn aber …« Und über diesem Alltag schwebten, wie in einer Parallelwelt, die Transfers von Dayot und Julian, zwei der größeren Deals meines Berufswegs. Das war schön, das war surreal.

Theoretisch ging es auf die Zielgeraden meiner Karriere, bloß ich spürte ein sehr jugendliches Gefühl: Aufbruchsstimmung.

Ständig kamen bei *Sports360* neue, aufregende Projekte hinzu. Mit Frauen etwa hatten wir uns immer mal wieder beschäftigt. Mit Frauenfußball, meine ich natürlich. Letztendlich hatten wir die Idee, auch Fußballerinnen zu vertreten, aber immer wieder verworfen. Es war auf diesem Markt einfach kaum Geld zu verdienen für einen Berater. Am 2. Mai 2021 saß ich dann in der Fußball-Talkshow *Doppelpass* einer der erfolgreichsten deutschen Fußballerinnen gegenüber, Lena Goeßling, und während ich ihr zuhörte, wusste ich plötzlich: Mit ihr würde es Sinn machen, eine Sparte Frauenfußball zu gründen. Ich kannte sie zehn Minuten aus einer Talkshow.

Es war mir bei Sascha Breese, Raquel Rosa, Martin Vontra, Anja Funkel und etlichen anderen Mitarbeitern genauso ergangen. Ich spürte intuitiv, die oder der hat was, die oder der würde meiner Agentur etwas Neues geben, einen Mehrwert bringen.

Lena Goeßling beendete mit 35 gerade ihre Fußballkarriere, sie suchte eine neue Aufgabe.

Was mich bei ihr nach zehn Minuten packte, war, neben ihrer Fußballkenntnis aus 106 Länderspielen, ihr ruhiger Realismus. Ist in einer Talkshow vom Frauenfußball die Rede, wird es schnell emotional und die Diskussion mündet im Geschrei von irgendwelchen Gerechtigkeitsfanatikern, es sei gemein, dass Fußballerinnen so viel weniger verdienten als Männer, 10 000 Euro im Monat die absoluten Weltklassespielerinnen, auch mal nur 1500 Euro gestandene Bundesligaspielerinnen. Lena Goeßling aber, eine Betroffene, argumentierte geradezu mit Gelassenheit. Natürlich hätte sie auch lieber mehr Geld verdient, sagte sie, aber es kämen nun einmal nur ein paar hundert Zuschauer zu Frauen-Bundesligaspielen, die Fernsehgelder seien aufgrund niedriger Einschaltquoten überschaubar, wie sollten in solch einer Branche höhere Gehälter bezahlt werden?

Nach der Sendung hatte ich keine Zeit, ich musste direkt weiter zur Vertragsunterzeichnung von Julian Nagelsmann beim FC Bayern. Ich konnte Lena nur noch bitten: »Gibst du mir mal deine Telefonnummer?« Drei Monate später begann sie für meine Agentur zu arbeiten, mit dem Ziel, einige der besten Frauenfußballerinnen für *Sports360* zu akquirieren.

Ich werde jetzt hier niemandem erzählen, ich mache dies im aufopferungsvollen Kampf für die Geschlechtergleichheit. Wir haben den Frauenfußball hinzugenommen so wie Firmen immer wieder neue Geschäftsbereiche starten. Wir probieren das mal aus. Gewinn werden wir mit dem Frauenfußball in erster Zeit kaum machen, bei Provisionen von vielleicht 3000 Euro pro Spielerin im Jahr. Doch ist es möglicherweise ein Zukunftsmarkt. Welt- und Europameisterschaften im Frauenfußball erreichen bereits ein Massenpublikum, und die Sportartikelhersteller versuchen – selbstverständlich aus Eigeninteresse, weil sie einen Absatzmarkt sehen – den Frauensport massiv zu pushen. Vor allem aber denke ich, dass Lena Goeßling und die Frauenfußballsparte unserer Agentur einen neuen Akzent geben werden. Da geht es um Markenbildung, das ist nach außen noch einmal ein interessantes Signal: Wir, eine der führenden Agenturen, kümmern uns jetzt auch um Frauenfußball. Und unserer täglichen Arbeit gibt Lena frische Energie. Frauen bringen einen anderen Geist in die Konferenzen und Gespräche, das habe ich schon bei Raquel Rosa gemerkt. Lena Goeßling als herausragende Fußballerin wird uns mit ihrem Sachverstand auch im Kerngeschäft, dem Männer-Fußball, helfen können. »Entweder wir starten im Frauenfußball mit dir oder wir lassen es«, sagte ich zu Lena in unserem zweiten Gespräch. Da bin ich kategorisch: Wenn mich der Blitz getroffen hat, wenn ich spüre, *die hat was*, dann muss ich das machen. Auch wenn ich noch nicht genau weiß, was dabei rauskommt. Ich spüre nur: Es wird etwas dabei herauskommen.

Manchmal frage ich mich: Hattest du dir nicht gerade vorgenommen, etwas entspannter zu leben? Das meiste, was ich in einem ruhigeren Leben gerne tun möchte, schaffe ich unverändert nicht. Dazu ist der Beruf weiterhin zu fordernd. Unlängst hatte ich mich mit meinem Sohn Luca verabredet, ihn zu Jugend-Bundesligaspielen zu begleiten. Er arbeitet nun als Talente-Scout für die neue Agentur. Ich freute mich sehr darauf, mal wieder auf einem ganz normalen Sportplatz unter den paar Zuschauern zu stehen, an der Seite meines Sohns, und die Freude zu spüren, wenn ein 17-Jähriger mit jugendlicher Spielfreude losdribbelt oder wunderschöne Pässe schlägt. Bis ich tatsächlich einmal mit Luca in Leverkusen bei einem Jugendspiel am Rand stand, genau an der Stelle, wo ich 14 Jahre zuvor oft gestanden hatte, musste ich ihm allerdings mehrmals im letzten Moment absagen, weil etwas dazwischenkam. Es kommt ständig etwas dazwischen. Sich gegen die vielen Termine und Verpflichtungen innerlich aufzulehnen ist zwecklos. Ich habe gelernt, mich zu freuen, wenn ich es schaffe, einmal in der Woche joggen zu gehen, statt mich aufzuregen, wenn ich es sechsmal nicht schaffe.

Wobei ich mir demnächst definitiv ein wenig Zeit für eine neue Aufgabe nehmen muss, wie ich an meinem 55. Geburtstag erfuhr. Meine Tochter schenkte mir ein Rubbellos. Ich kratzte und rubbelte, eine große Null kam zunächst zum Vorschein. Na, da wird mir Jessica irgendeinen Gutschein geschenkt haben, dachte ich noch, denn man kann diese Rubbellose heutzutage als Geschenkidee selbst gestalten. Dann merkte ich, dass es gar keine Null war, sondern ein O. »Du wirst Opa«, stand auf dem Rubbellos.

Epilog

Das Leben, im Abendlicht von Taormina betrachtet

Pünktlich um acht Uhr, anderthalb Stunden vor Abflug, traf ich am Düsseldorfer Flughafen ein, und um 16 Uhr war ich immer noch dort. Wenn Leute von einem Tag erzählen, »an dem alles schiefging«, kann ich seitdem mitreden. Bloß erlebte ich an dem Tag, an dem alles schiefging, einen der schönsten Momente meines Lebens.

Ich wollte für ein paar Tage nach Taormina auf Sizilien reisen. Melanie freute sich wie ein Kind darauf, mir *ihren* Ort zu zeigen. Seit sie vor 20 Jahren einmal einen Urlaub in Taormina verbracht hatte, besuchte sie das Städtchen wie von einem Magneten angezogen immer wieder aufs Neue.

Meinen Koffer hatte ich ordnungsgemäß aufgegeben, um acht am Morgen am Düsseldorfer Flughafen. Dann bewegten sich die Zahlen und Buchstaben auf der großen Anzeigentafel. Wo eben noch als Abflugzeit »9.45 Uhr« gestanden hatte, blinkte nun »cancelled« auf.

Air Berlin hatte im September 2017 bereits seine Insolvenz angekündigt, durch einen Kredit von 150 Millionen Euro wollte die Bundesregierung allerdings noch die planmäßige Abwicklung der Flüge in den nächsten Wochen garantieren. Offenbar hatten sich im Arbeitskampf nun auf einen Schlag Hunderte Piloten krankgemeldet. Dutzende Air-Berlin-Flüge waren spontan gestrichen worden. Ich reihte mich in die ewig lange Schlange der Betroffenen vor dem Informationsschalter ein, um zu erfahren, dass man mir nichts Genaues sagen konnte. Vielleicht gäbe es einen späteren Flug. Vielleicht auch nicht.

Es wurde zehn, es tat sich nichts, es wurde elf, ich wollte meinen Koffer zurückhaben, um die Reise abzubrechen, und hörte am Schalter, sie seien überfragt, wie ich an mein aufgegebenes Gepäck käme.

Ich rief Melanie an, die schon seit einigen Tagen auf Sizilien weilte. »Ich fürchte, das wird nichts.«

Sie klang unendlich traurig. Ob ich nicht noch ein bisschen warten wollte?

Ich brachte es nicht über mich, ihr zu sagen, was mir sicher schien: In dem Chaos hier würde heute nichts mehr passieren. Aber wo war überhaupt mein Koffer?

Ich musste sowieso warten, bis ich meinen Koffer wiederbekam.

Ich begann, die Zeit zu nutzen und zu arbeiten. Ich wählte die erste Nummer, und wenn ich damit anfange, werden es schnell 20 oder 30 Nummern.

Mir ist aufgefallen, dass ich in den Schilderungen meines neuen Lebens, dem Leben nach meinen Krankheiten, ziemlich viel über Urlaubsreisen geschrieben habe. Falls es jemand bei der Lektüre vergessen haben sollte: Ich bin dann aber doch noch ziemlich viel mit meiner Arbeit beschäftigt. Der Agentur gehören unverändert zwölf Stunden vom Tag.

An solchen Tagen klingelt das Handy, und ich höre, wir sollten doch einmal bei Real Madrids Präsidenten Florentino Pérez zum Frühstück vorbeikommen. Vielleicht könnten wir wegen eines Wechsels von David Alaba zu Real Madrid doch noch mal etwas unternehmen? Ich rufe Karl-Heinz Rummenigge an, um zu hören, was der FC Bayern plant. Sie suchten »einen richtigen

Kracher« für die Position des Außenstürmers, lässt mich Rummenigge wissen. »Was ist mit Ousame Dembélé?«, frage ich, dem ehemaligen Dortmunder, der bei Barcelona nicht wirklich in die Gänge kam. Ich lasse über einen Kontakt bei Dembélé anfragen, ob er sich einen Wechsel zu Bayern vorstellen könnte. Könnte er. Der FC Bayern will aber lieber Leroy Sané für die Position.

Würde ich mein Leben strikt chronologisch auflisten, wäre es eine endlose Folge von solchen Gesprächen, von Fahrten zur Bürgermeisterin von Herdecke, deren Sohn hoffentlich das nächste große Talent auf Schalke wird, oder Eintagesreisen nach Paris, um Dayot Upamecanos Mama zu versichern, dass wir uns um den Sohn im fernen Deutschland kümmern.

Aber was von unserem Leben bleibt, ist ja nicht der Alltag, die Dutzend-Geschäftsgespräche oder das Zähneputzen, was bleibt, sind die besonderen Momente. Wie im September 2017 am Düsseldorfer Flughafen.

»Melanie, ich breche das jetzt ab. Ich fahre heim.« Es war mittlerweile 15 Uhr.

»Bitte, Volker, warte doch noch ein bisschen!«

Sie flehte beinahe. Ich war verwirrt. Ich hatte mich auch sehr auf diese Reise gefreut, aber Melanies Sehnsucht, dass es doch noch klappte, schien außergewöhnlich intensiv. Was erwartete sie, hatte sie etwas vor? Es waren doch nur vier Tage, wir konnten das doch nachholen. Also, ich fuhr jetzt nach Hause. Aber wie sollte ich denn heimfahren, ohne meinen blöden Koffer? Dann blieb ich eben noch da. Aber nur noch kurz.

Wo war jetzt der Koffer?

Ich telefonierte weiter. Meine Assistentin Kathi Winkelhues, die gute Seele der Kompanie, musste mir den nächsten Flug buchen, kommende Woche nach München; der Sportdirektor des FC, Jörg Schmadtke, fragte wegen eines Stürmers unserer Agentur nach, Mark Uth. Der FC wollte ihn gerne für acht Millionen Euro von der TSG Hoffenheim verpflichten, aber das würde wohl nichts. Hoffenheim verlangte mehr. Ich sah hoch. Da stand eine Abflugzeit an der Anzeigentafel!

Catania, 17.30 Uhr!

Ich rief Melanie erst an, als ich tatsächlich im Flugzeug saß. Nicht, dass noch etwas passierte. Sie sagte, sie werde einen Fahrer organisieren, der mich am Flughafen Catania in Empfang nehme.

Um 20.45 Uhr in Catania war tatsächlich mein Koffer da. Aber kein Fahrer. Ich telefonierte mit Melanie, sie mit dem Fahrer, doch, er war da. Er saß, vermutlich völlig gelassen, auf der anderen Seite des Flughafens. Nach einer halben Stunde hatten wir uns gefunden. Wir fuhren los, nach Taormina dauerte es eine Dreiviertelstunde, hatte Melanie gesagt, und nach 20 Minuten ging nichts mehr. Ein Unfall vor uns, der Stau hatte schon begonnen.

Um 22.30 Uhr, 15 Stunden nachdem ich in Köln aufgebrochen war, kam ich am Hotel an. Was ist das denn für ein Hotel, dachte ich, das hatte mir noch gefehlt. Die Zufahrt zum Hotel *Metropole* erfolgte über die Garage auf der Hinterseite. Alles, was ich sah, war diese Garage.

»Mel, ich will nur noch kurz duschen und dann schlafen.«

Sie nahm meine Aussage regungslos hin. Ich ließ die Dusche laufen und laufen, und als ich wieder aus dem Bad trat, war ich, wie Dichter sagen würden: ein anderer Mensch. »Komm«, sagte ich ruhig zu Melanie, »lass uns irgendwo noch ein Glas Wein trinken. Lass uns einfach noch kurz an die Luft gehen. Muss ja nicht länger als eine halbe Stunde sein.«

Wir gingen an den jahrzehnte- oder sogar jahrhundertealten Vasen in der Empfangshalle vorbei zum Haupteingang, Melanie öffnete die Tür und dann …

Es war einer der schönsten Momente meines Lebens.

Denn es gibt wenige Erfahrungen, in denen ein einziger Augenblick, ein einziger Anblick, den Seelenzustand eines Menschen komplett umkehrt. Ich war müde, missmutig, gebeutelt, blickte auf Taorminas Hauptstraße, den Corso Umberto, und war augenblicklich überwältigt, enthusiastisch, ausschließlich glücklich.

So etwas Schönes hatte ich noch nie gesehen. Die alten Häuser, eng aneinandergeschmiegt, die Blumen an den Balkonen, das freundliche Licht der Straßenlaternen in der Dunkelheit, die sanfte Abendluft, die richtiggehend der Haut schmeichelte, die

Belebtheit der Straße mit den schlendernden Menschen; die unübertroffene Entspanntheit eines Sommerabends. Die Lebensfreude traf mich frontal.

Wir gingen in ein Restaurant, und ich dachte, ich halluziniere. Der Kellner war Mario Götze!

Der Kellner sah haargenau so aus wie Mario Götze, stimmte mir Melanie zu. Irgendwann legte sie ein Kuvert vor mich. Deshalb hatte sie so sehr darum gekämpft, dass ich am Flughafen Düsseldorf nicht aufgab. Sie hatte uns zwei Eintrittskarten besorgt. Der Dalai Lama hielt einen Vortrag im Teatro Greco von Taormina.

Seitdem reise ich immer wieder nach Taormina. Manchmal schaffe ich es monatelang nicht, dann bin ich wieder zweimal in einem halben Jahr zu Besuch. Ich habe das Gefühl, ich kann mich anstecken lassen vom *Geist von Taormina*, der Freude an den einfachen Schönheiten des Lebens.

Ich war zweimal beinahe tot. Ich habe mich deswegen nicht in ein Modell der Entspannungslehre verwandelt, aber ich würde sagen, ich hab's kapiert. Vom achten Stent bin ich weit entfernt.

»Die Qualität deiner Gedanken bestimmt die Qualität deines Lebens«, der Satz leuchtet, mit Textmarker gelb angestrichen, nicht nur in meinem Lieblingsbuch, sondern tatsächlich in meinem Kopf. Regungen wie Todesangst oder immensen Druck versuche ich nicht mehr zu übergehen, sondern zu analysieren. So relativiere ich die Dinge, von denen ich getrieben werde. Aber gut, »Doktor Struths Psychoanalyse« war ja nicht das Thema dieses Buches. Ich kann es auch einfacher beschreiben, dass ich eine Art Gleichgewicht gefunden habe.

»Komm«, sagte ich letztens zu Micky im *Balthasar* auf der Aachener Straße, »lass uns draußen sitzen und die Sonne genießen.«

Das habe der Volker früher nie gemacht, erzählte Micky danach geradezu erschüttert einem Bekannten.

Ich war immer mit vollem Herzen in Köln zu Hause, auch wenn ich durch die Arbeit die halbe Welt bereiste, doch nun, mit Mitte

50, realisierte ich in Taormina, welch ein Genuss das ist: sich in der Fremde heimisch zu fühlen. Ich habe Italienisch gelernt, ich habe dort mit Pancrazio Parisi einen Menschen kennengelernt, von dem ich, der das Wort vorsichtig benutzt, in aller Überzeugung sage: Das ist ein Freund.

Pancrazio führt in Taormina mehrere Modegeschäfte, ein traditionelles Familienunternehmen, die Herrenboutique so klein und verwinkelt über drei Etagen, dass du dich auf den Treppen automatisch duckst. Gelegentlich hänge ich einfach bei ihm in der Boutique herum. Irgendwie, ohne dass ich weiß, wie, habe ich dann am Ende meistens etwas gekauft. Oder ich schlendere mit ihm durch den Ort zur *Bam Bar*, wo die Wände ganz aus bunten Kacheln sind und wir zum Frühstück, wie so viele Sizilianer, Granita essen. Eis zum Frühstück.

Manchmal, ging mir auf, lernt man etwas über sich selbst, wenn man andere Menschen studiert: Pancrazio lebt für die Mode, und jetzt kann man sagen, ja gut, ist doch nur Mode. Aber was es ist, ist unwichtig, wurde mir klar, als ich Pancrazio mit solcher Liebe über Modedesigner wie Dolce & Gabbana oder Zegna reden hörte. Es steckt offenbar in manchen Menschen drin, dass sie etwas – egal was – mit völliger Hingabe verfolgen müssen.

Bei mir wurde es Fußball. Fast wären es Kugelschreiber geworden.

Irgendwer schickte mir einmal eine Analyse über den Charakter erfolgreicher Unternehmer zu, weil er glaubte, es könnte auf mich passen. »Extremer Erfolg ist das Ergebnis einer extremen Persönlichkeit und hat einen hohen Preis. Diese Leute sind tendenziell Freaks und Außenseiter, die die Welt auf ungewöhnlich herausfordernde Weise erleben mussten. Sie haben Überlebensstrategien entwickelt, und mit der Zeit finden sie Wege, diese Strategien auf andere Dinge anzuwenden und daraus einen mächtigen Vorteil zu ziehen. Sie denken nicht wie andere, sie sehen Dinge aus einem anderen Blickwinkel und kommen so auf neue Ideen und Entwicklungen.«

Vielen Dank, dachte ich, dass meine Bekannten bei der Beschreibung »Freak« an mich denken. Ich musste allerdings auch etwas ernsthafter über den Ausschnitt nachdenken. Das Extreme an mir zu erkennen fällt mir selbst nicht schwer. Immer musste ich etwas schaffen, immer musste ich danach sofort wieder etwas schaffen. Dass meine extreme Kindheit mich geformt hatte, glaube ich auch gerne. Was mich mehr stutzen ließ, war der Gedanke, dass extrem erfolgreiche Menschen oft gezwungen waren, früh im Leben Überlebensstrategien zu entwickeln, die sie dann später in Geschäftsstrategien umformten. Ständig erkennen, was andere wollten, ständig für andere da sein, das waren instinktiv meine »Überlebensstrategien« als Kind ohne Eltern in Pulheim gewesen, um Wertschätzung zu erfahren. Dieses intuitive Erkennen von Menschen und Situationen wurde mein Erfolgsrezept als Unternehmer; mein *unique selling point*, wie Wirtschaftswissenschaftler sagen würden.

In den 14 Jahren, in denen ich mittlerweile als Berater arbeitete, spürte ich oft den Stolz eines Jungen aus Pulheim: Da war diese Firma, etwas Beachtliches, was wirklich meins war; etwas, was ich aus dem Nichts geschaffen hatte. Auch deshalb verkaufte ich sie bis jetzt nie an einen Investor.

Aber du hättest doch aus dem Verkauf auch zehn oder noch viel mehr Millionen an Privatvermögen ziehen können, meldete sich durchaus der Verstand. Ja, aber – wie sage ich das, ohne dass es großspurig klingt? – Geld habe ich, vielen Dank. Der Satz wäre mir vor zehn Jahren nicht über die Lippen gekommen. Dass etwas genug sein kann.

Das Motto »ich kann auch nur ein Schnitzel am Tag essen« gefällt mir. Ich will keine Jacht, eine Uhr habe ich schon. Um nicht den falschen Eindruck zu erwecken: Ich bin deswegen kein Samariter geworden. Ich habe mir ein schönes Haus gebaut; ein Zuhause zu haben bedeutet mir alles. Mein eines exzentrisches Luxusgut, den Bentley, habe ich nach acht Jahren verkauft. Meistens stand er in der Garage.

Als ich die Limousine einmal über Nacht am Straßenrand geparkt hatte, fand ich am nächsten Morgen im feinen Staub auf der Fensterscheibe das Wort geschrieben: »Bonzenschwein!«

Das Institut für Demoskopie Allensbach erstellte vor einiger Zeit die Studie *Die Gesellschaft und die Reichen*. Dazu fragte das

Institut in einer Umfrage unter anderem: »Manchen Leuten gönnt man es ja, wenn sie reich sind, bei anderen findet man das unverdient. Welche Personengruppen haben es Ihrer Meinung nach verdient, wenn sie reich sind?«

Nur 31 Prozent gönnten es Spitzensportlern, nur 20 Prozent Spitzenmanagern, gar nur 6 Prozent Bankern. Nach Spielerberatern wurde nicht gefragt. Ich ahne, wo die gelandet wären.

Ich hätte denjenigen, der so schön »Bonzenschwein!« auf meine Scheibe schrieb, gerne gefragt: Wissen Sie, wie ich zu dem Bentley gekommen bin? Soll ich Ihnen einmal zeigen, wo ich als Kind gelebt habe? Ist es nicht eine große Errungenschaft der deutschen Gesellschaft, dass solche Aufstiege möglich sind?

Jeder kann Büroartikelvertreter und Spielerberater werden. Jeder, der über »die Reichen« meckert, kann versuchen, meinen Weg einzuschlagen. Dann kann er von mir aus auch weiter wettern – dass der Struth ihm alle Spieler wegschnappt.

In Taormina stand ich einmal bei Pancrazio und seiner Frau Sara in der Küche. Ich versuchte mir abzuschauen, wie die alte Haushälterin die *salsa pomodoro* zubereitete. Während ich, umgeben vom Duft der kochenden Tomaten, so völlig selbstverständlich inmitten einer ausgelassenen sizilianischen Familie in ihrer Küche stand, kam mir ein Gedanke. Wie weit ich gekommen bin, der Junge aus der Kohlensiedlung. Und wie oft ich, im Kopf, immer noch in Pulheim bin.

Jedes Jahr, seit vier Jahrzehnten, gehe ich am 25. September in Pulheim in die Gärtnerei und kaufe ein Alpenveilchen. Ich bringe es meiner Oma zum Geburtstag, nun zu ihrem Grab.

Danksagung

Meine Oma ist 2004 verstorben. Sie hat nicht erleben können, was aus mir geworden ist. Sie kannte mich als den Jugendlichen, der ziemlich oft genervt und patzig auf ihre Hinweise und Belehrungen reagierte. Ich hätte gerne die Chance, ihr heute einmal sagen zu können: Danke, Oma, für alles, was Du für mich getan hast!

Meine Oma ist meine absolute Heldin!

Ein Buch schreibt man in erster Linie für die Leser. Deshalb wählt man Ereignisse und Erlebnisse selektiv aus, die für eine breite Leserschaft interessant sind – und so kommt es vor, dass in dieser Autobiografie manche Personen nur am Rand oder gar nicht Platz finden, obwohl sie in meinem wirklichen Leben viel präsenter sind. Wenn sich jemand vergessen fühlt, möchte ich mich bei ihm aufrichtig entschuldigen. Gleichzeitig möchte ich mich bei all meinen Mitarbeitern, Fußballern, bei den Vereinsvertretern, Büroartikel-, Merchandising- oder Tiefkühlerbsen-Kunden, bei all meinen Freunden und meiner Familie bedanken. Ein Vater ist nichts ohne Kinder. Ein Chef ist nichts ohne seine Mitarbeiter. Ein Verkäufer ist nichts ohne seine Kunden. Ein Spielerberater ist nichts ohne seine Spieler.

Jemanden hier herauszuheben, birgt immer die Gefahr, andere unfair zurückzusetzen, aber ich möchte es trotzdem wagen.

Meine ehemalige Frau Tina schenkte mir, was mir am meisten gefehlt hatte: eine Familie. Ihre Eltern Käthe und Dieter waren für mich wie Mutter und Vater, Tina und ich haben mit Jessica und Luca zwei wunderbare Kinder. Uns verbinden viele gemeinsame Jahre.

Mit Dankbarkeit denke ich auch an meine Mitarbeiter, die mich seit vielen Jahren treu begleiten.

Die Ärzte, Professor Stephan Baldus und Tobias Beckurts, halfen mir zurück ins Leben und schafften dabei das Größte, was ein Arzt leisten kann: ganz und gar für den Patienten da zu sein.

Reiner Calmund weiß vermutlich gar nicht, was für ein Glück er in mein Leben gebracht hat. In seiner Wahrnehmung tat er doch nur, was er immer macht: mit einem Freund zu Abend essen und ihn dabei bequatschen. Ich wäre wohl auch ohne den Schritt in die Spielerberatung ein zufriedener, nicht ganz unerfolgreicher Geschäftsmann geblieben. Doch die Arbeit im Fußballgeschäft, zu der mich Calli überredete, gab mir viel mehr: Es wurde meine berufliche Erfüllung.

Bei jedem der weit über hundert Spieler, die ich in meiner Laufbahn vertrat, bedanke ich mich, aber bei einem persönlich: Toni Kroos. Nicht nur, weil er ein lebensfroher, herzlicher, einfach überragender Mensch ist. Sondern weil alle Spieler unserer Agentur indirekt von ihm profitiert haben. Toni Kroos, der erfolgreichste deutsche Fußballer aller Zeiten, verschaffte uns Zugang zu allen Vereinen dieser Welt. Wir lernten die Vertreter der besten internationalen Fußballklubs kennen, weil sie sich für ihn interessierten. Wir konnten die Kontakte, die sich durch ihn ergaben, für viele andere Spieler nutzen. Wir konnten überall sagen: Wir sind die Agentur von Toni Kroos. Und die Tür ging auf.

Bevor mich jemand fragt, ob ich dieses Buch denn ganz alleine geschrieben habe: Natürlich nicht!

In Ronald Reng hatte ich einen wunderbaren Menschen und professionellen Biografen an meiner Seite. Er dachte, in gut einem Jahr könnten wir das Buch schreiben. Als ich nach zweieinhalb Jahren immer noch mit Änderungsideen ankam, blieb er so ruhig, als sei es das Normalste der Welt. Ich wüsste einen Beruf für ihn: buddhistischer Lehrmeister. Wobei, davon haben sich hoffentlich alle, die auf dieser Buchseite angekommen sind, überzeugt: Es kann eigentlich nichts geben, was er noch besser kann als schreiben.